MARTIN SAGE - SONJA BECKER

Berlin / München / New York 2005

COACHING

ERFOLG IM 21. JAHRHUNDERT

SOKRATES·VERLAG·MÜNCHEN

COACHING
Erfolg im 21. Jahrhundert

3. Auflage August 2017

ISBN 978-3-9812912-4-7

Satz und Gestaltung:
Wolfgang Rollmann
Herstellungsleitung:
Volker Wendel
Kontakt:
info@wailea.de
www.coachingtag.info

INHALT

MARTIN SAGE UND SONJA BECKER

Gute Mentoren haben nicht das Gefühl, schlau sein zu müssen. Das ist vulgär. Es zeichnet einen Menschen nicht aus, etwas zu wissen, was ein anderer nicht weiß oder wissen kann. Was gute Mentoren ausmacht, ist Menschlichkeit und Demut. Carlos Castaneda spricht in diesem Sinn von „Nicht-Tun" oder auch von „kontrollierter Verrücktheit" – etwas zu tun, ohne einen Grund dafür zu haben. Daraus erwächst zwangsweise etwas Neues.

Martin Sage, Mentor und Meister der Neugier, und Sonja Becker, Mentorin und Anthropologin, wollen mit diesem Standardwerk wache Menschen ermutigen. Ein Amerikaner und eine Deutsche sehen von Deutschland ausgehend die Kernzelle für eine neue Gesellschaftsepoche für Europa pulsieren!

In diesem Standardwerk wird die Sage-Lernmethode mit 100 Tools vorgestellt. Die „FührerInnen" von morgen, die tatsächlich Menschen bewegen wollen, sind die Leser und Anwender dieses Buches. An dieser Stelle soll ausgeheilt werden, was das Talent der Deutschen ist: Führen = Leadership!

Sage und Becker coachen Menschen in die Richtung, was sie am liebsten tun, und vermitteln ihnen den Weg dorthin. Um den eigenen Stil zu finden, entwickeln sie Themen rund um Leitfragen wie „Was lieben Sie am meisten?" oder auch „Was haben Sie überlebt? Was ist Ihre Botschaft?". Wenn Sie einmal so weit sind, eine klare Antwort auf diese Fragen zu formulieren, wissen Sie auch, welche Art Coach Sie sind und wie Sie es verkaufen.

EIGENTLICH IST JEDER MENSCH EIN COACH in etwas: Es lohnt sich, es herauszufinden, denn dahinter könnte ein Millionengeschäft warten. Sie können sich selbst überraschen. Sie leben nur das halbe Leben, wenn Sie sich nicht zumindest diese Frage stellen.

Die meisten Menschen haben Angst davor, zu sehen, wer sie wirklich sind, weil ihre Wirklichkeit eine andere ist. Daher entwickeln sie einen Tunnelblick. Dazu gibt es ein berühmtes Zitat: „Angst killt Innovation". Lassen Sie nicht die Ihre killen.

PROLOG

Wenn ihr's nicht fühlt,
ihr werdet's nicht erjagen,
Wenn es nicht aus der Seele dringt,
und mit urkräftigem Behagen
Die Herzen aller Hörer zwingt.
Sitzt ihr nur immer! Leimt zusammen,
Braut ein Ragout von andrer Schmaus,
Und blast die kümmerlichen Flammen
Aus eurem Aschenhäufchen 'raus!
Bewunderung von Kindern und Affen,
Wenn euch darnach der Gaumen steht -
Doch werdet ihr nie Herz zu Herz schaffen,
Wenn es euch nicht von Herzen geht."

"What you don't feel, you will not grasp by art,
Unless it wells out of your soul
And with sheer pleasure takes control,
Compelling every listener's heart.
But sit - and sit, and patch and knead,
Cook a ragout, reheat your hashes,
Blow at the sparks and try to breed
A fire out of piles of ashes!
Children and apes may think it great,
If that should titillate your gum,
But from heart to heart you will never create.
If from your heart it does not come."

aus: Goethe, Johann Wolfgang von. Faust I.
Erich Trunz (Hg.), München 1982

DIALOG - BLISS

Zwei Musiker auf dem Höhepunkt ihres Lebens. Der Saxophonist Charles Lloyd und der Schlagzeuger Billy Higgins sitzen in Lloyds Haus in Big Sur, Kalifornien, an der Küste des Pazifik. Der eine wird bald sterben. Beide wissen das. Und eine Woche lang haben sie zusammen im Wohnzimmer Musik gemacht. Immer, wenn Higgins die Kraft hatte, vom Bett aufzustehen, bringt er eines von Lloyds überall verstreuten Instrumenten mit und beginnt, sie zu traktieren. Es entsteht Musik, die sie noch nie vorher gemacht haben. Musik, die nicht populär ist. Aber das ist ihnen egal. Sie sind eins mit sich und ganz woanders: In Big Sur, auf dem Gipfel des Berges, über dem Pazifik.

CHARLES LLOYD: „There's a feeling when you play, that I can't describe - but there's no feeling like it in the world."

BILLY HIGGINS: „We did all those wonderful and all not those wonderful things together, but we come out of all that and here we are, on another plane now. So this is a different plane here."

Lloyd ist einer der größten lebenden Saxophonisten, Higgins einer der größten Drummer im Jazz. Kein Titan am Jazzhimmel, mit dem Billy Higgins nicht in den vergangenen vierzig Jah-

ren gespielt hat. Charles Lloyd, der einzige Jazzmusiker, der in Woodstock auf der Bühne stand. Der sich von Big Sur zurückzog und lieber am Strand mit seinem Nachbarn Larry Hagman Frisbee spielte. Der zu Beginn der Achtziger wieder die Bühne betrat und sie seitdem nicht wieder verließ. Der eine moderne Musik spielt, die die Frauen lieben. Die beiden sind alte Freunde. Jetzt ist die letzte Gelegenheit, zu spielen, wie sie schon immer spielen wollten.

LLOYD: „When I was in retreat, I had the benefits of all that experience to reflect to and also, to work continually. But what I really learned - when you slow down enough, you can understand volition and velocity better. And when you play, the timelessness of that becomes infused and your song has a natural rhythm that you can move through space in a different kind of way. (...) It is such a true high that causes great humility because you know it is not yours, and you can't misuse it."

HIGGINS: „Anything you do, if it is in the spirit, it's going to be right. So you submit to the point where it's not coming from me, it's going through me ... Hey man, I'm telling you, that's a whole suite right there! That's two guys, just two guys sittin' on the top of the mountain. You're talkin' about the journey's end - the journey's just beginning."

LLOYD: „Can I say something to you in all sincerity? This is one of the greatest joys of my life - because what we have been able to do, to share it with you - and for you to peep that it's real and that it's blessed ... I mean, it just encourages us."

HIGGINS: „Let me tell you something, please ... let's please ... this might be the last time we do this. It made me understand a lot of what I'm trying to do ... but for us to be able to do it at the right time, in the right space ... What we doin' is gettin' our fire power to be able to do this on any level. We got to keep workin' on this music."

LLOYD: „Do you mean to tell me that you're going to get up off the bed and come back to work on this with me?"

HIGGINS: „I didn't say I would be there, but I will always be with you."

Quelle:
Charles Lloyd/Billy Higgins: Which way is East. ECM Records 2004.

PART 1

THEORIE

DEUTSCHLANDS MELANCHOLISCHER MARKT

1. EINFÜHRUNG

„Der Mensch, welcher nicht zur Masse gehören will, braucht nur aufzuhören, gegen sich bequem zu sein; er folge seinem Gewissen, welches ihm zuruft: „Sei Du selbst! Das bist Du alles nicht, was Du jetzt thust, meinst, begehrst.“

„The man who doesn't want to belong to the masses needs just to stop being comfortable with himself; he should follow his conscience that appeals to him: „Be yourself! From all what you are doing, meaning, longing for right now, nothing is yourself.“

(Friedrich Nietzsche, Unzeitgemäße Betrachtungen)

Coaching und Erfolg im 21. Jahrhundert - wie hängt das zusammen? Eine zunächst schwierige Frage. Aber nehmen wir es sportlich. Schließlich ist „Coaching“ ein Begriff aus dem Sport, und Business ist im Prinzip auch eine Sportart.

Das zu beweisen, ist schwer, zumindest bei einem Blick auf den deutschen Markt. Die moderne Ökonomie, wie etwa in Deutschland, ist noch nicht dynamisch ausgerichtet. Wenn Konzernriesen neue Modelle entwickeln, die ihrem trägen System einen neuen Schub geben oder sie sogar retten sollen, versuchen sich hoch bezahlte, meistens denkbar unkreative Unternehmensberater als Rationalisierer zu profilieren. Die Menschen, die da in Massen entlassen werden, erschienen immer pünktlich zur Arbeit, versuchten, einen guten Job zu machen, sind auf Sicherheit und Vorsorge ausgerichtet und lebten in der ständigen unterschwelligen Panik, entlassen zu werden. Bis dieser Fall tatsächlich eintritt. Selbst erfolgreiche Manager werden immer öfter entlassen und wissen nicht, wie sie den Weg zurück finden können. Die Headhunter sind selbst arbeitslos, das Arbeitsamt mit dem inzwischen etwas flotter klingenden Namen „Bundesagentur für Arbeit“ präsentiert alte Hüte, keine neuen Jobs und immer höhere Arbeitslosenzah-

DEUTSCHLAND 1954: 3, 2, 1, 0 ... TOR! TOR! TOR! TOR!

len. Erfolgreiche Leute werden mit dem Prädikat „überqualifiziert“ abqualifiziert, Angestellte haben Angst, nie wieder Angestellte zu sein. Sie sollten froh sein: Das Leben hat gerade erst begonnen. Für all das gibt es in Deutschland meistens einen Schuldigen: Die Politik, die Regierung, wenn nicht gar der Bundeskanzler persönlich. Dies entspringt dem klassischen Denken im deutschen Kulturkreis, das schon immer den „Staat“ als größte übergeordnete Einheit wahrgenommen hat.

Der deutsche Generalzustand ist als melancholisch zu bezeichnen. Ein Blick in die Nachkriegsgeschichte und auch in die Kultur- und Mentalitätsgeschichte der Nation gibt darüber reichlich Aufschluss.

Tor! Tor! Tor! Tor! Es ist aus! Das Spiel ist aus! Deutschland ist Weltmeister!“ Fast jeder Deutsche kennt diese O-Töne des Reporters Herbert Zimmermann am 4. Juli 1954. In den letzten Minuten vor dem Schlusspfiff gelang der deutschen Nationalmannschaft auf wundersame Weise doch noch der entscheidende Siegtreffer zum 3:2-Endstand, nachdem das deutsche Team 0:2 zurückgelegen hatte. Das „Wunder von Bern“ verhalf den Deutschen wieder zu neuem Selbstbewusstsein, zum ersten Mal nach der Katastrophe des Nationalsozialismus. Keine Frage: Mentalitätsgeschichtlich betrachtet, ist dieser 4. Juli, an dem das „Wunder von Bern“ geschah, nicht nur der amerikanische, sondern auch der deutsche Nationalfeiertag.

Glücklicherweise trat bereits das nächste Wunder ein: Das deutsche Wirtschaftswunder. Nachdem die deutschen Trümmerfrauen nach 1945 aus Schutt und Asche die zerbombten Städte langsam wieder aufrichteten, gelang vor allem durch Fleiß und Akribie der neue industrielle Boom in den Fünfziger Jahren. Arbeit gab es genug, den Beruf konnte man sich aussuchen. Der Wohlstand breitete sich allmählich aus und sorgte für wellenartige Konsumbewegungen: Zeitgenossen erinnern sich noch gut an die „Fresswelle“, die „Autowelle“ und die „Häuserwelle“, bis man in den Siebziger Jahren in den Bereichen der Notwendigkeiten eine gewisse Marktsättigung feststellen konnte. Dann ging es darum, das jeweils bessere Produkt am Start zu haben, die modischeren Kleider zu tragen und das jeweils bessere Auto vor dem Reihenhaus zu parken als der Nachbar – „keepin' up with the Jones“.

In den Achtziger Jahren brach schließlich die große Party namens „Lifestyle“ der „Young Urban Professionals“ aus - endlich durfte man ungeniert zeigen, was man hat, und

11. SEPTEMBER: SCHLUSS MIT LUSTIG

die Champagnerkorken knallen lassen. Noch nie hatten junge Menschen derartige Chancen, innerhalb kurzer Zeit zu viel Geld zu kommen, statt wie ihre Eltern sich bis ins hohe Alter für ihr Häuschen und ihre Rente krumm und buckelig zu schuften.

Perestroika war das globale politische Wunder der Achtziger Jahre, dem Fall der Mauer folgte nach anfänglicher Euphorie für ein Stimmungstief, das mit der Rezession und dem ersten Golfkrieg zu Beginn der Neunziger Jahre einherging. Die von einem Bundeskanzler prophezeihten „blühenden Landschaften" der ehemaligen DDR verdorrten, zahlreiche Milliardenprojekte verliefen im märkischen Sand Ostdeutschlands, das als „Mezzogiorno Deutschlands", das hoffnungslos verarmte „Dunkeldeutschland" galt. Und irgendwie verschwand die Partylaune der Achtziger Jahre, inklusive ihrer Gegenbewegungen, der künstlerischen Subversivität und Avantgarde, irgendwo in den Stromlinien bedingungsloser Anpassung an Marktgesetze von der korrekten Krawatte bis zur Manager-Etikette, an die neue Bescheidenheit und der „political correctness". Man behalf sich mit Spaß und Ironie.

Die Neunziger Jahre waren vor allem langweilig und nicht so gemeint. Für kurze Zeit herrschte wieder Auftrieb, als die „New Economy" Jüngst- und Kleinstunternehmer mit schnell geschriebenen Business-Plänen dank „Business Angels" an die Börse trieb, die ihr von Aktionären hereingespülten Geld geschickt zu verschwenden wussten. Die vermeintlichen „Innovationen", die dank der Digitalisierung ganzer Wirtschaftszweige wie Unkraut sprossen, erwiesen sich als Seiltanz, weil sie jeden unternehmerischen und verantwortungsvollen Denkens entbehrten - dazu war einfach schon zuviel Geld da. Der „Neue Markt" ging sang- und klanglos unter.

Der 11. September 2001 besiegelte in Deutschland das Ende dieser „Spaßgesellschaft", der pseudo-ironischen Kultur der Neunziger Jahre, die sich selbst auf die Nerven ging. Die Lage der Nation wird ernst und ernster. Immer mehr Arbeitsplätze gehen verloren, wer sich auf der Straße wieder findet, fühlt sich meistens hilflos. War es in den Neunziger Jahren für viele sogar ein Spaß, mal arbeitslos zu sein, nichts zu tun und vom Staat Geld zu kassieren, wirft die Regierung viele jener aus ihrer „sozialen Hängematte" mit Kürzungen und Auflagen hinaus. Wenn es einen neuen Wert gibt, dann ist es der Euro, der von vielen „Teuro" genannt wird. Fast alle Anbieter nehmen den Abschied von der Wirt-

schaftswunder-D-Mark zum Anlass, die alte Währung mit der neuen gleichzusetzen. Die meisten Konsumprodukte werden in Deutschland bis doppelt so teuer, gleichzeitig haben die meisten Menschen weniger Geld. Billig erlebt einen Boom wie nie, „value for money" ist das Gebot der Stunde, „Geiz ist geil" der bekannteste Slogan, ganze Märkte erleben einen Einbruch, weil die Konsumenten entweder preiswerte Wege zur Ware finden oder sie gnadenlos herunterhandeln. Die Profiteure sind Konsumketten, die schon immer billigst anboten. Gehörte es in den Achtziger Jahren zum guten Ton des Konsums, nach dem Motto „was nichts kostet, das ist nichts" zu shoppen, ist es nun ein Zeichen der Intelligenz, das jeweils günstigste Angebot zu recherchieren und dann vielleicht doch nichts zu nehmen. Die Situation nimmt dann absurde Züge an, wenn Politiker angesichts der wirtschaftlichen Talfahrt ihre Bürger zu „mehr Konsum" auffordern. Diese haben entweder kein Geld - oder einfach Angst.

Deutschland befindet sich in einem gewaltigen Umbruch: Man klammert sich verzweifelt an die alten Jobs, auch wenn sie immer redundanter werden. Bürokratische Institutionen und Gewerkschaften lähmen notwendige Prozesse und wissen, dass sie an alten Zöpfen hängen. Die bittere Pille der Reformen liegt zur Einnahme bereit, an ihr führt kein Weg mehr vorbei, und jeder weiß es. Aber wer es sich nach wie vor einfach machen will, schiebt weiter die Schuld auf die „Regierung". Das Problem Deutschlands, wenig Eigenverantwortung zu entwickeln - im Gegensatz etwa zu den Vereinigten Staaten - liegt an der traditionellen Fixierung auf das System „Staat" und seiner Elemente im deutschen Kulturkreis, innerhalb derer man sich selbst nicht als Agierenden, Verändernden in die Situation einbezieht, sondern lediglich auf das Agieren des Staates wartet. Diese dem „Vater Staat" zugeschriebene Übermächtigkeit generiert das Gefühl der eigenen Ohnmächtigkeit.

Das Gefühl, selbst nichts ändern zu brauchen, hat eine lange Tradition in der deutschen Mentalitätsgeschichte. Der Grundcharakter der Deutschen ist nach wie vor ihre weltberühmte und viel zitierte Melancholie: Wir sitzen da, geben die Schuld für alles Übel selten uns selbst und warten auf das nächste Wunder. Die Gründe für diese Befindlichkeit? Möglicherweise liegen sie tief in unserer Vergangenheit verankert. Viele Zitate aus unserer Kulturgeschichte sprechen dafür. Um dieses Phänomen zu verstehen, reicht ein Sprung in die deutsche Mentalitätsgeschichte seit Martin Luther.

DIE LANGE KARRIERE DER DEUTSCHEN MELANCHOLIE

Gehorsam ist bei ihnen nicht Knechtschaft, er ist Regelmäßigkeit, charakterisiert die französische Philosophin und Chronistin Madame de Staël die Deutschen in ihrer viel beachteten Analyse „Über Deutschland" (37) zu Beginn des 19. Jahrhunderts. Das ist ein schockierender Befund. Es handelt sich aber um eine Entwicklung, die man in Deutschland bereits seit dem Mittelalter nachvollziehen kann.

Die kulturelle „Prägung" Deutschlands ist sprichwörtlich zu nehmen. Als Johannes Gutenberg um 1400 in Mainz eine Weinpresse in eine Maschine umwandelt, mit der man jeden Buchstaben einzeln zu Wörtern und Sätzen zusammensetzen kann, erfindet er die beweglichen Lettern, mit denen man beliebige Texte mit schwarzer Flüssigkeit auf ein Stück Papier oder Pergament in beliebiger Anzahl „drucken" kann. Mit der Einführung der beweglichen Lettern beginnt die Wirkungsgeschichte der Medien.

In Deutschland wurde mit dem Buchdruck eine gigantische Medien- und Mentalitätsverschiebung in Gang gesetzt. Der durchschlagende Erfolg des Buchdrucks beruht weniger auf der Entwicklung von grafischen und textlichen Grundlagen, sondern ihrer Verbreitung. So vermutet man, dass die Kunde von der Entdeckung Amerikas am Ende des 15. Jahrhunderts und die Nennung ihrer Protagonisten kaum so schnelle Verbreitung und Nachahmung gefunden hätte, wenn nicht bald danach eine große Anzahl von Mitteilungsblättern, Text- und Kartenmaterial in Europa kursierten, die schnell in den Druckerpressen Spaniens, Italiens und Deutschlands angefertigt wurden.

Buchdruck bedeutet Orientierung. Mit Johannes Gutenberg, dem „Mann des Jahrtausends" (TIME Magazine 2000), kommt die „Macht der Ideen" in die Welt. Das erste große Druckwerk Gutenbergs ist eine lateinische Bibel. Einer der ersten, der die Dimensionen dieser neuen Technik erkennt, ist der Reformator Martin Luther. Der Philosoph Johann Gottlob Fichte betrachtet Luthers Reformation in seinen „Reden an die deutsche Nation" im Jahr 1806 als die „letzte große, und im gewissen Sinne, vollendete Welttat des deutschen Volkes".

Die neue Religion verändert das Gesicht Deutschlands mental und fundamental. Die katholische Kirche schlug die Brücke zwischen Gott und den Menschen, die protestantische Kirche hält sich nun aus allem heraus, um die Eigenständigkeit des Menschen als mündiges Wesen zu bestärken. Das hat seinen Preis: Keine Vertretung Gottes auf Erden, der irdische Bezug fällt weg, nichts steht zwischen Gott und Mensch. Nun liegt es an jedem einzelnen Individuum, wie er/sie die unmittelbare Bezie-

hung zu Gott gestaltet. Die einzige Instanz ist das Gewissen, und es ist meistens ein schlechtes Gewissen, das die protestantischen Menschen verfolgt. Aber im Dialog zu Gott - etwa durch das Gebet oder die Andacht - entsteht ein Moment, das eine neue Realität hervorbringt: die „Innerlichkeit". Auf sich selbst geworfen zu sein und allein mit dem Gewissen vor Gott sind Freiheit und Fluch der Protestanten. Luthers populärste Schrift „Von der Freiheit eines Christenmenschen" (1520) geht von Paulus' Paradox aus: „Ein Christenmensch ist ein freier Herr über alle Dinge und niemand untertan. Ein Christenmensch ist ein dienstbarer Knecht aller Dinge und jedermann untertan".

Zwischen Gewissen und Gott, Innerlichkeit und Wirklichkeit, Freiheit und Untertänigkeit entsteht das neuzeitliche Deutschland protestantischer Prägung. Luthers „Welttat" hat also einen tragischen Kern. Ohne den wirklichen Rückhalt der Kirche ist man mit seinem Gewissen auf sich gestellt. Der innerliche Bezug zu Gott wird dabei wirklicher als der Bezug zur Wirklichkeit. Gott allein ist ihr metaphysischer Mittelpunkt. Jetzt tut es dringend Not, die Bewegung vom Epizentrum Wittenberg auf Deutschland auszudehnen. Dies geschieht durch die Verbreitung der Lehre Luthers mit Bibel und Bildung. An den Universitäten entwickelt sich ein weltliches Pendant zur göttlichen Ordnung: Ein abstrakter, unpersönlicher Herrschaftsapparat: der "Staat".

Luther bringt mit den Mitteln der Zeit „den Ernst in die Welt", wie der Soziologe Helmut Plessner im 20. Jahrhundert beschreibt. Publikumswirksam schlägt Martin Luther seine Thesen gegen den Ablass an eine Tür. Dann nutzt er die frische, wenn auch noch unausgegorene Technik des Buchdrucks, sein Wort Gottes zu übersetzen und zu verbreiten.

Und damit es dabei auch auf Dauer nicht bleibt, unternimmt er mit Hilfe von Philip Melanchthon das Großprojekt „Verbreitung der Reformation". Ort des Geschehens: Die Universität Wittenberg, die kurz vorher erst das Gründungsprivileg erhielt. Wittenberg wird zum Epizentrum des deutschen neuzeitlichen Denkens, dessen gepflegte Innerlichkeit von hier aus Schule und Staat macht. 1508 kommt Martin Luther auf Ersuchen des Generalvikars Johann von Staupitz als studierender Mönch und Lektor für Philosophie aus dem großstädtischen Erfurt an die Universität. 1512 erhält er an der Universität eine Bibelprofessur. Bereits 1516, im Jahr des bis heute geltenden Deutschen Reinheitsgebots für Bier, betont Luther die Aufwertung nichttheologischer Fächer und die Notwendigkeit einer Bereinigung der Universität von altscholastischen Zöpfen. Das war ausnahmsweise nicht allein Luthers Idee. Mit den katholischen „Burgen des Teufels", wie er die Universitäten nannte, wollte er früher nichts zu tun haben. Bis Philip Melanchthon kommt. Luthers anfänglicher Hass auf die Universitäten schlägt durch Melanchthons Einfluss in den Plan um, vor Ort mit der Reformation anzusetzen.

Die Universitäten besaßen politische Autorität, weil Absolventen meistens Staatsdiener und Berater wurden, so dass die Kaste der Intellektuellen und die Regenten die politische Sache traditionell unter sich ausmachten. Unter Luther sollte das so bleiben - natürlich nach allen Regeln der Reformation. In erster Linie ging es nun darum, die Universität von der dort gelehrten Scholastik und dem Einfluss Roms zu befreien. In zweiter Instanz wollte man die tiefsten Wurzeln des Christentums aus der Antike ausgraben. Der Wittenberger Rückzug in die Tiefe war der Gegenschlag zum Katholizismus, der die Sünde immer im Beichtstuhl ortete.

Für das isolierte schlechte Gewissen vor Gott allein aber musste ein neues Medium her. An der Universität Wittenberg, Luthers und Melanchthons Wirkungsstätte, entsteht das Modell Deutschland. Denn von hier aus machen Martin Luther und Philip Melanchthon Staat und Schule.

Im Jahr 1518 hält Melanchthon seine Antrittsrede an der Wittenberger Universität als Professor für Griechisch. Schon der Name lässt die Begeisterung für die Antike erkennen: Er übersetzte seinen Familiennamen „Schwarzerde" in die elegantere Altsprache. Luthers Willen zur Verbreitung der reformatorischen Ideen verschmilzt mit Melanchthons Willen zur Ausgrabung der letzten Wurzeln des Christentums im Boden der römischen und griechischen Kultur. So bilden die beiden für das Projekt Wittenberg das perfekte Gespann. Die Tiefe und der Ernst der Bücher sind ihre Schatzkammer, sie besorgen den Wittenberger Studenten die passende Lektüre. Luther übersetzt von 1522 bis 1534 die Bibel, Melanchthon Aristoteles' „Nikomachische Ethik". So kommt es nicht nur zur didaktischen Beschwörung der Antike im deutschen Schul- und Unterrichtswesen, sondern auch dazu, dass das neuzeitliche Verständnis von Mensch und Staat in Deutschland von Aristoteles und seinen Retro-Fanatikern geprägt ist. Was damit gemeint ist, kommt ganz eklatant in Melanchthons Verständnis von Aristoteles' „Politik" zum Tragen: „Politia est legitima ordinatio civitatis, secundum quam alii paesunt, alii parent", Politik als zivile Ordnung, in dem die einen befehlen und die anderen gehorchen. Die einen, das sind die Verwalter und Beauftragten

VON WITTENBERG IN DIE WELT

des Staates, die anderen sind das Volk. Das Phänomen des Gehorsams gegenüber dem Staat hat in Deutschland also eine lange Geschichte. So lang, dass die extreme Gehorsamkeit der Deutschen der Beobachterin Madame de Staël noch dreihundert Jahre später auffällt.

Durch diese Hin- und Rückwendung zum Aristotelismus wird die deutsche Bildungs-, Rechts-, Kultur- und Mentalitätsgeschichte entscheidend geprägt - mit der denkwürdigen Wendung, dass die Intellektuellen des Landes von oben nach unten dozieren. Sie wurden entweder Prediger oder Beamte und Berater des Staatswesens. So entsteht das archetypische, hermetische, deutsche Modell vom „Staat", wenn man so will, eine Art Instanz gewordenes Gewissen.

Nachdem Luther und Melanchthon Wittenberg in eine Mustereinrichtung der Reformation verwandelt hatten, kümmert sich Melanchthon um andere Universitäten.

So überziehen Gehorsam, Ernst und Innerlichkeit ganz Deutschland: In Marburg, Königsberg, Jena, Helmstedt, Straßburg, Gießen, Duisburg und Kiel werden zwischen 1527 und 1665 protestantische Universitäten gegründet. Die katholische Kirche lässt sich das nicht gefallen. Im Zuge der Gegenreformation entstehen bis zum Anfang des 18. Jahrhunderts katholische Universitäten in Dillingen, Paderborn, Osnabrück, Bamberg, Innsbruck und Breslau. Aber der Einfluss Melanchthons ist gewaltig. Sein Verdienst ist es, Aristoteles' „Politik" für den täglichen Gebrauch im Staatswesen fruchtbar zu machen. Melanchthons Image heute ist das nach einem von Karl Hartfelder 1889 geprägten Wort vom „Praeceptor Germaniae", dem „Lehrer Deutschlands". Seine Adepten und Kopisten perfektionieren in den nächsten Jahrhunderten das Verwaltungsmodell Deutschland bis zum unübersichtlichen „Monströsen", wie Samuel von Pufendorf im 17. Jahrhundert die Staatsverfassung Deutschlands bezeichnet. Kein Wunder: Bis zur Aufklärung war diese Art Staatsbildung Sache der Kopisten und Kameralisten der „old school" Wittenbergs. Und die verstanden keinen Spaß. Sie machten buchstäblich Ernst.

Das Tragische: Martin Luther wollte ursprünglich eine Art Verfassung für Deutschland niederlegen, Melanchthon für ihre Durchsetzung sorgen. Er folgte zwar der Lehre Luthers, hielt aber für die Durchsetzung politischer Interessen Cicero und Aristoteles für eine bessere Anleitung als die Bibel. Luther ging eher nach menschlichem Instinkt in dem Sinne, dass (Zitat) „aus einem verzagten Arsch selten ein

IM WÜRGEGRIFF DES STAATES

lustiger Furz komme". Natürliche Rechte waren aber für Melanchthon nicht die Auswüchse menschlicher Instinkte, sondern die Bildung göttlicher Weisheit und Gerechtigkeit in der menschlichen Seele. Auch für ihn war jede Regierung von Gott eingesetzt. Ihre Macht aber bekam sie nur durch ein Volk, das der Regierung gehorcht.

Die Machtverhältnisse sind damit konzeptionell klar geregelt. In der neuzeitlichen politischen Verfassung entsteht die soziale Ordnung durch die klare Unterteilung in befehlende Obrigkeit und parierende Untertanen. Das lateinische „parere" („gehorchen") erscheint noch in der Redewendung vom „Vaterland", denn es hat die gleiche Quelle wie das lateinische „parentes", die Eltern. Der Mythos vom „Vaterland" mit seiner Konnotation der Unterwürfigkeit ist in Deutschland bereits im ausgehenden Mittelalter angelegt.

Europa lernte, dass bürokratische Wohlfahrtsstaaten und mächtige Gewerkschaften die einzige Alternative zum erbitterten Klassenkampf seien; die Amerikaner lernten, dass Regierung und Gewerkschaften bestenfalls notwendige Übel sind", schreibt Walter Russell Mead in seinem Artikel „Goodbye Europa" (SZ vom 3. Mai 2002). Der deutsche „Staat" ist offenbar seit Luther und Melanchthon mit dem merkwürdigen Mythos behaftet, allumfassend zu sein. Alles politische Denken ging damals von einem Staat aus, dessen Träger vorstehen, und der Rest gehorcht - und vieles scheint noch immer davon beherrschend zu sein. Die damaligen Träger des „Staates" sind vor allem Intellektuelle, die in seinem Dienst und beratend und verwaltend tätig sind. Das ist eigenartig: Die deutsche Intelligenz der ersten Stunde berät den Staat und seine Herrscher. Damit haben sie fast eine größere Macht als die Herrscher selbst. Und gleichzeitig sorgen sie dafür, dass Macht und Wissen in ihren Reihen bleiben. Dass der Staat die „ultima ratio" alles Denkens und Handelns ist, scheint den Zeitbewohnern Deutschlands gar nicht anders vorstellbar. Deshalb bekommt der Staat in Deutschland die überbewertete Rolle, eine Art Träger des Verstandes sein zu müssen. Statt etwa der pragmatischen Machtphilosophie von Machiavelli, dessen weltliche Gebrauchsanweisung für Machthaber, der „Prinicipe", 1513 zum ersten Mal ins Deutsche übersetzt wurde, setzt sich die kleinkarierte und kleingeistige Beamtenpolitik der an der Universität ausgebildeten Angestellten durch, die sich im Rahmen ihrer Verselbständigung immer weiter in die kleinsten Adern der lebensweltlichen Dinge hineinfrisst. Aus der

BÜROKRATIE VOR DEMOKRATIE

Überlegung, Für- und Vorsorge für das Volk zu treffen, entwickeln die universitär ausgebildeten Berater in Deutschland die Policey- und Kameralwissenschaften, und aus ihnen gewaltige Beamten- und Verwaltungsapparate. Aus den spätmittelalterlichen politischen Beratern wird das neuzeitliche Verwaltungspersonal, das sich um Ordnung, Sicherheit, wirtschaftliche Absicherung und die Sicherstellung staatlicher Einkünfte durch die Untertanen kümmert. Die Beamten hatten sich an die Prinzipien der Aktenmäßigkeit, der Anonymität und der hierarchischen Organisation zu halten, die später von dem Soziologen Max Weber als „Grundprinzipien der neuzeitlichen Bürokratie" definiert wurden.

Die Entwicklung vom Fürstenstaat zum abstrakten Verwaltungsstaat hat auch seine positiven Seiten. Die aufkommende Dominanz des Staates unter lutherischer Prägung beruht auf dem Willen, vorherige Ereignisse zukünftig zu vermeiden. Erinnerungen aus dem Dreißigjährigen Krieg wie das Massaker der Bartholomäusnacht in Frankreich (1572) und der Mord an Wallenstein sind noch sehr präsent. Dieser Willkür konnte ein rechtmäßig eingesetzter Staat Einhalt gebieten. Dieser Staat aber musste ein neuer, ein vor- und fürsorgender Staat sein. Aus der Not entstand durch die dringend notwendigen Fragen der Absicherung der elementaren Bedürfnisse des Volkes, vor allem geweckt durch akute Hungersnöte in Kriegs- und Krisenzeiten die Grundlegung des modernen Wohlfahrtstaates, und die zu dieser Zeit in Deutschland entwickelten Prinzipien der Entwicklung entsprechender Systeme wurde seit der Hälfte des 19. Jahrhunderts ein echter deutscher Exportschlager. Nicht übersehen sollte man dabei, dass der damalige Staat so handelte, um durch das Überleben des Volkes sein eigenes Überleben zu sichern. Sämtliche merkantilistischen Tätigkeiten und Möglichkeiten der Machts- und Wirtschaftsexpansion liegen natürlich in den Händen der Machthaber, und ihre Träger sind die Beamten. Ihr Wesen ist der nicht klar umrissene, aber umso idealere „Staat". Das Problem: Die Vielzahl der kleinen Fürstenstaaten mit ihren territorialen Machtansprüchen verhindern eine Einheitlichkeit in Form eines Staates über den gesamten deutschen Sprachraum. Wären die weniger gebildeten Zulieferer des Staatswesens, die Mitglieder des Volkes, gefragt worden, sie hätten schon damals nicht viel für die Idee des Staates übrig gehabt. Schließlich waren sie dem System des Beamten- und Bürokratenstaates ausgeliefert. Ein Zeugnis dafür ist Veit Ludwig

Seckendorffs „Teutscher Fürstenstaat' von 1656, ein einflussreiches Werk aus der Lutherschule. Es bildet über ein Jahrhundert lang den wichtigsten Text zur politischen Bildung an den Universitäten. Der konservative Staatsmann Seckendorff plädiert für eine absolute Macht, die sogar die Gemeinschaft fördert, damit der Staat selbst die Macht behält. Die besondere Freiheit der Deutschen wird ihnen zu einem Verhängnis besonderer Art: Die freie Konfessionsausübung (seit dem Augsburger Religionsfrieden von 1555) ging mit der konkurrenzfreien Ausübung des Berufs einher. Die Territorialstaaten begannen, Handel und Gewerbe in eigener Regie zu gestalten. Einerseits musste sich das Bürgertum um nichts kümmern. Andererseits hatte es nichts zu sagen. Selbst in der Theorie des Widerstands ist der Staat Dreh- und Angelpunkt des Denkens, die in Deutschland bezeichnenderweise fast so alt ist wie das neuzeitliche Staatsmodell. Denn selbst wenn man die in Deutschland entstehende und herrschende Staatskonzeption ablehnt, muss man sie als herrschende voraussetzen, um nicht den Boden unter den Füßen zu verlieren. Das deutsche Staatsmodell, in dem man es mit einem System, nicht mit einem Despoten zu tun hat, ist nicht einfach wegzudenken oder zu beseitigen. Deswegen beschäftigt man sich in Deutschland schon im 17. Jahrhundert sehr intensiv mit der Frage, wann es legitim ist, gegen eine politische Autorität Widerstand zu leisten. Nach dem Dreißigjährigen Krieg war es bitter nötig, das wirtschaftliche Leben wieder in Gang zu bringen. Die neuen Intellektuellen der Zeit (die „alten" besorgten in der Verwaltungswissenschaft den Nachschub an Getreide, die Finanzierung der Heere und andere Staatsaufgaben) sehnten sich nach dem Zusammenbruch alter Werte und nach einer neuen Ordnung, die auf Vernunft und Naturrecht beruht. Und vor allem: Einheit. Man suchte sie in einer tragenden Verfassung. Und auch diese sollte dem Verwaltungs- und Gestaltungswahn der Staatsbeamten zum Opfer fallen - bis schließlich nichts mehr dem Zufall überlassen war. Der Westfälische Frieden brachte eine neue Verfassung hervor, die die Fürsten des Landes regelrecht unabhängig machte und die zentrale Macht schwächen sollte. Das ist der Beginn der deutschen Kleinstaaterei. Um von einer Feudalgesellschaft vieler kleiner Fürstentümer zu einem modernen Staat zusammenzuwachsen, müssten diese Einzelmächte zu einer Macht vereinigt werden, die als gesetzgebende Autorität akzeptiert werden kann. Dies legt einen abstrakten Staat nahe, der mehr auf intellektuellem Kalkül als auf Pioniertaten beruht.

DEUTSCHLAND IN KRANKER VERFASSUNG

Samuel von Pufendorf ist derjenige, der Staat und Kirche endgültig voneinander trennen will, und der erste, der die Vernunft einsetzt, um das natürliche Recht des Menschen wirken zu lassen. Unter dem Pseudonym „Severinus de Monzambano" veröffentlicht der sächsische Spross einer Dynastie von protestantischen Theologen im Jahr 1667 eine Schrift, die für Furore sorgt und in etlichen Auflagen und Sprachen erscheint: „Über die Verfassung des deutschen Reiches".

Diese „Verfassung" kann man durchaus auch im psychologischen Sinne verstehen. Unter verdecktem Namen betrachtet von Pufendorf die Verfassung einer Nation als schwach, wenn sie „etwas Unregelmäßiges und Monströses zeigen". Diese Schwäche und Unregelmäßigkeit ist in Deutschland so dominant, weil ein Kaiser versucht, monarchische Systeme wiederherzustellen, während die Reichsstände nach Unabhängigkeit streben. Beide aber haben eine gewisse Macht und schwächen dadurch das System. Deshalb verhält es sich im deutschen Kulturkreis so, „dass gewisse Elemente in der deutschen Verfassung es unmöglich machen, diese auf eine der so genannten einfachen Staatsformen (...) zurückzuführen". Weil es nicht einfach geht, wird es kompliziert, und „abgesehen davon, dass jede Mischung verschiedener Staatsformen nur ein Monstrum von Staat darstellen kann, so passt auch keines genau auf das deutsche Reich". Sein Urteil ist eindeutig: „Es bleibt also nichts übrig, als Deutschland, wenn man es nach den Regeln der Politik klassifizieren will, einen unregelmäßigen und einem Monstrum ähnlichen Staatskörper zu nennen, der sich im Laufe der Zeit durch die träge Nachgiebigkeit der Kaiser, durch den Ehrgeiz der Fürsten und die Ruhelosigkeit der Pfaffen aus einer Monarchie zu einer so ungeschickten Staatsform umgestaltet hat" (v. Pufendorf 1922:94). So sieht es aus im Staate Deutschland in dieser Zeit. Im Zuge der Diagnose der „Krankheiten" Deutschlands attestiert von Pufendorf dem Mittelstand einen Hang zur Eifersucht und Klage - ein regelmäßig auftauchendes Symptom der Volksmentalität, sobald es sich zu schwach fühlt, um die buchstäblich herrschenden Dinge zu ändern. Aber genau darin liegt der Kern der Krankheit: „ (...) eine Menge von Menschen, mag sie noch so zahlreich sein, ist nicht stärker als ein Mann, solange jeder seine besonderen Zwecke verfolgt", sagt von Pufendorf. Konfessionelle Verschiedenheiten und die Durchsetzungsinteressen am Staat vom Kaiser einerseits, den Reichsständen und Territorialstaaten andererseits verhinderten jedoch jede Einigkeit. Nach v. Pufendorfs Auffassung liegt der prinzipielle Grund für das „fieberhafte" Deutschland - der Disparatheit

„WAGE ES, ZU DENKEN!“: DIE AUFKLÄRUNG

untereinander angesichts der monströsen Entwicklungen in Verfassung und Recht des Staates - in den Wurzeln der römisch orientierten Politik Karls des Großen und der Vorstellung, dass das „Heilige Römische Reich Deutscher Nation“ sich immer noch immer als Nachfolger des römischen Imperiums betrachtet. Sein wichtigstes Heilmittel: Wiederherstellung der „inneren Eintracht“, vor allem durch die rechtliche Ausgewogenheit.

Aber es gibt Hoffnung. Von Pufendorfs zweites großes Werk war „De jure naturae et gentium“ (1672). Er widerspricht dort der Lehre von Thomas Hobbes, dass jeder Mensch im vorstaatlichen Zustand „des anderen Menschen Wolf“ sei, oder dass es sich um einen Zustand des „Krieges aller gegen alle“ handeln würde. Jedenfalls war es seiner Ansicht nach nicht aus diesen Gründen notwendig, einen Herrscher einzusetzen oder einen Staat zu errichten. Mit dem Aufkommen des aufgeklärten Absolutismus entstand das Bedürfnis nach allgemein verbindlichen gesellschaftlichen Kodierungen, die diese Ideen in Gesetze und Rechtsprechungen umsetzten. Aufgrund der Vielzahl der Fürstentümer und Territorialstaaten sollte bei allen Verfassungen der spezielle „Volkscharakter“ gewahrt bleiben, aus dem ein Staat hervorgeht. Und so natürlich besonders der Deutschen.

An diesem Punkt, etwa ab 1700, geschieht etwas fundamental Neues: Die Entdeckung der eigenen und einzigartigen Fähigkeit des Menschen, selbst zu denken, sich selbst auszubilden und über sich selbst hinauszuwachsen - Kants „Ausgang des Menschen aus seiner selbst verschuldeten Mündigkeit“, die Aufklärung. Es handelt sich um eine kulturelle Leistung, um die man Deutschland mit seinen bestimmenden Dichtern und Denkern einfach nur beneiden kann, allen voran der Denker Kant und der Dichter Goethe. Sie haben gegenüber allen anderen Kulturen sich nicht dem szientistisch-mechanistischen Weltbild angeschlossen, das seit Descartes ganz auf die Wissenschaft gesetzt hat, den Fortschritt preist und menschliche Potenziale außer Acht lässt. Umso merkwürdiger ist es, dass man in Deutschland diese Werte als „Klassiker“ einstuft und nicht das unglaubliche Potenzial in dieser Bewegung als eine deutsche Erfindung verbucht. Aber fangen wir von vorne an.

Unter dem preußischen König Friedrich I. erlebt Preußen eine große intellektuelle Blüte. Der überragende Denker dieser Phase war der Philosoph, Mathematiker, Diplomat und politische Berater G.W. Leibniz. Leibniz‘ Auffassung vom Staat war geprägt von dem Bemühen um Humanität. Ideen zur Beförderung des menschlichen Glücks hatten Vorrang vor nationalen

Anwandlungen. Der Staat bildete für ihn eine moralische Instanz, die einem allgemeinen Willen entspricht. Der Staat sollte sich der Prinzipien des Naturrechts annehmen. Die Herrschaft des Gesetzes war die wesentliche Aufgabe des Staates, neben Sauberkeit, Unterstützung der Armen und die Kultivierung der Wissenschaften und Künste. Leibniz' Theodizee, sein populärstes Werk, ist eine Hymne an die Freiheit unter den Bedingungen der Vernunft. Er legte damit die philosophische Grundlage für die Reformideen von Christian Wolff.

Wolff wurde zunächst des Atheismus bezichtigt, des Reiches verwiesen und später von Friedrich Wilhelm I. rehabilitiert. Der Grund dafür war sein Weltruhm als führender Philosoph in Deutschland. Seine Bücher wurden in viele Sprachen übersetzt und galten an den Universitäten der Welt als Pflichtlektüre. Wolffs Rationalismus fand durch Propagandisten und Parodisten eine unvergleichliche Breitenwirkung. Doch noch zu Lebzeiten kamen seine Ideen aus der Mode, als neue französische und englische Denker Aufmerksamkeit erregten. Trotzdem war die so genannte Leibniz-Wolff-Schule im deutschen Kulturkreis derart fest institutionalisiert, dass Wolff als „Schulmeister der Deutschen" galt, die mit seinem strengen und disziplinierten Denken einherging. „Sapere aude!" - „Wage es, zu denken!" war Wolffs Leitspruch, den später Immanuel Kant als Grundgedanken der Aufklärung zitierte. Nach seiner Auffassung hatte die Vernunft keine Grenzen. Als Philosoph versuchte Wolff, Leibniz' Ideen zu einem System zu verschmelzen, das Rationalismus und Empirismus zugunsten eines Determinismus ablöste: Sein vorgegriffener Utilitarismus besagte, dass die Gründung einer Gesellschaft notwendig sei, damit jeder einzelne seinen Pflichten nachgehen könne, sich zu einem perfekten Menschen zu machen.

Wolff sprach zum ersten Mal nicht von „Staat" oder „Gesellschaft", sondern von Gemeinwohl oder Gemeinschaft. Diese wurde von ihm als eine Art große Familie verstanden. Je mehr Menschen zusammenkommen, um ihrem Glück nachzugehen, umso höher das allgemeine Glück und der Wohlstand einer Nation. Bei Christian Wolff vollzieht sich zum ersten Mal eine scharfe Trennung von Staat und Gesellschaft. Aber selbstverständlich gilt der Mensch als gehorsamspflichtiger Untertan, der dem Staat dienlich ist. Hier ist zudem die dem deutschen Denken so charakteristische Trennung von Staat und Gesellschaft bereits angelegt, die gewöhnlich erst für das 19. Jahrhundert - seit Hegel - angenommen wird. Doch zwischen Wolff und Hegel liegt die Aufklärung Immanuel Kants. Es war die Zeit der großen Ideen in Deutschland. Damit war die Zeit reif, in der Deutschland seine größte Blüte erlebt und seine größte historische Chance auf eine Selbstbesinnung verspielt - ausgerechnet durch die Nachfolger der Aufklärung, die deutschen Idealisten und die Romantiker. Auf einmalige und erstaunliche Weise gelingt es den Deutschen gerade bei jeder evolutionären und revolutionären Veränderung der Denkgeschichte, dafür zu sorgen, dass sich alles verändert, damit alles bleibt, wie es ist: Staat auf der einen, Gesellschaft auf der anderen Seite. Mit der Aufklärung tritt das „Individuum" hinzu. Und hier kommt ein Mann, den man schon zu Lebzeiten den „Alleszermalmer" nannte, weil er mit nahezu jedem bestehenden Denkmodell bricht und eine vollkommen neuartige philosophische Konzeption vorlegte, die auch das Denken in Deutschland fundamental verändert. Die Rede ist von Immanuel Kant.

Selten findet man den Antrieb, der einen das Leben lang verfolgt, so klar formuliert wie bei Immanuel Kant, einem der größten Philosophen der Menschheit. Er steht am Ende seiner „Kritik der praktischen Vernunft", und am Ende seines Lebens auf seinem Grabstein, zu seinem 200. Todestag 2004 stand er auf dem Titel des SPIEGEL: „Nichts erfüllt das menschliche Gemüt mit mehr Ehrfurcht und Bewunderung als der bestirnte Himmel über mir und das moralische Gesetz in mir." Was wir nun tun, ist wissenschaftlich frivol: Wir wollen Kant in fünf Sätzen erklären. Kant war überzeugt, dass es nicht die Erfahrung ist, die uns allgemeingültige Gesetzmäßigkeiten verschafft – denn sie müssten ja ständig neu bewiesen werden. Wo hört das Universum auf? Es hört nicht auf – doch wir können uns Unendlichkeit nicht vorstellen. Aber wir können es wissen.

Das ist Kants Neugier: Prinzipien des Wissens, die unabhängig von Erfahrung funktionieren. Diese Prinzipien „a priori", unabhängig von der Erfahrung, sind Kants große Entdeckung: Im Denken können synthetische Urteile entspringen, Gesetze, denen etwas hinzugefügt wird, was unabhängig von Erfahrung ist, sondern dem Denken entspringt. Es wird also immer ein selbstständig denkendes und deshalb freies Wesen vorausgesetzt: Niemand, nur das Denken selbst kann Dir mitteilen, was wahr und falsch, gut und schlecht, was schön und hässlich ist. Kants Entdeckung (je)des Menschen als selbst denkendes und deshalb freies Wesen löste eine Revolution aus.

Das Zeitalter der frühen Aufklärung wurde die Ära der meinungsbildenden Medien, der Zeitungen. Schon 1700 gab es in Deutschland 58 Journale, zehn Jahre später waren es bereits

LICHT, LIEBE, LEBEN: AUFKLÄRUNG NACH KANT

122 offizielle Zeitungen, weitere zehn Jahre später 241, gefüllt mit Sensationsgeschichten und Neuigkeiten aus der Gesellschaft, aber auch mit eine beträchtlichen Menge an historischem, politischem und philosophischem Inhalt. Trotz Zensur wurden bis 1790 in über 3.400 meist wöchentlich erscheinenden Journalen und Magazinen die Ideen der Leibniz-Wolff-Schule, von dem Königsberger Philosophen Immanuel Kant und anderer Vertreter diskutiert und verbreitet. Vor allem in den protestantischen Hochburgen, den Handelsstädten Leipzig, Frankfurt, Hamburg und den Universitätsstädten Halle und Jena erfreuten sich Zeitschriften immer größerer Beliebtheit. Immer stärker nahm auch die Zahl der kleinen Regionalzeitungen zu. Desgleichen erfuhren Bücher eine rasante Konjunktur. Waren es in den 1760er Jahren zwischen 2.000 und 3.000, so stieg die Zahl der Neuerscheinungen bis zum Ende des Jahrhunderts um fast 11.000 pro Jahr an. Und es wurde nicht nur von Intellektuellen gelesen. Auch ärmere und ungebildetere Schichten wurden ein Lesepublikum, das sich durchaus auch mit politischen und philosophischen Ideen, Texten, Gedichten und Romane der zeitgenössischen Dichter und Denker von Shakespeare bis zu den einschlagenden Werken von den politischen Ideen Montesquieus, Herders und Rousseaus, schließlich den poetischen Werken von Wieland, Lessing, Goethe und Schiller, der ein großes Interesse an der Verbreitung eines neuen, aufgeklärten Nationalgeistes hatte. Der Buchdruck erntete zum ersten Mal seine positiven Früchte: die der Individualität, der Persönlichkeit, des Menschen als „Zweck an sich".

In der epochalen Phase Deutschlands zwischen 1795 und 1806, dem Ende des „Heiligen Römischen Reiches deutscher Nation" und dem Aufstieg der preußischen Regierung entstehen die wichtigsten kulturellen Errungenschaften des Landes auf dem Gebiet der Literatur und der Philosophie, die Erzeugnisse der heutigen „Klassiker" und der Philosophen des Deutschen Idealismus, die Deutschland zum „Land der Dichter und Denker" machten. Den neuen Ideen stand der regulierende, bürokratische deutsche Staat gegenüber. Viele Leute, die sich mit Freiheitsideen, dem Vaterland, Menschlichkeit und Freiheit gleichermaßen befassten und diese Ideen als Gegenpol zum herrschenden Staat betrachteten, waren in der Poesie beheimatet. Denn man war nur innerlich „frei". Diese innere Freiheit brachte allerdings einen Schatz an Ideen hervor, die wissenschaftlich bis ins Letzte ergründet, aber bis heute pragmatisch noch nicht ausgeschöpft sind. Johann

Gottfried Herder (1744-1803) entwickelte in seinen „Ideen zur Philosophie der Geschichte der Menschheit“ (1784-1791) den Gedanken, in der Menschennatur schlummert eine Vielzahl an Entfaltungsmöglichkeiten, die in der Menschheit zum Tragen kommen. Ein Staat sollte nur auf seinen eigenen Werten beruhen: eine große, familienähnliche geschlossene Gemeinschaft mit gemeinsamer Sprache, Religion und historischer Tradition. „Licht, Liebe, Leben“ lautet die Inschrift auf seinem Grabmal.

Der „Dichterfürst“ Johann Wolfgang von Goethe (1749-1832) hatte ein großes Interesse an den kulturellen Errungenschaften seiner Zeit. Er schloss sich wie die Dichter Herder, Klopstock, Lessing, Wieland der Freimaurerloge an.

Für Friedrich Schiller (1759-1805) fällt der Kunst die Aufgabe zu, Muster des Sein-Könnens zu liefern. Im Mittelpunkt seines Denkens steht der Begriff der menschlichen Würde, der nach dem Zweiten Weltkrieg von Carlo Schmid in den viel zitierten Artikel 1 des deutschen Grundgesetzes eingesetzt wird: „Die Würde des Menschen ist unantastbar“. Denn Schmid erkannte die eigentliche Qualität der deutschen Tradition: „Die Majestät der Deutschen ruhte nie auf dem Haupte seiner Fürsten. Abgesondert von dem politischen hat der Deutsche sich seinen eigenen Wert gegründet, und wenn auch das Imperium unterginge, so bliebe die deutsche Würde unangefochten. Sie ist eine sittliche Größe, sie wohnt in der Kultur und in dem Charakter der Nation, der von ihren politischen Schicksalen unabhängig ist...“ (24).

Schiller stellt in seinen „Briefen zur ästhetischen Erziehung des Menschen“ aber fest: Der Mensch „kommt zu sich aus dem sinnlichen Schlummer, erkennt sich als Mensch, blickt um sich her und findet sich – in dem Staat“. Er beansprucht für jeden Menschen die Freiheit im Sinne Kants. Schiller bezeichnete sich im Gegensatz zum Realisten Goethe als Idealisten und bezog seine Begeisterung für die Idee der Freiheit aus der Ethik und Ästhetik Kants. Beide wiederum begeisterten sich für Rousseau. Schillers und Goethes Dichtung sowie Kants Philosophie wurden Evangelien der Freiheitsbewegung. Aber der brennende Wunsch nach einer national verbindlichen Einheit in Freiheit war nicht zu leugnen, das Bemühen jedoch vollkommen umsonst. So sahen es die Dichter Goethe und Schiller, als sie 1795/96 zusammen einen Text verfassten: „Zur Nation Euch zu bilden, Ihr hofft es, Deutsche, vergebens. Bildet, Ihr könnt es, dafür freier zu Menschen Euch aus!“ (Xenien). Viele Zeitungen, die diese neuen geistigen Produkte aus Deutschland diskutierten, entstanden in dieser Zeit, und

DER DEUTSCHE STAAT: DIE MENSCH-MASCHINE

sorgten für die Verbreitung der Ideen von Kant, Goethe und Schiller. Die Deutschen griffen begierig zu: die Auflage lag um 1780 bei 30.000, 1803 waren es schon 50.000 verkaufte Exemplare. Der Buchhändler und Verleger Friedrich Nicolai verlegte zwischen 1765 und 1806 die „Deutsche Allgemeine Bibliothek", sein erfolgreichstes Projekt unter vielen. Moses Mendelssohn und Nicolais Freund Gotthold Ephraim Lessing publizierten ebenfalls in dem Berliner Verlag. Der Bewunderer von Friedrich II. galt als Oberhaupt der aufklärerischen Bewegung, obwohl er später Goethe, Kant und Rousseau scharf attackierte. Langsam sickerte unter der preußischen Zensur immer stärker der Wunsch nach einer demokratischeren Republik durch. Diese Freiheit wurde jenseits des Atlantischen Ozeans realisiert: Die Unabhängigkeit Amerikas vom europäischen Kontinent, die 1776 mit der „Declaration of Independence" besiegelt und 1783 in Paris anerkannt wurde.

Drei junge Intellektuelle, die 1795 in einer Tübinger Wohngemeinschaft leben, formulieren berauscht von den neuen Ideen der Aufklärung durch Kant und Schiller einen Sprengsatz, in dem sie deutlich machen, dass die Wirklichkeit in keinster Weise mehr den Ideen der Zeit entspricht. Diese Wirklichkeit ist der bestehende Staat, in dem sich die Freiheit nicht entfalten kann. Ihm setzen sie die neuen Ideale der Schönheit und eine neue Mythologie, die „Mythologie der Vernunft" entgegen. Aus einer Mischung zwischen Religion und Ästhetik soll sie der „Menschheit" endlich Seelenheil verschaffen. Es handelt sich um die beiden Philosophen Georg Wilhelm Friedrich Hegel und Friedrich Wilhelm Joseph Schelling sowie den Dichter Friedrich Hölderlin.

Diese drei späteren Vertreter des „deutschen Idealismus" stimmen, wie alle anderen Vertreter dieser Richtung nach Kant, darin überein, den Menschen nicht lediglich als ein durch mechanische Ursachen oder durch sinnliche Anreize bestimmtes Naturwesen, sondern als geistiges Wesen zu betrachten, das sich über die Einschränkungen der Natur erheben und aus sich heraus eine geistige Welt erzeugen kann, in dem die Werte des Wahren, Guten und Schönen Gestalt annehmen können; dass sich jeder Mensch von den Fesseln der Notwendigkeiten befreien und Aufgaben lösen kann, die ihn über sich hinausführen – darin liegt seine Freiheit. Der Mensch macht sich zu dem, was er sein kann, und er ist nichts anderes als das, was er ständig aus sich hervorbringt. Er ist ständige Bewegung, Tätigkeit,

HEGELS WENDE – DAS ENDE DER GROSSEN FREIHEIT

Leben, und darin frei. Diese Freiheit hat nichts mit Willkür oder Beliebigkeit zu tun, sondern mit Aufmerksamkeit, Hingabe und Verantwortung. Dies ist nach den deutschen Idealisten die wahre Bestimmung des Menschen, die zum ersten Mal bei Kant deutlich geworden ist, als er den Menschen als selbst denkendes Wesen erkannt hatte. Aber gerade auf dem Gebiet des Rechts und im politischen Leben treffen Freiheit und Zwang, Macht und Ohnmacht in Deutschland hart aufeinander.

Ihr „Systemprogramm", eine Art Flugblatt der Aufklärung, will den hinderlichen deutschen Staat gleich abschaffen: „Nur was Gegenstand der Freiheit ist, heißt Idee. Wir müssen also auch über den Staat hinaus! – Denn jeder Staat muss freie Menschen als mechanisches Räderwerk behandeln; und das soll er nicht; also soll er aufhören (...)". Die Autoren wollen den Staat ganz abschaffen, weil es in ihrer Vorstellung gar keinen anderen Staat geben kann als den Maschinenstaat, vor denen sich jeder, der die Freiheit liebt, in Schutz bringen muss. Die Aufklärung bringt ihre ersten Früchte. Vorbei war es mit der einfachen Handhabung, jeden Menschen einer Rolle in einem Staat unterzuordnen. Aber ein „Reich der Freiheit" war auch nicht unbedingt sofort auszumachen. Die Polarität Staat-Mensch blieb in der deutschen Realpolitik bestehen. Wie anders klingt da zum Beispiel die Amerikanische Verfassung nach der Vorlage der „Federalist Papers", allein das erste Wort: „We, the American people...". Den Mitgliedern der neuen amerikanischen Gemeinschaft wird die Verfolgung des persönlichen Glücks („the pursuit of their own happiness") auferlegt – und der Staat ist auf nichts als „Meinung" begründet („that all government rests upon opinion"). Für Deutsche bis heute kaum nachvollziehbare Gedanken. Und undenkbar, so etwas in der deutschen Verfassung wiederzufinden. Dort kämpft man sich bis heute mit der „Würde" ab.

Wenn dieses Systemprogramm der drei Idealisten abgearbeitet ist, „herrscht ewige Einheit unter uns. (...) Dann erst erwartet uns gleiche Ausbildung aller Kräfte, des einzelnen sowohl als aller Individuen. (...) Ein höherer Geist vom Himmel gesandt, muss diese neue Religion unter uns stiften, sie wird das letzte, größte Werk der Menschheit sein." 1806 steigt dieses vermeintlich höhere Wesen in Jena zur Begeisterung des Autoren Hegel direkt vor ihm vom Pferd: Napoleon Bonaparte. Er denkt, dass der Mann auf dem Pferd sein höheres Wesen ist, das die Signale von Freiheit,

Gleichheit, Brüderlichkeit vor sich herträgt. Seine Ansprüche, die im Systemprogramm formuliert sind, verwirklicht er nicht. Im Gegenteil: Speziell seine geistige Entwicklung kann man als grandiose Dialektik, als Abkehr dieses Programms in ihr Gegenteil sehen – nämlich dadurch, dass er mit diesen Ideen wiederum Staat macht.

Hegel selbst aber reitet bald schon – als Berliner Professor im Auftrag des preußischen Fürsten unterwegs - auf seinen Prinzipien der Dialektik herum, die alles erklären können, durch die Institutionen. Der Diplomat und Beamte Wilhelm von Humboldt gründet 1809 die neue Universität Berlin und legt damit den Grundstein für eine neue, liberale Entfaltungsmöglichkeit des am Boden liegenden preußischen Staates durch universelle Bildung und die Schaffung eines „Rechtsstaates" und eine Wirtschaft. Sein Ziel: Die intellektuelle, politische und wirtschaftliche Führerschaft über Frankreich. Sein Mittel: Die neue, frei gesetzte Energie der Aufklärung in der deutschen Bevölkerung. Sein Vertreter an der Universität: Hegel. Und Hegel sagt: „Alles, was wirklich ist, ist vernünftig, und alles, was vernünftig ist, ist wirklich". Das ist ein Killersatz. Die Anbetung der Vernunft wird zum Dreh- und Angelpunkt seiner Konzeption, „der Mensch" als höhergeleitetes Vernunftwesen das Maß aller Dinge – im Gegensatz zu „den Menschen". Friedrich Schillers Konzeption von einem „ästhetischen Staat", das Hegel früher für ein „Meisterstück" hielt, findet er jetzt „nicht tragisch, sondern entsetzlich". Durch die Ironie dieses Schicksals wird der gleiche Mann, der früher den Staat abschaffen wollte, später offiziell Preußens erster Staatsphilosoph und interpretiert den Staat als „Verwirklichung göttlicher Ideen". Der einstige Schiller- und Napoleon-Fan Hegel konvertiert zum Ideologen, der seiner eigenen Erfindung, der Dialektik, erliegt. Wie es sich für den genialen Dialektiker gehört, verwandelt er seinen „Staat" in die bereits verwirklichte Form jener Ideen, die ihm früher mal vorschwebten. Vielleicht ist dies die fatalste Entwicklung der deutschen Kultur: die Tatsache, dass der deutsche „Rechtsstaat" heutiger Prägung wiederum von einem Idealisten begründet wird.

Eines muss man Hegel lassen: Er sieht in der Schlacht von Jena, die er 1806 selbst erlebt hatte, das Ende der Weltgeschichte, weil hier die Werte der französischen Revolution – Freiheit, Gleichheit, Brüderlichkeit – den nationalstaatlichen Armen Napoleons entrissen wurden. Denn nun ist es seiner Meinung nach nur noch eine Frage der Zeit, wann Vernunft und Freiheit in einem Staat zusammenkommen.

Sein „Rechtsstaat" beansprucht, „die Allgemeinheit der Rechtsqualität aller zu sein" – ohne die Mitglieder der Nation konkret zu fragen. So sind in der deutschen Kultur auch nach der Blüte von Aufklärung, Idealismus und Romantik die alleinig bestimmenden Instanzen: Herrschaft und Bürokratie. Hier ist er wieder, nach den glorreichen Ideen von Freiheit und der Entdeckung des Menschen wie Phoenix aus der Asche: der alles dominierende deutsche Staat.

Hegel bezeichnete seinen Staat als „Wirklichkeit der sittlichen Idee" (Grundlinien §257). „Die Rechtsphilosophie - darin liegt das Geheimnis ihrer gedanklichen Provokationen und ein Schlüssel zu ihrer wechselvollen Wirkungsgeschichte – ist philosophisches Lehrbuch und politische Publizistik, gelehrter Traktat und aktuelle Kampfschrift in einem." (Riedel 1975:11f.) „Trotz aller Polemik gegen den Fichteschen Polizeistaat, in welchem „Alles nach der Schnur geht", ist der Hegelsche Freiheitsstaat viel schlimmer als jener - eine rechtfertigende Konstruktion der faktisch in Preußen waltenden Polizeigelüste." (Haym in Riedel 1975:389) Es tritt also das Gegenteil von dem ein, was in der revolutionären Freiheitsschrift des Systemprogramms – vom gleichen Autor, Hegel! – die Rede war: Eine Welt für die Menschen zu schaffen. Anders gesprochen: Für das Politische, also die Entfaltung der Freiheit in Gemeinschaft, bleibt keine eigene Authentizität außer der Absorption durch den Staat als Rechtsordnungssubjekt übrig. Damit ist der Typus des politischen Denkens in diesem Kulturkreis (Deutschland) entwickelt. In Hegels Rechtsphilosophie sammeln sich die Ströme, die das deutsche politische Denken der Neuzeit geprägt haben: Die „Politica" - Staatswissenschaft, das Naturrecht, die Polizeiwissenschaft, der „Transzendentalismus" (Ernst Vollrath 1987:122). Aber was die deutsche Mentalität angeht, ist der Deutsche Idealismus und daraus resultierende, verklärende Romantizismus um 1800 bis heute „the real German Weltanschauung" (Friedrich Hertz) geblieben. Und es ist schon erstaunlich, dass Peter F. Drucker noch 1985 betonen muss: „Alle haben erkannt, dass Staatspolitik und Staatsbehörden nicht göttlichen, sondern menschlichen Ursprungs sind. (...) Dennoch geht die Politik immer noch von der Jahrtausende alten Prämisse aus, was auch immer der Staat tue, sei in der Natur der menschlichen Gesellschaft verwurzelt und sei daher „für ewig". Die Folge ist, dass es bis heute keinen Mechanismus gibt, mit dessen Hilfe ein Staatswesen Altes, Ausgedientes und nicht mehr Produktives abstreifen kann." (Drucker 1985:364) Das trifft in bedeutender Weise auf Deutschland zu. Das Prob-

lem: Die Vereinigung aller guten Ideen der Aufklärung und des deutschen Idealismus führt in Deutschland nicht zu einer Umkehrung der Verhältnisse zwischen Staat, Gesellschaft und Mensch, sondern offenbar zwangsweise zu einer Neu-Verfassung des Staatsgebildes. Etwas anderes als „der Staat" scheint gar nicht denkbar. Die Realität Deutschlands ist bis heute der „Staat" in der Vorprägung Hegels.

Nur, wo „Staat" ist, ist Macht – auch nach der deutschen Revolution und der Nationalversammlung in der Frankfurter Paulskirche 1848. „Die Bahn der Macht ist die einzige, die den gärenden Freiheitstrieb befriedigen und sättigen wird, der sich bisher selbst nicht erkannt hat. Denn es ist nicht bloß die Freiheit, die der Deutsche meint, es ist zur größeren Hälfte die Macht, die ihm bisher versagte, nach der es ihm gelüstet", sagt allen Ernstes der Verfassungs-Entwickler Friedrich Christoph Dahlmann in seiner Rede in der Nationalversammlung am 22. Januar 1849 (in Bleek 2001:149). „Die Macht ist das Prinzip des Staates", sagt Treitschke in „Bundesstaat und Einheitsstaat" (1864, zitiert in Bleek 2001:153), und zwar, „dass das Wesen des Staates zum Ersten Macht, zum Zweiten Macht und zum Dritten Macht ist". Für den Historiker Friedrich Meinecke ist dies der klassische Beleg für die Wende von der Priorität des Freiheitsideals zum Vorrang des Machtgedankens (vgl. Bleek 2001:149).

Es ist wohl ein einzigartiges Vorkommnis in der Weltgeschichte, dass Philosophen und Verfassungsrechtler dem „Staat" traditionell so viel Autorität zukommen lassen wie in Deutschland. So viel Macht in der Hand des Staates, das kann nicht gut gehen. Auf Macht folgt Ohnmacht. In der Abenddämmerung des deutschen Idealismus und der Romantik beginnt der Aufstieg der typisch deutschen Melancholie. Sie wird in einer Gesellschaft besonders da auffällig und präsent, wo ein Volk oder eine Volksgruppe wieder und wieder scheitern, ihre Interessen durchzusetzen, wo sie sich als Untertanen einer Obrigkeit ausgesetzt fühlen, wo sie ihre Utopie verlieren. Das führt zu einem verminderten Bewusstsein der Eigenständigkeit, zu Minderwertigkeitskomplexen und Resignation. Bei einer übermächtigen Hand des Staates wie in Deutschland entsteht die Gefahr der Schicksalsergebenheit. Der wachsende Einfluss der Niedergeschlagenheit in Deutschland wird besonders bei Arthur Schopenhauer deutlich. In gewisser Weise ist der Hegel-Hasser Schopenhauer Nachfolger der idealistischen Schule, aber vor allem der Aus-

löser einer Bewegung unter Philosophen, die mit dem Scheitern von 1848 einhergeht und versucht, sich aus der Verstrickung dieser Übermacht durch das eigene Denken, die Persönlichkeit und das Leben zu befreien: Die Romantiker.

Wenn man jemanden benennen will, der die für uns vollkommen geläufige andauernde Kritik am Staat – und das ist der Staat Hegels - erfunden hat, dann ist das Arthur Schopenhauer. Weil man sich in Deutschland mit dem Staat identifizieren muss, wenn man sich mit seiner nationalen Kultur identifizieren will, hasst Schopenhauer konsequent jede Form von Nationalstolz: „Der Intelligente erkennt immer die Mängel seiner Nation. Der Dumme ist einfach nur stolz darauf". Er fasste den klugen Entschluss, sich nicht an der herrschenden Staatskonzeption abzuarbeiten, sondern zu zeigen, worauf es im Leben ankommt. Seine prominentesten Schüler waren Richard Wagner und Friedrich Nietzsche. Nietzsche hat diesen melancholischen Rückzug klar formuliert: „(...) indem man zum Natürlichen zurückzufliehen glaubte, erwählte man nur das Sichgehenlassen, die Bequemlichkeit und das möglichst kleine Maß von Selbstüberwindung. (...) Sind sie (die Deutschen, d.A.) doch das berühmte Volk der Innerlichkeit" (Nietzsche, Unzeitgemäße Betrachtungen (275)). Diese „Innerlichkeit", die wir schon bei Luther finden, ist ein Zeichen der Resignation und der Kompensation der Erfolglosigkeit, die man mit dem berühmten deutschen Wort „Gemütlichkeit" kenntlich machen kann.

Melancholie speziell deutschen Zuschnitts – Verzweiflung an der Obrigkeit – hat Tradition. Zahlreiche literarischen Schriften sind Zeugen dieser Grundstimmung: Allen voran Johann Wolfgang von Goethes „Werther", der eine Selbstmordwelle auslöste. Oder Karl Philipp Moritz' „Anton Reiser", der ihr in Gestalt der „Mönchskrankheit" begegnet, jene Lethargie, die „seine Kraft gegen sich selbst kehrt, weil sie nicht nach außen wirken kann, und den Wankenden und Unentschlossenen in jedem Moment seines Lebens mit sich selbst unzufrieden macht." (Moritz 1971:21) Der Universalgelehrte Wilhelm von Humboldt analysiert diese Zeit der „Werther"-Krankheit als eine Zeit, „wo man häufiger als sonst Passivität und Schlaffheit mit Bildung und Geistesfähigkeit vereint antrifft. (...) Dies ist eine kränkelnde Gemütsstimmung, die auch unserem Zeitalter, mehr als dem vorherigen, sogar unserer Nation, mehr als den Auswärtigen, eigen ist." (zit. in Lepenies 1998:197) Er weiß im Prinzip aber auch die Lösung: „(...) wir bedenken nicht, dass ein Leben, das keine große That, kein wichtiges Werk, nicht einmal das Andenken an eine nützliche Geschäftigkeit unter einer größeren Anzahl unserer Mitbürger hinterlässt, ein verlorenes und verschwendetes Leben ist." (ebd.)

Gleichzeitig erscheint in der Melancholie der menschliche Zug. Vorbei ist die Idealisierung „des Menschen" als ein höhergeleitetes Wesen, das Idealbild, das niemand ausfüllen kann. Nietzsche fleht, nicht der Melancholie oder der Angst zu verfallen, sondern sich der Leichtigkeit, Möglichkeit und Heiterkeit des Lebens bewusst zu werden – durch das „möglichst kleine Maß an Selbstüberwindung ... warum an dieser Scholle, diesem Gewerbe hängen, warum hinhorchen nach dem, was der Nachbar sagt? Es ist so kleinstädtisch, sich zu Ansichten zu verpflichten, welche ein paar hundert Meilen schon nicht mehr verpflichten. (...) Niemand kann Dir die Brücke bauen, auf der gerade Du über den Fluss des Lebens schreiten musst, niemand außer Dir allein. (...) Es gibt in der Welt in der Welt nur einen einzigen Weg, auf welchem niemand gehen kann, außer Dir. Wohin er führt? Frage nicht, gehe ihn." (Unzeitgemäße Betrachtungen III: 340) Das ist Kants „Zweck an sich" und Nietzsches Neugier. Sein berühmter „Wille zur Macht" bedeutete übrigens Macht über sich selbst, die Fähigkeit, über sich hinauszuwachsen, genau im Sinne dieses Zitats. Was seine Schwester ihrem rechtskonservativen Mann zuliebe aus Nietzsches Texten gemacht hat, als dieser längst im Irrenhaus saß, ist eine andere Geschichte. Aber nur dieser Verdrehung der Inhalte Nietzsches ist die aberwitzige Groteske der Geschichte zu verdanken, dass Elisabeth Foerster-Nietzsche gemeinsam mit Adolf Hitler einen Kranz auf Nietzsches Grab niederlegt.

Angesichts der zeitgenössischen gesellschaftlichen Entwicklungen wird Melancholie, die Verzweiflung an der eigenen Unfähigkeit, sich selbst zu entwickeln und sich gegen die Institutionalisierung der Freiheit durch den Staat durchzusetzen, in Deutschland geradezu zur Zuflucht, zur Sucht. Die deutsche Volksseele – eine feine Art der Verzweiflung. Erst im Zeitalter der Industriellen Revolution, der Geburtsstunde des Fortschritts, sah das Bürgertum zum ersten Mal die Chance, sich durch Arbeit mit dem Adel auf eine Stufe zu setzen und die staatliche Macht mit ökonomischer Macht zu überwinden und gleichzeitig „von der ehemals gesuchten Melancholie loszukommen" (Lepenies 1969: 204). Tatsächlich verabschiedet man sich im deutschen Kulturkreis von den Werteparadigmen, die sie selbst geschaffen hat – Aufklärung, Idealismus, Romantizismus – und wendet sich den Idealen des kartesianischen, mechanistischen Weltbildes mit ihrer klassischen Trennung von Körper und Geist und der Naturwis-

senschaft zu, deren Erkenntnisse sich immer besser industriell verwerten lassen.

Die Menschen und ihre Befindlichkeit bleiben allerdings im Zuge der Industrialisierung auf der Strecke. Sie, die gerade noch durch ihre Philosophen ihre Selbstbestimmung vor Augen hatten, geraten in die nun realen Maschinenhallen der Fabriken. Sie empfinden und akzeptieren ihr Dasein als sinnlos und treten die Flucht in die Natur, in die Einsamkeit oder in den Tod an. Wie bei Kierkegaard zu lesen ist, der alle Menschen für langweilig hält, schließlich bei Sigmund Freud, später dem brillanten und tragischen Essayisten Walter Benjamin und den Schriftstellern Gottfried Benn, Rainer Maria Rilke, Georg Trakl, Thomas Mann, Robert Musil, den Kulturkritikern Heidegger und Adorno.

William James, von 1867 bis 1868 Medizinstudent in Berlin, war von der deutschen Grundstimmung so erfasst, dass er daraufhin seinen Pragmatismus „erfand", um sich von der in Deutschland erfahrenen Melancholie zu befreien: „Oh God! An end to idle, idiotic sinking into Vorstellungen disproportionate to the object" (zit. in Melancholie 182). Melancholie – nicht zuletzt ein Erbe der protestantischen Lehre Luthers, seit der man sich mit sich selbst auseinandersetzen muss - ist für William James „der Niedergang der Lebensneugierde". Sie entsteht aus Enttäuschung über die vorgefundene Wirklichkeit und die Unfähigkeit, jene Brücke zwischen Wirklichkeit und Ideal zu gehen, die Nietzsche nahegelegt hat. Es ist übrigens die persönliche Kommunikation und die reale Beziehung mit anderen Menschen und der Wille zu tatkräftiger Arbeit, die ihn rettet: „For the remainder of the year, I will abstain from the mere speculation and contemplative Grübelei in which my nature takes most delight, and voluntarily cultivate the feeling of moral freedom, as well by acting. (...) Not in maxims, not in Anschauungen, but in accumulated acts of thought lies salvation" (Letters, Vol. 1, 147f., zit. Melancholie 184).

Die Diskrepanz zwischen der Freiheit zur Selbstverwirklichung aus der Aufklärung und der ständigen Behinderung durch den „Staat" als ordnende Form zieht sich, wie wir gesehen haben, wie ein roter Faden durch die deutsche Kulturgeschichte. Geblieben ist die traditionelle latente Gewohnheit, viele Dinge als schicksalsergeben hinzunehmen, die eigentlich in unsere private Lebensplanung fallen könnte. Nicht nur die Rente, auch die Karriere. „Sie alle würden die Frage: ‚wozu lebst du?' schnell und mit Stolz beantworten – um ein guter Bürger, oder Gelehrter, oder Staatsmann zu werden – und doch sind sie etwas, was nie etwas Anderes werden kann, warum sind sie

WIRTSCHAFTSWUNDER UND WIRTSCHAFTS-MELANCHOLIE

dies gerade?". Nietzsche meint damit seine Zeitgenossen, die Angestellten seiner Zeit. Hat sich daran etwas geändert?

Der Grundstimmung der Bundesrepublik blieb die Melancholie aufgrund der jüngsten historischen Ereignisse erhalten, und „Kompensation war und blieb das Wirtschaftswunder", stellt der Melancholie-Experte Wolf Lepenies fest. Im sportlichen und mentalitätsgeschichtlichen Sinne sicher das „Wunder von Bern". Die wirtschaftliche Eigendynamik der Fünfziger Jahre entspricht allerdings nicht dem Pragmatismus etwa amerikanischen Zuschnitts – es handelte sich für viele eben um „Wunder". Erst jetzt, in der modernen Ökonomie Deutschlands im 21. Jahrhunderts, schickt sich auch die Bundesrepublik endlich an, weniger Staat und mehr Zivilbürgertum zu schaffen. Dreh- und Angelpunkt zu der Hinwendung ist die Eigenverantwortung und Verwirklichung einzelner in Gestalt der Verwirklichung ihrer Utopien, als Karriere. Tatsächlich ist, wie die Systemtheorie sagt, der Wirtschaftsmarkt der einzige Raum, der zur Verwirklichung von Utopien bleibt. Aber der moderne Markt ist nicht U-topia mit räumlicher Beschränkung, sondern A-topia, ein Raum ohne Privilegien und Grenzen, der der Ungleichheit der Menschen Rechnung trägt und jedem durch die allgemeinen Regeln der Wirtschaft eine Chance einräumt: „in einer utopischen Gesellschaft mit globalem Radius findet die Marktutopie die Bedingungen ihrer Selbstverwirklichung. Auch wenn Marktökonomen dies habituell ausblenden, so leiden ihre idealisierten Märkte bislang doch an der territorialen, ortsgebundenen und örtlich bindenden Vormundschaft des Staates." (Willke 2001:13)

Mit dem in Deutschland vererbten Abhängigkeitsgefühl von „Vater Staat" ist es nun endgültig vorbei. Das Ende des Wohlfahrtsstaates ist erreicht – und damit auch das Ende des Pessimismus. Zuletzt hat sich die sozialistische Utopie an ihrer Gängelung und ihrem Einheitszwang selbst zur Strecke gebracht. Noch aber herrscht eine gewisse, wenn nicht traditionelle Art von Melancholie gegenüber den wirtschaftlichen Entwicklungen. Im wiedervereinigten Deutschland hatte sich zunächst die Utopie von „blühenden Landschaften" als frustrierender Trugschluss erwiesen, der auch den Westen Deutschlands befällt: Je weniger Geld man hat, desto öfter stellt man sich die Frage, wofür man den speziell eingeführten „Solidaritätszuschlag" bezahlt, der für den fast aufgegebenen „Aufbau Ost" bestimmt ist. Keine Frage: Das Warten muss ein Ende haben.

Das Handeln beginnt. Deutschland steht an einem Punkt, an dem die Überschätzung des Staates als unser Versorger Schicksalsträger nur dazu führen würde, dass es noch mehr Arbeitslose und mehr Markt-Melancholie gibt. Im Gegensatz zum 19. Jahrhundert kann heute niemand mehr vom Staat mit besseren Chancen ausgestattet werden.

Heute spielen alle nach den gleichen Regeln: „Statt auf Gleichheit der Menschen setzt die Marktutopie auf die Gleichheit gegenüber den Regeln des Marktes. Tatsächlich kennen diese Regeln keine Privilegien. Bill Gates unterliegt diesen Regeln in gleicher Weise wie Tante Emma, General Motors ebenso wie die Garage an der Ecke." (Willke 2001:9) Es kommt nur darauf an, diese Regeln zu verstehen und zu kennen.

Man kann ohne weiteres von unseren alten Einschränkungen eines ver- und fürsorgenden Staates abrücken und sich der längst realen, rigorosen Unbeschränktheit des Marktes aussetzen. „Es muss doch möglich sein, dass sich die Gesellschaft in bestimmten Dingen selbst organisiert. Es kann doch nicht sein, dass der Staat permanent die Familie, das Land, die Wirtschaft reglementiert", sagt Markus Lüpertz, einer der wichtigsten lebenden deutschen Künstler, im Gespräch mit den traditionellen Vordenkern Günter Grass und Peter Glotz (SPIEGEL 32/2004, S. 41). Aus Angst halten noch viele lieber an der fürsorgenden Rolle des Staates fest. Während der wirtschaftlichen Rezession Anfang der Neunziger Jahre galt es in Deutschland sogar eine Zeitlang als schick, sich arbeitslos zu melden und dem Staat für eine Weile „auf der Tasche zu liegen" - für Amerikaner ein undenkbares, vor allem „unmännliches" Verhalten, das ihnen gar nicht in den Sinn kommen würde. „Deutsche Erwartungen an die Allgemeinbildung, die Kirche, den Staat, das Sozialwesen sind anders als die eines Amerikaners. In Deutschland ist es unchristlich, den Schwächeren nicht unter die Arme zu greifen; in Amerika ist es unmännlich, vom Staat zu leben. Die Deutschen finden Sinn in der Kritik und in der Verweigerung; die Amerikaner sehen Sinn nur im Tun." (Eric T. Hansen, „Typisch deutsch", in: Süddeutsche Zeitung v. 13. Juli 2004, S. 11) Traditionell liegt auch die Schuld an der eigenen Arbeitslosigkeit in Deutschland am Staat – niemals an einem selbst. In den Vereinigten Staaten macht niemand dem Präsidenten einen Vorwurf, wenn er arbeitslos wird – höchstens sich selbst. Längst ist die Wirtschaft der Markt einer Weltgesellschaft geworden, wir aber bewegen uns immer noch in den engen Behausungen unserer nationalstaatlichen Grenzen. Deutschland ist eine Weltmacht und verhält sich wie ein ängstlicher kleiner Junge, der nichts mehr fürchtet als den Blauen Brief aus Brüssel. Leute ohne Arbeit sitzen zuhause, schauen fern und warten auf den „Ruck", die „Wende", den „Wechsel", von dem die Politiker sprechen. Dass dieser Ruck von uns selbst kommen muss, werden diese nicht auszusprechen wagen. Wer aber die Globalisierung nicht verpassen will, muss den Rahmen schaffen, in dem man Karrieren und Unternehmen befördern kann. Und dafür muss man sich überlegen, für welchen Job man gerne um neun Uhr morgens vor der Tür ist.

Die moderne Wirtschaft ist vom Nationalstaat unabhängig, ob man will oder nicht: „Heute tragen Beobachtungen und Überlegungen vieler Disziplinen zu der Einsicht bei, dass die Steuerung komplexer Gesellschaftssysteme nicht der Politik überlassen werden kann. (...) Es nimmt die Einsicht zu, dass Steuerung im Wesentlichen als Selbststeuerung konzipiert sein muss." (Willke 2001:42) Deutschland befindet sich auf genau diesem Weg: Von der Angestelltenkultur und staatlich reguliertem Arbeitsmarkt zur selbst bestimmten Wirtschaft – und zu selbst bestimmenden Akteuren – hin zu Innovation und Unternehmertum. Deshalb muss man sich vom tradierten deutschen Glauben auf eine Veränderung „von oben" schleunigst lösen. Dabei müssen sich sowohl Individuen als auch Unternehmen zum Teil umstrukturieren. Wer auf das Anziehen der nächsten Konjunktur wartet, um dann zu handeln, hat nicht verstanden. Die Konjunktur zieht nur dann an, wenn man jetzt handelt. Die Chance, sich in einem Unternehmen oder einem Angestelltenjob wirklich selbst zu verwirklichen, ist gering. Die meisten Menschen, die längere Zeit vergebens versucht haben, in ihrem Bereich einen neuen Job zu ergattern, verstehen langsam, dass man selbst Hand anlegen muss. Die Arbeitslosenzahlen werden nur sinken, wenn immer mehr Menschen aus der Statistik fallen. Nicht, weil sie obdachlos werden, sondern Unternehmer, die sich auf ihre eigenen Fähigkeiten besinnen müssen. Wenn sie diese gefunden haben, ist ihr Erfolg nicht mehr aufzuhalten. Dafür brauchen sie Coaches.

Selbst die größten Unternehmen müssen sich umkrempeln. An ihnen kann man studieren, dass sie nur dann erfolgreich bleiben, wenn sie sich immer wieder neu definieren: „(...) Kodak, Daimler-Benz, Philips und viele andere. Sie alle wurden gnadenlos vom Sockel gestoßen, weil neue Produkte und bessere Angebote auf dem Markt erschienen. Josef Schumpeters „produktive Zerstörung" erreicht sie alle, nur weil sie sich selbst diesen Regeln des Marktes unterwarfen, konnten sie sich ihrerseits mit innovativeren Produkten und preiswerteren Angeboten wieder hocharbeiten." (ebd.) Die

Verdienste der Gewerkschaften in den Zeiten des Wirtschaftswunders – Respekt. Aber heute profilieren sie sich fast nur noch durch die Behinderung gesellschaftlicher Prozesse, die alte Wirtschaftszweige obsolet machen und gelernten Bergarbeitern die fatale Illusion vermitteln, ihre Jobs würden nur aus Willkür aufgegeben. Ihr Mitgliederschwund ist bezeichnend, die Starrsinnigkeit von ver.di verhindert jedoch längst nötige Umstrukturierungsprozesse: Weniger Staat, mehr Zivilgesellschaft.

Es ist erstaunlich, dass zwei der zu Amtszeiten meistgehassten Politiker heute fast als Helden gefeiert werden, weil sie damals den Gang durch das tiefe Tal der Umstrukturierung gegangen sind, um die Wirtschaft neu zu gestalten: Margret Thatcher und Ronald Reagan. Es ist erstaunlich, dass der befreundete konservative deutsche Kanzler diese unpopuläre, aber notwendige Entscheidung vor sich her geschoben hat und statt dessen Zweckoptimismus deklarierte: Helmut Kohl (Slogan: „Weiter so, Deutschland!"). Um so erstaunlicher, dass ausgerechnet die ehemalige Toscana-Fraktion der Lehrer und Arbeiter sich unter ihrem Kanzler komplett umstrukturiert hat und beginnt, das Land zumindest im Ansatz mit Reformen in Richtung Entrepreneurship und Innovation umzubauen: Gerhard Schröder. Noch erstaunlicher, dass ein Grüner dieses Werk mitträgt und vielleicht fortsetzen wird: Joschka Fischer. Man sollte diese Entwicklungen nicht zu negativ sehen. Schließlich bietet sie die einmalige Chance, das Ideal von einem eigenen, erfolgreichen Leben – dem Ideal der Aufklärung – als persönliche Karriere zu erreichen und zu erleben. Es besteht zum ersten Mal die Chance, den Markt selbst zu steuern und die Regeln des Marktes schnell zu begreifen und selbst zu bestimmen. Unternehmen werden lernende Systeme, deren Kenntnis von Leuten abhängig ist, die das Ganze beobachten und verstehen. Dazu braucht man keine braven Angestellten, sondern ein motiviertes Team. Dazu braucht man weniger Consulting und mehr Coaching. Coache helfen Menschen, ihre Ziele zu erreichen.

Deutschlands Kultur - oder Unternehmenskultur - wird vermutlich eine Coaching-Kultur werden, wie es in den USA längst der Fall ist. Das Potenzial dafür findet sich unter anderem in der deutschen Kultur und Wissenschaft. Um ein Beispiel zu geben: Immanuel Kant definierte Menschen als „Zweck an sich", einmalige Wesen mit einer je einmaligen Zielsetzung – und das Leben entsprechend als den Weg, diese Zielsetzung zu erkennen, die Lebenszeit zu nutzen, um diesen Zweck zu erfüllen. Schärfer noch: Dieses Ziel ist der Mensch selbst! Natürlich besteht jeder Mensch auch noch aus

Fleisch und Blut. Aber er hat seine Sinne und seinen Verstand, um sich nach den besten Möglichkeiten auszuloten.

Dieser Gedanke unterstellt für jeden Menschen auf der Welt einen Sinn, eine individuelle Bestimmung und nebenher seine Einzigartigkeit. Darüber kann man sicherlich diskutieren. Aber überlegen Sie, ob es nicht etwas gibt, das Sie besser beherrschen, als jeder andere (außer Autofahren). Überlegen Sie, was es gibt, was Sie wirklich interessiert, was Sie mit Teilnahme und Hingabe verfolgen konnten. Stellen Sie sich vor, Sie könnten in Ihrem Bereich das Beste aus anderen Leuten herausholen, was diese zu bieten haben: Ihr Ziel. Stellen Sie sich vor, Sie packen andere Menschen an ihrer eigenen Neugier, holen das aus ihnen heraus, was sie am besten beherrschen, und fördern ihr Talent, indem Sie sie ständig zurück ins Feuer werfen, auch wenn sie Sie hassen und lernen, sich selbst zu lieben, wenn sie über sich hinauswachsen, wenn sie plötzlich mehr auf die Beine stellen, als sie sich selbst jemals zugetraut hätten, wenn sie Talent, Profi, Meister werden... dann sind Sie ein Coach! „Jeder Mensch trägt seine Talente mit sich herum, aber oft fehlt der Mut, sie umzusetzen. Angst, sich zu blamieren, vielleicht auch Existenzängste. Aber es gibt diese Momente, in denen sich eine Chance bietet, und dann genau muss man Mut fassen, es auch zu tun. Man kann nicht warten, dass einem jemand diese Träume erfüllt, dass die Regierung sich schöne Dinge ausdenkt, damit man gut leben kann.“, erläutert der erfolgreiche Schauspieler und Filmemacher Deutschlands Michael „Bully“ Herbig seine Vorstellungen von einem gelingenden Leben (DIE ZEIT 15. Juli 2004, S. 54).

DAS LEBEN IST DAS, WOZU WIR ES MACHEN

Hier schließt sich der Kreis. Ganz am Anfang dieser Einführung steht – aus gleicher Quelle – die Formel dieses Buches, Nietzsches Zitat: „Sei Du selbst – das bist Du alles nicht, was Du thust, meinst, begehrst“. Es besagt, dass man sich niemals am Ziel, immer nur in einer bestimmten Stufe des Lebens und seiner Entwicklung befindet. William James kommt zu einem ähnlichen Schluss: Das Leben ist das, „wozu wir es machen“ (zit. in Konersmann, Melancholie, S. 170). Das ist die psychologische Version dessen, was Immanuel Kant als „Zweck an sich“ bezeichnet hat: Der Mensch, das ist das Leben, das bist Du selbst mit deinen eigenen Zielen. Diese Ziele muss man erst einmal entdecken – oder wiederfinden. Gerade, wenn Du denkst, das bist Du selbst, bist Du es nicht. Keiner kann Dir im Prinzip in Dein Leben hineinpfuschen – und nur Du selbst hast es in der Hand. „Du selbst zu sein", ist das Ziel. Der Antrieb auf dem Weg dorthin wird die Neugier sein. Die Erkenntnis, vielleicht jemand anderes zu sein, als das, was man „tut, meint, begehrt", ist vielleicht ein gutes Zwischenergebnis – oder das, was Nietzsche mit „Ausströmung von Licht und Wärme, liebevolles Niederrauschen nächtlichen Regens" meinte: Erleichterung, und das gute Gefühl, aus der Gewohnheit auszubrechen und auf dem richtigen Wege zu sein: „Gewiss, es gibt wohl andere Mittel, sich zu finden (...), aber ich weiß kein besseres, als sich auf seine Bildner und Erzieher zu besinnen", sagt Nietzsche im gleichen Zusammenhang (Unzeitgemäße Betrachtungen, Werke Bd. 1:340). Das sind Ihre Coache.

Was wir jetzt besonders brauchen können, ist ein bisschen Pragmatismus. Die „Bildner" unseres modernen Lebens sind Coache – und wir brauchen mehr denn je davon. Coaching bedeutet Kommunikation von höchster Qualität zu betreiben: auf seinem ureigenen Gebiet zu agieren, sich in die Situation anderer zu versetzen und mit seiner Brillanz anderen Menschen zu Brillanz auf ihrem Gebiet zu führen. Coaches sind deshalb weder Manager, noch Unternehmensberater oder Motivatoren – sondern Leute, die anderen Menschen ihre Stärken klar machen und auf diese Weise neue Energien freisetzen. Die deutsche Kulturgeschichte besitzt mit ihrem Aktivposten, der Aufklärung, und deren Heroen die besten Voraussetzungen für Coaching. Als einzige Kultur in der westlichen Hemisphäre hat sie die alten kartesianischen Werte von Mechanik, Wissenschaft und Fortschritt zugunsten eines Humanismus erhalten. Die Helden des „Coaching" sind Kant, Goethe & Co.. „Licht, Liebe, Leben" – die Herren wussten schon, wovon sie redeten.

Es steht alles, was man braucht, zur Verfügung: Ihre besondere Brillanz, die kein anderer Mensch besitzt. Milliarden von Menschen, deren Neugierde Sie wecken. Und ein Werkzeugkasten mit hundert Tools, die eine Service-Ökonomie braucht und die Sie zum Coach in Ihrem Metier machen. Wir werden Ihnen zeigen, wie es funktioniert.

Willkommen im Licht.
Willkommen im Leben.
Willkommen im Team.

2. WAS DIE WELT JETZT BRAUCHT, IST COACHING

„Um seine Träume zu verwirklichen, muss man sich den Arsch aufreißen."

(Michael „Bully" Herbig, 36, Regisseur, Autor, Schauspieler, erfolgreichster deutscher Spielfilmproduzent aller Zeiten)

Zu den Olympischen Spielen in Athen 2004 wurde rechtzeitig eine neue Brücke fertiggestellt. Zur Einweihung darf ein besonders ausgezeichneter Ehrenmann als letzter Träger die Fackel des olympischen Feuers die letzten dreihundert Meter über diese Brücke tragen. Dieser Mann ist kein Grieche. Er heißt Otto Rehhagel. Seit einigen Wochen wird er allerdings von den Griechen „Rehakles" genannt, angelehnt an die mythische Figur Herakles, der zehn schier unmöglich zu bewältigende Heldentaten vollbrachte. Dass dem deutschen Coach der griechischen Nationalmannschaft diese Ehre zuteil wird, darauf hätte drei Monate vorher kein Mensch einen Pfifferling gesetzt. Inzwischen aber ist Rehhagel Ehrenbürger Athens, Held Griechenlands, und seine griechische Gurkentruppe der amtierende Fußball-Europameister. Eigentlich war die Mannschaft bestimmt, schon in der Vorrunde auszuscheiden. Doch arbeiteten sie sich von Spiel zu Spiel weiter. Der krasse Außenseiter schlägt Weltklasse-Mannschaften wie Frankreich aus dem Rennen – Portugal gleich zwei Mal. Schon beim Einzug ins Viertelfinale war Rehhagel der König Griechenlands. Beim Halbfinale gelang der Mannschaft ohne auffällige Spieler dann die unglaubliche Überraschung: Griechenland im Finale! Dann die noch größere Sensation: Der zweite Sieg gegen den klaren Favoriten Portu-

IT'S NOT ABOUT THE BIKE

gal (na gut, mit dem „Silver Goal" nach dem Eckstoß) – Griechenland... Europameister! Mit seinem klassischen Konzept des Arbeitsfußballs (Libero, Viererkette, Manndeckung) hat der deutsche Trainer dem modernen, glamourösen Weltfußball mit seinen Stars das Fürchten gelehrt. Die Lösung: Homogenität und Ruhe. Kein Medienstress, denn wo kein Star ist, spielen alle gleich. Wenn auch gleich schlecht. Also haben sie nichts zu verlieren. Und haben am Schluss alles gewonnen. Rehhagel: „Wer gewinnt, ist modern!"

Ein Triathlet aus Austin/Texas namens Lance Armstrong hat Mitte der Neunziger Jahre den größten Sieg seines Lebens davon getragen – den Sieg über den Krebs. Seine „Coache" Chris Carmichael und Eddy Mercks waren diejenigen, die ihm seinen Sieg bei der Tour de France prophezeihten. Bei seiner ersten Tour schied er nach zwei Tagen aus. 1995 gewann Armstrong eine Etappe und scheiterte hoffnungslos in den Bergen. Armstrong musste eine Primärtugend lernen: Geduld. „Heute glaube ich, dass Geduld das ist, was einen Jungen von einem Mann unterscheidet", sagt er in seinen Memoiren. Nach der Überwindung seines unheilbar scheinenden Krebsleidens gewinnt er 1999 zum ersten Mal die Tour de France und stellt 2004 einen neuen Rekord auf: Der erste Mensch, der bei der Tour de France sechs Mal hintereinander siegt. Warum nimmt man solche Strapazen auf sich? Nur wegen des Sports? Armstrong: „It's not about the bike. It's a metaphor for life, not only the longest race in the world but also the most exalting and heartbreaking and potentially tragic. It poses every conceivable element to the rider, and more: cold, heat, mountains, plains, ruts, flat tires, high winds, unspeakably bad luck, unthinkable beauty, yawning senselessness, and above a all great, deep self-questioning. During our lives we're faced with so many different elements as well, we experience so many setbacks, and fight such a hand-on battle with failure, head down in the rain, just trying to stay upright and to have a little hope. The Tour is not just a bike race, not at all. It is a test. It tests you physically, it tests you mentally, and it even tests you morally." (70f.) Armstrong macht deutlich, dass der Sport Muster liefert, die andere Lebensbereiche beeinflussen. Ein weiteres Muster ist die Energie des Teams. Was ihm zu seiner Siegesserie verhalf, war die Einführung des Teamsports in der Tour de France. Wo sich früher mehr oder weniger die Einzelgänger abrackerten, hatte der legendäre Miguel Indurain eine Strategie entwickelt, in der alle

SMELLS LIKE TEAM SPIRIT

Teammitglieder für ihn fahren und gleichzeitig die Gegner taktisch ausschalten: „You don't win a road race all on your own. You need your team mates – and you need the good will and cooperation of your competitors, too. People had to want to ride for you, and with you" (55). Durch seine Coache hat er gelernt, worauf es noch ankommt: Seine Ungeduld zu zügeln. Niemals zu früh zu attackieren. Sich im Peloton gut zu benehmen und sich Freunde zu machen: „Give an inch, have a friend". Es geht also weniger ums Fahrradfahren, sondern darum, dass alles nach Regeln funktioniert, die auf andere Bereiche übertragbar sind. Die Erfahrungen Lance Armstrongs gehen über den Sport hinaus – sie beschäftigen sich mit dem Leben. Es geht im Sport wie im Business oder im Leben um Werte, Verhalten, humane Energien. Sport ist ein Bereich, in dem wir die Dinge des Lebens simulieren: Unsere Ziele, unsere Pläne, unser Verhalten, unsere Einstellung gegenüber Unwägbarkeiten wie den Krebs. Coaching zieht die Essenzen daraus: Coache sind Personen, die die Regeln des Sports auf Business übertragen.

Gewinnen, Verlieren, Team, Coach, „goals"... nicht zufällig hantiert die Wirtschaftssprache mit den gleichen Vokabeln. Leute, die ihre Ziele mit Teams erreichen wollen, brauchen „team spirit". Jede Mannschaft, ob im Sport oder im Business, hat einen speziellen Teamgeist. Er ist der Indikator für die Energie. Die höchste humane Energieform ist die Liebe. Wir wollen nicht gleich übertreiben, obwohl es zum Beispiel viele Leute gibt, die die Tour de France auch die „Tour de L'amour" nennen. Aber Leidenschaft ist ein guter gemeinsamer Nenner für die zweithöchste Energieform in einer Mannschaft – weil sich dann alle gemeinsam für eine Sache einsetzen. Das allerhöchste ist das, was beim Fußball vielleicht alle zehn Jahre mal passiert: Dass die Spieler alle so im „flow" miteinander sind, dass sie auch mit verbundenen Augen spielen könnten wie Otto Rehhagels griechische Nationalmannschaft. Nennen wir es Magie... einer für alle, alle für einen. Ganz unten folgen jede Menge negativer Energieformen: Verwirrung, Frustration, Verweigerung, Neid, Schuldzuweisung, Intrigen - alles eine Frage, wie ein Team aufgestellt ist. Wann immer zwei Mannschaften auflaufen, treten zwei verschiedene Mentalitäten gegeneinander an. Wer die Stadien analysiert, in dem sich ein Team befindet (nein, nicht die Fußballstadien!), wer das Mienenspiel, die Reden, Gesten und das Verhalten der Spieler untereinander verfolgt, befindet sich in einem

DAS MODERNE SPIEL: BUSINESS-COACHING

spannenden Spiel. Gewinnen wird in der Regel immer jene Mannschaft, die sich besser aufgestellt hat, optimaler nach innen funktioniert. Beim Fußball zum Beispiel kann man in jeder Saison alle Schattierungen des Teams und seiner Trainer beobachten. Sport sympathisiert: Man sieht Menschen siegen und scheitern, man sieht Hoffnung, Verzweiflung, Siegeswillen, jede menschliche Emotion in den Gesichtern der Athleten. Man befindet sich in einem Theater des Lebens (vielleicht nicht umsonst ist Otto Rehhagel ein alter Freund des Theaterintendanten Jürgen Flimm) – und das Beste daran: Man kann auch noch selber spielen, wenn auch im begrenzten Rahmen. Wir hängen nicht nur wegen der Leistungen, der Siege und der Punkte an sportlichen Ereignissen, sondern auch, weil wir dort jede mentale Verfassung und Veränderung vorfinden und verfolgen können. Wie die Mannschaft spielt, und warum sie so gut, mittelmäßig oder schlecht spielt, ist der Grund, warum sich Millionen von Menschen das ganze Jahr über und auch außerhalb der 34 Spieltage einer Bundesligasaison mit einer Sportart beschäftigen, von der nur Ignoranten sagen, es „laufen doch nur 22 Menschen einem Ball hinterher". Im Fußball, im Sport, im Business gibt es jede Art von Team: Mannschaften, die sich verabreden, solange schlecht zu spielen, bis ihr Coach gefeuert wird, bis zu Mannschaften, die ihr Letztes geben, um ihrem Coach die Ehre zu erweisen.

- *Ein schlechtes Team beschließt, gegen seinen Trainer zu spielen.*
- *Ein mittelmäßiges Team sagt sich: „Heute zeigen wir dem Trainer, was wir drauf haben!"*
- *Ein Siegerteam verspricht sich gegenseitig: „Wir wollen unseren Coach nicht enttäuschen!"*

Der Erfolg liegt nicht an der Mannschaft und nicht am Trainer – sondern dazwischen: im „team spirit". Die Aufgabe des Coaches kann man auf eine Formel bringen, die wiederum für Sport und Business passt: „helping people reach their goals".

Coaching heißt, Menschen zu helfen, ihre Ziele zu erreichen. Die Menschen erreichen ihre Ziele durch Teams. Ein Team besteht nicht nur aus einer Handvoll Leuten, sondern auch ihrem Teamgeist. Ziele zu erreichen, bedeutet, den Fokus dieser Ziele ins Team zu legen und den Output dieser Aktivität zu messen. Im Business-Coaching hat dieser Output ein spezielles, nämlich Maß – Geld. Aber Geld ist nur sekundär im Vergleich zum „team spirit". Auch der Teamgeist lässt sich messen: In Populari-

tät. Warum gibt es Stadien mit 60.000 Zuschauern und Übertragungen für Abermillionen Zuschauer, obwohl nur die allerwenigsten Menschen so schnell, geschickt, erfolgreich werden können wie die da unten auf dem Platz? Weil viel Geschehnisse auf dem Platz nach gleichen Regeln und Mustern verlaufen wie im Alltag und weil man die Möglichkeit hat, die Regeln zu diskutieren. Wann immer etwas passiert, was nicht ganz der Regel entspricht, drehen sich sofort alle Kameras dorthin, richten sich alle Augenpaare auf dieses Ereignis, gellen tausende von Pfiffe durch das Stadion. Jeder ist dabei, wenn die Regeln aufgestellt werden. Nichts bleibt verborgen. Sport ist wie Business: Jeder kann zuschauen. Willkommen im Medienzeitalter.

Bisher hat Business nicht unter Spielregeln funktioniert, sondern mit den Regeln des Kriegs. Unter den Augen der Medien ändert sich diese Perspektive drastisch. Als Michail Gorbatschow seinen amerikanischen Amtskollegen Ronald Reagan in New York City traf, um eine neue Ära des Weltfriedens einzuleiten, war dies nicht deren eigene Entscheidung. Sie hatten keine andere Wahl. Die Bewohner dieser Erde, die das Wettrüsten satt hatten und den Kalten Krieg beenden wollten, zwangen sie dazu. In einem Gespräch mit seinem früheren Rivalen Bob Dole stellte Bill Clinton fest, dass es vor laufenden Kameras, Presse und Öffentlichkeit kein Entkommen mehr gibt. Watergate war nur der Beginn einer neuen Ära, in der sich die Politik nicht mehr hinter verschlossenen Türen, Kulissen und vorgehaltenen Händen abspielen kann. Der Kongress, sagen beide, ist weit aufrichtiger als noch zu ihren Zeiten, weil das ganze Spiel von Kameras verfolgt wird und jeder alles verfolgen kann. Der Bürger ist Zuschauer, ist Zeuge der Szenerie, in der die Regeln ständig ausgelegt und neu definiert werden. Und da kann keiner mehr mogeln.

Dabei war der kleine Beschiss das zweite Standbein der politischen Berater, der Unternehmensberater, und vieler anderer jener Berufsgruppen, die sich heimlich, schnell und leise wieder zurückziehen können. Doch inzwischen zerrt die Öffentlichkeit sie gnadenlos ins Rampenlicht. Jeder in Amerika weiß, dass PriceWaterhouseCooper die Regierung und seine Kunden gefoppt hat. Jeder weiß, dass Doping im Sport kein Zufall mehr ist. Aber immer weniger kleine und große Betrügereien können unter der Decke versteckt werden. Als die Wirtschaft noch nach den Regeln des Kriegs gespielt wurde, hatte sie nicht die Aufmerksamkeit von Kameras und Medien. Man konnte sich sehr gut verstecken. Aber nun entwickelt sich Business wie ein Spiel. In einem

Spiel kann man nicht lügen. In einem Spiel muss man mit guter Leistung gewinnen. In einem Spiel sind die Spieler das wichtigste Potenzial – wie auch im modernen Business. Sie sind nicht länger ein Kostenfaktor, sondern der wichtigste Aktivposten im Spiel des Erfolgs. Mit sichtbarer Leistung.

Unsere moderne Ökonomie ist eine Service-Ökonomie. In den Vereinigten Staaten wird bereits mehr als die Hälfte aller Umätze in Servicebereichen gemacht. Diese Entwicklung, die der „Servicewüste Deutschland" noch blüht, wird sich dadurch von der alten Ökonomie unterscheiden, dass nur noch Höchstleistung honoriert wird. Die Gewinner werden diejenigen sein, deren Teams von Enthusiasmus getragen werden, weil sie die höchste Energie entwickeln und die beste Leistung bringen. Das ist auf dem Spielfeld nichts anderes als auf jedem Geschäftsfeld. Früher war das anders. Da brauchte man nichts als seinen Job erledigen, und wurde dafür bezahlt. Deutschland steht durch seine Reformen wie Hartz IV auf der Schwelle zu einer neuen Epoche, in der die „Bürger" ihre Verantwortung selbst tragen. Der Soziologe Wolfgang Sofsky beschönigt nichts: „Keiner wagt offen zu sagen, was der Fall ist: dass der deutsche Wohlfahrtsstaat vor dem Ende steht und künftig jeder selbst sehen muss, wo er bleibt." (Die Welt v. 25.08.2004. Arbeitslosigkeit stellt aus finanziellen Gründen keinen Reiz mehr da. Die soziale Hängematte ist gekappt. Immer mehr Menschen werden sich selbständig machen und haben damit die Chance, wesentlich erfolgreicher zu werden. Keine Frage: Wir stehen an dem Übergang von einer Angestellten- zu einer Unternehmerkultur. Dadurch ist der einzelne fast gezwungen, zu tun, was man schon immer tun wollte. Coaching ist das Mittel, um aus der Servicewüste in die Service-Oasen zu gelangen. Coaching bedeutet zunächst, Neugier auf seine eigenen Ziele zu erzeugen.

Seine Individualität zu nutzen, kann sehr fruchtbar sein. „Der eigenen Neugier folgen", gibt das deutsche Top-Model Heidi Klum als ihr Erfolgsrezept an.

Modernes Business-Coaching entwickelt sich aus dem Spiel. Es ist das Resultat aus einer Entwicklung, in der sich die Unternehmen immer mehr auf die Öffentlichkeit einlassen müssen. Die Regeln liegen nun offen dar. Kleinstunternehmer haben eine Riesenchance, mit einem hervorragenden Team ganz groß herauszukommen. Große Unternehmen werden durch ihre eigenen Strategien unterhöhlt, werden berechenbar, brechen unter dem Druck ihres Publikums zusammen, definieren die Regeln neu und werden sich wie Phönix wieder aus der Asche erheben. Coache werden diese

DER SEX DARIN, ODER: WAS IST COACHING?

Veränderungen herbeiführen. Business Leaders werden Berühmtheiten. Das Spiel ist eröffnet.

Coaching ist prinzipiell Sport. Wirtschaft ist ein Spiel, und Coache sind die neuen Trainer in diesem Turnier. Coaches können bei anderen Menschen Neugier auslösen, neue Energien freisetzen, sie zu ihren Zielen und Erfolgen führen. Sie ersetzen Manager und Berater. Um diese besonderen Menschen und die Tools dazu geht es in diesem Buch. Dafür ist eine Differenzierung nötig.

Coaching hat nichts mit Unternehmensberatung zu tun. Unternehmensberater suchen Lösungen, Coache Leistungen. Wenn sie den Unternehmen nicht gerade raten, Arbeitsplätze zu rationalisieren, um das Unternehmen wieder auf Erfolgskurs zu bringen, raten sie ihnen, Arbeitsplätze zu rationalisieren, um mehr Geld zu machen. Coaches sind keine Manager. Sie arbeiten nicht mit Zahlen, sondern mit Teamgeist. Sie sorgen auf diese Weise für High Performance. Wir haben eine „Performance Scale" entwickelt, auf der jeder sehen kann, in welchem Leistungsstadium er oder das Team sich befindet. Der Teamgeist schafft eine bestimmte Stimmung, ein bestimmte Qualität von Vertrauen. Wenn das Team einer Firma das Selbstwertgefühl von Losern hat, werden sie auch nicht zur High Performance des Unternehmens beitragen.

Coaching zerstört spontan Bürokratie, vernichtet die toten Teile des Systems, eröffnet den lebendigen, atmenden Teilen der Unternehmen neue Wege. Das sind die Mitarbeiter. Alte große Unternehmen müssen durch dieses Fegefeuer gehen und sterben als das, was sie sind. Aber sie müssen es tun. Viele von ihnen verloren bereits viel Geld: Telekom, Deutsche Bank, Siemens... weil sie versuchen, Geld zu sparen, indem sie ihre Leute feuern. Stattdessen müssen sie Produkte und Dienstleistungen finden, die die Leute wirklich brauchen – und auf die sie neugierig werden.

Coaches sind die Hebammen der neuen Service–Ökonomie. Sie bringen die neuen Typen von Unternehmen und Unternehmern hervor. Sie helfen ihnen durch den Prozess, neue, auf Service basierende Systeme zu entwickeln. Ein moderner Typ eines attraktiven Unternehmens und eines modernen Unternehmen ist Apple mit Steve Jobs. Apple produziert nicht nur genau das, was seine „Fans" wollen – sondern, ach beinahe hätte ich es vergessen, jedes Jahr einen neuen Computer mit einem sexy Design, präsentiert von dem Popstar Steve Jobs. Hier stimmt der Anspruch. Der Claim von Siemens etwa – „a world of innovation" –

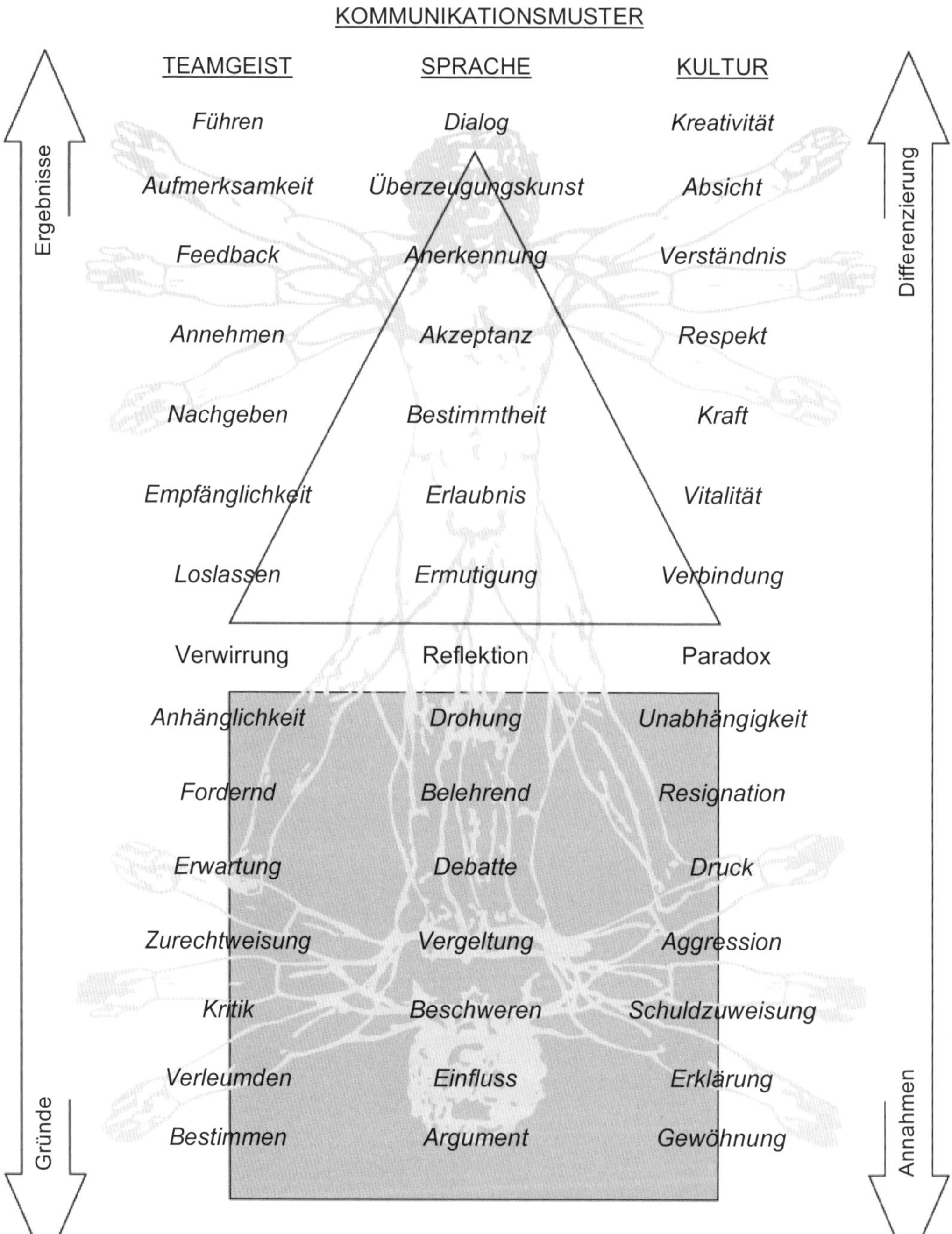

Abbildung 1: Performance Scale Nr. 3 – Sage-Lernmethode ©

ist nur ein Claim. Der Anspruch wird nicht erfüllt. Sie brauchen Coaching und Innovation. Was nicht bedeutet, dass Siemens eine schlechte Firma ist.

Denn Coaching hilft, Visionen zu erhellen. Coache sagen Dinge, die man sich selbst nicht zutraut. Sie werfen ihre Leute ins Feuer, schicken sie in den Nebel, lassen sie (verbal) über glühende Kohlen laufen – so lange, bis sie selbst erkennen, was in ihnen steckt.

Coaching ist Kuriosität. Sie bringt die Neugier der Mitarbeiter und den Spirit des Unternehmens hervor. Dort liegen Energien brach. Was Coaching von anderen Maßnahmen unterscheidet, ist die Tatsache, dass niemand mehr mühsam bewegt werden soll, einer Idee oder einem Ideal hinterher zu rennen, mit dem er sich nicht hundertprozentig identifiziert. Ein Mitarbeiter ist oft genug gezwungen, merkwürdigen und ziemlich aussagefreien „Leitbildern“ entsprechend zu arbeiten und zu agieren. Aber erst nach fünf geht er aus dem Büro, zieht sich seine Fußballklamotten an, trifft seine alten Kumpels, hat eine Unmenge Spaß – und ein kohärentes Team.

Coaching ist Zukunft. Vision, Mission, Motivation, Unternehmensleitbilder, das sind die alten Zöpfe, die man abschneiden muss, um erfolgreich zu bleiben. Ganz so sexy wie bei Apple wird es bei der Arbeit vielleicht nicht zugehen – aber in Zukunft braucht man echte Teams statt jener künstlich motivierter „freundlicher Teams“, Teamplayer statt „Mitarbeiter“, Team-Spirit statt „Missionen“ und „Leitbilder“ – und vor allem, einen Team-Coach statt eines Chefs, der seine Truppe so richtig auf Vordermann bringt – und so, dass es am Ende allen Spaß macht, die Resultate zu genießen. In der Service Economy sind die Leute wichtiger als Geld. Coaching bildet eine Kettenreaktion von Information und Energie. Denn Menschen sind keine Mitarbeiter, sondern Innovatoren. Sobald sie zum richtigen Zeitpunkt am richtigen Ort sind, werden sie ihr Unternehmen nach oben bringen, und auch für ihre Chefs nicht länger träge Kostenfaktoren darstellen. Ein enthusiastisches Team trainiert sogar den Coach und sich selbst dazu. Dadurch bringt Coaching ungeahnte Power in ein Unternehmen.

Das Coaching-System wird sich in der ganzen Welt durchsetzen. Dies geschieht 1:1, person-to-person, durch Menschen, die anderen Menschen wiederum zu ihren Zielen verhelfen. Man wird zusammen seine Werte entwickeln, und nach diesen Regeln spielen. Je besser diese „core values“ gestaltet sind, desto langfristiger wird der Erfolg des Unternehmens sein – wie man es zum Beispiel bei der Marriott-Kette verfolgen kann, deren Regeln so fundamental sind, dass sie sich über Generationen hinweg nicht verändert haben.

In den nächsten zwanzig Jahren werden immer mehr Leute Coache werden – sogar, wenn sie älter werden. Zum einen können sich die Unternehmen nicht mehr die Pension leisten, zum anderen wird ihre Erfahrung immer wichtiger. Sie können anderen direkt die Spielregeln vermitteln, bevor diese sich eine Beule am Kopf holen. Viele Unternehmen in Amerika holen inzwischen die „Alten" für 12 Stunden die Woche als Coach zurück, um von ihrer Erfahrung zu profitieren und zu verstehen, mit welchen Regeln und „core values" das Unternehmen so viel Erfolg hat. So wie Clive Davis, den vermeintlich ausgedienten „Mann mit dem goldenen Ohr", Entdecker von Janis Joplin, Jimi Hendrix, Santana und Alicia Keys. Er wurde von seinem Arbeitgeber BMG Group gefeuert, machte allein weiter, entdeckte Alicia Keys, und hatte dann mehr Erfolg als bei Bertelsmann. Der Konzern kaufte ihn zurück. Sein Wert: Es gibt so viel schlechte Musik, da muss man einfach nur gute Musik produzieren. Klingt einfach, aber es steckt mehr dahinter.

Jedes menschliche Wesen ist oft genug in der Lage, zu coachen. Wer eine Familie hat, coacht seine Kinder. Wer Ahnung von irgendwas hat, coacht automatisch andere Leute. Jeder kann anderen Leuten Dinge zeigen, die in ihrem Gesicht stehen: Nur weil sie keinen Spiegel haben, entdecken sie sie nicht. Zum Beispiel, wo ihre Ziele liegen. Da werden sie neugierig. Um besser zu verstehen, worum es beim Coaching geht, hier noch ein kurzer Rückblick.

3. EINE KURZE, PAUSCHALE GESCHICHTE DES COACHING

„Ihr seid alle Götter und Söhne des Höchsten."

Gott
(im Interview mit
Pico della Mirandola, 1494)

Coaching bedeutet, einen Menschen oder ein soziales System zu organisieren, bis er oder es sich selbst organisiert. Leute, die mit Teams Ziele definieren und ein Spiel eröffnen, um diese Ziele zu erreichen, sind Coache. Die Triebfeder dafür ist Neugier. Der Beweis, dass diese Art Spiele kein Zeitvertreib, sondern sinn- und erfolgsgebundene Handlungen sind, zeigt die Weltgeschichte, die voll von Coaches ist. Hier nur ein paar davon, die uns gut in den Kram passen.

Am Anfang von allem steht natürlich der Coach aller Coache: Gott, oder wie man ihn nennen mag. Er schuf ein im Universum einzigartiges selbstorganisierendes System voller Energie: Den Planeten Erde. Eine Meisterleistung. Welches in den Galaxien schwebende Stück Geröll kann schon von sich behaupten, sich ständig um die eigene Achse zu drehen und durch eine Atmosphäre für jede Menge Abwechslung (Tag und Nacht, Wasser, Erde, Feuer, Wind und Wetter, Jahreszeiten) und vor allem für das selbstorganisierende System „Leben" zu sorgen?

Gott war neugierig. Er wollte wissen, wie es mit diesem selbstorganisierenden System weitergeht. Eine ganz besondere Lebensart hat Gott dann kurz vor dem wohlverdienten Wochenende als Sahnehäubchen auf seine Schöpfung gesetzt. Damit es jemanden gibt, der das

Ganze auch versteht und ihm auch mal dankbar ist für das, was er geschaffen hat, schuf Gott den Menschen. Präzise gesagt: Mann und Frau, und als selbstorganisierendes Energiesystem den Sex. Chapeau. Durch Reproduktion konnten sich Generationen um Generationen mit der Frage beschäftigen, warum sie auf dieser Erde wandeln und handeln, und wie das Ganze zusammenhängt. Anfangs hatten sie noch ein bisschen Angst, zum Beispiel vor höherer Gewalt. Aber dafür gab es rasch Götter und Mythen, denen Opfer dargebracht wurden, damit sich Gewitter, Sonnenfinsternisse und Lava schnell wieder verziehen. Inzwischen hat man diese Dinge relativ gut im Griff.

Dass die Natur, oder sagen wir die ganze Welt ein selbstorganisierendes System von selbst organisierenden Systemen darstellt, darauf kam man lange nicht, weil die Institutionen für solche Mythen, wie die Kirche, entschieden etwas gegen solche Vermutungen gehabt hätte. Mein Gott, kann man da nur sagen, der Allmächtige ist doch durchaus ein Mann, mit dem man reden kann. Aber die Kirche hatte mehr Interesse daran, dass die Menschlein Angst hatten – damit konnte man seine Macht behalten und durch Ablass und Absolution verdammt viel Geld verdienen. Durch Denker wie Descartes (Slogan: „Ich denke, also bin ich!"), aber auch Wissenschaftler wie Kepler, Galileo, Newton und andere kluge Köpfe kamen allerdings ganze Weltbilder ins Schwanken. Ab 1600 etwa drehte sich zum Beispiel nicht mehr die Sonne um die Erde, sondern die Erde um die Sonne. Als die Wissenschaften wie Astrologie und Mechanik sich immer häufiger mit ihren neuen Weltbildern aufdrängten, oder sich jemand wie Martin Luther mit seinen Thesen den Einzelmenschen in den Vordergrund rückte, wurden sie schnell Märtyrer oder Popstars, und der Klerus musste eine Bastion nach der anderen hergeben. Die Wahrheit setzt sich eben immer durch.

Zugegeben, es hat die Menschheit ein paar Jahre gekostet, bis man auf die wesentlichen Dinge gekommen ist, die zu ihrem Verständnis der Welt beitragen. Und sie ist noch lange nicht am Ziel. Aber Gott ist zuversichtlich, dass jeder Vertreter dieser Spezies es bis nach ganz oben schaffen kann. Um 1500 gab er dem Renaissance-Philosophen Giovanni Pico della Mirandola ein Interview, in dem er die Stellung des Menschen im Kosmos zurechtrückte, nachdem dies in der Bibel offenbar nicht klar herüberkam. Was Gott als Coach besonders auszeichnet – und ihn so sympathisch macht - ist die Tatsache, dass er sein Ziel als erreicht betrachtet, wenn er sich selbst überflüssig gemacht hat: „Du sollst Dich ohne jede Einschränkung und Enge, nach Deinem Ermessen, dem ich Dich anvertraut habe, selber bestimmen. Ich habe Dich in die Mitte der Welt gestellt, damit Du Dich von dort aus bequemer umsehen kannst, was es auf der Welt gibt. Weder haben wir Dich himmlisch noch irdisch geschaffen, damit Du wie Dein eigener, schöpferischer Bildhauer Dich selbst zur Gestalt ausformst, die Du bevorzugst. Du kannst zum Niedrigen, zum Tierischen entarten; Du kannst aber auch zu Höherem, zum Göttlichen wiedergeboren werden, wenn Deine Seele es beschließt."

Nichts Schlimmeres konnte den Mächtigen aus Rom passieren, als dass die Menschen sich ihrer selbst bewusst werden – oder sogar selbst Karriere bis hin zur Gottwerdung machen können. Aber der Lauf der Geschichte war nicht mehr aufzuhalten – obwohl erst die Aufklärer Englands und Deutschlands den Fundus der Renaissance wieder entdeckten. Ihre stärkste Waffe: Die Freiheit. „Der Mensch wird frei geboren, aber überall liegt er in Ketten", stellte Jean-Jacques Rousseau fest. Das fand Immanuel Kant in Königsberg so gut, dass er als einzige Dekoration in seinem bescheiden eingerichteten Haus ein Poster von dem französischen Philosophen aufhing. Der andere Coach von Kant war der schottische Denker David Hume. Er war der Meinung, dass man die Moral der Kirche gar nicht braucht, weil sie sich durch die öffentliche Meinung sowieso selbst organisiert: Alles, was ich tue, wird von meinen Mitmenschen gegengecheckt und eventuell korrigiert. Er begründete die deskriptive, die beschreibende Ethik, im Gegensatz zur präskriptiven wie jener der Kirche, die vorschrieb, was zu tun und was zu lassen ist.

Hume war wirklich ein sympathischer Mensch. Kein Wunder: Er hat die Sympathie erfunden. Es ist bei ihm die Fähigkeit, sich selbst an die Stelle anderer zu versetzen. Eine Grundvoraussetzung für Coaching. Durch diese und andere Ideen Humes wurden Kant und seine Neugier wach. Er gab zu, dass Hume ihn „aus meinem dogmatischen Schlummer weckte". Kants Wake-Up-Call hatte sehr produktive Folgen. Er ging das Projekt Freiheit an. Aufklärung ist in seinen Augen „der Ausgang des Menschen aus seiner selbst verschuldeten Unmündigkeit". Das klappt. Man muss sich nur trauen. Schon ist man frei, selbst zu denken, statt ein unmündiges, also abhängiges Naturwesen zu sein. Der Rest regelt sich von selbst. Die Aufklärer hatten übrigens keine Probleme, solche Entdeckungen auch auf andere Dinge zu übertragen. Hume nannte diesen Vorgang „experimentell", die Übertragung einer wissenschaftlichen Situation in einen anderen Bereich (er selbst schaute sich das von Isaac Newton ab). In der sich gleichzeitig ent-

was bewundern wir am meisten?

faltenden freien Wirtschaft überträgt der Moralphilosoph Adam Smith, Kollege und Freund Humes, den Gedanken der Selbstorganisation auf die Wirtschaft: Je freier die Wesen handeln, um so größer der Output.

Smiths berühmte „unsichtbare Hand", führt seitdem zusehends zu allgemeinem Wohlstand und Autonomie jedes Einzelnen. Aber bleiben wir noch einen Augenblick bei Kant, der übrigens keine Ökonomie schrieb, wie es sich damals für einen Philosophen gehörte. Stattdessen schrieb er sehr komplizierte Traktate namens „Kritiken". Ziemlich am Ende seines Schaffens schrieb er ein Buch, das nur ein Mann schreiben kann, von dem die Zwänge seiner Karriere abfallen: Das vielleicht schönste, wenn auch nicht gerade einfachste Non-Fiction-Werk der Welt: Die „Kritik der Urteilskraft". Es beginnt mit den Worten: „Man hat, nach transzendentalen Prinzipien, guten Grund, eine subjektive Zweckmäßigkeit der Natur in ihren besonderen Gesetzen, zu der Fasslichkeit für die menschliche Urteilskraft, und der Möglichkeit der Verknüpfung der besonderen Erfahrungen in ein System derselben, anzunehmen." (KU 305)

Das klingt etwas verschroben, aber es geht Kant um die Idee, dass die ganze Natur ein geschlossenes System bildet, und dass der Mensch in der Lage ist, dieses System zu knacken. Und nicht nur das: Sobald etwas für ihn oder sie stimmig, organisch, harmonisch wirkt, es schön zu finden. Um es mit den Worten von Samuel Fleischacker zu sagen: „Wahrheit ist Schönheit, und Schönheit Wahrheit. Wenn ich Schönheit in etwas entdecke, dann weiß ich, dass ich einen Platz in dieser Welt habe". Diese Erscheinungen, „denen man daher den Namen schöner Formen beilegt" (Kant), kann man überall antreffen, sei es im Hochgebirge, in einem Bild oder in Gestalt einer nackten Frau. Sie machen das Leben neugierig.

Natürlich war Kant vor allem dieser Natur, also Gottes Werk auf der Spur und versuchte nun, mittels der Urteilskraft, also des Selberdenkens statt Erfahrungssammlungen, hinter die „Zweckmäßigkeit" der Welt zu kommen. Sein Kollege, heimlicher Bewunderer, aber selbst erklärter Kritiker und Nachfolger Hegel fand darin Widersprüche – und diese Widersprüche machte er sich zum Hobby, indem er alles behauptete, negierte, und dann wieder zusammensetzte. Das Hobby hieß „Dialektik" und kam in seiner „Phänomenologie des Geistes" dann doch zu der Schlussfolgerung: „Das Wahre ist das Ganze". Wenn auch nur etwas komplizierter als bei Kant. Aber irgendwie musste man ihn ja toppen. Hegel spielte sich dann auch ganz schön als Coach auf, aber dazu kommen wir später. Kants „neue Kausali-

tät" (KU 307) und die Rede vom „Ganzen" wurde im 20. Jahrhundert gerne aufgenommen, als Kybernetiker und Esoteriker sich anschickten, ein neues Weltbild zu kreieren, in dem quasi alles sorgfältig aufeinander abgestimmt ist. Bei den Esoterikern wurde Mutter Erde in der so genannten „Gaia-Hypothese" geehrt, die das Gedankengut von den ganz frühen Griechen zurückkam, die die Erde selbst als ihre Mutter betrachteten. Daraus folgte nicht lange darauf der Holismus, der nicht ganz so hohl ist, wie er inzwischen mit dem Wort „ganzheitlich" etikettiert ist. Dann trafen sich nach dem Zweiten Weltkrieg einige sehr schlaue Leute in New York – was als die „Macy-Konferenzen" in die Wissenschaftsgeschichte einging. Vor allem Norbert Wiener beeindruckte seine Zuhörer mit seiner Wortschöpfung „Kybernetik", die er vom griechischen Wort für „Steuermann" entlehnte, seiner Definition als „Regelung und Kommunikation im Lebewesen und in der Maschine" und mit anderen Worten der Idee, dass der Begriff der „wechselseitigen Kausalität" – der auch bei Kant stehen könnte, der hier eben in der Kybernetik steht – durchaus in den Gesellschaftswissenschaften anwendbar ist. Dies war der Auftakt des „systemischen Denkens", das der experimentellen Methode von David Hume nicht unähnlich ist. Aus diesem Ansatz, den Fundus von Systemen aus den verschiedensten Wissenschaften in andere Bereiche zu übertragen, entstanden viele andere grenzüberschreitende Wissenschaften, die die zweite Hälfte des 20. Jahrhunderts prägten, sei es mit Wieners Informationstheorie, der digitalen Form der Kybernetik in Gestalt von John Neumanns Computer, die systemische Familientherapie von Macy-Teilnehmer Gregory Bateson, „der erste erfolgreiche Versuch in der Wissenschaft, die kartesianische Trennung von Geist und Körper zu überwinden." (Capra 1996:71) Oder die Kommunikationstheorie seines Schülers Paul Watzlawick, die sich endlich nicht mehr auf einen Sender und einen Empfänger beschränkt, sondern auch auf die Botschaft, das Verstehen, das Feedback, den Inhalt des Gesagten und die Herstellung einer Beziehung in einer Kommunikation. Um nur einige Beispiele zu nennen, auf die wir in der Praxis an entsprechender Stelle ausführlicher zu sprechen kommen. Flugs erkannte man rückblickend mehrere solcher selbstorganisierender Modelle in Systemen der Wirtschaft, der Ethik, der Politik: Neben erwähnter „unsichtbarer Hand" Adam Smiths, die die Wirtschaft regelt, auch dessen Ethik in der Allegorie des „unparteiischen Zuschauers", der für eine gesunde Moral allein dadurch sorgt, dass er in unserem Kopf sitzt und die öffentliche Meinung über

DIE PRAXIS: GESCHICHTE DES COACHING

unser Tun und Lassen repräsentiert – so dass wir immer sehr genau wissen, ob es gut oder schlecht ist, was wir gerade tun. Auch Hegels Dialektik funktioniert wunderbar von selbst, auch wenn er in seiner „Phänomenologie des Geistes“ mit der Zeit dabei etwas abdreht. Hegel war der Coach von zwei Herren, die ein paar Jahre später daraus ein neues, selbstorganisierendes Weltmodell erstellten. Marx' und Engels' Modell von These und Antithese stammt aus dieser Technik, das sich 150 Jahre nach ihrer gesellschaftlichen Realisierung als Trugschluss herausstellt: Denn wer die Dialektik beherrscht, beherrscht alles. Nach dem Fall der Sowjetunion und der Berliner Mauer geisterte das typische Karl Marx-Gesicht mit Rauschebart und einer Sprechblase umher: „Sorry, war nur so eine Idee“. Die geschickte Organisation der Ausgleichung der gesellschaftlichen Mächte gelang wesentlich besser in dem System der „checks and balances“ in der Amerikanischen Verfassung. Kurzum: Alles ist System - wenn es funktioniert. Und wenn es denn funktioniert, ist das nicht einem einzelnen zu verdanken, der die Hebel immer wieder in Gang setzt (wie Gott einmal am Anfang), sondern ihrer Selbstorganisation. In dem Wort „Organisation“ steckt ja das Wort „Organ“, und wir überlassen es gerne den Systemtheoretikern, herauszufinden, wie es um die Rückkopplungsschleifen und die interaktiven Beziehungen bestellt ist, die diese Selbstorganisation auf Trab bringen. Wir kümmern uns besser ums Coaching und überlegen, wie im modernen Unternehmertum Coaching funktioniert. Speziell um die Frage: Wie bringt ein Coach es fertig, ein menschliches System wie ein Individuum, ein Team oder ein Unternehmen von selbst ins Laufen zu bringen (also auch ohne Antreiben, Drohen, künstlich Motivieren)?

Gott blieb während der ganzen Zeit im Hintergrund und beobachtete, wie man sich da unten die Welt erklärte, sei es nun auf der Agora im antiken Athen oder in einem Hotel in Manhattan im 20. Jahrhundert. Man sollte sich ja auch kein Bild von ihm machen. Aber man kann ihn jederzeit anrufen. Er ist ein hervorragender Gesprächspartner. Er hört geduldig zu und hat immer die richtige Antwort. Die Telefonzelle mit dem heißen Draht nach oben steht in Ihrem Kopf: Das „Denken“. Plato den nannte das Denken den „schweigenden Dialog der Seele mit sich selbst“. Das ist eine Art Selbst-Coaching, das besonders in der Moral Karriere machte. Wir alle kennen unsere innere Stimme, die uns ab und zu ein Gespräch aufzwingt. Vor allem, wenn wir etwas entschei-

den müssen, oder wenn wir drauf und dran sind, Mist zu bauen, meldet sie sich. Irgendwie scheint sie sehr vertraulich, wenn auch sehr bestimmend zu sein. Sie duzt uns sogar. Wenn wir dann richtig Mist gebaut haben, kommt sie mit mächtiger Stimme. In der Aufklärung nannte man sie „Gewissen", der „innere Gerichtshof" (Kant) und im Prinzip der Grundstein der Religion. So lange die Sache persönlich bleibt, ist das Denken oder diese Art des Denkens ein gutes Instrument zur moralischen Menschwerdung.

Dass Denken jede Menge Licht in eine Sache bringen kann, bewies Platon mit seiner berühmtesten Geschichte: Dem Höhlengleichnis. Da sitzen mehrere Menschen in einer Höhle und sehen im Feuerschein ständig Schatten von Menschen an der Wand entlanglaufen – die sie allerdings für richtige Menschen halten. Als dann mal jemand das Gatter auflässt und diese Menschen ans Tageslicht stolpern, merken sie, von der Sonne geblendet, dass sie immer einer Illusion aufgesessen sind. Diese Menschen sind wir, der Prozess heißt „Bildung der Idee". Und ganz schlimm wird es, wenn diese Menschen Durst bekommen und auf dem Wasserspiegel eines Sees ihr eigenes Gesicht sehen – das heißt „Selbsterkenntnis", ist aber heilsam. Platon, der alte Geschichtenerzähler, hatte noch weit mehr auf dem Kasten. Im Prinzip hat er seine ganze Philosophie als Coaching begriffen, denn er notiert nur Dialoge von einem berühmten Zeitgenossen. His master's voice: Der große Sokrates. Dieser rauschbärtige Mann, der sich ständig auf dem Marktplatz oder bei Knaben herumtrieb, wenn er sich nicht gerade zum Stimmtraining am Meer das Maul mit Steinen vollstopfte und gegen die Brandung anbrüllte oder sich von seiner Frau Xantippe nerven ließ, kann ohne weiteres als erster Coach der Menschheitsgeschichte durchgehen (Ach herrje! Der erste Coach gleich ein Homosexueller!). Sokrates hatte eine furchtbare Angewohnheit: Reden und Fragen, im Prinzip also der nach außen gekehrte „schweigende Dialog mit sich selbst". Dann behauptete er auch noch, dass er eigentlich nichts wisse, so dass er sich alles Mögliche von anderen erklären ließ – vor allen Leuten. Das war peinlich. Vor allem, weil seine Gesprächspartner dann oft Dinge sagten, die sie gar nicht sagen wollten – aber die mit der Zeit einfach aus ihnen herauskamen. Sokrates nannte diese Methode „Mäeutik" – Hebammenkunst. Er brachte die Gedanken und Ideen über alle möglichen Erscheinungen im Kosmos einfach aus den anderen heraus – durch Reden, Reden, Reden. Seitdem ist die Philosophie ein Angebot zum Gespräch, eine Art Geburtshilfe, die das eigene Denken hervorbringt, eine Mög-

lichkeit, das Leben besser zu verstehen: Coaching. Platon selbst war übrigens ein brillanter Schreiber, aber ein mieser Coach. Seine Kriegsbegeisterung übertrug er dummerweise auf den Machthaber Athens in seiner Funktion als dessen Berater. Dann kam er auf den originellen Gedanken, dass eigentlich nur Philosophen als Könige in Frage kämen, und dachte da mit Sicherheit an sich selbst. Als erstes hätte er dann die Künstler aus der Stadt getrieben, weil sie nach seiner Ansicht dort gar nichts zu suchen hätten. Aber dazu ist es glücklicherweise gar nicht gekommen. Sokrates wurde allerdings auf Dauer so nervig, dass man ihm den Schierlingsbecher überreichte, was eine besondere Ehre war. Ein ehrenhafter Grieche sah so aus, dass er nicht umgebracht wurde, sondern selbst die Gelegenheit bekam, sich zu vergiften, um damit seine Schuld einzugestehen. Das ist großes Coaching: Jemanden zu stimulieren, an sich selbst zu arbeiten. In der Weltgeschichte des Abendlandes gab es statt Coaching meistens Krieg. Das Modell von Herrschern und Heldentaten ist jedoch wenig geeignet für Coache. Es birgt den gleichen Trugschluss wie im Modell „Vision und Motivation": Ist das Leitbild einmal geschaffen, müssen alle hinterher rennen. Und, tut uns leid, da wären wir eigentlich auch schon wieder bei Immanuel Kant. Schließlich können frei urteilende und selbst denkende Menschen nicht auf so etwas hereinfallen. Und genau, wie er schon als junger Mann seine Weltentstehungslehre in der „Allgemeinen Naturgeschichte und Theorie des Himmels" (1755) frech behauptet, die Welt wäre auch ohne das Wirken Gottes entstanden - wenn auch nicht ohne seine Weisheit - stellt er dann auch noch klar, dass eigentlich alles um einen herum nur „Ding an sich" ist und gar nicht interessant, solange es keine denkenden Wesen gibt, um die sich diese Dinge kreisen und die sie erkennen. Das klingt ein wenig anders als all die mechanistischen Weltbilder, die seit Descartes' Leib-Seele-Trennung herumschwirren. Seit den Fortschrittstheorien von Francis Bacon und Condorcet ist das Denken nämlich in den Dienst der Wissenschaften gerückt, und hat selbst sozusagen nichts mehr zu sagen. Kant dagegen, ganz forsch, zermalmt diese ganzen Weltbilder mit einem allmächtigen Coaching-Tool: der Vernunft. Den Rationalismus und alle auf Erfahrung basierenden Erkenntnisse macht er mit einem Schlag fertig, als er zeigt, dass schon die menschliche sinnliche Anschauung eine eigene, ursprüngliche Erkenntnisquelle darstellt. Das ist praktisch. Durch das eigene Denken muss man nicht jeden Morgen erneut beweisen, dass die Sonne aufgeht – sondern durch die spontane, verknüpfende Leistung des Verstandes ist es mög-

DAS SCHÖNSTE VON DER WELT

lich, dahinter eine gewisse Kausalität zu erkennen, die solche Dinge in Raum und Zeit anordnen. Das ist eine „Revolution" des Denkens! Nicht die Natur schreibt uns die Gesetze vor, sondern umgekehrt – wir beschreiben sie! Damit sind wir der Mittelpunkt, und das Licht der Aufklärung erstrahlt. Kant coachte uns alle.

Kants „Vernunft" lotet die verborgenen Prinzipien unseres Denkens und Handelns aus – und das in sehr schweren, dicken Büchern. Sie denkt alles, reguliert alles, und gelangt zu den fundamentalsten Prinzipien unseres Tuns und Treibens. Er hat so eine Menge Prinzipien geborgen, die die Grundlage alles Lebens bilden: Etwa der Kategorische Imperativ, das Gesetz der Gesetze („Handle so, das die Maxime deines Willens jederzeit zugleich als Prinzip einer allgemeinen Gesetzgebung gelten könne"). Die Leitlinie von Vorhaben und Handlungen soll so allgemein gelten können, dass sie von jeder Person als ein vernünftiges Gesetz akzeptiert werden kann. Diese Gesetze gibt sich „der Mensch" also auch noch selber, und das ist die Definition von Freiheit: genial. Freiheit ist also die Pflicht, der wir uns nicht entziehen können. Viele haben das bis heute nicht kapiert. Zum Beispiel Diktatoren und Ideologen, die anderen Menschen ihren Willen aufzwingen wollen.

Wir müssen uns aber auf Kants Coaching-Prinzip beschränken. In seiner schon erwähnten Ästhetik geht es um das Urteilen, die menschliche Fähigkeit, selbst zu reflektieren und zu entscheiden. Wie es so seine Art ist, sucht er auch hier nach den Prinzipien – wenn er sie nicht schon gefunden hat. Man findet sie im §40 dieser „Kritik der Urteilskraft":

1. *„Selbstdenken;*
2. *an der Stelle jedes anderen denken;*
3. *jederzeit mit sich selbst einstimmig denken" (AA V:294)*

Mit anderen Worten: Sich in die Situation anderer versetzen, und dadurch herausfinden, wie es um die Wahrheit bestellt ist. Ein fundamentales Coaching-Prinzip. Wahrheiten verkünden bedeutet nichts anderes, als Ideologien zu verkaufen. Aber in die Herzen anderer zu schauen und mit sich einstimmig zu machen, ist für Experten „das Schönste auf der Welt" (Ernst Vollrath), und für Coache elementar. Allerdings ist dies auch eine hohe Kunst. Durch das Sich-In-Die-Situation-Anderer-Versetzen weiß man, wie sich alle anderen fühlen, wie ihre Meinung zu einer Sache ist, und wie die allgemeine Stimmung ist. Durch diese „allgemeine Stimme" findet man zu einem Grundkonsens, auf dem man aufbauen kann – zum Beispiel ein Team. Diese „wechselseitige subjektive Übereinstimmung" führt nicht zu einer höheren Wahrheit, aber zu einer einstimmigen, wie wir heute sagen würden „Gruppendynamik". So entstehen Regeln, denn „ästhetische Urteilskraft ist also ein besonderes Vermögen, Dinge nach einer Regel, aber nicht nach Begriffen zu beurteilen", wie Kant sagt – und dadurch, dass das Gefühl entscheidet (AA V:194). Denn „nur da, wo die Einbildungskraft in ihrer Freiheit den Verstand erweckt, und dieser ohne Begriffe (d.h. ohne vorgegebene Schemata, d.A.) die Einbildungskraft in ein regelmäßiges Spiel versetzt; da teilt sich die Vorstellung nicht als Gedanke, sondern als inneres Gefühl (...) mit." (AA 296) Um es in „coaching terms" auszudrücken: In die Herzen schauen. Die gemeinsamen Nenner in Form der „Stimmung" suchen. Spiele und Ziele definieren. Und die Regeln aufstellen. Das ist es, worum sich Coaching dreht: Die Erfahrung, die Methode und das Regelwerk.

Kants „Urteilen" funktioniert also nach dem gleichen Prinzip wie Coaching: Es geht nicht darum, der Weisheit letzten Schluss zu finden, sondern eine grundsätzliche Regelung, die von allen gemeinsam vom „inneren Gefühl" (Kant) getragen wird: Ein Ziel. Dieses Ziel ist also nichts anderes als der Ausdruck des kleinsten gemeinsamen Nenners im Team mit der größten Dynamik, ein Spiel mit einem Ziel. Ein Spiel ist das (freiwillige) Zusammentreffen verschiedener Menschen unter bestimmten Regeln. Die Regeln werden gemeinsam festgelegt, um dann für alle zu gelten. Der wichtigste Unterschied dabei liegt darin, dass diese Regeln nicht vorgegeben werden können. Es ergibt sich nur aus dem jeweiligen Team, wie sie miteinander spielen. Deswegen ist jedes Team anders aufgestellt. Um diese Methoden zu erlernen, öffnen wir nun unsere Büchse der Pandora und geben Ihnen die Werkzeuge an die Hand.

PART 2

PRAXIS

12 SCHRITTE
VON MANAGEMENT ZU LEADERSHIP
100 COACHING-TOOLS

DER AUSLÖSER: WAS IST NEUGIER?

4. GRUNDLAGEN

„Die Menschen suchen nicht nach dem Sinn des Lebens, sondern nach dem Gefühl, lebendig zu sein."

„What people seek is not the meaning of life, but the feeling of being alive."

Joseph Campbell

Sie sind bis hierher gekommen? Danke für das Kompliment, offenbar langweilen wir Sie nicht. Auf jeden Fall sind Sie neugierig. Der Begriff der „curiositas" bedeutet Neugier oder Neugierde und umfasst ein ganzes Spektrum menschlicher Wissensansprüche, Erkenntnisinteressen und Erfahrungsbedürfnisse. Bereits seit der Antike wird sie sehr unterschiedlich ausgelegt. Der frühmittelalterliche Denker Augustinus definierte Neugier als sinnenhafte Selbstentäußerung des Menschen und belegt ihn mit dem Verdikt der Weltverfallenheit und Augenlust („concupiscentia oculorum"). Thomas von Aquin und die spätmittelalterlichen Philosophen entschärfen den Begriff und deuten ihn mehrfach um. Diese Kirchenphilosophen taten sich mit jeder Art von Gier schwer, sei es die sexuelle oder auch die finanzielle. Deshalb war auch die Neugier tendenziell etwas Sündhaftes.

Aber in der frühen Neuzeit wird die „curiositas" zu einem regelrechten Leitbegriff für eine selbstbestimmte Emanzipation des Menschen aus theologisch fundierten Denk- und Lebensordnungen. Der Prozess der Umbesetzung des „curiositas"-Begriffes ist der gestiegenen Geltung der Wissenschaften wie der Künste zu verdanken. Der menschliche Wissensdrang wird im Zuge der aufkommenden Naturphilosophie ebenfalls als etwas Natürliches betrachtet. Ästhetische Erfahrungsweisen und die Entdeckung von uns selbst als „selbstdenkende Wesen" (Kant) in der Aufklärung sind die Türöffner für unser kognitives Potenzial, das bis in die frühe Neuzeit nur den Mitarbeitern der Kirche und des Staates vorbehalten war. Seit Descartes aber heißt es: „Cogito, ergo sum", und die Neugier macht vor nichts Halt. Neugier ist die Basis des positiven Lernens. Wir haben den Lernprozess fast ausnahmslos als mühsame und schmerzhafte Angelegenheit kennen gelernt. Was in der Schule vermittelt wurde, war für uns meistens etwas Neues.

Aber die Art und Weise der Vermittlung, inklusive Benotung und Bestrafung, hat unsere Neugier schnell abgetötet oder in eine Art Wachkoma versetzt. Vor allem in Fächern, die uns einfach nicht interessierten. An der Universität, wo wir unsere Fächer selbst wählen, kann es dann eher geschehen, dass ein bestimmtes Thema den Forscher in uns weckt. Dann wird ein Wissensdrang entfaltet, der manchmal unstillbar bleibt – vor allem angesichts der unendlichen Weite der wissenschaftlichen Literatur, die man ein Leben lang studieren kann. Neugier kann aber auch in ganz anderen Dingen geweckt werden. Dann handelt es sich um Interesse. Es gibt in jedem Menschen etwas, das in ständig bewegt, mit dem er sich permanent beschäftigt, das den Sinn seines Lebens ausmacht – und worin er ein absoluter Experte, der bestes seines Faches ist. Das Schöne daran: Es fällt ihm auch noch leicht.

Wenn er sich in seinem thematischen Element bewegt, fallen ihm die Dinge zu. Andere Leute werden auf diese Kompetenz aufmerksam, allein, weil er durch seine Neugier so viel Begeisterung ausstrahlt. Das macht ihn glaubwürdig. Ob man aufgrund dieser Fähigkeit nun ein hervorragender Schreiner, ein brillanter Wissenschaftler oder ein Popstar wird: Das, was „in uns“ steckt, macht unser Leben reich und uns selbst erfolgreich. Diesen ungeschliffenen Rohdiamanten in anderen Menschen zu finden, ist die Sage-Methode. Wenn Sie die Neugier eines Menschen wecken, sind Sie gerade dabei, ihn zu coachen. Denn da ist jemand, der das Gefühl hat, einen Gewinn von dem zu haben, was Sie sagen. Diese Qualität lässt sich trainieren. Wenn Sie sie einmal beherrschen, wird Ihre Gesprächsführung um ein Vielfaches effektiver sein.

Neugier zu erwecken und zu entwickeln, ist eine Geheimwaffe. Wenn man umgekehrt Neugier ausstrahlt, werden auch andere neugierig auf Sie. Sie werden ihnen folgen, weil sie neugierig sind, welchen Kurs Sie als nächstes einschlagen. Deshalb ist Neugier auch eine der Schlüsselqualifikationen zum Erfolg. Jeder, der ein Leader werden will, kann die Kunst lernen, Neugier zu verbreiten. Erst müssen wir allerdings lernen, wie Neugier entsteht. Neugier ist eine höchst zerbrechliche Qualität.

Nach tausenden von Interviews wissen wir, dass Neugier im Kern darin besteht, durch unerwartetes Handeln neugierig zu bleiben. Neugier bedeutet, sich selbst überraschen zu können. Etwas zu tun, das Sie nicht von sich erwartet hätten. Alice Coltrane sagte über ihren Mann, den überragenden Musiker John Coltrane: „Er konnte sich ständig selbst überraschen“. Jazzmusiker improvisieren. Sie spielen so rasend schnell, dass ein analytischer Verstand gar nicht in der Lage wäre, so viele Noten hintereinander zu setzen – was so genannte „ernste“ (!) Musiker, die meistens nur von Notenblättern spielen können, immer zur Verzweiflung bringt. Leonard Bernstein hat dieses Experiment einmal vollzogen – er stellte ein ganzes Orchester vor die Aufgabe, frei zu improvisieren, was nicht nur zu Chaos, sondern zu massivem Protest führte. Jazzmusiker folgen ihrer Neugier. Der Bebop-Titan Charlie Parker sagte einmal: „Erst lernst Du die ganzen Har-

monien und Regeln, und dann vergisst Du den ganzen Mist und spielst einfach drauflos". Und er spielte, als würde er die Noten wie Perlen hintereinander auf einem Faden aufschnüren. Der Trompeter Miles Davis machte das gleiche wie Parker, nur innerhalb der Harmonien: Seine modale Spielweise gab ein Grundschema vor, auf dem sich die Musiker anderen Akkorde und Skalen suchen und auf diese Weise immer weiter fortbewegen. John Coltrane war der Mystiker, der Mann, der immer spielte, als würde Gott ihm die Töne einhauchen.

Aber das „Absondern" von Unerwartetem, wie es der Philosoph Herder genannt hatte, ist nicht nur Sache von Jazzmusikern, sondern die ureigene Qualität eines jeden Menschen. In ihrer höchsten Form sind erfolgreiche Menschen - Leute wie Pablo Picasso, Alfred Einstein, Bill Gates, Steve Jobs, Forscher, Künstler, Industrielle – einfach neugierig, was als nächstes aus ihnen herauskommt.

Im Seminar praktizieren wir eine Übung, in der wir simpel danach fragen, was Neugier ist. Dann kommen die unterschiedlichsten Antworten. „Wenn man etwas Bestimmtes wissen will?" fragt einer. „Nach Antworten suchen", ein anderer. Wir warten geduldig. Die Luft brennt, je mehr die Teilnehmer beginnen, sich in ihre Mutmaßungen hineinzusteigern. Dann fragen wir die Gruppe: „Was passiert hier gerade?" Alle schauen einen Moment verwirrt, dann schreien alle unisono: „Wir sind neugierig!" Richtig.

Die Definition lautet: Neugier ist Wunsch ohne Zusatz. Dann wird es ganz ruhig. Die Spannung nimmt ab. Und mit ihr die Neugier. Wer sich jetzt fragt, wie man neugierig werden kann, ist auf dem richtigen Weg. Man muss etwas tun, das man von sich selbst nicht erwartet hätte. „Aber wenn ich etwas beginne, weiß ich doch schon, was ich tun werde, und das ist nicht gerade überraschend", werden Sie sagen. Vollkommen richtig. Aber wenn Sie etwas anfangen, das niemand erwartet, ist es unvermeidlich, dass auch alles, was darauf folgt, unerwartet sein wird. Legen Sie einmal Ihre Hände übereinander. Fühlen Sie Ihre Hände. Jetzt lassen Sie Ihre Hände von jemand anderem berühren. Wetten, da ist ein Unterschied? Selbstverständlich. Sie selbst handeln intentional. Jemand anderes wirkt dagegen wie Elektrizität. Alles, was er/sie tut, können Sie nicht berechnen. Wenn jemand Sie berührt, ist das eine Überraschung. Sie können nicht berechnen, was als nächstes passiert. Wäre auch noch schöner, denn sonst gäbe es so etwas wie Liebe nicht.

Übrigens: Liebe ist die höchste Form menschlicher Energie, und ein guter Maßstab für Neugier. An ihr können Sie messen, welche Energien freigesetzt werden können. Ganze Königreiche sind aufs Spiel gesetzt worden – aus Liebe. Sie werden am besten wissen, wozu man in der Lage ist, wenn man liebt, und was man aus Liebe alles tun kann. Liebe ist bedingungslos, überraschend, über sich selbst hinausgehend – Neugier.

Etwas profaner ausgedrückt: Man handelt immer auf einem gewissen Energielevel. Wenn man berechnen kann, was als nächstes passiert, herrschen Langeweile und Routine. Viele Dinge in unserem Alltag ist vorgetäuschte Überraschung, und nichts als Reizüberflutung. Wir bleiben am Fernsehen kleben, weil wir in der ganzen klebrigen Masse an Information und Unterhaltung immer auf die große Überra-

DER BEGRIFF: WAS IST EIN COACH?

schung hoffen. Wir erleben selten genug sinnlichen Reiz, aber ständig Reizüberflutung. Wir haben alles schon einmal gehört oder gesehen. Wir wissen alles, und jede zweite Information ist doch schon von gestern. „Kenn' ich, weiß ich", ist das Mantra unseres Alltags.

Der Job des Coaches besteht darin, selbst in abgestumpften und zynischen Leuten wieder ihre Neugier zu erzeugen – immer vorausgesetzt, sie sind dazu bereit. Wenn einem eine nahe stehende Person mitteilt, sie fühle sich so ausgebrannt und gelangweilt mit ihrem Leben, fühlt man sich als Nicht-Coach schnell überfordert. Wenn man in ihnen die Neugier wecken kann, schenken Sie ihnen etwas Unbezahlbares. Sie können ihnen etwas zurückholen, was in ihnen abgestorben war – möglicherweise was sie als einziges hat gerne lernen und erfahren lassen.

Wie viel würde man wohl dafür bezahlen, wenn man sich wieder jung und lebendig fühlt und mit dem, womit man sich beschäftigt? Millionen und Abermillionen. Wer diese Leistung erbringen kann, ist ein Coach.

Der Kern der Sage-Learning-Methode ist nicht das Trainieren der Menschen, sondern das Hervorbringen und Trainieren der Neugier der Menschen. Mit Kant teilen wir die Grundüberzeugung, dass jeder Mensch ein „Zweck an sich" ist, der ein einzigartiges Talent in sich birgt, das hervorgebracht und dann trainiert werden kann. „Zweck" bedeutet „Ziel".

Dieses Ziel zu erkennen und zu verfolgen, ist der Sinn unseres Lebens. Wenn wir es nicht tun, werden wir nicht glücklich. Wenn wir es tun, sind wir schon auf dem Weg dorthin zufrieden. Neugierde ist der wesentliche Faktor der Zielerkennung und –verfolgung. Coaches bringen diese Neugier in anderen hervor. Sie gebieren übrigens immer andere „Neugierden", je nachdem, in welchem persönlichen Stadium man sich befindet. Sonst wollten wir alle immer noch Tankwart, Lokomotivführer oder Kindergärtnerin werden. Tatsächlich aber ist es vielleicht so, dass Sie Ihre Neugier kennen und zum Teil bereits erfüllt haben. Dann kommt wieder Langeweile auf – ein Zeichen, dass eine neue Neugier Sie wieder wecken muss.

Die Ziele, die wir im Training verfolgen, sind keine Umsatzziele und auch keine „Selbstverwirklichungsziele". „Zweck an sich" bedeutet nicht, dass jede Person ein Selbstzweck ist, sondern 1. ein zu respektierender Mensch mit einer ihm innewohnende „Würde", der deshalb als „Person" wahrgenommen wird und niemals von anderen als „Mittel zum Zweck" eingesetzt werden darf. Und 2., dass dieser Zweck bei jedem Menschen verschieden ist, also bei jedem Menschen individuell erkannt werden muss. Diesen Zweck, dieses Ziel zu erkennen, zu verfolgen und zu erreichen, dient die zeitliche Spanne, die wir „Leben" nennen. Es gibt also viel zu tun.

So viel zur unsäglichen Sinn-Des-Lebens-Diskussion, die viele Menschen nur in ihrem persönlichen Wachstum aufhalten und über Abertausenden von Milchkaffees, Rotweinflaschen und selbstgedrehten Zigaretten ihren Narzissmus nähren, und bei dem sie in ihrer Verkennung dann gerade einmal etwas „Kreatives" wie eine Makramée-Arbeit auf die Reihe bekommen, eine Galerie in der Vorstadt eröff-

nen oder einfach abdrehen und unter philosophischen Vorzeichen am Strand von Goa eine Menge Sex haben. Wer meint, seinen Zweck selbst bestimmen zu können und sich bei guten Freunden die Bestätigung abholt, bitte. Das Gequatsche der letzten zwanzig Jahre von „Individuum", „Selbstverwirklichung" und „Lebenssinn" kommt über die Dynamik eines Kirchentags nicht hinaus und hat uns sehr viel Zeit gekostet. Es verleugnet ein paar wesentliche Tatsachen. Zum Beispiel, dass es nicht nur „des Menschen", sondern „der Menschen" braucht, um sich zu erkennen. Dass es nicht um Sie allein geht, wenn es um Ihre Entwicklung geht. Und dass Geld und Erfolg eben doch eine deutliche Sprache sprechen. Wer dies verleugnet – wie es unter Intellektuellen, Vulgärmarxisten und anderen Theoretikern immer noch der Fall ist – findet sich dummerweise schnell am unteren Ende der sozialen Skala.

Wer wissen will, in welchem Bereich er wirklich brilliert, wo er Talent und Freude hat, wo er/sie andere überraschen und begeistern kann, und deswegen einen Haufen Geld verdient – der nehme sich einen Coach.

Ein Coach ist das Gegenteil von jemandem, der Sie in Ihren Ansichten und Mutmaßungen über sich selbst unterstützt. Er ist kein Psychologe, der Sie mit Ihrer Vergangenheit konfrontiert oder Ihnen „Lösungen" auf Ihre „Probleme" bietet. Coache analysieren nicht. Ein Coach, der eine vermeintlich kindliche Neugier in Ihnen weckt, ist jemand, der die Neugier für etwas weckt.

Er zeigt Ihnen das Medium auf, in dem Sie brillieren. Den Rest erledigen Sie selbst. Denn es fällt Ihnen leicht, in diesem Medium eine Arbeit zu leisten, die für die meisten anderen eine schwere Last wäre. Ihre Begeisterung und Ihr Können bleibt von anderen nicht unbemerkt, und deshalb wird es eine Menge Leute geben, die dafür bezahlen, wenn Sie sie partizipieren lassen. Später wird man sich vielleicht anders entwickeln. Viele wechseln das Medium, weil sie merken, dass sie hier am Ende sind und dort eine Menge Spaß haben. Andere verwirklichen endgültig ihren Lebenstraum. Und wiederum andere werden selbst Coaches. Sie setzen sich in ihrem Medium an eine andere Position. Jungcoaches gibt es selten. Das Potenzial von Coaches ist ihre Erfahrung – und ihre nachhaltige Energie in dem Bereich.

Das beste Beispiel geben diejenigen Coaches, die dem Job ihren Namen geben: Die meisten Trainer waren früher Spieler, die aus rein physischen Gründen irgendwann aufhören müssen. Dann gehen sie an eine Sporthochschule und machen den Trainerschein. Viele von ihnen hören dort zum ersten Mal Dinge über rein menschliche Angelegenheiten: Teamführung beruht schließlich auf Psychologie und Sozialkompetenz.

Deshalb sind die besten Trainer nicht unbedingt die besten Fußballspieler, sondern diejenigen mit der besten Menschenkenntnis und dem größten Einfühlungsvermögen. Sie setzen ja nicht die Ziele, die erreicht werden müssen, sondern schweißen ein Team zusammen, das diese Ziele erreicht. Ottmar Hitzfeld, ehemaliger Trainer der mehrfachen Deutschen Meister Borussia Dortmund und Bayern München ist sicherlich einer der erfolgreichsten Fußballtrainer der Welt – und war ein zweitklassiger Fußballspieler, der es nicht weit brachte. Lothar Matthäus – einer der genialsten Liberos seiner Zeit, über dessen mangelnde Sozialkom-

petenz als Trainer die ganze Welt lacht. Die deutschen Bundestrainer Jürgen Klinsmann und Oliver Bierhoff haben das amerikanische Coaching-Prinzip importiert, das die Spieler in verschiedenen Bereichen trainiert, inklusive Mental-, Sprech- und Medientraining. Ach ja, wo wir bei Amerika sind: Was antwortet Phil Jackson, erfolgreichster Trainer der NBL, auf die Frage, womit er es schafft, seine millionenschweren Spieler namens Shaquil O'Neill oder Michael Jordan weiter zu Höchstleistungen anzutreiben? „Mit Neugier". Achtung, da kommt ein Ball auf Sie zu! Sie haben keine andere Chance, als aufzuwachen und zu versuchen, ihn zu fangen. Es bleibt keine Zeit, nachzudenken. Sie fangen den Ball und wundern sich, dass sie so gut fangen können.

So funktioniert Coaching. Ein Coach jagt Sie über die Hindernisse, die Sie sich selbst gestellt haben, durch all Ihre Probleme und verkrusteten Schichten der schlechten Erfahrungen, durch all Ihre Vorstellungen vom Leben, Ihre Ideen und Begründungen – um Sie einfach zum Handeln zu zwingen.

Coaching ist handlungsorientierte Betreuung: Man wird aus dem Kopf in die Aktion gejagt. Man verliert seine Ängste, Bedenken, falschen Vorstellungen. Und seine Rückzugsmöglichkeiten. Ein Coach fragt Sie, was Sie machen würden, wenn Sie doch nur könnten. Dann zeigt er Ihnen, dass Sie es können. Dann sind Sie dran...

Täglich sehen wir Tausende von Menschen um uns herum. Ganz selten sehen wir uns selbst. Die eigene Person mit ihren Zielen und Möglichkeiten ist oft der Wald, den wir vor lauter Bäumen nicht sehen können. Coache und Mentoren können Dinge in anderen entdecken, die diese vielleicht für möglich, aber nie für wirklich halten. Sie betrachten ihre Schützlinge, wie diese noch nie vorher betrachtet wurden. Sie sind immer auf der Suche nach der Wahrheit: Was sie inspiriert. Sie müssen über hundert Arten und Weisen verfügen, eine Frage wie „Was ist es, was Sie wirklich wollen?" zu formulieren.

Zum Beispiel „Was könnte Ihre nächste Herausforderung sein?", oder „Wie sieht Ihre Karriere aus?" Wenn darauf eine prompte Antwort kommt: „Und wie...?", „Was dann...?" Man muss so lange bohren, bis der Coachee über seine eigenen Antworten erstaunt ist. Dann erwacht die Inspiration: die Gier nach dem Neuen in sich.

Coache müssen penetrant sein. Denn für viele Fragen liegen einfache Antworten auf der Hand. Was wird wohl als erstes auf die Frage kommen, was man erreichen will? Genau: „Ich will einmal reich sein." Der Coach fragt am besten sofort: „Na gut, und danach?"

Das wird den Patienten vermutlich in Staunen versetzen. Jeder andere würde es wahrscheinlich bei solcherlei oberflächlichen Antworten belassen. Sie sind nicht falsch, aber bei weitem nicht erschöpfend. In einem Seminar fragten wir einmal einen 21jährigen Menschen nach seinen Wünschen, und es kam genau diese Antwort: „Ich will eine eigene Insel besitzen, eine Menge Autos und 800 Milliarden Dollar!" Einen Augenschlag weiter fragten wir: „Okay, und was dann?" Der Mann war für einige Minuten vollkommen irritiert. Schließlich meinte er nachdenklich: „Vermutlich würde ich mir eine Kugel durch den Kopf jagen". Viele unserer vermeintlichen Ziele sind nicht inspirierend. Reich sein heißt vielleicht frei sein, aber das

DIE PRAXIS: WAS TUT EIN COACH?

ewige Streben nach Glück ist eben nur ein Streben, wie Voltaire schon bemerkt hat. Reichtum ist eine Lebensform, aber kein Lebensinhalt. Das sieht man sehr schön an Leuten, die reich geboren werden, die durch diese Last ihr Leben nicht ausfüllen können oder in die Rolle des Nachfolgers ihrer Väter gedrängt werden: Patricia Hearst, Arndt von Bohlen und Halbach... rebellisch, desorientiert, abgedreht. Am Ende der Sitzung mit dem jungen Mann war übrigens nichts mehr so, wie es vorher war. Es war kein einfaches Interview. Am Anfang schien er sehr müde zu sein. Aber am Ende rutschte er vor Aufregung auf der Sesselkante und schilderte mit leuchtenden Augen sein Projekt, das er sofort in Angriff nehmen wollte. Er war ein vollkommen anderer Mensch. Was ist passiert? Sagen wir, wir haben unseren Job gemacht.

Ein guter Coach hat ein hohes emotionales Potential, um überhaupt in die persönliche Sphäre eines anderen Menschen gelangen zu können. Er muss sich in die Situation anderer versetzen können, um die Person, um die es geht, genau aus dieser Situation herauszuhebeln, ohne sie zu verletzen. Wie tut er das? Mit Gefühl. Nur auf diese Weise wird auch sein Gegenüber mit Gefühl reagieren. Dann wird er verschiedene Dinge erreichen, die er sonst niemals erreichen würde: Das Vertrauen seines Coachees. Eine Partnerschaft zu erzeugen, die angelegt ist, ein dieser Person zugehöriges, also einzigartiges Ziel zu erreichen. Ihr helfen, ihr authentisches Ich zu finden. Sie so lange in die Hitze zu halten, bis die Person sich zwingt, ihr inneres Feuer zu offenbaren. Keinerlei Entschuldigung und kein Selbstbedauern zu akzeptieren. Die Grenzen ausloten, sie überschreiten, die Person mit ihren Befürchtungen und Beschränkungen zu konfrontieren. So lange herausfordern, bis sie entdeckt, was in ihr steckt. Während eines Interviews besteht der Job eines Coaches zunächst nur darin, die Person zu beobachten und jeweils ein Feedback zu dem zu geben, was der Coach sieht. Zu diesen beiden Elementen kommen wir zu Beginn des nächsten Teils ausführlicher.

In diesem Prozess ist der Coachee Aladin auf der Suche nach der Lampe, aus der sein Genie aufsteigt. Er ist bereit, in die Höhle einzutreten. Jeder Mensch hat so eine Höhle. Es gibt eine Menge Türen dort hinein, aber nur eine ist die richtige.

Wir versuchen, herauszufinden, welche die richtige Eingangspforte ist. Wir wissen auch nicht, welche Tür die richtige ist. Aber wir merken es sofort, weil wir auf die Zeichen unseres Mandanten hören – wie er die Dinge sagt, welche Mimik er hat, welche Laute er von sich gibt. Sie werden ruhiger, erleichterter, überraschter, wenn wir an die richtige Tür klopfen. Sie haben Vertrauen und entwickeln Neugier. Wenn wir das richtige Feedback geben, öffnen sich die Augen, und wir können hineingehen. Wir sind eingeladen. Nur wenn wir die Erlaubnis haben, suchen wir in der Höhle nach der Lampe, in der das Genie steckt.

Zwei Dinge sind absolut tabu: Niemals die Tür zu öffnen, wenn es jemand nicht will. Und niemals zu spekulieren. Wir achten nur auf die feinen Signale unseres Gegenüber. Diese Methode steckt voller kleiner Risiken. Welche Frage stellen, welches Feedback geben, wo bestätigen und wo nicht? Nur wenn wir die richtigen Dinge sagen, öffnet sich die Tür. Bei der falschen Tür springt ein Tiger heraus: Argwohn, Unsicherheit, eventuell sogar das Vertrauen verspielt. Das größte Problem für einen Coach besteht darin, dass er sich keinen einzigen Fehlerleisten darf. Der Wendepunkt ist die Neugier. Wenn man dorthin gelangt, wendet sich das Spiel. Plötzlich öffnen sich noch mehr Türen. Was vorher verborgen und unnahbar war, bricht plötzlich aus den Menschen heraus.

Wie gelangt man zur Neugier? Durch das, was wir „Denken zum Handeln" („action thinking") nennen. Achten Sie auf Signale, die die Personen zwingen, zu handeln. Es sind vornehmlich Körpersignale. Wenn sie keine Lust haben, reagieren die Muskeln nicht darauf. Wenn man dagegen etwas sagt, das die Neugier weckt, gerät der Körper in Bewegung. Wenn etwas Angenehmes ist, huscht Erleichterung durch das Gesicht – vielleicht sogar durch ein Lächeln. Und noch einmal: Das Tödlichste ist, zu versuchen, den Coachee in seine Gewalt zu bringen. Schlechte Therapeuten versuchen immer, ihre Patienten in ihr eigenes Weltbild zu pressen. Der Coachee ist ein Partner, mit man das Ziel gemeinsam erreichen will. Ihr Partner wird nur dann ein Trainingspartner, wenn er es selbst zulässt. Er gibt die Signale durch seine Sprache, seine Haltung, seine Gestik und Mimik. Sie verraten, wohin die Reise geht.

Unsere primäre Kommunikation besteht aus diesen Komponenten. Wir benutzen beispielsweise unseren Atem, um unsere Sprache zum Ausdruck zu bringen – und damit unsere Glaubwürdigkeit. Es reicht nicht, etwas zu sagen - wir verleihen unserer Meinung Nachdruck, damit eine andere Person es auch glaubt. Das geschieht unbewusst. Wenn man versucht, sein Sagen vom Bewusstsein aus zu steuern, ist das harte Arbeit, wenn nicht Selbstbetrug oder Lüge. Wenn ein anderer auf die Signale hört, kann man leicht erkennen, ob das Gesagte auch so gemeint ist.

Feedback ist ein einfaches und auch sehr effektives Mittel, bei dem man sein Gegenüber mit seiner eigenen Wahrheit konfrontiert. Dann stellt sich heraus, ob es sich um eine Wahrheit oder eine „konstruierte Wirklichkeit" (Watzlawick) handelt. Feedback steigert die Selbstwahrnehmung, und deshalb Coaching-Tool Nummer Eins.

Sie werden in dieser Anleitung erfahren, wie man die größten Fähigkeiten eines Menschen herauskitzeln kann. Wenn man ein Team von Geschäftsleuten oder eine individuelle Gruppe professioneller Manager vor sich hat, erfordert dieser Job jede Menge Kenntnis menschlichen Temperaments. Das kann man in fast keiner Universität lernen. Die Tools in diesem Buch bilden das Handwerkszeug zu einem Top-Coach. Wenn man sie einmal beherrscht, kann man den „Zweck an sich", das Beste in Menschen hervorbringen, das sie zu bieten haben. Wenn man einmal Neugier aktiviert hat, sind Menschen in der Lage, ungeheure Energien in ihrem Bereich zu entwickeln.

Und nicht nur das: In „Neugier" steckt das Wort „Neu". Es ist nicht ein Genie, das in einem steckt, und das man in seiner Eitelkeit pflegt. Man legt sich selbst auf die Lauer, um zu schauen, was daraus wird, wenn man dies oder jenes tut – um dann selbst von dem Ergebnis überrascht zu sein. Man wird nicht der einzige sein, der dieses Geschehen gespannt verfolgt. Wer Begeisterung zeigt, macht andere neugie-

rig, die daran partizipieren wollen – vorausgesetzt, es ist echte Neugier, die derjenige vermittelt. Diese glaubwürdige Begeisterung auszulösen, ist der Job eines Coaches.

Wenn man dieses Buch auswendig lernen würde, ist man kein Coach. Es ist in der Hoffnung geschrieben, dass der Leser eine Neugier oder eine lebenslange Leidenschaft für etwas entwickelt, das sein ganz eigener Bereich ist. Aber die Tools sind ein Ausschnitt aus einer unüberschaubaren Menge an Methoden, Techniken und Orientierung, die im Coaching nützlich sind. Sie sollen ermutigen, zu lesen, lernen, üben, Fragen zu stellen und selbst zu recherchieren.

In unserer Vision träumen wir von einem weltweiten Coaching-Netzwerk, in dem sich viele Menschen gegenseitig unterstützen und anderen zeigen, was sie wirklich wollen. Dahinter steckt die Idee, dass Coaching ein universelles Lebensprinzip wird, durch das einerseits mehr Harmonie gestiftet wird, andererseits jeder einzelne einen hohen geschäftlichen Erfolg verbuchen kann. Warum fährt Jan Ullrich die Berge im Sitzen hoch? Weil er es kann. Coaches inspirieren Teams zu hoher Performance. Das ist nicht immer unkompliziert. Unternehmensberater sind dazu da, Probleme zu lösen, während Coaches manchmal auch Probleme generieren.

Coaching ist bis zu einem gewissen Punkt keine gemütliche Angelegenheit. Sie treiben Ihre Mandanten aus ihrer Kuschelecke zu einem Punkt, wo sie mehr Leistung zeigen müssen – weil sie es können. Und weil der Coach weiß, dass sie es können.

In einem Seminar erzählt eine Frau, sie sei ein ehemaliges Model und hatte einen Vertrag als Sängerin. Sie wirkte traurig, als sie ihre Geschichte erzählte. Später erklärte sie, dass sie beide Karrieren aufgegeben hätte, weil sie damit nicht zurecht kam und ihr Selbstvertrauen verlor.

Die Trainer gaben ihr die Aufgabe, eine One-Woman-Show auf die Bühne zu bringen, in die sie allein der Star ist und alles machen kann, was sie will – singen, modeln, Comedy, was immer ihr gefällt. Sie musste auch die Tickets selbst verkaufen. Sie entwickelte ein Projekt mit einem klaren Ziel: 100 Gäste, jeder für 20 Dollar Eintritt, in einem bestimmten Theater an einem bestimmten Termin. Niemand zweifelte daran, dass sie es schaffen würde – nur sie selbst. Ihre Lippen zitterten, als sie fragte, wie sie das innerhalb von drei Wochen hinbekommen sollte. Das ist entweder ein Problem, oder eine Herausforderung. Wir wussten, dass sie es kann. Sie auch, aber sie traute sich nicht. Am Ende war sie der glücklichste Mensch auf der Welt – weil sie es geschafft hatte. Das ist Coaching, nicht Consulting.

Oft werden diese beiden Dinge noch verwechselt. Die Hauptkomponente unseres Coaching-Ansatzes sind die individuellen Talente. Das unterscheidet ihn von Beratern. Der menschliche Faktor ist die wichtigste Ressource und der komplizierteste Bestandteil in einem wachsenden Unternehmen.

Berater haben ein spezielles Gebiet und analysieren die Prozesse in einem Unternehmen, um sie zu verbessern. Coache haben die Leute in einem Unternehmen als spezielles Gebiet und entwickeln eine Atmosphäre, in der diese Leute freiwillig ihr Bestes geben. Hier die wesentlichen Begriffe, die Coaching und Consulting methodisch unterscheiden:

Consulting	Coaching
1. Evaluierung Maßnahmenentwicklung Statistik	1. Observation Neugier Attraktion
2. Befund Bilanzen / Umsätze Ursache und Wirkung	2. Distinktion Mentalität/Atmosphäre Vor/Nach dem Interview
3. Korrektur Kritik/Zielfixiert Tadel/Bestrafung	3. Feedback Anerkennung Ermutigung
4. Maßgabe vorgeben Soll-/Ist-Analyse Nachahmung/Anleitung	4. Einstimmung Innerer Fokus Energien freilegen
5. Problemlösungen Bohrende Fragen Umstrukturierung	5. Ideen und Ziele Offene Fragen individuelle Wünsche/ allgemeine Bedürfnisse
6. Lehren Informationen/Konzepte Unterricht/Lektionen	6. Lernen Dialog/Erkenntnisse Bildung/Entdeckungen
7. Anweisungen Urteile/Instruktionen Direktiven/Vorschläge	7. Empfehlungen Alternativen/Optionen Projekte/Herausforderungen

Effektives Coaching bringt die wahren Leidenschaften in den Personen hervor, entwickelt dafür eine Struktur und kombiniert sie mit geschäftlichen Resultaten. Auf einem hohen Level kann ein Coach ein ganzes bestehendes Team reorganisieren und dazu motivieren, neue Ziele zu erreichen. Viele Leader, die ihre Position durch technische oder unternehmerische Geschicke erworben haben, müssen vielleicht noch vieles über die menschlichen Fähigkeiten lernen, wenn sie noch viel mehr Leistung erreichen wollen. Um die viel zitierten „human resources" zu aktivieren, braucht es etwas anderes, als „das Letzte aus ihnen herauszuholen", nämlich genau das Gegenteil: Sie ganz wörtlich als Quelle von Energie zu betrachten

DIE PARALLELE: WAS UNTERSCHEIDET EINEN BUSINESS-COACH VON EINEM SPORT-COACH?

und dafür zu sorgen, dass diese Quellen zum Sprudeln und Fließen kommen. Technische und wirtschaftliche Kenntnisse reichen da nicht mehr aus. Man muss jede Menge Psychologie studieren – auch wenn man kein Psychologe sein muss. Nehmen Sie sich ein Beispiel an den erfolgreichen Coaches im Sport.

Das Spannendste am Fußball ist eigentlich die Trainerfrage. Ein Coach geht, ein Coach kommt, manche überstehen nicht einmal eine Saison bei einem Verein. Aber was in der letzten Mannschaft überhaupt nicht geklappt hat, ist bei der nächsten überhaupt kein Problem. Wo die Spieler überhaupt nicht mehr zu motivieren waren, scheint bei dem neuen Trainer ein Ruck durch die Mannschaft zu gehen. Alles eine Sache der Mentalität, der Ausstrahlung des Trainers, der Atmosphäre, die er verbreitet, und der Art und Weise, wie er die Spieler miteinander verbindet. Das Ergebnis: „team spirit".

Dabei gibt es die unterschiedlichsten Typen. Bei jedem Spiel treffen nicht nur zwei Mannschaften, sondern auch zwei Trainer aufeinander, die diese Mannschaften geformt haben. Dabei gibt es die unterschiedlichsten Typen: Ottmar Hitzfeld, die Respektsperson im langen Mantel mit Krawatte, immer diszipliniert. Der leidenschaftliche Schachspieler Felix Magath, der inzwischen als Trainer noch mehr Vorbildfunktion hat als zu seinen Zeiten als Spieler. Jupp Heynckes, ebenfalls erfolgreicher Spieler, dessen deutscher Ernst vor allem in der spanischen Liga überaus erfolgreich war. Und natürlich, wie immer über allem stehend: Der Kaiser, der Unantastbare. Einer der besten Fußballer aller Zeiten. Weltmeister als Spieler der deutschen Nationalmannschaft. Weltmeister als Trainer der deutschen Nationalmannschaft. Weltmeister in internationalen diplomatischen Beziehungen, so dass die Weltmeisterschaft 2006 in Deutschland stattfindet. Drei Stationen, in denen ein Mann jeweils über sich hinaus gewachsen ist. Entweder ist der Mann eine Art Übermensch, oder er hat verdammt gute Coache. Denn man muss es erst einmal alleine schaffen, seine Grenzen zu sehen, um sie hinter sich zu lassen.

Im Sport üben gute Coache eine spezielle Magie auf die Leute aus. Die Spieler holen mehr aus sich heraus, als sie jemals selbst für möglich gehalten haben. Sie werden die Helden, von denen die sie immer geträumt haben. Im Business bringen Top-Coache ein Team auf ähnliche Weise zur Höchstleistung, indem sie es organisieren und einen unverwechselbaren Teamgeist kreieren.

„Suche nicht die verborgenen Talente außer dir, sondern in dir", sagt Nietzsche. Die Werkzeuge in diesem Buch sind das Handwerkszeug für hohe Performance. Wer sie beherrscht – wozu natürlich viel Studium und Übung gehört – wird den Leader in sich hervorbringen. Wer einen Coach für sein Team engagiert, muss sich vorher vergewissern, ob die Teamplayer dazu bereit sind, von jemandem an ihre Grenzen getrieben zu werden. Coache sind dazu da, um das Spiel neu zu gestalten, sei es im Sport oder im Business. Gewohntes wird niedergerissen, Altbewährtes hinterfragt, neue, anstrengende Aufgaben erscheinen am Horizont. Viele Organisationen sind zu schlapp zum Coaching. Sie hängen lustlos in der Gegend herum, tun ihren

Job, und lassen sich nichts zu schulden kommen – sie sind immer pünktlich, morgens wie abends. Ein sicheres Zeichen für Mittelmäßigkeit. Andere leisten geradezu Widerstand gegen jede Form der Veränderung, also auch Coaching.

Teams können endlos in kontraproduktiver Ignoranz vor sich hin trotteln und auf die Uhr schauen, wann Mittag ist. So lange niemand sie darauf aufmerksam macht, dass etwas Größeres in ihnen steckt, sind sie sich dessen auch nicht bewusst. Ignoranz ist gewollte Ignoranz, nicht Unwissenheit. Unwissenheit verunsichert. Es liegt in der menschlichen Natur, sich nach Sicherheit, Ruhe und Komfort zu sehnen.

Wenn ein Coach kommt, droht Gefahr – vor allem für Leute, die nicht in Form sind. Ein Coach bricht diese Beschaulichkeit schnell auf. Er muss ein klares Ziel formulieren, das erreicht werden muss und mit dem Team erreicht werden kann. Ein Sportscoach hat es da schwerer: Er muss mit diesem Team das nächste Spiel gewinnen! Man überlege sich einmal, welche Dynamik in ein Business-Team kommt, dass eine solche Vorgabe hat.

Ein Coach bedeutet Gefahr im Anzug, im doppelten Sinne. Er macht seinem Team schnell klar, dass wir hier nicht zum Spaß da sind. Die Gefahrensituation lässt alle Alarmglocken klingen. Die Spieler erwachen. Mit dem Coach springt ein hungriger Tiger in den Raum: „Wen esse ich als erstes?" Wir würden mal behaupten, das lässt keinen kalt. Die träge Verdauung stoppt, die Augen sind weit aufgerissen, das Gehirn läuft auf Hochtouren. Du bist plötzlich ziemlich lebendig. Die Frage stellt sich nun für jeden einzelnen, ob er kämpfen oder abhauen soll. Der Coach inszeniert solche Situationen, um die Beteiligten mal richtig auf Messers Schneide zu stellen – und macht anschließend daraus ein Spiel. Es ist nun an jedem einzelnen, ob er das Spiel mitspielt oder nicht: Auf jeden Fall gibt es ein Spielfeld, Regeln, und ein Ziel. Das hat Business-Coaching mit Sport-Coaching gemeinsam.

Die meisten Unternehmen haben keine Ziele. Sie haben Visionen und „Leitbilder". Als hätte die unsägliche Diskussion um die deutsche „Leitkultur" nicht genügt, gehen viele Manager – offenbar geleitet von Beratern oder merkwürdigen Unternehmensphilosophen – in Klausur, um dort ein Leitbild zu formulieren, das sich meistens auf die kleinsten gemeinsamen Nenner beschränkt und deshalb am Ende meistens austauschbar ist. Diese Leitbilder drehen sich um Werte, nicht um Regeln.

In Visionen werden hohe, idealistische Ziele formuliert. Vor Jahren war in diesem Zusammenhang immer von der ominosen „Grabrede" die Rede, die der Unternehmer, nur mit Papier und Bleistift bewaffnet in einer einsamen Berghütte formuliert. Es ist seine eigene Grabrede, die alles enthält, was man nach seinem Tode über ihn sagen soll. Mit anderen Worten: Mit solch einer Vision werden Ziele von Toten verfolgt, auch wenn sie noch leben. Stirbt der Unternehmer, wird das Unternehmen entweder komplett umstrukturiert, oder es fällt in Mittelmäßigkeit zurück.

Coaching hat keine Vision, an der man festhalten muss. Coaching arbeitet mit Dynamik und der Erwartung von Ergebnissen. Zum einen nimmt man die Dinge sportlich. Zum anderen lernt man dabei, Eigenverantwortung zu übernehmen, sowohl für die eigenen Aktivitäten als auch für die Aktivitäten in einem Team. Nicht zu verachten ist dabei das moralische Wachstum in einem Team: Einer für alle, alle für einen. Jeder ist ein Vorbild für den anderen. Wenn man andere Leute gut behandelt, antworten sie mit Großzügigkeit. Der Respekt kommt von selbst. Ein universeller Sinn für das Richtige, unabhängig von Situation, Interessen oder Verstellungen, schweißt die Leute zusammen.

Autoritäre Methoden machen die persönlichen Ziele kaputt: Moral wird auferlegt. Persönliche Prinzipien inspirieren. Coaching bedeutet, anzuerkennen, wenn Leute handeln. Statt den Mitspielern ein aufgesetztes Ideal vorzusetzen, sorgt ein guter Coach dafür, dass jeder einzelne motiviert ist, sich und seinen Charakter in Szene zu setzen. Egal, wie viel er verlangt, er weiß die Leistung der einzelnen immer zu schätzen. Nach jedem Versuch sagt ein Coach: „Prima". Und fügt hinzu: „Und jetzt zeig' mir mehr". Das Ergebnis ist die so genannte „Moral" im Team. Der Star ist am Ende die Mannschaft. Der Superstar: der Coach. Sie.

Auch wer „Business-Athleten" coacht, braucht Assistenten. Wie im Sport muss man Theorie und Praxis, Supervision und hartes Training koppeln, um zu gewinnen. Erst- und Zweitligen (und tiefere Ligen) wie im Sport gibt es auch im Business. Amateur-Coache spielen in kleineren Ligen und steigen eventuell später auf, wenn sie mit diesen die relativ kleineren Ziele erreicht haben. Professionelle Coaches kennen das Geschäft, weil sie früher selbst in der Premier League gespielt haben. Wenn sie dort einmal Erfolg verbuchen konnten, erwarben sie soziale Kenntnisse und Fähigkeiten, um dann andere Leute und ihre Fähigkeiten erfolgreich zu trainieren. Gute Coache schaffen es, ein Team zu konstanten Siegen zu führen. Sie entwickeln eine Art humaner Bewegungsenergie im Team. Sie steigern die Eigendynamik der Mannschaft. Denn sie können die Träume ihres Teams so lange anfeuern, bis diese in unstillbare Neugier ausbrechen, ob sie das wirklich schaffen können, was er ihnen zutraut. Sie wollen dann nur noch dieses Ziel, dieses eine Ziel erreichen. Bis sie das Ziel sind. Es kann ein Traum sein, eine Geschichte, ein krankes Kind, das dieses Ziel symbolisiert. Oder ein Song. Der einfachste, schlichteste und doch beeindruckendste Song, der dieses Ambition auf den Punkt bringt: „I believe I can fly" von R. Kelly – die Geschichte von Michael Jordan. Hören Sie das Thema? Es beginnt so harmlos, bis es sich zum Schlusschor steigert. Vom Start zum Ziel in drei Minuten. Na also.

Wenn Individuen auf sich gestellt sind, bekommen sie schnell Angst. Teams verstärken dagegen den Mut jedes einzelnen Mitspielers. Ungeachtet jeder Furcht kennzeichnet Teams Stabilität und Furchtlosigkeit. Teamwork verstärkt die Stärke jedes Teilnehmers. Ein schwaches Team ist die Summe seiner Teile. Ein starkes Team ist das Ganze.

Coaching-Tools dienen dazu, die humane Energie eines Teams zur höchstmöglichen Intensität zu führen. Diese Energie kann man nicht kaufen. Sie beruht nicht auf einzelnen Mitgliedern des Teams. Sie entsteht dazwischen – in den Verbindungen zwischen den Mitgliedern, in der Kommunikation untereinander, in dem Willen, sich nicht gegenseitig enttäuschen zu wollen. Diese „Rückkopplungsschleifen" sind die unsichtbare Macht im Team, basierend auf dem Feuer, das der Coach entfacht. Teambuilding entsteht dadurch, dass jeder Teilnehmer seine eigenen persönlichen Wünsche mit denen der anderen vernetzt. Wir wollen alle etwas erreichen – also trägst auch du die Verantwortung dafür, dass ich mein Ziel erreiche, und umgekehrt. Teamplayer wollen nicht einfach nur gewinnen. Sie wollen, dass auch ihre Kameraden eine gute Leistung hinlegen. Denn jeder merkt, dass man einander braucht, um seine persönlichen als auch die allgemeinen Ziele zu erreichen.

Team-Spirit ist das würzende Element, das alle großen Organisationen vorantreibt. Kein Coach oder Leader kann das erfinden. Er kann es nur stiften. Teamgeist ist die geheime Verbindung zwischen den Leuten, die merken, dass ihr Schicksal in der Hand der anderen Spieler liegt. Wenn man seine Aufmerksamkeit einmal den anderen schenkt, merkt man plötzlich, dass man eine Familie hat. Schon wenn man über eine gewisse Zeitspanne hinweg gezwungen ist, sich gegenseitig zu vertrauen, ist man danach meistens ein Team, das sich zumindest für unschlagbar hält. Und das ist schon eine Menge wert.

Um Teamgeist aufzubauen, muss ein Coach auf die Verbindungen zu den Leuten achten. Felix Magath zum Beispiel hört sehr aufmerksam zu, wenn sich andere in seinem Beisein unterhalten. Er beobachtet, wer sich mit wem unterhält. Er analysiert, welche Leute sich im Team verstehen, welche sich aus dem Weg gehen, und welche auch privat miteinander Kontakte pflegen. Es geht ihm dabei keineswegs um den Inhalt, sondern um die Strukturen in seiner Mannschaft. Dort liegt die Wahrheit, und nicht in aufgesetzten Parolen. Das sind Maßnahmen, die ein Coach leisten muss. Teamgeist in Unternehmen hängt stark von den Verbindungen der Leute untereinander ab. Gute Coaches reagieren auf positive Emotionen. Sie kreieren eine „La Ola“ nach der anderen. Sie sorgen für Adrenalinschübe im Team. Jeder Teamplayer fühlt sich irgendwann mehr sich selbst als Teil der Mannschaft, als Teil eines Ganzen denn als Individuum mit Identität. Besser noch: Man hat das Gefühl, man hat einen Platz in dieser Welt. Wer den Teamgeist zur Priorität in seinem Handeln macht, wird die Produktivität seines Unternehmens verzehnfachen. Diese Art der Vitalität erzeugt eine Spannung, die auch andere spüren – sonst gäbe es keine Fanclubs. So lange jeder einzelne Mitspieler und jede Situation als wertvoll betrachtet wird, erfährt die ganze Organisation eine deutliche Wertsteigerung. Jeder möchte das Gefühl haben, dass sein Einsatz ein wertvoller Beitrag zum ganzen Geschäft ist. Voilá – der Coach muss nur den Geist generieren und dafür sorgen, dass er aus der Flasche schlüpft.

Die ideale Atmosphäre für solch ein dynamisches Wachstum ist das, was wir Coaching-Kultur nennen. In diesem Setting coacht jeder jeden. Dazu braucht man allerdings sehr spezielle Coaches, und eine sehr spezielle Ausbildung. Ein Top-Team besitzt die Aura von Unbesiegbarkeit. Sie müssen kein falsches Lachen aufsetzen, oder so tun, als wären sie gut drauf. Sie gehen nicht in ein Meeting, das sie herunterzieht – sie gehen in ein Meeting, um ihre privaten Sorgen zu vergessen und nachher besser inspiriert und „cool drauf“ zu sein. Die positive Ausstrahlung eines Teams ist nach außen sichtbar. Es ist ein Unterschied, ob ein

Team strahlt oder eine Fresse bis zum Boden hat. Der Gegner merkt das übrigens schnell. Ein Schweizer Teamcoach hat einmal seinem deutlich unterlegenen Team in der Kabine eingeschworen, seine Gegner anzulächeln. Zugegeben, es ist ein letzter Strohhalm. Aber sie haben das Spiel gedreht. Spätestens beim Ausgleich herrschte solch eine Dynamik auf dem Platz, dass die irritierten Gegner vergaßen, zu spielen.

Entscheidend ist, was der Coach aus dem Team heraus hervorbringen kann. Dieses „Hervorbringen“ entspricht dem Sokrates-Prinzip der Hebammenkunst. Die Energie darin ist unschlagbar. Das Team glüht förmlich, wie eine stillende Mutter, wenn es spürt, was in ihm steckt. Es entsteht ein spezieller gemeinsamer Groove, in dem alle harmonisch ineinander aufgehen. Dann erkennt man die Qualitäten in jedem einzelnen und erfährt eine Vitalität, die sich auf jeden einzelnen und auf das Spiel überträgt. Dann weiß das Team, was es sich zutrauen kann.

Team-Meetings sind eine wichtige Komponente, um regelmäßig einen Check-Up der Stimmung zu machen und eine Art magnetischer Verbindung zwischen den Teilnehmern herzustellen – auch, um die einzelnen Spieler untereinander und ihre Einstellung zu prüfen. Teamkameraden können sich gegenseitig helfen, Irrtümer oder Fehler zu beheben, ohne jemanden zu kompromittieren. Jeder Mensch begeht Fehler und Irrtümer, und nichts ist tödlicher, als sie mit Eitelkeit oder Gehabe überspielen zu wollen. Im Team dagegen liegen die Karten offen. Andere sehen die Irrtümer deutlicher als man selbst. Es herrscht Ehrlichkeit untereinander. Es gibt in einem funktionierenden Team keine Schuldzuweisung und keinen Tadel, sondern die Möglichkeit, Energien zu steuern.

Mit einem eingeschworenen Team ist alles möglich. Es gibt All-Star-Teams, die es zu nichts gebracht haben: Die amerikanische Basketball-Olympiamannschaft, das „Dream Team“, denen man es aufgrund ihrer Arroganz fast gegönnt hat. IBM, die mit ihrem Hochmut gegenüber der Zukunft von Computern zu Fall kamen. Es gibt Loser-Teams, die alles erreicht haben: Die griechische Fußball-Nationalmannschaft. Der Computerhersteller Apple, nachdem er schon fast ausgezählt am Boden lag. Es ist immer nur die Frage, wie ein Team aufgestellt ist. Das klingt alles locker-leicht. Aber Business-Coaches werden am Ende des Tages an Produktivität und Gewinn gemessen. Wenn ein Team seine Aufgabe nicht erreicht, wird der Coach zur Verantwortung gezogen. Wenn er im Team eine Sache schleifen lässt, wird er größte Mühe haben, seinen Respekt zurück zu gewinnen. Aber einem guten Coach wird so etwas nicht passieren. Er verwandelt Manager in Leader. Und Leader in Legenden.

Es ist nicht so einfach, eine Legende zu werden. Wer ein „Leader“ werden will, muss coachen, also ein selbstorganisierendes System entwickeln. Das bedeutet, dass der Leader sich als Coach selbst eines Tages überflüssig macht. Aber bis dorthin ist es ein weiter Weg. Das Ziel erreichen nur wenige. Hauptsache, die Voraussetzungen stimmen. In einem solchen System muss Gleichheit herrschen, mental wie emotional. Absolute Gleichwertigkeit ist nahezu un-

möglich. Aber wenn die Unterschiede in Rang und Verdienst auf der Leistung beruhen, strengen die Leute sich gerne an, weil dann jeder von ihnen eine reelle Chance hat.

Der zitierte Clive Davis ist ein wahrer Leader. Man nennt ihn auch den „Mann mit dem goldenen Ohr". In den Sechziger Jahren entdeckte der Musikproduzent ein paar Hippies, die im Musikclub Fillmore West in San Francisco kifften und dabei so eine neue Musik spielten: Rock. Es handelt sich um Janis Joplin, Jimi Hendrix, Carlos Santana und andere. Clive Davis hatte etwas für sie übrig. Er gab Janis Joplin ihren ersten Plattenvertrag – die gleich vorschlug, miteinander zu schlafen, um sich auch persönlich besser näher zu kommen. Davis lehnte ab und gründete sein Label Arista, auf dem er auch Avantgardisten wie den Free Jazz-Pianisten Cecil Taylor oder die Rockjazz-Supergruppe Weather Report veröffentlichte. Später kamen Leute wie Whitney Houston, Bruce Springsteen und Jennifer Lopez dazu. Der Mann, der bis heute nur mit Stift und Blatt korrespondiert, sagt: „Die Misere der Musik liegt nicht an neuen Technologien wie mp3. Das sind Ausreden. Als die Musikkassetten aufkamen, gab es auch diese Aufregung. Da macht man sich nur etwas vor." Er ist einfach nur an guter Musik interessiert und fördert große Talente. Gott segne Clive Davis.

Als Leader muss man einen realistischen Blickwinkel schulen. Als menschliche Wesen haben wir eine Tendenz, uns ein Bild von Dingen zu machen, das nicht der Wirklichkeit entspricht. Wir konstruieren Wirklichkeiten. Das bedeutet: Wir bauen uns im Kopf etwas zusammen, wie wir es gerne sehen würden, auch wenn unsere Augen etwas anderes sehen. Darüber haben wir relativ wenig Kontrolle. Denken Sie jetzt mal nicht an einen rosa Affen, der auf einem gelben Fahrrad fährt! Was geschieht? Man kann gar nicht anders, als sich einen rosa Affen auf einem gelben Fahrrad auszumalen. Wir zeichnen uns diese Wirklichkeit ständig im Bewusstsein vor, um uns die Wirklichkeit ein wenig schönzureden.

Deshalb macht die ganze Rede von Vision, Mission, Leitbild et cetera auf diesem Niveau genau wenig Sinn. Solche Strategien basieren – teilweise absichtlich – auf purem Wunschdenken. Sie wollen ein Bild projizieren, das eben nicht der Realität des Unternehmens entspricht. Wenn in einem nordwestfälischen Zerlegebetrieb über der Knochenwanne große Tafeln stehen, auf denen beschworen wird, dass hier alle an einem Strang ziehen und noch eine Menge vorhaben, ist das eine traurige Angelegenheit. Das liegt daran, dass Anspruch und Wirklichkeit weit voneinander getrennt liegen. Beim Coaching geht es darum, dass die Leute auf irgendeine Weise gerne Knochen zerlegen.

Oftmals sieht man schon am Claim des Unternehmens, wie weit Selbsteinschätzung und Selbstüberschätzung auseinanderliegen. Ein Leader muss vor Augen haben, was hier und jetzt geschieht. Er benötigt eine korrekte Landkarte des Unternehmens, auf dem das Territorium und die Pfade eingezeichnet sind. Dabei handelt es sich um die Aktivitäten der Mitarbeiter und die Resultate, die sie damit erzielen. Sie weisen in eine ganz bestimmte Richtung. Dann kann der Leader sehen, welche Qualität beides hat, und eventuell die Richtung ändern, indem er seine Mitarbeiter nicht quält oder unter Druck setzt, sondern inspiriert. Ein Leader inspiriert seine Leute, indem er mit gutem Bei-

DER UNTERSCHIED: LEADERSHIP – IM GEGENSATZ ZU MANAGEMENT

spiel vorangeht. Wie John Wayne in seinen Western, wie er breitbeinig die staubige Straße hinuntergeht, den Blick nach vorne gerichtet, sich niemals umdreht. Und alle folgen ihm. Je mehr Selbstbewusstsein man ausstrahlt, je mehr man seinen Weg geht, umso mehr folgen Dir andere. Dieses Phänomen ist das Gegenteil von Gruppendynamik. Wenn jemand einen Vorschlag macht, und sei es, gemeinsam in den Urlaub zu fahren, löst er damit eine endlose Diskussion aus, in dessen Verlauf jeder so lange seine persönlichen Einschränkungen und Bedenken einwirft, bis man am Ende allein in den Urlaub fährt. Wenn man dagegen erzählt, in genau zwei Wochen nach Spanien zu fliegen, hat man schnell einen Rattenschwanz an Freunden, die gerne mitfahren möchten. Der Unterschied besteht darin, dass sie in letzterem Fall entscheiden müssen, weil ein anderer bereits eine Entscheidung getroffen hat.

Leider liegt es der menschlichen Natur näher, zu domestizieren, zu bestrafen und zu gängeln. Bei menschlichen Wesen ist das eigentlich nicht nötig. „Wie der Herr, so's G'scherr", sagt ein süddeutsches Sprichwort: Wenn der Boss seine Untergebenen wie Tiere behandelt, wird er auch das entsprechende Resultat dafür erhalten. Wenn er mit einem guten Beispiel vorangeht, ohne sich umzuschauen, werden die anderen ihre Freiheit genießen, zu entscheiden, ob sie mitgehen. Und sie werden mitgehen.

Was ist der Unterschied zwischen Leadership und Management? Manager leiten Projekte, sie beschleunigen und verstärken Systeme und Prozesse. Ohne diese wesentlichen Funktionen hätte ein Unternehmen keine Struktur. Jeder Manager weiß, was es bedeutet, wenn Prozesse aus dem Ruder laufen. Ein wesentlicher Unterschied zwischen einem Manager und einem Leader ist, dass der Leader die Systeme herausfordert, indem er Risiken auf sich nimmt, die die Organisation zwingt, neues Terrain zu betreten. Leadership kann auf jedem Level der Organisation Erschütterungen hervorrufen. Leadership einzuführen, bedeutet, Öl aufs Feuer zu gießen. Traditionelles Leadership basiert auf Befehl und Kontrolle. Jahrhunderte lang regelte man die Dinge in der Welt nach dem Prinzip, das wir in Amerika „Might makes Right" nennen: Wer die Macht hat, hat Recht. „Die Partei hat immer Recht", hieß ein Lied in der DDR. Heute hat Leadership eine vollkommen neue Rolle in einem vollkommen neuen Spiel. Jetzt geht es darum, einen Weg zu finden, auf einer Erfolgsbasis miteinander zu kooperieren. Die neuen Leader sind Coache, die sich nach Zielen richten, von denen sie magnetisch angezogen werden.

Ein Manager behandelt Menschen wie Maschinen. Ein Leader behandelt Menschen wie menschliche Wesen. Wenn Manager mehr Macht haben als Leader, ist das Unternehmen eine Leiche. Wer dagegen gerade ein Unternehmen startet, kann sich glücklich schätzen. Es ist wesentlich leichter, die Infrastruktur eines Unternehmens zu gestalten, wenn es gerade erst eine Idee auf der Serviette ist. Vom Startschuss weg lässt man die Manager aufs Spielfeld – bevor sie Dich aufs Spielfeld lassen. Dazu gehören viel Fingerspitzengefühl und Charme. Manager arbeiten mit der rationalen und linearen Seite von Menschen - Leader mit ihrer rationalen und chaotischen Seite. Leader führen mit Inspiration. Inspiration bedeutet nicht „Ach toll". Es bedeutet „WOW!" Man führt am effektivsten, wenn man voller Lebensfreude ist. In allen anderen Fällen setzt man Menschen unter Druck. „Das gefällt mir nicht. Machen Sie es anders, damit es mir gefällt!" oder das beliebte „Surprise me!": Das ist Management. Das geht in Ordnung. Wenn man ein Schiff braucht, geht kein Weg daran vorbei, ein Schiff zu besorgen. Aber ein Leader sitzt dabei in einem Flugzeug und schaut sich von oben an, wie sein Team voller Freude an dem Schiff werkelt.

Leader ersetzen Probleme durch Spiele. Statt Probleme zu lösen, schaffen sie ein spezielles Problem und nennen es ein Spiel. Unter einem Spiel verstehen wir hier ein Zusammentreffen unter bestimmten Regeln. Spiele zu entwerfen, ist ein Coaching-Tool. Hier werden Situationen geschaffen, in denen die Beteiligten eine Mannschaft bilden, die ein bestimmtes Ziel erreichen und sich zu diesem Zweck selbst organisieren muss. Festgelegt wird ein Ziel, ein Zeitrahmen, den Rest bestimmt die Mannschaft untereinander.

In Unternehmen, aber auch beim Bäcker an der Ecke, nennt man sich inzwischen gerne ein „Team". Aber ein echtes Team ist nur ein solches, das in der Lage ist, eine Situation und eine Herausforderung als Spiel zu begreifen, selbst zu inszenieren und im Schulterschluss zu agieren. Dann braucht es weder einen Manager, geschweige denn einen Berater oder einen Motivator. Das Team spielt allein. Top-Teams betrachten jede Aufgabe als ein solches Spiel. Brillante Teams brauchen keinen Trainer mehr. Sie brauchen höchstens noch einen Kapitän. Ein „Leiter" ist jemand, der das Ziel schon vor Augen hat und wie eine sprichwörtliche „Leitung" seine Energie in andere strömen lassen kann. Er ist in der Lage, ein großes Szenario zu entwerfen, in dem der Weg dorthin erkennbar wird. Manager denken an kurz- und mittelfristige Resultate, während Leader in die Zukunft schauen. Am Ende müssen immer Resultate stehen, aber sie hängen nicht von der Intelligenz oder den Fähigkeiten eines Teams ab, sondern allein von ihrer Performance. Es ist wie einer Fußballmannschaft: Wenn die Leistung nicht stimmt, ist es entsprechend nicht Unfähigkeit oder Dummheit, sondern ein Fehler im System. Zum Beispiel die Aufstellung des Teams, die falschen Leute am falschen Platz, oder eine fehlgeleitete Gruppendynamik bis hin zu innerer Verweigerung, Mobbing oder anderen Gruppenphänomenen. Die entscheidende Frage ist, ob sie zusammen ein Ergebnis erzielen und sich dabei gegenseitig unterstützen. Das zu leisten, ist der Job eines Leaders.

Leadership ist eine andere Galaxie. Die Reise zum Planet Leadership beginnt meistens im Alter von 30 Jahren, und mit 50 kommt man langsam ans Ziel. In diesem Alter möchten viele Menschen gerne ihr Leben verändern. Sie haben einen Teil ihrer Karriere hinter sich und gewinnen immer mehr Freiräume. An diesem Scheitelpunkt des physischen und psychischen Wachstums sind viele Menschen für ihren Beruf zu alt – aber für Leadership gerade auf die Welt gekommen. Leader sind Leute, die Leader erschaffen. Sie sehen das Talent in anderen und legen es frei. Sie haben dabei ihre ganze Erfahrung und Intuition zur Hand, die sie in ihrem Leben erworben haben. Sie sind nun dazu da, es weiterzugeben. Im Gegensatz zu Managern ist es allerdings schwer, Leader zu trainieren.

DIE ZUKUNFT: NEUES UNTERNEHMERTUM UND LERNENDE ORGANISATIONEN

Aus hundert Sprösslingen zieht man vielleicht einen echten Leader heran. Als Manager kann man viele Dinge vereinfachen. Man kann zum Beispiel Umsatzziele ansetzen, die durch harte Arbeit erreicht werden – und wenn nicht, fliegt man raus. Leader müssen selbst Ideen und Geschäfte entwickeln, und in anderen Eigendynamik entfachen. Leader entwerfen eine neue Landkarte, beschreiben Wege darauf und schicken ihre Leute los. Manager sehen zwar immer aus wie Führungspersönlichkeiten, gehen aber auch lieber einem Leader hinterher. Sie sind teilweise die einsamsten Menschen der Welt. Sie sollen einen Konzern führen und allen sagen, wo es langgeht – aber wer sagt ihnen selbst, wo es langgeht? Oftmals springen überbezahlte Gurus und Trendforscher in diese Bresche, die vorgeben, die Zukunft zu kennen. Es sei denn, sie haben einen Leader, der ihnen die Karte an die Hand gibt.

In die Leaderrolle wächst man hinein. Mit der Zeit erkennen Leader sehr schnell, was andere Individuen in ihrem Metier wirklich beherrschen und was nicht. Es ist ganz natürlich, dass man die eigenen Qualitäten auf andere Menschen projiziert. Aber dies ist der falsche Maßstab. Es geht darum, dass jeder Teamplayer seinen Weg findet, ein Tor zu erzielen. Alles andere würde nur bedeuten, seine Spieler zu ermahnen und zu bestrafen, egal ob im Arbeits- oder im Sportteam. Dann heißt es: „Du musst härter trainieren, mehr bringen", und die Adressaten verkrampfen um so mehr. Die Energie verschwindet in der Anstrengung und bringt weniger Ergebnisse, weniger Ertrag.

Wir arbeiteten einmal mit einer Firma zusammen, die versuchte, Geld zu sparen, indem sie viel in technisches Training ihrer Mitarbeiter investierte, aber nichts in das Training ihrer „soft skills". Eines Tages dämmerte es den Managern, dass eine beträchtliche Menge ihrer Mitarbeiter kündigten, um mit ihren frisch erworbenen Kenntnissen bei einem Konkurrenzunternehmen anzuheuern, die ihnen bessere Möglichkeiten boten. Sie hatten vergessen, Teams zu bilden und ihr Unternehmen zu vitalisieren.

Man muss wissen, was einen erfolgreichen Manager ausmacht, um ein Leader werden zu können. Der eine ist nicht besser als der andere, und beide sind in einem erfolgreichen Unternehmen unentbehrlich. Das Problem ist nur, dass beide Rollen in vielen Dingen vollkommen widersprüchlich sind. Es gibt keine Möglichkeit, diese Widersprüche aufzuheben. Das einzige, was man dagegen unternehmen kann, ist es, diese Paradoxie zu akzeptieren, um dann weiter zu gehen. Unternehmen müssen sich deshalb vollkommen neu aufstellen.

Bisher betrachtete man Ökonomie als Krieg. Jetzt wird sie ein Spiel. Diese Ökonomie wird weniger von „Strategen beherrscht", die „an der Verkaufsfront kämpfen", eine „Marschroute vorgeben" und „kriegsentscheidende Maßnahmen" ergreifen, als von hoch kooperativen „Entrepreneuren". Im Geiste der neuen Service-Ökonomie überlegen diese: „Wie kann mein Geschäft Ihrem Geschäft dienen?", oder „Wie können wir ein Network auf globaler Ebene schaffen?". Diese Unternehmer von heute betrachten sich als das Glied einer Nahrungskette und nicht als Einzelkämpfer, der seine Geschäftspartner über den Tisch ziehen und seine Konkurrenten umlegen muss. Andere Unternehmen sind andere Familien, und wir helfen, sie zu ernähren. Unsere Karrieren sind miteinander verbunden. Zusammen bilden wir ein Netzwerk, oder eine virtuelle Organisation. In dieser Art Umfeld gibt es eine ganze Anzahl erstaunlicher Zusammenhänge, die sich frühere Generationen nicht vorstellen konnten. Heute dienen wir, und ziehen daraus mehr Profit. Wir haben ein Produkt, das wir nicht „wie sauer Bier“ anpreisen und unschuldige Leute damit anspringen, sondern diejenigen darauf neugierig machen, die es dann wirklich wollen. Wir bieten eine neue Art von Service, einfach indem wir erkennen, wo Wünsche entstehen, um dafür Lösungen zu bieten. Jede dieser Lücken ist ein Riesengeschäft. Willkommen in der Service-Ökonomie.

Früher überlebten die Unternehmen, indem sie sich auf ihre Tradition beriefen und jedem Wandel Widerstand leisteten. Dann spürten sie, dass sie nur überleben, wenn sie sich dem Wandel anpassen. Jetzt hängen sie von ihrer hauseigenen Entrepreneur-Maschine und deren Leistung ab. Denn das ist der Trick: Entrepreneurship kommt nicht von außen, sondern von innen. Entweder es handelt sich um ein neues, von vornherein nach Entrepreneurship ausgerichtetes Unternehmen, oder um ein großes, eingesessenes Unternehmen, das sich vollkommen umstrukturieren muss.

Entrepreneurship bedeutet Unternehmertum. Ein von Unternehmern geleitetes Unternehmen ist ein Widerspruch – denn es benötigt neben Unternehmer-Typen, die ständig innovieren, auch Manager-Typen, die Kreativität entwickeln, um die erwarteten Ergebnisse zu erzielen. Aber nur Unternehmen, die wirklich unternehmen, werden bestehen. Wirklich progressive Unternehmen haben Leader, die wie Leute handeln, die gerade ein Unternehmen aufbauen, also ein neues Spielfeld aufziehen, die Linien ziehen und die Verantwortung übernehmen. Dann beginnen Leader, zu coachen. Leader, die keine Coaching-Kompetenz besitzen, sind nur ein Hindernis für den Erfolg. Viele Mitarbeiter suchen sich ihr kuscheliges Eckchen in ihrer Firma, bauen sich eine sichere Position aus oder tun hinter ihren Türen einfach nichts, um immer schnellen Schrittes und mit besorgten Stirnfalten über die Gänge zu rennen. Wenn plötzlich von ihnen Leistung abverlangt wird, laufen sie im Sturmschritt zum Betriebsrat, zum Vorstand oder zur Presse. Von Business-Leadern muss man erwarten, dass es sich die Mitarbeiter gar nicht erst gemütlich machen, sondern aus eigenem Antrieb für die Leistung sorgen, die die Unternehmen und Aktienbesitzer vom Team erwarten. Was sie sehen wollen, ist die Erfüllung von selbst gesteckten Zielen durch Aufopferung und Hingabe. Wie ein Fußballteam. Auch dort schauen alle erst einmal auf das Team und das Spiel – und dann auf die Reaktion des Trainers. Sie spiegelt wieder, ob der Coach bzw. der Leader mit seiner Mannschaft im reinen ist.

Entrepreneure haben bei diesem Match einen Vorteil. In diesem Stadium hat man mit einem engagierten Team bereits einen kleinen Sieg errungen. Unsere Business-Strukturen lassen eine gewisse Flexibilität zu: nach oben. Ein Team kann sich immer weiter nach oben pushen und immer höhere Ziele erreichen: dies ist nur eine Frage der Energie, ihrer Intensität und ihrer Aufstellung. Wenn man es ohne Zwang, sondern sportlich nimmt, entsteht diese

Energie von selbst. Und dann ist es nur eine Frage, ob man in der Regionalliga, in der Bundesliga oder auch in der Champions League spielt. Bei jedem Schritt in ein neues Stadium wird das Tempo schneller, die Anforderung höher, das Spiel intensiver. Aber ein Team spielt ja nur dann dort mit, wenn es dem vorherigen Leistungsstadium entwachsen ist. Manche bleiben dabei auf der Strecke. Manche wachsen weiter. Ein lernendes Team wächst weiter über sich hinaus – in Dimensionen, die man nicht vorausahnen kann. Als Entrepreneur will man solch ein sich selbst organisierendes Team, ein Geschäft, das von selbst läuft. Egozentriker, sogar Individualisten sind dort nicht vorhanden. Je mehr Homogenität in einem Team herrscht, umso unschlagbarer wird es. Man muss nur so lange trainieren, bis man sich die Pässe blind zuspielen kann. Leute, die bereit und willens sind, für ein gemeinsames Ziel alles zu geben, sind die Gewinner bei der Darbietung. Alle anderen müssen auf der Reservebank Platz nehmen, noch härter trainieren und durch hervorragende Einlagen beim Leader ihren Einsatz einfordern. Was nicht bedeutet, dass sie abgeschrieben sind. Aber am Ende zählt bekanntlich nur das Ergebnis.

Business-Coaching ist eine neue Bewegung. Sie verspricht, die Wirtschaft in das aufregendste Spiel auf diesem Planeten zu machen. Professionelle Coache tauchen überall auf dem Globus auf und ersetzen auf vielen Gebieten die traditionellen Berater. Coache steigern den Wert der Service-Ökonomie, indem sie die Philosophie weitertragen, in der Leute anderen Leuten helfen. Gerade in Deutschland liegen alle Dienstleistungen, die auf Sorge, Hilfe und Service beruhen oder diese Elemente integrieren, auf goldenem Boden. Entrepreneurship wird noch lange existieren, nachdem die Business-Dinosaurier ausgestorben sind.

1.

DAS HERZ: TOOL ALLER TOOLS

„In the church of my heart,
the choir is on fire.“

Wladimir Majakowski
(zit. nach Frank O'Hara)

„... when your heart is on fire,
you must realize,
smoke gets in your eyes.“

(Aus dem Great American Songbook)

Kommen wir abschließend zu einem sensiblen Thema: Dem Herz. Es ist das wichtigste Organ, und das wichtigste Tool beim Coaching. Sowohl, was seine organische als auch seine emotionale Funktion anbetrifft. Deshalb bekommt es ein eigenes Kapitel.

Stellen Sie sich vor, Sie seien Ihr Leben lang verliebt. Liebe ist die höchste Energieform. Jeder weiß, was es bedeutet, wenn man verliebt ist: Man befindet sich in einem besonderen Stadium. Man könnte die Welt umarmen, man sieht keine Probleme, man steigert die Anziehungskraft auf andere Menschen, man hält alles für möglich und machbar. Das ist die Position eines Buddha. Leider sind die wenigsten permanent verliebt. Man kann nicht permanent auf diesem Level agieren. Aber man kann sich ihm annähern. Auf jeden Fall ist es die Energie, die beim Coaching eine Rolle spielt, und nicht die Autorität. In einer bloßen Hierar-

chie mit Funktionsträgern ist die Energie am unteren Level. In einem begeisterten Team, das sich selbst vertraut, ist die Energie hoch und steigert sich durch die Wahrnehmung der eigenen Fähigkeiten noch mehr. Das Team selbst ist es dann, das sich anheizt. Der Coach kann es nur noch mit Wohlwollen genießen, was seine Spieler zustande bringen. Um es auf den Punkt zu bringen: Coaching ist eine fast rein emotionale Angelegenheit. Befindet man sich im Zustand des Verliebtseins in einem Ozean der Gefühle, ist man beim Coaching in einem Ozean des Schöpfens.

Mit dem Herzen sieht man mehr als mit den Augen, sagt ein bekanntes Zitat des Schriftstellers Antoine de Saint-Exupéry. Wenn das nicht etwas kitschig klänge, würde es sich wunderbar als Coaching-Motto eignen. Doch damit ist noch nicht die Frage beantwortet, wie man mit dem Herzen sieht. Einer, von dem man es kaum erwartet hätte, gibt darauf eine Antwort: Der schottische Philosoph und Nationalökonom Adam Smith. Der Autor eines der meistverkauften Bücher aller Zeiten begründete mit seinem „Wohlstand der Nationen" die Entfaltung der freien Marktwirtschaft, die er als sich selbst organisierendes System betrachtete: Fielen die hierarchischen Ordnungen und Beschränkungen einmal weg, so dass jeder Mensch und frei und ungehindert handeln (im doppelten Sinne!) könnte, würde dieser vermeintliche Egoismus schließlich zum Wohle aller sein. Die freie Entfaltung des Marktes entwickelt eine eigene Mechanik und Dynamik. Sie speist sich aus der realistischen Einschätzung, dass die Befreiung des Handelns aus den Zwängen der Abgaben an Fürsten und Herzöge den Handelnden selbst befreit und ihn seine eigenen Interessen und Ziele verfolgen lässt. Denn schließlich erwarten wir „nicht vom Wohlwollen des Fleischers, Bäckers oder Brauers (...) unser Mittagessen, sondern von ihrer Rücksicht auf ihren eigenen Vorteil; wir wenden uns nicht an ihre Nächstenliebe, sondern an ihre Selbstsucht, und sprechen ihnen nie von unseren Bedürfnissen, sondern stets nur von ihrem Vorteil." (WN, I, 2) Wir reden hier von Business!

Dass nicht reine Profitgier im Vordergrund solchen Handelns stehen wird, wie Neoliberale gerne ungehindertes Gewinnstreben zu legitimieren versuchen, beweist Smith in seinem zweiten, lange vernachlässigten Werk. Das vermeintlich egoistische Moment der „Wealth of Nations" findet ihr Pendant in seinem zeitlebens viel wichtigeren Werk, der „Theory of Moral Sentiments". Dieses Buch will beschreiben und erklären, wie sich individuelle Normen bilden und gesellschaftliche Werte zustande kommen. Im Gegensatz zu den scheinbar egoistischen Motiven in der Wirtschaft dominieren in Smiths Ethik die altruistischen Elemente, denn: „How selfish man may be supposed, there are evidently some principles in his nature, which interest him in the fortune of others, and render their happiness necessary to him, though he derives nothing from it except the pleasure of seeing it" (TMS, I.i.i/9).

Adam Smith entdeckt nicht nur in der Marktwirtschaft, sondern auch in der Ethik ein selbst organisierendes System, das aus der Gesellschaft heraus und ohne eine übergeordnete Instanz dafür sorgt, dass Menschen aus vollkommen uneigennützigen Gründen gut sein wollen: Durch das wechselseitige In-Die-Herzen-Schauen. Dadurch organisiert sich das moralische System selbst. Die Gesellschaft selbst ist ein großes Team, denn jeder ist an dem ethischen Prozess beteiligt. Was in der Moral funktioniert, klappt erst recht beim Coaching. Die Situation eines Menschen wird sehr schnell deutlich, wenn wir ihn vor uns haben. Wir können Menschen lesen, und bei einer gewissen Kompetenz können wir in ihnen lesen wie in einem Buch. Nicht nur ihre Worte, sondern auch ihre nonverbale Kommunikation. Wir tun dies übrigens ständig, ob wir in einem Interview sitzen oder in einem Café. Wir sind alle geschult, Gestik und Mimik zu lesen und interpretieren, auch die Kleidung oder das Parfum eines Menschen lässt Rückschlüsse auf den Charakter zu. Das bedeutet, „mit dem Herzen zu sehen". Es funktioniert nämlich nur emotional, mit einer sachlichen Kontrolle. Ähnlich hat es Smiths Zeitgenosse, Kollege und Freund David Hume vorher gesehen: "(...) no qualities are more entitled to the general good will and approbation of mankind than beneficience and humanity, friendship and gratitude, natural affection and public spirit, or whatever proceeds from a tender sympathy with others and a generous concern for our kind and species" (Hume 1996:178).

Das Herz ist unser wichtigstes Organ. Wie schnell das Herz auf äußere Wahrnehmungen reagiert, zeigt eine Studie, nach der die meisten Herzattacken am Montagmorgen zwischen 7 und 9 Uhr passieren. Ganz offensichtlich reagiert das Herz auf Stress. Ein Reh bekommt jedenfalls selten eine Herzattacke, und noch seltener montagmorgens, da es gar nicht weiß, wie viel Uhr es ist. Der griechische Reeder und Multimillionär Aristoteles Onassis schickte seinen Sohn mit seinem Privatjet auf eine Reise, von der er nicht mehr zurückkehrte. Der Motor wurde plötzlich abgewürgt, das Flugzeug zerschellte am Boden. Das Herz von Aristoteles Onassis hörte zum gleichen Zeitpunkt auf zu arbeiten. Von diesem Herzanfall erholte sich Onassis nicht mehr, wurde krank und starb schließlich. An einem gebrochenen Herzen sozusagen.

Auf unsere Wahrnehmungen reagieren wir sensitiv, „mit dem Herzen" im abstrakten Sinne. Das gilt für negative Empfindungen, wie wir gesehen haben, aber auch für negative Spielchen, die wir gerne treiben. Emotionale Erpressung gehört dazu. „Wenn Du tust, was ich will, werde ich mein Herz öffnen. Wenn nicht, dann nicht", sagen Kinder gerne zu ihren Eltern oder Frauen zu ihren zukünftigen Männern.

Wann immer wir mit anderen Menschen enger zu tun haben, kommen Gefühle ins Spiel. „Du darfst ihnen keine Namen geben, sonst baust Du eine emotionale Beziehung zu ihnen auf", rät das eine Monster dem anderen in dem Film „Monster AG", wo die Biester sich vor nichts mehr fürchten als vor den kleinen Kindern, die sie routinemäßig erschrecken müssen, um durch die vom Schreck ausgelöste Energie mit Strom versorgt zu sein. Und wie recht sie haben. Umgekehrt: Wann immer man Konflikt oder Lebensschmerz spürt, wann immer man Widerstand zwischen sich und anderen Menschen spürt, reagiert das Herz darauf.

Erziehung ist ebenfalls Herzenssache. Wenn ein Kind sich schlecht, oder sagen wir: falsch benimmt, ist Bestrafung die eine Sache. Ihm zu helfen, zu verstehen, was er tut oder getan hat, die andere. Warum tun wir dies lieber? Weil wir unser Kind lieben. Wenn man ein offenes Herz hat, versteht man die Situation, und damit auch den Menschen und sein Verhalten. Dann kann man sich über ein ungezogenes Kind sogar freuen. Konflikt schürt mehr Konflikt – und macht das Herz kaputt. Entweder baut man in seinem Leben Konflikte auf – oder Verbindungen. Diese beiden Dinge verhalten sich genau gegensätzlich zueinander. Verbindungen zu Menschen nähren das Herz. Viele Menschen glauben, Konflikte machen Beziehungen stärker, wie in Ehen oder geschäftlichen Beziehungen, in denen man sich oft streitet. Das „dicke Fell", das man dabei bekommt, lässt diese Beziehungen aber in Wirklichkeit absinken und abstumpfen. Das Herz lernt, Abstriche zu machen.

Beim Coaching ist die rege emotionale Beteiligung das wichtigste überhaupt. Coaching besteht weitestgehend in der Auflösung von Konflikten, meistens persönliche, innere Konflikte, die mit der Außenwelt kollidieren. Ein Coach muss sich in die Situation dieser Menschen begeben und mit ihnen gehen, sie im gleichen Tempo begleiten, schließlich ihre Richtung verändern zu können. Wer nur mit den folgenden äußeren Anwendungstechniken arbeitet, wird lange brauchen, bis er Coaching beherrscht. Er kann seine Widerstände gegen einen Menschen nicht ablegen, wenn er sich ihm nicht emotional nähert. Dann aber versetze ich mich als Coach in dessen Situation. Ich reduziere meinen Widerstand, ich werde cooler, gehe aus meinen vorgefertigten Meinungen und Ansichten heraus, um nur diesen einen Menschen zu betrachten. Um es mit Adam Smith zu sagen, trenne ich mich von meinem Ego ab, um mich in die Welt, die Wünsche und Konflikte eines anderen Menschen zu begeben und diese von innen heraus zu verstehen, und mich wiederum davon zu lösen, um zu einem Urteil zu kommen: "(...) in all such cases, I divide myself, as it were, into two persons; and that I, the examiner and judge, represent a different character from that" (TMS.III.1.6/113). Ich bin die Hebamme, die die Konflikte hervorbringt und auf einen Schauplatz führt. Ich kann dabei durch fragen entscheiden, wo es langgeht. Diese Fragen sind kein Verhör, sie reisen nicht von Kopf zu Kopf, sondern kommen auf einem gewissen, vom Herz gesteuerten Energielevel von selbst. Wenn wir emotional arbeiten, lassen wir unsere Erfahrung im Hintergrund und gehen unvoreingenommen und als Gönner in ein Gespräch. Wir wollen helfen, nicht belehren, nicht kontrollieren und nicht beherrschen. Die meiste Arbeit tun ohnehin diejenigen, die gecoacht werden. Wenn sie es zulassen, kommen ihre Gefühle durch. Nur auf diesem Level ist es möglich, eine Person zu coachen. Der Rest ist Schauspielerei. Deshalb ist Coaching aber auch ein Akt von höchster Qualität. Die meisten Menschen kommen ganz selten in ihrem Leben in den Genuss, dass sie gefragt werden, wo ihre Konflikte liegen, ihre Wünsche, Ziele, Ängste, Hoffnungen... ohne dass sich damit ein Interesse des Fragenden verbindet!

Positive, persönliche Achtung bedeutet, Leuten mit tiefem Respekt zuzuhören. Respekt bedeutet, den Menschen als Menschen, als „Zweck an sich" wahrzunehmen, und sonst nichts. Man lässt ihnen Zeit, sich auszudrücken – meistens erst, was sie bedrückt, dann, was ihnen im Leben lebenswert erscheint. Wenn sie so weit sind, gibt der Coach ihnen Feedback: „Oh, plötzlich werden Ihre Augen viel größer!", oder „Huch. Auf einmal wirken Sie viel entspannter und gelöster. Ihre Schultern hingen eben noch an der Decke." Wer auf diesem

Niveau Coaching betreibt, muss sich keine Sorgen machen, über welches Thema man redet. Es ist eher, wie wenn man sich nachts an der Bar einmal mit seinem besten Freund über seine tiefsten Gedanken austauscht. Die Energie fließt ganz von selbst. Sie sucht sich selbst ihren Weg heraus. Sie reinigt die Seele und bringt gleichzeitig neue Ideen hervor. Das ist der Kern des Coaching-Prozesses.

Rein technisch vollbringt man diese Leistung durch die Forcierung des „Chi", dem zwischenmenschlichen Energielevel. Dann erst kann man die anderen Coaching-Tools sinnvoll einsetzen. Dieser subtile Magnetismus zwischen Menschen entsteht auf drei Ebenen: Ego, Persona und Essenz. Worte und Gedanken findet man auf dem Ego-Level. Auf dem Persona-Level sind es Handlung und Emotion. Auf dem Essenz-Level ist Chi, Energie, oder Vitalität.

Was wir von Adam Smith lernen können, ist der hohe emotionale und soziale Gehalt unseres Wesens. Wir sind durch und durch Gesellschaftswesen, und wir sind stark emotional mit ihr verbunden. Wir leben auf, wenn wir von ihr belohnt und anerkannt werden, und wir leiden wie die Hunde, wenn wir uns ungerecht behandelt fühlen. Coaching bedeutet Company: Sie werden auf ihrem Weg eine Weile begleitet, um Anerkennung zu finden. Das Gespräch auf diesem Niveau ist eine Orientierung – das bietet keine Form der Selbstverwirklichung. Wenn jemand nicht mehr weiß, wer er selbst mit seinen Wünschen ist, erfüllt Coaching die Funktion der Gesellschaft bei Adam Smith: "Bring him into society, and he is immediately provided with the mirror he wanted before. [...] Bring him into society, and all his own passions will immediately become the causes of new passions" (TMS, III.1.3/110f.). Der Coach ist der Kompagnon und der „unparteiische Zuschauer" in diesem Spiel auf dem Weg zum Ziel. Die Spiegelung seiner Konflikte, Vorstellungen und Ziele bringt den Menschen in die Situation, seine Intention und Motivation so zu moderieren, dass er mit sich selbst im reinen ist.

Am Anfang steht der Klient meistens auf dem Ego-Level: Voller Erwartungen und Unsicherheiten. Es müssen viele Worte gewechselt werden. Wir steigen aber direkt auf dem Essenz-Level ein. Und warten. Die meisten Leute sind dann verwirrt. Bald schmelzen das Ego, und schließlich die Emotionen und Handlungen dahin. Dann erst ist man wirklich miteinander verbunden, wie an einem Telefon, wenn man sich nicht sieht, aber genau spürt, was in dem anderen vorgeht. Nur dass man sich hier gegenübersitzt, und durch den Abbau von Stress, Hektik und Vorurteilen eine Art humaner Energie freigesetzt wird, die unsere Seelen miteinander verbindet. Alles Prätentiöse haben wir hinter uns gelassen, alles Verkaufende, Sichwichtig-machende spielt keine Rolle mehr. Nicht einmal mehr die Erwartungen, die jemand an einen Coach hat. Man atmet tief, findet zu Ruhe, und sogar einer bestimmten Art von Zufriedenheit. Der Coach macht nichts. Er agiert wie ein Buddha, gelassen lässt er alles geschehen. Und es geschieht.

Wenn man von Ego zu Ego coacht, ist das nichts anderes als Manipulation. Coaching auf der reinen Persona-Ebene basiert auf Handlung. Coaching auf dem Essenz-Level ist reiner Service. Wenn Sie die Essenz verstehen, kommt alles von selbst. Es geht nicht darum, über glühende Kohlen zu laufen oder Bretter mit der

Handkante zu durchschlagen. Es geht darum, fließende Harmonien zwischen Menschen zu schaffen, die so viel Energie produzieren, dass man damit ohnehin locker ein Regal mit bloßen Händen zerschmettern kann. Aber ein kaputtes Regal bringt uns im Moment nicht wirklich weiter. Harmonie zwischen Menschen dagegen ist der Anfang des Weges zum Ziel: Gewinnen.

Zwei meiner Klienten hatten in ihrer Kindheit Polio und kamen wegen ihrer Krankheit fast nie mit anderen Kindern in Kontakt. Sie hatten viel Zeit, über das Leben nachzudenken. Offenbar war es der Mangel an kleinkarierten Konflikten, Emotions- und Handlungsausbrüchen, dass ich sie als meine Klienten immer direkt auf einem gelassenen Chi-Level antraf. Sie wollten niemals Recht haben, niemals ihre Theorie beweisen, sie wollten immer nur sehen, wie ihre Vorstellungen funktionieren könnten. Sie sind geschult, weder andere Leute zu benachteiligen, noch jemals persönlich zu werden. Beide sind heute Millionäre.

So schwierig ist das alles nicht, wie es vielleicht klingt. Selbst wenn man nicht „Coach" auf seiner Visitenkarte stehen hat, ist man im wirklichen Leben ein Coach. Wir coachen die ganze Zeit andere Leute. Sie coachen Ihre Kinder, Ihre Familie, Ihr Team, Ihre Businesspartner. Coache coachen ihre Klienten, Trainer, Coache. Wer ein Unternehmen führt, ist im besten Falle ein Coach. Wer anderen in Sachen Kleidung, Auftreten, Musik oder Karriere machen hilft, der coacht sie gerade. Man hat im Leben Partner, Freunde, vielleicht Kinder, Angestellte. Die Beziehung zu anderen Menschen ist wesentlich in unserem Leben – und die Frage, wie man sie organisiert. Sie haben keine Wahl. Wenn Sie diese Beziehungen halbherzig pflegen oder vernachlässigen, haben Sie umso mehr Konflikte in Ihrem Leben. Wenn Sie in all diesen Beziehungen Coaching-Fähigkeiten entwickeln und wissen, wie die Beziehungen zu managen sind, reduzieren Sie die Konfliktchancen.

Stellen Sie sich vor, Sie werden von allen geliebt, und Sie können sich dessen gewiss sein. Nun stellen Sie diese Situation in Frage. Wenn man glaubt, man hat Recht, hat man Recht. Wenn man glaubt, man liegt falsch, liegt man falsch. Das sind konstruierte Wirklichkeiten. Wer meint, er sei kein guter Coach, ist kein guter Coach. Selbst ein Einstein war nicht davor gefeit, seinen Vorstellungen zu erliegen. Aber am besten beginnt man, mit den Phänomenen und Überraschungen, die Coaching umfasst, zu spielen, zu tanzen, statt sie in Schubladen zu stecken und ihnen einen Namen, eine Analyse und eine Lösung zu verpassen. Dies gilt auch, wenn man die Coaching-Tools lernt. Sie gehen direkt ins Gehirn. Aber das Gehirn vermittelt nur Wissen, nicht die Praxis. Die Praxis liegt im Gefühl, im Herzen. Dort lernt man von selbst. Spielerisch. Tänzerisch. Leicht. Gerne. Ein „coachender" Manager ist ein Leader. Wir werden diesen Begriff übernehmen, denn dafür gibt es im Deutschen nur schlechte Übersetzungen, angefangen beim historisch verbrannten „Führer". Ein Coach ist auch kein „Leiter", nicht im Sinne des braven Abteilungsleiters, eher schon als Energieleiter, der sein eigenes Feuer weiterreichen kann. Die englische Übersetzung dafür ist wiederum „conductor" – was im Deutschen auch „Dirigent" bedeutet. Ein guter Dirigent ist nicht derjenige, der die Partitur liest und realisiert. Ein guter Dirigent ist einer, der sein Orchester hört – und horcht. Einer, der auf der Bühne steht und seine Gefühle in seine Gesten, seine Mimik und seine Bewegungen steckt. Er kann hören, was gespielt wird. Und er kann es verwandeln. Das ist Chi. Das ist Musik. Das ist Coaching. Wenn „Dirigent" nicht so musisch und deshalb etwas aufgesetzt klingen würde...

Die Coaching-Tools geben Ihnen Gewissheit, auf dem richtigen Weg zu sein, selbst wenn gerade alles um Sie herum dunkel ist. Sie mögen diesen Weg nicht kennen, aber das Ziel. Sie sind schon da, und können deshalb sagen, wo es langgeht. Die meisten Tools haben wir während eines Seminars in St. Moritz entdeckt. Wir trainierten eine Gruppe hochqualifizierter Coaches. An bestimmten Punkten im Seminar tauchte die Frage auf, was wir gerade machen – und wie wir es machen. Ich erklärte es, während jemand Notizen machte. Nach dieser Einheit hatten wir bereits 70 Tools gefunden. Es sind genau 100 geworden.

Weiterführende Literatur:
Hume, David. Enquiries Concerning Human Understanding and Concerning the Principles of Morals. Repr. from the 1777 Edition. Oxford 1975.
Smith, Adam. The Theory of Moral Sentiments. Oxford 1976
Smith, Adam. An Inquiry into The Nature and Causes of the Wealth of Nations. Oxford 1976

2.

FREUDE UND SCHMERZ – MENSCHEN ALS BIPOLARE WESEN VERSTEHEN

5. DER KLIENT

In diesem Kapitel lernen wir zunächst einmal unseren Klienten ein wenig kennen. Deshalb ist von Tools die Rede, mit denen wir ihn behutsam einkreisen. Coaching ist zunächst einmal ein ganz zartes Pflänzchen und erfordert jede Menge Sensibilität. Noch längst nicht ist das Vertrauen des Klienten gewonnen, noch lange weiß man nicht, wie es mit dem Klienten gelagert ist. Diese beiden Faktoren erfordern einige Instrumente, die den Klienten einerseits das Gefühl von Sicherheit geben und andererseits ermitteln, wohin die Reise geht. Beginnen wir mit dem wesentlichen Verständnis eines Menschen, um ihn aus dem Schmerz zu holen und in die Freude zu überführen.

Ein Mensch ist wie ein Baum. Er hat zwei Komponenten, einen Stamm mit Ästen und Blättern, und eine Wurzel. Auch bei ihm gibt es eine blühende, helle Seite, und eine dunkle, verborgene, also eine sichtbare und eine unsichtbare Seite. Man kann diese bipolare Struktur auch mit Freuds Unterscheidung von Bewusstsein und Unterbewusstsein vergleichen. Allerdings ist die „Wurzel" eines Menschen nichts Negatives. Es sind die Erfahrungen, die gelernten Ängste und Sehnsüchte, die sich darunter fassen lassen. Das Problem besteht nur darin, dass diese meistens dominieren und den „Baum" nicht weiter wachsen lassen. Aber Coaching ist nicht Psychoanalyse. Der Job eines Coaches besteht nicht darin, das Verborgene nach oben zu kehren, sondern für sein mentales Wachstum zu sorgen – daher auch der Begriff „Mentoring".

„The client isn't a moron. She is your wife."

David Ogilvy

Ein Baum kann jedoch ohne seine Wurzel nicht existieren. Sie ernährt den Baum. Aber seine Wurzeln wachsen nach unten und seine Äste nach oben. Auf dieser Konzeption ist auch

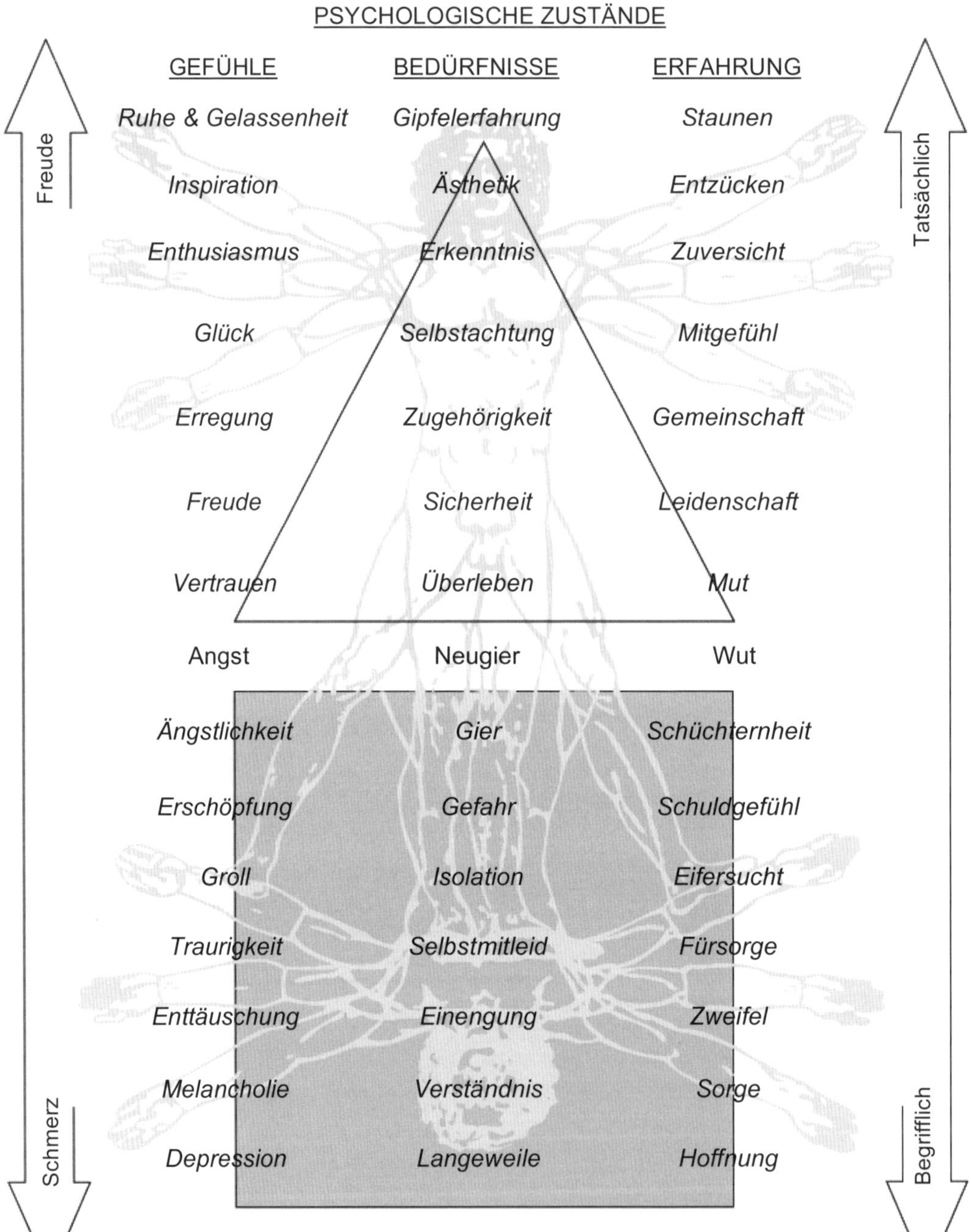

Abbildung 2: Performance Scale Nr. 1 – Sage-Lernmethode ©

die „Performance Scale" entstanden. „Unten", „im Boden" der Struktur sind alle Erfahrungen, „oben" stehen die Blüten dieser Erfahrungen, in der Mitte die Neugier, durch deren Dynamik man nach oben stößt. Das eine kann nicht ohne das andere. Und irgendwo befindet sich jeder von uns: in einem bestimmten mentalen Stadium, das sich je nach Zustand mehr nach oben oder nach unten ausbreitet. Dieser unser „Baum" hat Zweige und Wurzeln, sichtbar und unsichtbar. Der unsichtbare Teil, die Wurzeln, bestehen aus unseren Erinnerungen, Einstellungen, unserer Geschichte, und dem Unbewussten. Im Prinzip gehört alles, was man nicht vor Augen hat, in die Erde. Es sind unsere „roots" im wahrsten Sinne des Wortes. Diese unsichtbare Welt ist auf Schmerz gegründet.

Coaching bereitet viel Spaß. Denn Coaching ist „spaßgeleitet". Viele Menschen haben Angst vor reiner Lebensfreude – zu hoch war oft genug der Preis, wenn man sich einfach mal vom Vergnügen hat leiten lassen. Angeleitet von der protestantischen Ethik unserer Kultur, haben wir beinahe Angst vor möglichen Folgen von Vergnügungen jeglicher Art. Coaching ist anders gelagert. Niemand sollte ein Coach werden, der es nicht aus reiner Lust tun will, sondern sich dazu zwingt. Das hat mit der bipolaren Struktur des Menschen zu tun, die ständig zwischen Freude und Schmerz schwankt.

Ein Coach kann nur dann die Freude in einem Klienten wecken, wenn er auch um seine dunkle, seine ängstliche Seite weiß, die jeder von uns natürlich verbergen will. Was die meisten Leute von der Freude abhält, ist der Schmerz und die Angst davor. Wer handelt, ist sofort jeglicher möglicher Art von Schmerz ausgesetzt. Wenn wir etwas von uns geben, haben wir Angst, kritisiert zu werden. Wenn wir Liebe geben, haben wir Frucht davor, enttäuscht oder verlassen zu werden. Wenn wir uns zu uns selbst zurückziehen, sind wir im wahrsten Sinne des Wortes „frustriert": Die Gefühle sind eingefroren, auf Eis gelegt. Vermeintliche „Coolness" dahinter ist witzig, aber kein Fortschritt.

Beim Coaching geht es oft genug darum, das Eis zu brechen. Wenn wir coachen, beginnen wir gerne mit der Frage „Was willst Du erreichen?" Fast unvermeidlich werden die Sinne lebendig. Auf einmal sehen die Augen wieder Farben, der Geschmack kehrt zurück, man ist voll konzentriert. Dann tritt der Verstand auf die Bremse. Man erinnert sich an Dinge, die Freude bereiteten, und für die man bestraft wurde. Man denkt daran zurück, wie man mit dem Fahrrad einen Hügel herunterfuhr und dann ordentlich auf die Fresse fiel.

Als Coach sagt man. „Steh auf und setz' dich wieder auf das Fahrrad. Du bist erwachsen, Du hast ein Mountainbike, und je besser Du damit hinfällst, umso besser beherrscht Du es." Das bereitet Vergnügen. Das Ziel besteht darin, Personen von der Schmerz- auf die Freude-Seite zu transportieren. Erst dann können sie wachsen und sich verzweigen.

<u>DER TIPP:</u> Der Körper verrät, ob sich ein Mensch in der Schmerz- oder in der Freudezone befindet. Ein Teil unseres Seminars „What To Do With Rest Of Your Life" besteht darin, den Teilnehmern ein Feedback zu geben, was der Unterschied zwischen ihrem linken und ihrem rechten Auge ist. Sie haben sicher schon von der Theorie der linken und rechten Gehirnhälfte gehört. Man muss nicht an sie glauben,

um festzustellen, dass wir in der Tat bipolar strukturiert sind. Dafür muss sich man nur einmal die Zähne mit der anderen Hand putzen. Auf die gleiche Weise erkennen wir beim bloßen Ansehen einer Person, wie sich bei der schlichten Frage „Was willst Du im Leben erreichen?" in die Freude, sich seiner Visionen und Wünsche zu besinnen, die quälenden Bedenken, Sorgen und Zukunftsängste mischen, die diese Person immer wieder davon abgehalten haben, diese Wünsche in Erfüllung gehen zu lassen. Man wird auf diese Weise mit der Lebendigkeit, aber auch mit der Trägheit einer Person konfrontiert.

Es gibt Menschen, die Ziele haben, sich aber ständig müde fühlen. Sie sind überfordert von der Realität ihres Daseins, nicht von ihren Zielen. Dann würden sie ab und zu ein Nickerchen machen, wie es Einstein tat – mit dem Schlüssel um den Finger, damit er wieder aufwachte und weitermachen konnte, wenn er beim Umknicken des Fingers zu Boden fiel...

Bipolarität beim Coaching bedeutet, beide Seiten zu akzeptieren und die Person von ihrer Angst- auf die Freudeseite zu ziehen. Dafür haben sie bezahlt, dafür werden Sie trainiert. Ein Trick besteht darin, die Frage „Was willst Du in deinem Leben erreichen?" immer wieder zu variieren oder zu wiederholen.

Sie werden erleben, wie die Leute mit all ihren Sinnen plötzlich dabei sind. Sie scheinen aus einem tiefen Schlaf zu erwachen, wie Dornröschen nach dem Kuss. Mit einem Spiel oder einer Herausforderung kann man sie regelrecht unter Strom setzen. Platzieren Sie Ihren Klienten auf einer Bühne, oder lassen Sie ihn erklären, wie er seine Idee verbal ausgestaltet: „Stellen Sie sich vor, Sie haben das Talent, alle Zeit und alles Geld dieser Welt, um Ihre Vorstellungen umzusetzen. Wie soll ich mir das dann vorstellen? Erzählen Sie! Was wollen Sie erreichen?" Wann immer Ihr Klient eine Antwort gibt, können Sie beobachten, wie sich Gestik und Mimik verändern. Ihre natürliche Begabung, Menschen zu beobachten, wird zunächst genügen, um die (hoffentlich veränderte) Einstellung Ihres Mandanten zu interpretieren.

Die Augen haben jede Menge Blickwinkel: Blind, Düster, Traurig, Verschlossen, Trüb, Erschrocken, Verklärt – oder Zerstreut, Weich, Zentriert, Offen, Fokussiert, Klar... oder so verzückt wie ein Buddha auf dem Gipfel eines Berges. Willkommen in der Endstufe, im vollkommenen irdischen Glück, das nur wenige erreichen.

Das sind die „Augenblicke" in den einzelnen Stadien der „Performance Scale", durch die ein Coach seine Klienten bugsieren kann. Wenn Sie als Coach bei Ihrem Mandanten jenen „verzückten" Blick erkennen – lassen Sie sich von einem Publikum diesen Eindruck bestätigen – dann herzlichen Glückwunsch, Sie sind mit Ihrem Klienten zumindest vorübergehend am Ziel!

Das ist allerdings die Kür. Die Pflicht sieht so aus: Vor und nach jedem Interview lassen wir das Publikum interpretieren, ob sich der Gesichtsausdruck beim Klienten nach den „pushenden" Fragen des Trainers verändert hat. Er treibt den Klienten so lange an, bis er seine Ziele sieht und seine Bedenken verloren hat. Wir beobachten die Distinktionen (⇨ Gesichter lesen). Wie sieht er danach aus? Wie blickt er? Wie groß sind seine Augen? Ah, jetzt leuchten sie. Dann ist er auf der Gewinnerseite. Ihn dort hinzubringen, ist Ihr Job. Je nachdem, in welchem mentalen Stadium sich Ihr Klient befindet, ist es schwerer oder leichter, ihn zu bewegen. Sehen Sie, wie ein Mensch sieht, der ein klares Ziel vor Augen hat: Weit, klar, wach. Betrachten Sie die Augen von lachenden Menschen, zum Beispiel Kleinkindern: Sie strahlen, leicht zusammengekniffen, fast abwesend. Sie sehen nämlich in diesem Moment etwas ganz anderes als das, was vor ihnen liegt.

Lachen ist ein Mittel, eine dritte Dimension zu eröffnen, die unsere Bipolarität bereithält: die Möglichkeit, durch die Brechung des Focus in unser Innerstes zu sehen (siehe auch ⇨ split-focus). Doch so weit sind wir noch lange nicht, weder Coach noch Klient.

Zwischen diesen Unter-, Mittel- und Höhepunkten im „Baum" von Menschen gibt es jede Menge verklärender Momente. Oft genug machen wir uns einen falschen Zustand vor. Die „andere Seite" bleibt einem Coach nicht verborgen. Studieren Sie das linke und das rechte Auge. Dann den linken und den rechten Arm, und was er tut, während die Person spricht. Und dann, wie die Gestik mit den Augen korrespondiert.

Der prozessorientierten Psychologie von Mindell zufolge wird die linke (Hand) tatsächlich nicht wissen, was das rechte (Auge) tut. Aber insgesamt wird sich der Körper verraten. Man muss ihn nur durch Fragen leiten und betrachten, wie er reagiert. Das ist die bipolare Struktur des Menschen: der Schlüssel, den er Ihnen anbietet, die Tür zu seiner Schatzkammer zu öffnen.

Einen weiteren Unterschied gibt es noch zwischen Bäumen und Menschen: Bäume wachsen nicht in den Himmel.

3.

APPRECIATIVE INQUIRY - ANERKENNENDES BEFRAGEN

Wo wir gerade beim Himmel sind – es gibt eine gesteigerte Form, Menschen weiter, wenn nicht über sich hinaus wachsen zu lassen: Ihnen Fragen zu stellen, die eine Wertschätzung mit sich führen.

Diese Fragen sind darauf angelegt, die Stärken der Person festzustellen, indem sie auf seine Erfolge zielen: „Wie oft haben Sie schon in diesem Spiel gewonnen?". „Was war bisher Ihr wichtigstes Erfolgserlebnis?". „Mit welchem Projekt haben Sie in Ihrem Leben das meiste Geld auf einen Schlag verdient?". Das sind die Dinge, an denen sich die Menschen hochziehen. Denn sie haben noch mehr bekommen als Geld: Anerkennung.

Wenn man Fragen dieser Art stellt, stößt man zur Brillanz einer Person vor. Beim Antworten erkennt die Person sich selbst an. Sie spürt ihren eigenen Wert. Merkwürdigerweise haben wir kein großes Talent darin, uns ohne fremde Einwirkung selbst toll zu finden. Wenn wir in den Spiegel schauen, sehen wir uns selten als stolze, strahlende Schönheit, sondern eher im Blickwinkel der Unterseite eines Löffels oder in einem Spiegelkabinett: verzogen, unproportional, mit langen Nasen und einem Eierkopf mit hervorquellenden Augen. Das liegt wohl daran, dass wir eben doch nicht auf uns allein gestellt sind, sondern durch und durch soziale Wesen: Wir brauchen Adam Smiths „Spiegel der Gesellschaft", um uns schön zu finden. Sonst müssten nicht so viele Topmodels abmagern. Wenn wir dagegen andere Leute betrachten, kommen diese uns oft perfekt vor – ganz im Gegensatz zu dem kleinen Monster mit dem Bauchansatz, das uns im Spiegel entgegenschaut, und das wir morgens nicht kennen, auch wenn wir ihm die Zähne putzen. Was uns mangelt, ist Anerkennung. Es ist ein fieser Trick in unserem Universum, dass wir nie unsere Stellung in der Welt wahrnehmen können. Es ist unmöglich, sich selbst zu betrachten, während man sich bewegt. Ein Video von sich zu sehen, ist nicht das gleiche. Wenn man sein Kind oder einen geliebten Menschen streichelt, ist das eine „Sensation" im ursprünglichen Sinne des Wortes. Wir bekommen diese Sensation zu spüren, aber wir selbst können sie an uns nicht nachvollziehen. Wir erfahren auf die gleiche Weise umgekehrt Liebe, Wärme, Zuneigung. Aber wir werden nie erfahren, wie unsere Zuneigung auf andere wirkt. Wir wissen nicht, wie es sich anfühlt, von uns selbst geliebt zu werden.

DER TIPP: Anerkennendes Befragen schenkt Menschen ein blitzartiges Moment, in dem sie ihre eigene Schönheit sehen. Es dauert nur einen kurzen Moment. Aber dieser Moment kann ihr Leben verändern.

Wir brauchen Anerkennung wie die Luft zum Atmen. Beim Coaching, um zu erfahren, ob wir auf dem richtigen Weg oder auf dem Holzweg sind (⇨ acknowledgement). Beim anerkennenden Befragen geht es zunächst darum, jemanden durch die Bestätigung seiner Wertschätzung aufzubauen. Das ist ein nicht alltäglicher, intelligenter Vorgang. In unserem Alltag setzen wir oft genug eine Maske auf. Anerkennendes Befragen heißt dort „Kompliment". Der Grossteil an sozialer Pflege besteht allerdings darin, kritisiert und herabgesetzt zu werden. Je weniger Menschen Anerkennung erfahren, um so mehr versuchen sie, andere abzuwerten. Sie haben Angst. Sie haben das Gefühl, nicht gewinnen zu können. Das soziale Spiel kann so oder so gespielt werden: Entweder, dass man gewinnen will, oder dass andere verlieren sollen. Meistens sollen die anderen verlieren. Sobald die körperliche Attraktivität oder die Ausstrahlung nachlässt, beginnen wir um so mehr, uns von den demagnetisierenden Einflüssen herunterziehen zu lassen. Dafür brauchen wir nicht einmal Mitspieler. Wenn man ein Training absolviert oder etwas produziert, legt man seine Leistung wie ein gefundenes Fressen für andere aus. Diese fiktiven „anderen" reflektiert man automatisch. Kaum hat man einen gewissen Abstand zu der Sache gefunden, kommen die quälenden Momente auf: „War ich wirklich gut?" „Warum tue ich das?" „Es gibt andere, die das besser können." „Da habe ich etwas falsch gemacht." Wir reflektieren dann gerade nichts anderes als die große Frage, welche Art Applaus wir von dem großen Publikum bekommen: Verhalten, falsch, rasend, Buh-Rufe... oder Golfapplaus. Es ist die ewige Frage nach dem Ich und dem Image. Wenn das Ich mit dem Bild übereinstimmt, das andere von uns haben – das ist vollkommenes Glück.

Anerkennendes Befragen ist ein kleines Stück von diesem Glück. Es ist einfach verdammt positiv, und deshalb fast so etwas wie ein Tabu in unserem alltäglichen kritischen Diskurs. Dieser Kunstgriff kehrt den sozialen Spiegel-Effekt auf produktive Weise um. Klienten erkennen plötzlich den guten Zug in sich. Wir alle tragen das Gute wie das Böse in uns, das Diabolische wie das Göttliche. Coaching wird im Optimalfall zu einer Ahnung des „Göttlichen in uns": welche Qualitäten, gute Seiten und Werte wir in uns tragen. Welche Idee uns trägt. Wenn wir merken, wer wir wirklich sind.

Beispiele für anerkennendes Fragen:
„Warum heuern die Leute Sie für einen Job an?
„Welche Qualität strahlen Sie aus?"
„Welche Ihrer Jobs haben unmittelbar zu einem sichtbaren Erfolg beigetragen?"
„Bei welchen Jobs, die Sie abgeliefert haben, hieß es „Hut ab vor dieser Leistung"?"
„Was fällt Ihnen leicht, und was wissen andere zu schätzen?"
„Wie oft haben Sie das Richtige getan, als Sie genau so gut hätten falsch liegen oder es sich durchaus leichter hätten machen können?"
„Wie haben Sie das angestellt?"
„Warum hat es funktioniert?"
„Welche Opfer haben Sie auf sich genommen, um dorthin zu kommen, wo Sie heute stehen?"
„Wenn Sie auf Ihre Karriere zurückblicken, was hat sich ergeben, und was hat haben Sie dafür getan?"
„Wo waren Sie in Ihrem Leben bereit, zu dienen oder zu geben, ohne dass es Ihnen schwerfiel?"

Fragen dieser Art bringen den Klienten dazu, nach positiven Beispielen in seiner Lebensgeschichte zu suchen, auch nach den Dingen, die große Wucht und Wirkung gebracht haben. Sie schütteln ihn unter Umständen aber auch ordentlich durch. Auf einmal spürt man die Bedeutung des sozialen Umfelds und seinen – neudeutsch – „Netzwerken" – von der Familie bis zur Firma. Wenn man arbeitslos wird – wie so viele Menschen in den USA und nun auch in Deutschland – schnürt sich die Selbstachtung der Menschen genau so ein wie die finanziellen Verhältnisse. Anerkennendes Fragen ist eine Basis, um jemandem seine eigene – personelle wie wirtschaftliche – Wertschätzung zurückzugeben. Nur Selbstbewusstsein bringt Menschen in ihrer persönlichen und beruflichen Karriere wirklich weiter. Mit einer klaren Selbsteinschätzung und einem klaren Bild von sich vor Augen können sie durchstarten, oder die Richtung wechseln.

Der Klient wird durch anerkennendes Fragen der Held seiner eigenen Biographie. Helden sind wir alle, nur nicht im pathetischen Sinne der Geschichten, Mythen und Sagen. Joseph Campbell sagt in seiner überragenden Zusammenfassung der großen menschlichen Geschichten: „Der Herkules unserer Zeit überquert vielleicht gerade da drüben die Straße." Wir müssen dazu nicht einmal ein Auserwählter sein, wie in dem Film „The Matrix". Denn wir müssen alle an unserem Entwurf herumbasteln und uns nur zu oft selbst entwerfen, um zu überleben. Auch ein Ehepartner oder ein guter Freund ist ein Coach, wenn es darum geht, sich in seinen Plänen und Taten zu bestätigen.

Ein Coach ist derjenige, der diese Taten reflektiert, also spiegelt. Dann erscheinen wir uns selbst als Protagonisten unseres Lebens, die wir nun einmal sind. Mit schalen Komplimenten ist es allerdings nicht getan. Anerkennendes Befragen bedeutet, das Terrain des emotionalen Lebens eines Menschen zu betreten, also mit gebotener Vorsicht, Wärme und Vertrauen. So positiv zu sein und dabei nicht kitschig zu werden, ist keine leichte Aufgabe. Es wird sich allerdings bald herausstellen, dass viel Disziplin dazugehört, alle negativen Implikationen außer Acht zu lassen. Wenn ein Glas halb leer ist, neigen wir eher dazu, es als halb leer zu betrachten, als halb voll. Genau diese Einstellung muss bereits bei Ihrer Wortwahl herüberkommen. Sonst haben Sie verloren ... pardon, so werden Sie gewinnen!

Worte sind beim Coachen Ihre Realität. Sie müssen deshalb mit Bedacht gewählt werden. Bei einer Halb-Voll-Sprachwahl schaffen Sie sofort eine dynamische, positive Atmosphäre, die neue Energien freisetzt. Dann hat der Klient die Möglichkeit, sich selbst positiv zu sehen – und dann nimmt das Gespräch eine dritte Dimension an: die Tiefe. Die anderen beiden Dimensionen sind Höhe und Breite, die äußeren Erscheinungen unseres Körpers. Tiefe ist die dritte Dimension, und der Zugang erfolgt über die Sprache, das Ohr, den Klang, den Akkord, den Ihr Sprechen im Klienten erzeugt und mit sich stimmig macht. Durch Anerkennendes Befragen öffnen Sie den Zugang jenseits von Raum und Zeit. Der Klient erlebt Tiefe in verstärktem Maße. Die Atmosphäre ist dicht und konzentriert, und dabei heiter. Es ist eine Art Spiel. Friedrich Schiller sagte, „der Mensch ist nur da Mensch, wo er spielt“ – sei es auf der Bühne, am Klavier, oder beim Basketball. Denn dann vergisst man sich in seiner derzeitigen Beschaffenheit mit all den Umständen, die das Leben gerade an dich gehängt hat. Man vergisst die Zeit und den Raum. Man ist ganz bei sich. Und dann hat man die nötige Distanz, um sich selbst betrachten zu können. Wer sich selbst sehen kann, betrachtet sich mit Wertschätzung. Das ist das erklärte Ziel des Coaches beim Klienten. Deshalb ist anerkennendes Befragen eine Art Befreiung. Anders als bei NLP ist man frei, zu wählen, was man sieht oder sehen will. Man braucht keinen Agenten, der mehr weiß als der Klient selbst. Anerkennendes Fragen lässt einen von selbst an den Ort seiner Brillanz finden, in jene Schatzkammer, wo der ungeschliffene Rohdiamant liegt und wo niemand sonst Zugang hat. Der Klient ist der Genius seiner Welt. Alles, was er braucht, ist die Außenansicht, um zu verstehen, wer er oder sie ist, durch die Augen eines wohlwollenden Betrachters. Jedes Fragen ist ein Suchen. Jede Antwort ist ein Aufwachen. Sie entspricht beim anerkennenden Fragen genau dem, was tief im Herzen und im Einklang mit den Zielen liegt.

4.

RESPONSE AND RECEPTIVITY – ANTWORTEN UND AUFNEHMEN

Response“ ist das Gegenteil von Reaktion. Wer reagiert, konteragiert. Schnell will man mit einer flotten Antwort deutlich machen, dass man nicht nur verstanden hat, sondern noch etwas Intelligentes hinzusetzen kann. Dieses etwas Intelligente ist vom Inhalt jedoch selten etwas, was mit dem zu tun hat, was der Dialogpartner meinte – sondern nur mit uns selbst. Das kann beim Coaching keine Rolle spielen. In Wirklichkeit hat man nicht verstanden, hat man unterbrochen oder das Gesagte falsch oder schlecht interpretiert. Im schlimmsten Falle gibt man sogar sein Desinteresse preis – wenn man mit einem anderen Thema beginnt. Absolute Coaching-Tabus.

Wer „response“ gibt, beschäftigt sich mit der gegebenen Information und antwortet darauf akkurat: Mit der gebotenen Selbstlosigkeit eines guten Coaches, mit der Verarbeitung des Gesagten und dem Signal, dass man verstanden hat. Durch „response“ entsteht Verbindung. Die andere Person merkt, dass man gehört und verstanden hat. Dadurch entsteht eine tiefere Kommunikation und ein tieferes Zuhören, als es nur die Worte hergeben. Diese Verbindung entsteht von Verstand zu Verstand – von dem, was hinter den Worten liegt. Beide Gesprächspartner spüren diese tiefere Verbundenheit, denn dadurch steigt die Energie. Es gehört viel Vertrauen dazu, etwas buchstäblich „von sich zu geben“. Wir sind nicht dazu da, uns über unsere Klienten zu profilieren. Wir sind verpflichtet, zuzuhören und das „Verstehen wollen“ zu trainieren. „Ich will verstehen“, war das Leitmotiv der philosophischen Journalistin Hannah Arendt. Sie hat niemals behauptet, dass sie etwas verstanden hat. Sie bezeichnete sich niemals als Philosoph, so wie sie Immanuel Kant als „Denker vom Gewerbe“ bezeichnete. Um etwa Neues zu erfahren, hat sie sich nie angemaßt, schon etwas zu wissen. Das ist die hohe Kunst der Phänomenologie, abgeleitet von der hohen Kunst des ersten Mentoren: Sokrates, der es wie niemand vor ihm verstand, Neugier aus anderen Menschen hervorzubringen. Dies gelingt nur durch eine Voraussetzung: Rezeptivität. „Response“ ist eine qualitative Steigerung des Gesprächs. Es fördert die Harmonie und die Reife der Beziehung der Dialogpartner. Wer „response“ gibt, setzt ein Signal, dass es hier nicht um Kritik oder schnelle Reaktion geht. Sondern um etwas, von dem man noch nichts ahnt. Rezeptivität ist das entscheidende Tool, um deutlich zu machen, dass von nirgendwo her Bedrohung herrscht. Es ist das Gegenteil von Bedrohung, etwa in Form von Kritik, Tadel oder sonstigen Methoden der Korrektur. Beim Coaching wird gar nichts korrigiert. Allenfalls korrigiert der Coachee sich selbst.

<u>DER TIPP:</u> Wie der Begriff schon suggeriert, schaltet der Coach auf Empfang. Er ist die Antenne, die die Signale des Coachees empfängt. Genau diese Art von Passivität wird den Coachee zunächst irritieren. Das ist auch nicht schlecht, denn es weckt ihn auf und hält ihn „auf Draht“. Und genau darum geht es: einen „Draht“ herzustellen, den man „miteinander hat“. Hat man einmal eine Wellenlänge gefunden, kann man mit der sokratischen Kunst des „Hervorbringens“ beginnen. Umgekehrt: Merkt der „Sender“ einmal, dass jemand auf Empfang ist – und wird ihm vor allem deutlich, dass er/sie dieser Sender ist und nicht der Empfänger! - wird er sich bald der Freiheit bewusst, sagen zu können, was man will. Der Coach dreht durch seine Rezeptivität das Verhältnis also um: Von einem Sprechen-Sollen in ein Sprechen-Wollen. Der Coachee ist der Radiosprecher, der seine Botschaft in den Himmel schickt. Der Coach ist derjenige, der sich das wohlwollend anhört.

Der Countrysänger Willie Nelson bestreitet auf diese Weise seine Konzerte. Wenn er auf die Bühne geht und zu spielen beginnt, fixiert er sich auf ein Gesicht aus der ersten Reihe – eines, das lächelt. Er lächelt zurück. Während des Auftritts passiert es dann, dass selbst ein besonders skeptisches Publikum umschwenkt – indem dieses rezeptive, Nelson in positive Stimmung versetzende Lächeln sich überträgt und wie eine Epidemie ausbreitet. Bis er den Konzertsaal im Griff hat. So, wie man sich von schlechter Laune anstecken lassen kann, funktionieren „response" und Rezeptivität im positiven Sinne: Als epidemische Energie-Erzeugung. Diese beiden Elemente bilden den Bodensatz für ein förderndes und forderndes Gespräch, auf dem Energie-Level.

5.

ACCEPTANCE AND ADMIRATION – AKZEPTANZ UND BEWUNDERUNG

Akzeptanz ist das Gegenteil von Tadel, und nicht zu verwechseln mit Toleranz. Ein Coach akzeptiert seinen Klienten, wie er ist. Mit all seinen Stärken, Schwächen, Ansichten, Anmaßungen, seiner Persönlichkeit, meinem falschen Ego und all seinen schlechten Gedanken und Taten – mit seiner kompletten Schattenseite. Wer das Gefühl hat, ohne ein schlechtes Gewissen in eine Sitzung gehen zu können, und ohne das Gefühl, das seine schlechte Seite offenbart werden soll, der weiß, dass er nicht beim Psychologen gelandet ist, sondern in einer Coaching-Sitzung. Akzeptanz ist das ultimative Coaching-Tool.

<u>DER TIPP:</u> Alles wird akzeptiert. Als Coach fängt man alle Aspekte seines Klienten auf, solange sie moralisch vertretbar sind. Coaching ist kein Moralisieren. Wenn jemand sein Leben ändern möchte und plötzlich entdeckt, dass er eine Frau werden oder sie eine Domina werden möchte. Es ist überhaupt nicht der Job eines Coaches, seine Bedenken in das Gespräch einzubringen. Der Coach fragt höchstens: „Okay, wie funktioniert das? Wie hast Du Dir das vorgestellt? Was hast du dir als erstes vorgenommen? Was ist Dein Traum, Dein Ziel?" Wer Leader coacht, muss schnell verstehen, was man ändern kann und was nicht. „Akzeptieren" ist ein lateinisches Wort und bedeutet wörtlich „Auffangen". Der Coach handelt nach dem Motto „Die Botschaft bestimmt der Empfänger". Er ist derjenige, der die Botschaft auffängt wie ein Basketballkorb, ohne dass der Coachee wirklich merkt, dass er der Spieler ist. Viele Personen, die in ein Coaching gehen, glauben anfangs, dass sie nicht viel zu tun brauchen, weil sie schließlich einen Coach bezahlen, der ihnen alles vorkaut. In Wirklichkeit ist es eine Unverschämtheit: Der Coachee arbeitet, der Coach hört zu. Aber er lenkt das Gespräch, ohne das die gecoachte Person dies wirklich merkt. Sie steigt immer tiefer in ihre eigene Persönlichkeit ein, geht sich selbst immer weiter auf den Grund. Bis schließlich ein Licht am Ende des Tunnels aufgeht. Wir erinnern uns an Platons Höhlengleichnis, und hier wird es praktiziert: Die Person sieht nicht sich selbst, sondern einen Schatten von sich selbst – und bildet sich ein, dass es sich dabei um die Wirklichkeit handele. Der Coach führt sie aus der Höhle heraus ans Licht. Das funktioniert nur, wenn Sie neugierig sind. Neugierig werden

Menschen nur, wenn sie durch Akzeptanz absolutes Vertrauen genießen. Wenn man einmal den ganzen Menschen mit all seinen „Schattenseiten" akzeptiert, entsteht ein unglaublicher menschlicher Magnetismus.

Wenn man Menschen zu Leadern coacht, ist es wichtig, zu wissen, was man verändern kann und was nicht. Man kann das an den Augen ablesen. Sie sind das „physiologische Make-Up" des Menschen. Sind die Augen in den (!) Augenhöhlen offen und weit, ist die Person offenbar nach außen getreten, um zu schauen. Sie lässt den Blick schweifen, er lässt sie mehr erkennen. Gleichzeitig hält die Person für den Coach die Tür offen für ihr Inneres, für ihre „Höhle", ihr inneres Selbst. Machen Sie einen Test. Halten Sie Ihren Zeigefinger vor Ihre Augen. Betrachten Sie den Hintergrund vor diesem Finger. Er wird durchsichtig. Nun schließen Sie das rechte Auge und schauen Sie auf den Zeigefinger. Schließen Sie das linke Auge und schauen Sie auf den Zeigefinger. Welches Auge „wandert", welches bleibt stehen? Fast jeder Mensch besitzt eine optische Priorität, je nachdem, ob die rechte oder die linke Gehirnhälfte mehr aktiviert ist. Menschen, deren Blick eng ist und mehr zum Schielen neigt, halten ihren Zugang verschlossen. Sie sind nervöser und regen sich schneller auf. Es ist wesentlich schwieriger, diese Personen zu erreichen. Wenn die Blicke ganz „engstirnig" platziert sind, ist es sinnlos, den Toleranzwert dieses Menschen zu erhöhen. Wir sind nicht dazu da, die Mentalität eines Menschen zu verändern, so wie wir nicht deren Physis ändern können. Wenn man Basketball spielt und nicht den Körper von Dirk Nowitzki hat, muss man akzeptieren, dass man es wahrscheinlich nicht in die Basketball Premier League schafft. Deshalb wäre es vollkommen sinnlos, jemandem einzureden, er würde es mit sehr viel Training vielleicht schaffen. Vielleicht. Aber ein Coaching, das nach der Neugier, den tiefsten Interessen eines Menschen forscht, geht einen bedeutsamen Schritt zurück: Der Coach ist der Korb. Er fängt auf, akzeptiert, was sein Klient ihm sagt. Und er sagt ihm rechtzeitig Bescheid, wenn er einen Treffer landet.

Akzeptanz funktioniert wie Ernährung. Man kann niemanden zwingen, etwas herunterzuschlucken, was man nicht essen will. Man kann aber etwas so Leckeres zubereiten, dass jemand anderes eingeladen oder verführt wird. Aber in dem Augenblick, in dem ein Coach beginnt, jemanden zu belehren, ihn zu verbessern, ihn von etwas abzuhalten oder ihn zu verändern, beginnt er mit Zwangsernährung und verliert die Akzeptanz der Person.

Die Qualität eines Gesprächs wird durch Akzeptanz gesteigert. Dies geschieht im Alltag selten. Fast immer hat man in den Dialogen unseres normalen Daseins das Gefühl, gerade umgebogen, manipuliert, wenn nicht beleidigt zu werden. Ständig liegt man auf der Lauer, Kritik mit Schlagfertigkeit zu begegnen, nicht die richtige, aber die gewünschte Antwort parat zu haben, oder Partei für etwas zu ergreifen. Denn ständig versucht man, andere Menschen als Mittel zum Zweck zu nehmen. Es geschieht ganz selten, dass man von jemandem absolute Akzeptanz erfährt, wie etwa ein Kind von einer Mutter, oder ein echter Freund. Der Job eines Coaches besteht darin, zu akzeptieren. Statt jemanden ändern zu wollen, muss man einfach alles interessant finden. Ein effektives Mittel, Menschen gegenüber Akzeptanz zu demonstrie-

ren und ihnen zu vermitteln, dass sie in Ordnung sind, ist die Verlegung der Gesprächssituation auf andere Ebenen, wie Geschichten und Spiele. Auf diesen Ebenen kann man alles erzählen. Es berührt nicht die Person an sich, aber es lässt sie Vergleiche mit ihrer Situation anstellen. Mit dem Coaching-Tool „Akzeptanz" erreicht man, dass keiner das Gefühl hat, sich profilieren, verkaufen oder verbessern zu müssen. Sicher hat alles seine Grenzen. In diesem Falle sind es Kriminelle und Psychopathen. Sie als solche zu akzeptieren, hieße nicht nur, moralische Grenzen einzureißen. Es würde auch bedeuten, sie in ihrem negativen Dasein zu bestärken. Solche Leute muss man in eine psychotherapeutische Behandlung überführen. So schlimm muss es nicht werden. Im positiven Falle wendet man das Coaching-Tool „Bewunderung" an.

<u>DER TIPP:</u> Bewunderung ist das Gegengift gegen ständiges Kritisieren. Die Anerkennung der Qualitäten eines anderen fällt den meisten Menschen wesentlich schwerer, als auf ihnen herumzuhacken. Ihr Klient besitzt sicherlich gewisse Qualitäten, die Sie erkennen und gut finden. Dies gehört schließlich zu Ihrem Job. Aber nun vergleichen Sie diese Qualitäten mit einer erfolgreichen Person, die die gleichen Fähigkeiten besitzt, und die Sie ebenfalls bewundern. Anstatt ihm platt die Wahrheit ins Gesicht zu sagen, entwerfen Sie ein Szenario einer anderen Person, in der Ihre Bewunderung für den Coachee herüberkommt. Und nicht nur das: Auch die Möglichkeit, so zu werden und zu sein wie diese Person. Durch diese Art der gesteigerten Akzeptanz kreieren Sie ein Ziel für Ihren Klienten – die greifbare Möglichkeit, diese von Ihnen geschilderte Rolle einzunehmen. Deshalb illustrieren Sie gleichzeitig das Umfeld dieser Person – den Markt, die Karriere, die Rivalen, die er durch sein Talent ausgeschaltet hat – und verstärken dadurch seine Neugier: den Wunsch, an den keine Bedenken und Bedingungen geknüpft sind. Im Laufe der Schilderung werden die Klienten sich selbst an die Stelle der beschriebenen Personen setzen, deren Success Story der Coach beschreibt. Auf diese Weise kann der Coachee selbst alle Wenn's und Aber's innerlich durchspielen. Wie er darüber denkt, können Sie in seinem Gesicht ablesen.

6.

TOLERANCE - TOLERANZ

Monsieur Herault kommt in der Mitte des letzten Jahrhunderts an eine Schule, um schwer erziehbare und schwer vermittelbare Jungs zu unterrichten und zu erziehen. Autorität und Gewalt sind an der Tagesordnung. Die übermäßig strenge Hand der Schulleitung löst nur noch mehr Aggression aus. Als Herault ankommt, wird gerade der Hausmeister durch ein Geschoss ernsthaft verletzt. Die Jungs sind außer Rand und Band. Es herrscht totales Chaos, das der Schulleiter nur mit noch mehr Bestrafung dämmen will. Der neue Pedell betritt seine neue Schulklasse – und wird natürlich sofort auf seine Toleranzschwelle getestet. Schwämme und Kreide fliegen durch die Luft. Ein böses Bild von ihm prangt an der Tafel. Was tut der neue Lehrer? Zur Verwunderung der Schüler wischt er das Bild noch nicht mal ab, sondern übergeht es. Statt mit harter Hand zu regieren, eröffnet Herault ein neues Spiel. Denn der Schlimmste von allen – derjenige, der dem Hausmeister die Verletzung beigebracht hat – entpuppt sich als unglaubliches Stimmtalent. Er teilt ihn zur Pflege des verletzten Hausmeisters ein und gründet um ihn herum einen Chor, für den Herault wieder beginnt, zu komponieren.

Dann geschieht das Wunder. Aus den halbkriminellen Rabauken werden ehrgeizige Chorknaben, die durch die Musik, die sie selber erzeugen, fasziniert sind. So fasziniert, dass sie nach und nach ihre Gewalt abwerfen und auf das Singen nicht mehr verzichten wollen. Entscheidend an der Geschichte, die vor allem in Frankreich ein riesiger Kinoerfolg wurde, ist die Tatsache, dass Herault seine schwer erziehbare Meute gecoacht hat, indem er zunächst alles zugelassen hat. Das ist Toleranz, ein überraschendes Coaching-Tool.

Toleranz kommt aus dem Lateinischen und bedeutet „ertragen". Im Lexikon wird Toleranz definiert als „erlauben, ohne zu verhindern oder zu opponieren; zulassen". Im Unterschied zu Akzeptanz und Bewunderung ist Toleranz das Coaching-Tool, bei dem das negative Verhalten von Menschen „toleriert", also geduldet wird. Toleranz heißt „Duldung". Auch, wenn man dagegen ist und das Benehmen oder die Ansichten eines Menschen nicht gut heißen kann, tritt der Coach neutral gegenüber „schlechten Benehmens" auf. Auf eine derartige Provokation einzugehen, ist genau das, was ein Provokateur erreichen will – der Coach reagiert aber nur mit Lässigkeit. Auf gewisse Weise – siehe Monsieur Herault – wird dieses schlechte Benehmen geduldet, um es mit seinen eigenen Mitteln zu schlagen.

Beim Coaching gewinnt man das Vertrauen eines Menschen. Wenn dieser Fall eintritt, werden manche Leute Seiten, Ansichten und Träume von sich preisgeben, die man unter Umständen nicht mit den eigenen Wertvorstellungen in Einklang bringen kann. Entscheidend ist, dass man weder beipflichtet noch missbilligt, sondern Toleranz ausübt, indem man sich klarmacht, dass jede Person nur versucht, das Beste aus der Situation zu machen, in der sie sich befindet. Beherzigen Sie die „message" von Adam Smith, Immanuel Kant, Hannah Arendt, Ernst Vollrath, was allein zu einer guten Einstellung führt: Sich in die Situation anderer zu versetzen. Das ist Ihr Job – mit der Betonung auf „Situation". Als Coach untersuchen Sie also nicht den Menschen, sondern die Situation, in der er sich befindet. Dies ist der Rahmen, in dem er sich bewegt. Ist er zu eng, sinkt die Toleranzschwelle. Es ist wie ein harmloses, kleines Tier, das plötzlich in die Ecke gedrängt wird: Es wird sich mit Händen und Füßen gegen alles wehren, was ihn bedroht. Bedenken Sie dies als Coach – und befreien Sie den Klienten aus dieser Situation. Ohne bloße Akzeptanz, aber mit Toleranz. Wenn die Leute einmal merken, dass Sie als Coach auf das, was sie sagen, nicht reagieren, haben sie die Freiheit, selbst einen Blick darauf zu werfen. Darin liegt der erste Schritt, einen Wandel in sich vorzunehmen. Der talentierte Chorknabe verfährt lange parallel mit seinem ehrgeizigen

Gesangstraining und seinem kriminellem Tun. Bis ihm gesagt wird, dass er bei der großen Schulvorführung nicht gebraucht wird. Dadurch wird er zu einem guten Menschen. Und einem hervorragenden Musiker, der seinem Mentor sein Leben lang dankbar bleibt. Weil er gelernt hat, Monsieur Herault zu lieben.

7.

UNMASKING - DEMASKIEREN

Toleranz geht einher mit Demaskierung. Es ist ein geeignetes Tool, wenn Menschen versuchen, mit ihrer Einstellung zu provozieren. Oft geschieht es in psycho-therapeutischen Sitzungen, dass Patienten versuchen, ihren Arzt zu beeindrucken oder zu schockieren. Ein Psychologe reagiert mit Ruhe. Er versucht, den Grund dafür herauszufinden. Der Coach reagiert mit einem leeren Gesicht. Er versucht, seinen Klienten zu bewegen, seinen eigenen Gedanken nachzugehen.

Trifft man jemanden zum ersten Mal, neigt man zum Lächeln und zu einem warmen Händedruck. In jeder sozialen Interaktion wird das „soziale Lächeln“ aufgesetzt, der nette Handshake vereinbart. Jede Coaching-Situation kommt an den Punkt, an dem diese Rituale nicht mehr geeignet erscheinen. Als Coach muss man sogar darauf zusteuern. Demaskierung ist die Vermeidung von Oberflächlichkeit, um direkt in die Tiefe zu gehen. Nur durch die buchstäbliche „Vertiefung“ eines Gesprächs kann man von Coaching sprechen. Zu diesem oberflächlichen Gebaren gehört die Maske. Fast immer setzen wir eine Maske auf, um in der alltäglichen Konversation und Kommunikation zu bestehen. Im seltensten Falle geben wir unser wahres Gesicht preis, meistens erst dann, wenn im Zuge einer alkoholreichen Nacht, irgendwo an einer Bar die Gesichtszüge entgleisen und man sich offenbart. Nüchterner betrachtet: Ein Psychologe versucht, die Maske herunterzureißen. Ein Coach sorgt dafür, dass der Coachee selbst die Maske abnimmt. Je besser die Maske zu sitzen scheint, umso leichter ist sie abzunehmen. Man denke an den „Joker“ in „Batman“, der sein Gesicht verlor, als der Held ihn in eine Chemielauge gestoßen hatte. Seine Fratze, inklusive seiner Rachegelüste, verbirgt er hinter einer über beide Backen lachenden Maske. Diese Maske entspricht eben meistens genau dem Gegenteil von der Situation und dem mentalen Zustand, in der sich eine Person gerade befindet. Wer traurig ist, kann seinen Zustand kaum verbergen. Wer im Glück schwebt, auch nicht. Dazwischen ist es neutraler.

Der Coach macht ein Gesicht, das genau dieser scheinbaren Neutralität entspricht. Anwendung: Einfach alle Gesichtszüge fahren lassen und einen vollkommen leeren Ausdruck hinterlassen. Fast immer versucht sich der Klient, einen Reim auf die Situation zu machen, in der er sich befindet. Oder er versucht, diese Situation selbst zu gestalten. Im neutralen Gesicht des Coaches erkennen Sie Ihre eigene Situation. Wenn jemand sagt, „ich habe neulich meinem Hund in den Hintern getreten. Haha-

ha", will er damit Aufmerksamkeit erzeugen. Begegnen Sie ihm mit einem vollkommen neutralen Gesicht, und der Klient wird nicht wissen, wie Sie diese Bemerkung beurteilen. Besser noch - der Klient wird in einen Spiegel schauen, wortwörtlich: Sich selbst reflektieren. Einfach im Gesicht entspannen und von jedem Ausdruck befreien, weder Stirnrunzeln noch Lächeln zulassen. Je provokanter das Auftreten, um so peinlicher das Spiegelbild. Sekunden später kommt auf die Bemerkung mit dem vermeintlich imposanten Hunde-Arschtritt: „Na ja, war vielleicht nicht so toll ...". Sie haben ihn auflaufen lassen.

DER TIPP: Durch Demaskieren kann man seiner Ernsthaftigkeit Nachdruck verleihen. Das Gleiche funktioniert mit Ironie. Macht jemand eine ironische Bemerkung, genügt es, diese Bemerkung methodisch ernst zu nehmen und mit einer ernst gemeinten Antwort zu reagieren, um diese Person vollkommen bloßzustellen. Danach kann man gute Freunde werden – davor nicht. Denn wenn die Masken fallen, kann man endlich auf einer tieferen Ebene einsteigen. Endlich denken die Coachees: „Verdammt, er nimmt mich ernst. Dann kann ich die Maske auch ablegen". Gesprächspausen rufen einen ähnlichen Zustand hervor. Der Coachee weiß nicht, was los ist und übergibt die Kontrolle des Dialogs an den Coach. Wenn jemand sagt", ich möchte mein Leben ändern", versuchen Sie einfach, Ihr Gesicht zu entspannen, frei von jedem Ausdruck. Die meisten Leute würden sofort sagen, „was für eine großartige Idee!". Sie unterdrücken Ihre Überraschung, Ihren Eindruck, Ihren Zweifel. Sie warten ruhig. Was nicht bedeutet, dass Sie zu stumpfsinnig sind, um zu merken, was gerade passiert. Sie sind sogar extrem aufmerksam, lassen es sich aber nicht anmerken. Dann wird sich der Coachee langsam neu einstellen. „Okay, ich muss mich vielleicht genauer erklären", wird er vermutlich sagen. In diesem Moment senken wir uns ab, gehen wir auf eine tiefere Ebene: vom Kopf ins Herz. Oftmals beginnen wir ein Seminar mit unserem sozialen Shakehands-Gesicht, sind nett, höflich und aufmerksam. Dies ist das Gesicht, das die Leute sehen wollen. Im Laufe des Seminars legen wir die Maske beiseite. Das Vertrauen wächst. Die Qualität steigt. Der Dialog geht in die Tiefe. Die Teilnehmer werden sie selbst. Es geschieht nicht von selbst. Es handelt sich um einen sehr bewussten Kunstgriff. Keine dieser Tools „passieren" einfach. Sie liegen in Ihren Händen. Einen Schritt weiter kommen wir zur Kontemplation.

8.

CONTEMPLATION - KONTEMPLATION

Es gibt Momente im Leben, die sich über das Leben erheben. Jene Augenblicke, in denen man zum Beispiel über das Leben nachdenkt. Im religiösen Bereich ist es die Andacht, das stille Gebet, in dem man außerhalb von Raum und Zeit das Wesentliche mit Gott reflektiert. In der Philosophie von Jean-Paul Sartre sind es

Zustände wie der Ekel oder die Langeweile, die Menschen auf ihre eigene, bloße Existenz ohne jede Maske zurückwirft, sie mit ihrem Elend und ihrer Geworfenheit konfrontiert und der Tatsache, dass sie „verurteilt" sind, „frei zu sein" und sich selbst zu entwerfen.

Ein Gebet ist Unterwerfung. Man geht zu Gott. Es ist rein ichbezogen. Meditation hat mehr mit ihrem Wesen zu tun, denn man kann dabei entspannen. Kontemplation ist eine entspannende Verdoppelung der „Andacht": Meditatives ⇨ Observieren. Die Fähigkeit, sich auf einer höheren geistigen Ebene voll und ganz in die Stimmung eines anderen zu begeben. Mit dem wichtigen Zusatz, dass man keine Ansprüche damit verbindet, kein bestimmtes Ziel verfolgt und auch nicht andere zu bestimmten Handlungen bewegen will. Der alte Begriff der Kontemplation entspricht dem ursprünglichen Begriff von „Sympathie", der aus dem Zeitalter der Aufklärung stammt.

Kontemplation ist ein Tool, mit dem man Menschen hilft, vollkommen zu sich zu kommen. Sie ähnelt der Meditation, als totale Versenkung zu zweit. Beim Coaching versenkt man sich mit Kontemplation in sein Innerstes, während man mit einer anderen Person verbunden ist: Man kontempliert diese Person, oder ihr Thema. Diese alte Technik wurde in Klöstern praktiziert. Im katholischen Beichtstuhl ist sie im Prinzip immer noch präsent. Im Coaching geht es allerdings weniger um die Sünden des Klienten, sondern um „das Göttliche, die umfangreichste Wahrheit, die tiefsten Interessen des Menschen": So definiert Post-Aufklärer Georg Friedrich Wilhelm Hegel in seiner „Ästhetik" das „Schöne" oder „die Idee". Möglicherweise gibt es nichts Schöneres als Kontemplation. Partner in hervorragend funktionierenden Ehen, „Brüder im Geiste" oder „Waffenbrüder" in geschäftlichen Beziehungen funktionieren auf die gleiche Weise.

Alte Grußformulierungen spiegeln Kontemplation wider. In Indien nimmt man die Hände und sagt „Na'amaste". Dies bedeutet „Das Wesen in mir grüßt das Wesen in dir". Im Bayerischen „grüßt" man heute noch „Gott", also den Gott in dir, oder Gott, wenn man ihn das nächste Mal sieht, spricht oder hört. Möglicherweise waren die Menschen in früheren Kulturen näher mit dem Göttlichen in ihnen verbunden als heute. Kontemplation bedeutet, gemeinsam auf einem höheren Level auf etwas zu schauen. In Hegels Ästhetik funktioniert das mit Kunst, Musik, Literatur. Diese Kunstformen offenbaren immer etwas, das in der Seele des Künstlers liegt. Im Coaching funktioniert es durch ⇨ „response" auf diesem höheren Level. Man kann eine Person grüßen, indem man ihr einen höflichen Handschlag gibt. Auf diese Weise kann man auch ein Bild oder die Wand grüßen. Es folgt kein „response". Man kann aber auch Augenkontakt aufnehmen und durch seinen Blick, seine Berührung signalisieren, dass man den „Gott in dir" grüßt.

Verlassen Sie die Oberfläche. Befassen Sie sich mit einer Wahrheit, die tiefer liegt als Blabla. Nehmen Sie sich ein Kunstwerk vor, lesen Sie einen kurzen Text, vermitteln Sie Ihre Idee dazu, und was Ihnen dabei eingeleuchtet hat. Oder Sie erzählen eine persönliche Geschichte, aus der eine persönliche „Moral" folgt. Dann erzeugen Sie automatisch „response" auf einer höheren Ebene bzw. einem tieferen Level. Immer vorausgesetzt, dass Sie den Menschen, der Ihnen gegenübersitzt, als

„Zweck an sich", als große Seele, möglicherweise als Gott oder Engel ansehen, zumindest aber als eine höhere Intelligenz, mit der Sie sich eingrooven wollen. Sie wissen das einfach, entspannen darin und hängen mit diesem anderen inneren Selbst ein wenig ab.

DER TIPP: Suchen Sie nach dem Akkord, auf den der Coachee einstimmt. Wenn Sie mit Menschen kontemplieren, werden diese ermutigt, das gleiche zu tun. Meditation erlaubt einen, einfach zu sein. In der Kontemplation erlauben Sie sich selbst, einfach zu sein, und gleichzeitig auch einer anderen Person, der Sie von Angesicht zu Angesicht gegenübersitzt. Dieses Erlebnis gehört zu den schönen Dingen im Leben eines Coaches.

9.

NOT KNOWING - NICHTWISSEN

Die meisten Coache können nicht sagen, ob sie eher eine Rechenmaschine oder eine wandelnde Enzyklopädie sind. Sie bemühen sich, alles aufzusaugen, was der Klient ihnen mitteilt, was sie damit meinen, und versuchen anhand dieser Daten auszurechnen, was das Richtigste ist, was sie im Moment als ⇨ „response" geben können. Sie sollen nichts wissen. Einfach mal ausspannen. Sich nicht gedrängt fühlen, alles zu wissen, ist die wahre Kunst. Und die erfrischendste Sache der Welt. „Scio me nihil scire", „Ich weiß, dass ich nichts weiß", hat der philosophische Vater aller Coache, Sokrates gesagt.

DER TIPP: Er hat sich bei seinen Dialogen immer dumm gestellt, alle Vorbehalte, alles Wissen, alle vermeintlichen Antworten beiseite gestellt. Er wollte etwas anderes hören. Er war neugierig. Nichtwissen ist nicht exakt das gleiche wie Neugier. Sie sind nicht neugierig, zu wissen, was Ihr Klient sagt, sondern Sie halten es zunächst von Ihren Interessen fern.

Nichtwissen ist eine Möglichkeit, die eigene Unschuld im Coachingprozess herauszustellen. Der größte Fehler, den ein Coach tun kann, besteht darin, Versprechungen zu machen, die er nicht halten kann. Indem der Klient spricht, hat der Coach erst die Möglichkeit, auf ihn einzugehen. Es wäre nicht nur Wahnsinn, ihm im Vorfeld ein Ergebnis in Aussicht zu stellen. Es wäre ein Verkaufsgespräch. Es geht in keiner Phase darum, jemandem etwas beizubringen. Demonstriert man dagegen sein Nichtwissen, fühlt sich auch der Coachee verstanden – nämlich dass er keine Vorkenntnisse benötigt oder sich zu profilieren braucht. Erst durch Nichtwissen kann man überhaupt etwas Neues erfahren. Ansonsten erscheinen nur die Stereotypen des eigenen Selbstbildes. Sie sind nicht der Antwort-Guru. Also müssen Sie auch nichts Beeindruckendes von sich geben. Dadurch fühlen sich die Klienten in ihrer Intelligenz wahrgenommen. Sie können jederzeit behaupten, dass „sogar mein Coach keine Antwort dazu wusste"! Gute Mentoren haben nicht das Gefühl, schlau sein zu müssen oder etwas Be-

stimmtes zu wissen. Das ist vulgär. Es zeichnet einen Menschen nicht aus, etwas zu wissen, was ein anderer nicht weiß oder wissen kann. Was gute Mentoren jedoch ausmacht, ist Menschlichkeit und Demut. Carlos Castaneda spricht in diesem Sinn vom „Nicht-Tun" oder auch von „kontrollierter Verrücktheit" – etwas zu tun, ohne einen Grund dafür zu haben. Daraus erwächst zwangsweise etwas Neues. So ist es mit dem Nichtwissen beim Coaching. Ein großer Mentor sagte einmal: „Bevor man sein Spiegelbild im Wasser sieht, muss man die Wogen glätten." Nichtwissen ist nichts anderes, als das Gehirn ein paar Gänge herunterzuschalten. Stellen Sie sich einmal vor, gar nichts zu wissen. Wägen Sie nicht einmal zwischen Wissen und Nichtwissen ab. Lassen Sie schon gar keine Wertungen und Stellungnahmen zu. Überlegen Sie NICHT, welche Tools Sie nun anwenden sollen! Engagieren Sie sich in keinster Weise. Erst wenn der Wellengang sich beruhigt, spiegeln sich die Dinge.

Nichtwissen ist kontrollierte Dummheit. Konvergentes Denken führt zu einer bestimmten Antwort. Divergentes Denken zu einer unbestimmten Antwort. Aber auch dann findet man eine Antwort. Der Klient sagt zum Beispiel: „Ich weiß auch nicht, warum, aber ich finde, wenn ich laut rede, fühle ich mich besser. Liegt das daran, weil ...?" und der Coach antwortet „Keine Ahnung. Klingt aber nicht schlecht. Eine gute Theorie." Bei diesem Nichtwissen handelt es sich um ein Wissen, das nicht an eine Definition oder an eine Theorie gebunden ist. Es gibt Situationen, in denen man sehr wohl wissen muss. Aber auch solche, in denen es unbedingt empfehlenswert ist, keine Ahnung zu haben. Besonders dann, wenn Sie wirklich keine Ahnung haben, der Klient Ihnen aber etwas erzählen will! Und dann gibt es Momente, wenn es wünschenswert ist, nicht zu wissen: beim Staunen. Dies ist der umgängliche Begriff für das, was Sokrates verfolgte. Das philosophische Staunen ist das Schauen aufgrund Nichtwissens. Neugeborene haben diesen staunenden Gesichtsausdruck. Sie sehen in allem ein Wunder. Weil sie es sich noch nicht erklären können. Wenn sie sechs Monate und älter werden, ersetzt Inspiration das Wundern. Man sieht: Nichtwissen hat nichts mit keiner Ahnung zu tun. Sondern mit Faszination. Und, mal unter uns: Sind diese wissensgebundenen Gespräche, wo jemand seine kleine Theorie verteidigt, nicht unsterblich langweilig?

Weiterführende Literatur:

Ogilvy, David. Confessions of an Advertising Man. London 1963

Hersch, Jeanne. Das philosophische Staunen. Frankfurt am Main

Mindell. Prozessorientierte Psychologie.

Die Kinder des Monsieur Mathieu. DVD

Gelb, Michael. Extensive Theorie der rechten und linken Gehirnhälfte

Arendt, Hannah. „Ich will verstehen"

Gadamer, Hans-Georg. Wahrheit und Methode. Grundzüge einer philosophischen Hermeneutik.

Campbell, Joseph. Der Held in tausend Gestalten. Frankfurt am Main 1999.

Schiller, Friedrich. Briefe zur ästhetischen Erziehung des Menschen. Stuttgart

Sartre, Jean-Paul. Der Ekel. Reinbek bei Hamburg 1982.

Hegel, Georg Friedrich Wilhelm. Vorlesungen über die Ästhetik. Erster Band. Frankfurt/Main 1970

6. DER NEUGIER-FAKTOR

Neugier ist der Schlüssel zu Freude, Erfolg und Erfüllung. Dort, wo wir neugierig werden, bereitet das Leben nichts als Vergnügen. Die Sage-Methode beruht darauf, Leute zu ihrer Neugier zu führen. Dort liegt das Moment, wo man auf die andere Seite überführt wird: Brillanz. Neugier ist eine positive Mentalität. Coaching ist positive Psychologie. Hat man einmal zu seiner eigenen Neugier gefunden, entwickeln sich die Dinge von selbst. Was nicht bedeutet, dass es einfacher wird. Die folgenden Coaching-Tools zeigen Wege zur Neugier. Hat man sie gefunden, muss man ihr folgen. Das gilt übrigens für beide: Coachee und Coach.

10.

ELICITING CURIOSITY – NEUGIER WECKEN

Neugier ist einzigartig. Sie treibt Menschen voran. Sie lässt einen nicht frustriert zurück, wie es zum Beispiel Wünsche tun. Sie ist die große Alternative zum Streben nach Glück, wie der weise Voltaire einmal sagte, das nicht existiert, weil es erlischt, sobald man es erreicht hat. Neugier dagegen schläft. Sie muss geweckt werden. Die Vorstellung von einer einsamen Insel, einem schnellen Mercedes und jeder Menge Sex ist eine Vorstellung vom Glück. Endlich das Buch geschrieben zu haben, mit dessen Thema man sich ein halbes Leben lang beschäftigt hat, ist ein Ziel. Darauf zu kommen, ist Neugier. Diese hervorzuholen und aus Platons Höhle des Ich herauszuführen (lat. „producere"), ist das Produkt aus Coaching.

Neugier führt zur menschlichen Brillanz. Unglücklicherweise steht dieser Aspekt bei den meisten Lernsystemen nicht im Mittelpunkt. Lernen bedeutet meistens Pauken, schmerzhafte Erfahrungen machen, sich von Gewohntem lösen, aber selten auf eine Entdeckungsreise gehen. Neugier aus dem eigenen Bewusstsein hervorzulocken, ist die spannendste Form. Sie sind der Coach, der diese Aufgabe bei anderen bewältigt. Denn Coaching ist die einzige Tätigkeit, die sich mit dieser Form des Lernens beschäftigt. Sobald wir damit beginnen, betreten wir ein Minenfeld eines menschlichen Bewusstseins mit all seinen Paradoxien. Aber in diesem jungen Jahrhundert wird sich Coaching möglicherweise als Lernmethode durch- und fortsetzen, weil sie unmittelbar zum Handeln überführt. Neugier hervorzulocken, bedeutet, jemanden so lange zu provozieren, bis er ein höheres Neugier-Level erreicht.

Das ist das wesentliche Moment des Coaching überhaupt. Nur durch die permanente Erzeugung von Neugier kann sich der Coachee weiterentwickeln. Und ohne Neugier zu provozieren, würde sich ein Coach ziemlich schnell langweilen. Abgesehen davon, wäre er kein guter Coach. Sprachen wir früher von der Neugier des Coaches, die eine Grundvoraussetzung ist, meinen wir hier die Neugier des Klienten. Der Coach fördert seine eigene Neugier, wenn er die Neugier in seinem Gegenüber fordert. Sie befinden sich also in einem „flow" mit dem Klienten. Andererseits steckt in diesem Hervorlocken das Moment, wo Sie vorsätzlich Dinge tun oder sagen, die Neugier stimulieren. Coaching ist positive Psychologie. Es gibt Fragen über Fragen. Sie sind die essentiellen Tools, um die tiefsten Interessen eines Menschen herauszukitzeln. Die bedeutendste Coaching-Frage überhaupt lautet „Was willst du...?".

Selbstverständlich in zahlreichen Abweichungen, Herleitungen oder Herausforderungen formuliert. Aber man kommt immer auf diese eine Frage zurück. Der Charakter des Coaching muss dabei gewährleistet bleiben. Neugier zu wecken, sie zu fordern und zu fördern, setzt unbedingte Positivität voraus. Anfänger werden schnell merken, wie schnell man ins Zerlegen, Analysieren, Hinterfragen, Gründeln oder Grübeln verfällt: Das ist Psychoanalyse. Coaching ist Zen. Es fragt nicht nach den Gründen, sondern sucht Erfüllung. Erst einmal werden die Klienten lügen. Sie werden furchtbaren Unsinn erzählen, was sie in ihrem Leben erreichen wollen, und Ihnen alle möglichen oberflächlichen Antworten geben. „Ich möchte mehr Geld verdienen", oder „Ich will von meinen Schmerzen befreit werden" sind solche keineswegs böse gemeinten Antworten. Aber man sieht ihnen mit einem Blick an, ob diese Ziele real oder vordergründig sind.

Geben Sie ihnen Feedback darüber, ob Sie selbst von dieser Aussage überrascht sind, oder ob sie zu ihren momentanen stereotypen Antworten gehören. Dann haben Sie noch keine Neugier wach gemacht. Es geht darum, in dem Interview so lange herumzustochern, bis man etwas findet, das den Klienten wirklich weckt. Wenn Sie über ein Thema reden, bei dem nicht alle Lampen angehen, und dann ein Ziel formulieren, wird es ein weiter mühevoller Weg dorthin sein – um am Ende möglicherweise festzu-

stellen, dass es das falsche Ziel ist. Wenn der Klient jedoch unbedingt an diesem Ziel festhält, ist es besser, zunächst ein Projekt daraus zu machen: Eine kleine, zeitlich und finanziell überschaubare Geschichte, bei der er selbst erkennen kann, ob ihm viel daran gelegen ist oder nicht.

Wie etwa ein selbst organisierter Auftritt mit einer Band oder einem Ensemble, ein Schnupperkurs in einer anderen Branche oder auch eine kleine Coaching-Session mit Bekannten, wenn man meint, zum Coach berufen zu sein ... Wenn man einmal zum wirklichen richtigen Ziel vorgestoßen ist, sind die meisten Menschen von sich selbst überrascht. Sie sind es nicht gewohnt, dass jemand so profund zuhört, was das ist, was sie schon immer machen wollten. Die meisten Menschen verhaken sich in Ihrer ersten oberflächlichen Frage und halten eine Art Plädoyer darüber. Wenn sie mit ihrem vermeintlichen Ziel davongaloppieren – üben Sie sich in Geduld. Unterbrechen Sie nie. Waten Sie gemeinsam durch den ganzen oberflächlichen Kram.

<u>DER TIPP:</u> Wenn der Klient merkt, dass Sie an dem interessiert sind, was er erzählt, wird er beginnen, seine eigene Neugier zu entdecken. Dann wird sie sich nach oben kämpfen. Wie ein Ertrinkender, der sich an die Oberfläche kämpft. Wenn es dann passiert, kommen Gefühle zum Vorschein. Sobald die Neugier ausbricht, versucht der Klient Ihnen gegenüber Emotionen zu offenbaren. Oftmals kullern die Tränen. Verhalten Sie sich neutral. Dann kommen Bedenken auf, wie zum Beispiel: „Was, wenn alle Leute gegen mich sind, wenn ich dieses oder jenes Ziel verfolge?" Dann können Sie antworten: „Das ist eine andere Sache. Aber ich finde es interessant, was gerade passiert ist, wie Sie gerade zu dieser Erkenntnis gekommen sind. Kommen wir noch mal auf Ihre Neugier zurück ...".

11.

ENCOURAGEMENT - ERMUTIGUNG

Ihr Klient wird vor seiner eigenen Neugier zurückschrecken. Es wird ihm unheimlich vorkommen, was gerade passiert. Schließlich hat er/sie gerade das Innerste nach außen gekehrt. Nun braucht er ein wenig Unterstützung. Beim Coaching ist es wichtig, dass Sie dem Klienten das Gefühl vermitteln, dass sie in der Lage sind, das zu tun, wovor sie sich fürchten. Das bedeutet nicht, sie in eine Aufgabe zu stoßen, der sie nicht gewachsen sind. Sondern sie mit Ihren Worten in einen Bereich überführen, von dem Sie von ganzem Herzen überzeugt sind, dass Ihr Klient hier Dinge verwirklichen kann, von denen er nie geträumt hat. Sie sind der Cheerleader im Leben dieser Person. Sie hat Sie engagiert, damit Sie sie unterstützen, ein bestimmtes Ziel zu erreichen – also müssen Sie es tun. Ermutigen Sie Ihren Klienten! Ihre Ermutigung muss absolut aufrichtig sein. Sie müssen dafür aufrichtig an Menschen und ihr Potential glauben.

DER TIPP: Schauen Sie sich bei Trainern im Leben und im Film ab, welche Formulierungen Sie benutzen wollen und können. Erstellen Sie ein Skript, in dem die schönsten, möglicherweise rührigsten Momente von Hollywood notiert sind: „Ich weiß, dass du es kannst, also geh' hinaus und zeig' es ihnen ...!". „Ich glaube an dich und weiß, dass du das besser kannst!", Nike's „Just do it!" oder einfach ein liebevolles „Quäl' dich, du Sau!". Jeder Mensch reagiert auf andere Methoden der Ermutigung. Sie werden die richtige finden, und die richtigen Worte und Maßnahmen treffen. In diesem Moment wird dem Coachee deutlich, dass er nicht bei einem Unternehmensberater gelandet ist, der ihm sagt, was er braucht, und nicht bei einem Manager, der ihm sagt, was er zu tun und wann er es zu erledigen hat, und ihn im Anschluss motiviert und kritisiert. Im Gegenteil: Sie beide atmen den höheren, pathetischen Moment, indem deutlich wird, dass in diesem Leben mehr liegt als nur das tägliche Geldverdienen.

Oftmals wird Ihnen der Klient selbst mitteilen, welche Art der Unterstützung er benötigt. Ermutigung ist ein sehr kraftvolles Tool. Steigen Sie jetzt aus, wenn Sie keine Lust haben, Ihren Klienten als Ihren Schützling zu betrachten, für den Sie verantwortlich sind. Welche Wirkung Ermutigung an der richtigen Stelle haben kann, zeigt folgende Erfahrung aus dem Seminar: „In einer Coaching-Sitzung meinte Martin, er habe das Gefühl, dass ich jemand bin, der mit großen Summen Geld umgehen kann. Dass mir fremde Leute viel Geld anvertrauen und ich das Selbstbewusstsein besitze, mit entsprechenden High End-Kunden zu arbeiten. Ich merkte, dass bei mir alle Lampen angingen, als er das sagte, und dass ich ganz aufgeregt war, große Geschäfte zu machen. Und ich wusste in diesem Moment, dass ich an einem Punkt in meiner Arbeit angelangt war, wo ich mich tatsächlich in der Lage sah, auf einem höheren Niveau einzusteigen. Ich wusste sofort, dass es stimmte, was er sagte. Er blies keine Rauchringe in die Luft, sondern meinte es so. Ich spürte die Wahrheit darin am eigenen Leib. Nachdem er dies sagte, hatte ich ein unglaubliches Selbstvertrauen, dass ich diese Art Transaktionen schaffen werde. Es war, als würde er nur auf das zeigen, was längst in mir schlummerte, aber jetzt hat es auch mein Verstand akzeptiert. Jetzt, wo er es an meiner Reaktion sah, sah ich es auch klar vor Augen. Die Woche darauf wickelte ich mein erstes Grundstücksgeschäft über eine Million Dollar ab. Mit diesem einen Deal habe ich die Summe verdient, die ich in den vergangenen zwei Jahren zusammen verdient hatte" (Sylvester Becker).

12.

DESIGNING GAMES – IM SPIEL ZUM ZIEL

Ein Fitness-Trainer sagte einmal zu einer abnahmewilligen Dame: „Ich nehme dich jetzt drei Wochen so richtig ran. Danach wirst du deinen Trainer hassen und deinen Körper lieben". Damit ist alles gesetzt: Ein Zeitrahmen, der zu einem Ziel führt. Und die Leistung, die in dieser Zeit erfüllt wird. Nun ist es an ihr, zu entscheiden, ob sie dieses Spiel mitmacht oder nicht. Sie hat es erfüllt – und liebt ihren Trainer für ihren neuen Körper. Er hat für sie ein Spiel inszeniert.

In diesem Buch soll man lernen, einen Menschen wie ein Instrument zu spielen und seine „Musik", sein Thema aus ihm hervorzulocken. Ein besonders effektives Mittel besteht darin, ein Spiel zu inszenieren, das ihn fordert und in die Lage bringt, versteckte Talente und Fähigkeiten zu bergen. Man hält es nicht für möglich, wie viel Potenzial in jeder Organisation und in jedem einzelnen stecken kann – inklusive Ihnen, dem Coach. Zieht man Coaching als „zwanglose Situation unter bestimmten Regeln" (Definition Spiel) auf, beschreitet man das Terrain, auf dem diese Potentiale leichter zu erkennen sind. Ob es sich bei dem Spielfeld um ein Schachbrett handelt oder um einen Fußballplatz, ist unerheblich. Es geht vielmehr um die Regeln und das Ziel, das wir durch Simulation in eine andere Situation verlegen.

Dazu gehören auch die „Kriegsspiele" der Unternehmen, wie zum Beispiel Mercedes und BMW, Microsoft und Apple. Eine halbwegs innovative Firma fühlt sich vollkommen neu herausgefordert, wenn ein Konkurrent mit einer neuen, vermutlich besseren Idee auf den Plan tritt. Es ist an den Managern, den Rivalen offen den Krieg zu erklären, oder einfach durch bessere Leistung zu glänzen. Aber nun hat die ganze Organisation die Gelegenheit, ein spannendes Spiel zu eröffnen. Um diesen Kampf zu gewinnen, sind die Ingenieure angehalten, mit Hilfe ihrer Mannschaft die Innovationen ihrer Mitstreiter zu toppen. Es ist wie ein Krieg, aber ohne Leichen. Ob Sie es glauben oder nicht, aber dabei handelt es sich um ein sehr effektives Mittel, um Menschen zu motivieren.

<u>DER TIPP.</u> Wenn Sie die Neugier in jemandem entdecken, geben Sie Ihrem Klienten eine Aufgabe und setzen Sie der Person ein Zeitlimit, innerhalb dessen sie ein Projekt zu ihrem „Thema" realisiert. Dadurch wird nicht nur getestet, wie sehr diese Person sich herausgefordert fühlt. Sie kann auch selbst sehen, ob das Projekt ihrer Neugier entspricht – oder ob die Begeisterung nachlässt. Was sich meistens schon im Gespräch ergibt, wenn Sie der Person das Spiel vorschlagen. Wer sich als Tennisspieler berufen fühlt, bucht eine Woche in einem Profi-Trainingslager. Wer meint, er sei der geborene Musiker, besorgt sich ein gebrauchtes Instrument und stellt innerhalb von zwei Wochen ein Konzert auf die Beine. Vielleicht platzen die großen Träume sehr schnell. Vielleicht stellt man aber auch fest, dass man ein guter Trainer, Produzent oder Hersteller von Instrumenten oder Equipment ist. Möglichkeiten, sich in einem Bereich zu verwirklichen, gibt es genug. Nicht jeder kann ein Boris Becker, ein Michael Schumacher oder eine Steffi Graf sein. Aber was wären Boris Becker, Michael Schumacher und Steffi Graf ohne ihre Entdecker, ihre Trainer, ihre Förderer und Berater geworden?

Ein Spiel ist die Verlegung eines Systems in ein anderes. Auf diesem anderen „Spielfeld" kann man in Ruhe alles ausprobieren, ohne dabei finanziellen oder existenziellen Schaden zu erleiden. Aber in einem Spiel kommt man in den Bereich des Chi: Man kann es genießen, seine Kraft und sein Können auszutesten. In diesem Spiel entsteht unglaublich viel Energie. In einer Gruppe stecken sich die beteiligten Leute gegenseitig zu Höchstleistungen an. Wenn man deutlich macht, dass es sich um ein Spiel handelt – und wenn man als Leader begriffen hat, dass alles nur ein Spiel sein kann – dann wird die Energie umso größer sein, weil der Krampf verschwindet. Stattdessen achten die Teammitglieder stärker aufeinander und geben sich ständig Feedback. Durch dieses gegenseitige Anspornen wird das Team zu einem selbstorganisierenden System.

Ein Spiel zu inszenieren, ist legitim, weil die Regeln die gleichen sind wie in der Wirklichkeit. Genau das ist so faszinierend daran: Sie können sich unzählige Hollywoodfilme anschauen, in denen Spiele mit Zielen formuliert sind. Der Zuschauer wird von der Handlung mitgenommen, weil er die dargestellte Zielsetzung mit seiner eigenen Situation vergleicht.

Das geläufigste Spiel ist das Beispiel. Wählen Sie eines aus, das zu der Situation des Klienten passt. Er wird den Sinn dieser Geschichte, die parallel zu ihm stattfindet, schnell verstehen und kann aus sicherem Abstand heraus entscheiden, wie er handeln würde. Beispiele und Geschichten arbeiten wunderbar zusammen. Sie können einen Menschen oder ein Team elektrisieren und unheimliche Vitalität und Dynamik erzeugen. Wir machen es vor: „Meine Freundin Lucy wollte unbedingt nach New York gehen, hatte aber keine Ahnung, wie sie sich das leisten könne. Als Martin sie coachte, schlug er vor, ein Spiel aufzuziehen, mit dem sie Geld verdienen konnte. Dabei kam heraus, dass sie es liebte, Hüte zu entwerfen, aber in der letzten Zeit keine Zeit mehr dafür hatte. Martin befragte sie weiter in diese Richtung, und sie blühte immer mehr auf bei dem Gedanken, mit ihrem Hüte-Hobby Geld zu verdienen. Sie saß förmlich an der Kante, und ihr Gesicht wurde immer klarer und heiterer. Martin schlug ihr vor, warum sie sich nicht einfach mit ihren Hüten an den Times Square setzt und versucht, sie zu verkaufen. Sie überlegten gemeinsam, wie viele Hüte sie produzieren und verkaufen könne, und wie sie das Ganze realisiert. Schließlich strahlte sie über beide Backen. Ihre einzige Sorge bestand nur noch darin, wie sie so viele Hüte herstellen kann, wie sie braucht, bevor sie abreist. Das war für sie genau das richtige Spiel, um ihren Wunsch zu verwirklichen!" (Julie Demaree).

Noch ein Beispiel für das perfekte Spiel: Wie so viele britische Popstars kommen auch Bill Drummond und Jimmy Cauty ursprünglich aus der Kunst. Gemeinsam gründeten sie ein Kollektiv, aus dem unter anderem die Popformation „The KLF" hervorging. Diese hatte ein Ziel: Zu beweisen, dass jeder es schaffen kann, einen weltweiten Nummer-Eins-Hit zu landen. Dafür muss man nur die ⇨ <u>Muster erkennen</u>. Dass es nicht um den Erfolg, sondern wirklich nur um den Beweis dieser Behauptung ging, zeigte KLF in einer denkwürdigen Performance, die so manchen Beobachter in großes Entsetzen versetzte haben dürfte: Nachdem KLF mit „Doctorin' The Tardis" tatsächlich einen Welthit landeten, nahmen sie die Million Pfund in die Hand, um sie im Rahmen einer Performance auf der Insel Jura zu verbrennen: „K Foundation Burns a Million Quid". Der britische Szenejournalist Jon Savage beschreibt das Phänomen so: „Dies ist eine gute Methode, um Intention und Intuition zu verbinden, Qualitäten, die patriarchalische Traditionen gerne als *unvereinbar vermitteln. Und es verlängert außerdem die Lebensspanne einer Idee" (Das Handbuch, S. 7f.).*

Damit jeder diese Idee nachahmen kann, schrieben die beiden den gesamten Prozess der Hitfabrikation als Handbuch für jedermann nieder. In diesem kleinen Kultbuch sind sämtlich Schritte minutiös innerhalb einer Zeitspanne niedergelegt – innerhalb von vier Wochen entwickelt man sich vom Pleitegeier (eine gute Voraussetzung, sonst würde man die Aufgabe laut der Autoren nicht ernst genug nehmen) bis zum One-Hit-Wonder. Beginnen kann man jeden Montagmorgen. Und wer nach der Lektüre mit dem Resultat nicht zufrieden ist, kann das Buch reklamieren und bekommt sein Geld zurück.

13.

OPEN-ENDED QUESTIONS – OFFENE FRAGEN

Offene Fragen sind Fragen, die nicht mit einem simplen „Ja" oder „Nein" beantwortet werden können und deswegen den Klienten zum Denken zwingen. Sie bereichern den Dialog ungeheuerlich. In unserem Sprachgebrauch sind wir es gewohnt, Fragen mit einer bestimmten Direktive, einer klaren Antwort oder einem Schluss zu stellen: „Möchtest du lieber dies oder lieber das ... ?" „Hat dir der Film gefallen?" Das Resultat sind meistens buchstäblich erschöpfende Antworten, müde Repliken, die den Dialog gleich wieder ersterben lassen. Sie öffnen nicht, sondern schließen.

DER TIPP: W-Fragen. Journalistische Fragen gehen nach einer klaren Richtung vor. Journalisten sind gezwungen, durch ihre Fragen neue Informationen zu produzieren. Die W-Fragen sind ihr A und O: Wer? Was? Wann? Wo? Wie?. Dies sind offene Fragen. Und glauben Sie nie, dass Sie eine Antwort darauf haben! Im Unterschied zum Journalismus ist beim Coaching die wichtigste Frage die letzte: „Wie ...? " Sie kann eine lange, aktive Pause provozieren. Man kann es spüren, wie es im Inneren des Klienten brodelt. Typische offene Coaching-Fragen sind „Was ist es, was Sie wirklich wollen?", „Wo sehen Sie sich in fünf Jahren ... oder in zehn Jahren?", „Welche anderen Perspektiven sehen Sie, um dorthin zu gelangen?". Mit einer bestimmten Fragetechnik kann man weiter Neugier provozieren: Erzählen Sie mehr. Was noch...?. Ausgemalt: Wenn Geld keine Rolle spielen würde, wie würden Sie den Rest Ihres Lebens verbringen? Wenn Sie in Ihre Zukunft sehen, was sehen Sie? Was tun Sie am liebsten? Was tun Sie noch lieber als das? Was steckt im Herzen Ihres Herzens? Das sind Beispiele für offene Fragen. Wichtig ist nur, dass Sie selbst ein Interesse, Neugier mit diesen Fragen verbinden. Und, dass Ihre Klienten etwas von dieser Neugier mitbekommen. Wir empfehlen, dass Sie Ihre eigene Liste mit Fragen aufstellen. Beginnen Sie, die oben erwähnten Fragen in Ihren Sessions, in Interviews, und bei Leuten, die Ihnen nahe stehen, auszuprobie-

ren und zu variieren. Beobachten Sie, wie sich dabei die Welt um Sie herum verändert. Beobachten Sie, wie die Dialoge dadurch die Richtung wechseln, und wie die Spannung und die Stimmung steigt, während Sie sich unterhalten.

Über die Jahre haben wir hunderte solcher Fragen gesammelt. Wir benutzen sie im Seminar, um die Leute selbst zu öffnen, sie zum Reden zu bringen, ihnen Schwung zu versetzen, damit sie losplaudern. Wenn man das einmal geschafft hat, ist der Dialog eröffnet. Ihr Ziel besteht darin, diesen Dialog zu gestalten, dass die Fragen für die Klienten überraschend kommen – und für Sie ebenfalls. Sie betreiben Coaching nicht, um Gewohntes zu bewahren, sondern um neue Dinge zu erleben. Diesen Anspruch hat auch Ihr Klient. Selbst wenn er sich manchmal überrumpelt fühlt – sie überraschen ihn immer wieder mit einer Logik, die das Positive aus ihm herausholt: durch offene Fragen. Ihre Fragen demonstrieren zugleich den Respekt, den Sie vor dieser Person haben. Durch neue Fragen gehen neue Türen auf, neue Perspektiven und Möglichkeiten ergreifen den Raum.

Unsere These besagt, dass in jedem Menschen ein Genie steckt, der unglaubliche Kraft und Energie freisetzen kann. Mit offenen Fragen fangen die Befragten an, dieses Kraftfeld zu betreten. Die Energie steigt, die Gedanken kreisen immer schneller. Oftmals überraschen sich die Personen selbst mit ihren Antworten. Mit dem Resultat, dass sie viel mehr Optionen erkennen, als sie für möglich gehalten haben. Das ist unser Ziel: Mehr Optionen zu generieren, damit die Coachees mehr Optionen haben. Denn meistens sind wir in festen Parametern und Denkmustern gefangen. 90 Prozent der Worte, die wir heute benutzen, haben wir auch gestern benutzt. Viele der Gespräche, die wir letzte Woche geführt haben, sind die gleichen wie diese Woche. Oft reden wir sogar mit den gleichen Leuten über die gleichen Dinge! Wenn man die Leute danach fragt, erzählen sie meistens, dass es für sie einfach eine Art beruhigende Gewohnheit geworden ist.

Mit offenen Fragen brechen Sie dieses Muster auf. Sie eröffnen ihnen eine vollkommen neue Welt, ein neues Terrain, das sie bestellen können. Sie haben sie soeben in das Reich der Neugier geschickt. Voraussetzung Nummer Eins: Sie sind selbst neugierig auf das, was da kommt. Sie staunen über Ihre Klienten und über das, was da zum Vorschein kommt. Sie wollen deshalb forciert immer mehr über sie erfahren, dass sie sich immer weiter öffnen und mit Ihnen reden. Denn Sie observieren gerade einen fundamentalen Wandel einer Person: Von gewöhnlichen Dingen zu neuen Zielen.

Offene Fragen gehen einher mit intensivem Zuhören. Das bedeutet unter anderem: Hören mit den Augen. Beobachten, was sich bei Ihrem Coachee verändert. Ob sich seine Miene erhellt. Was seine Augen machen. Ob sich der Blick verändert. Wohin er schaut. Auf tausende verschiedener kleiner Arten können Sie Ihrem Gegenüber vermitteln, dass Ihnen etwas daran liegt, was er sagt. Sie müssen es selbst in Ihrem Herzen fühlen und an diesem menschlichen Wesen mit seinen Wünschen und Zielen interessiert sein. Manchmal setzen wir einfach unsere Fantasie ein. Ich stelle mir vor, diese Person ist der Schlüssel zu meinem Leben. Ich stelle mir vor, sie sei mein Sohn oder meine Tochter. Ich integriere meine Bedürfnisse in ihre Bedürfnis-

se und sehe, wie wir die Karrieren anderer unterstützen können, ein Teil ihres Lebens sein können. Dann kommen die Fragen in Fluss. Dann werden die Antworten besonders interessant, und Ihr eigener Forschungsdrang immer intensiver.

Offene Fragen sind ein kraftvolles Tool, ein Instrument voller Schönheit, bei dem die meisten Menschen sich öffnen und ihre innere Wahrheit erkennen lassen. Ist man einmal auf dem Trip, merkt man, wie viele Fragen es auf der Welt gibt, die dem Gespräch eine neue Wendung geben. Sie können auch in vielen anderen Gesprächsformen zu einem höheren Grad der Qualität führen – außer Verhören oder Befehlen. Auch ein Dialog zwischen Anwalt und Mandant, zwischen Arzt oder Therapeut und seinem Patienten kann zu einem ganz anderen Ergebnis führen, wenn man andere Fragen stellt.

Wir haben viele Klienten, mit denen über viele Jahre hinweg arbeiten und die uns vertrauen. Einer der wesentlichen Gründe für ihre Loyalität besteht darin, dass sie genau wissen, sie werden hier nicht in eine bestimmte Richtung gecoacht oder bekommen gesagt, was sie zu tun haben. Der Schlüssel unserer Methode ist, ihre Intelligenz zu reflektieren. Offen Fragen sind ein Beweis dafür. Wenn wir eines nicht haben, dann sind es fertige Antworten.

Martin: „Eines Tages stellte ich beim Betrachten alter Bilder von mir fest, dass meine linke Gesichtshälfte sehr traurig aussah. Ich merkte, dass ich mit dem, was ich hatte, nicht zufrieden war. Während dieser Entdeckung leitete ich ein 10-Tage-Leadership-Seminar in St. Moritz. Ich beschloss, die Gelegenheit wahrzunehmen, die Technik der offenen Frage zu illustrieren. Ich bat die Teilnehmer, mich zu coachen, indem ich sie fragte: „Wie lautet eine Frage, die zutage bringt, was ich wirklich will?" Eine Person fragte schließlich: „Was würde Sie glücklich machen?" Nach dieser Frage spürte ich eine unglaubliche Erleichterung. Die Traurigkeit verschwand, ich konnte mich entspannen. Um die Frage ehrlich zu beantworten, musste ich zugeben, dass ich es nicht weiß. Dies fragte ich mich in diesem Moment selbst. Neugier stieg in mir auf.

Ich schöpfte neue Kraft. Dies ist ein wunderbares Beispiel für offene Fragen, denn ich wusste in diesem Augenblick die Antwort nicht. Wenn sie jedoch die Frage gestellt hätten, ob ich glücklich sei, hätte ich einfach mit einem Ja oder Nein antworten können – und das Thema wäre erledigt gewesen, weil sich kaum jemand getraut hätte, weiter zu bohren.

So aber stellte ich mir die Frage selbst und wühlte in meinem Unterbewusstsein nach der Antwort. Durch diese andere Frage öffneten sich mir die Wege zum Glück. Sie zwang mich weder, irgendwo hin zu gehen, noch steckte sie mich in eine bestimmte Schublade. Diese Person legt mir einfach etwas zu Essen aufs Tablett, und ich war eingeladen, davon zu nehmen. Es war ganz mir überlassen, was ich daraus machte. Schlechte Therapeuten suchen immer nach Haltegriffen, an denen sie ihre Patienten festmachen können. Meistens ist es ihre eigene Weltanschauung, die sich aus dem gewöhnlichen Mix von Erfahrungen, Erkenntnissen und kruder Lebensphilosophie zusammensetzt. Gute Coache halten es mit Nietzsche: „Sei du selbst! Das bist du alles nicht, was du (gerade) tust, meinst, begehrst!" Umso größer die Überraschung.

14.

ELEMENTS OF SURPRISE - ÜBERRASCHUNGSMOMENTE

Jeder Mensch rennt mit seiner eigenen „konstruierten Wirklichkeit" (Paul Watzlawick) durch die Welt. Wir betrachten diese „Welt" zwangsweise aus unseren Augen und deshalb immer gern als „die Welt" schlechthin und können uns außerhalb dieser schlecht etwas anderes vorstellen. Die größte Herausforderung besteht beim Coachen darin, dass die meisten Leute nicht darauf vorbereitet sind, von ihrer gewohnten Logik abzulassen. Die Frage besteht darin, wie man eine Situation erzeugt, die die eingeschränkte Sichtweise einer Person verdeutlicht, ohne dabei uncharmant zu werden. Wir nennen es „kontrollierten Unfall". Wenn jemand überrascht ist, öffnet sich ein Kanal für neue Informationen. Überraschungen sind eine praktische Form des Neugierweckens. Einem alten Spruch zufolge kann man einem alten Hund keine neuen Tricks beibringen. Bei menschlichen Wesen verhält sich das anders. Jemandem etwas beizubringen, ist fast unmöglich, wenn man keine Überraschungen einbaut.

Alles, was jenseits den Informationsfluss in Bewegung bringt, ist erlaubt. Man kann sich einen Sport daraus machen, ungewöhnliche Antworten zu finden. Jede nicht erwartete Antwort wird den anderen ins Staunen versetzen – was man ihm deutlich im Gesicht ablesen kann.

<u>DER TIPP:</u> Das Gegenteil von dem sagen, was die Leute erwarten. Wenn ein Klient sagt: „Ich versuche, mit dieser anderen Person zu kommunizieren", antworten Sie zum Beispiel „Na ja, Kommunikation ist ja auch vollkommen überbewertet". Er wird sehr überrascht sein und beginnen, darüber nachzudenken, noch bevor Sie ihm eine Begründung liefern müssen. Schon hat er einen vollkommen anderen Blickwinkel eingenommen. Stellen Sie sich ein achteckiges Haus mit einem Fenster auf jeder Seite vor, und aus jedem Fenster werden Sie eine andere Aussicht haben. Mit Überraschungsmomenten bringen Sie Klienten dazu, ihre Perspektive aufzulösen und sich in die neue Situation einzutunen. Über die Jahre haben wir eine lange Liste mit Dingen erstellt, die für Überraschungen sorgen. Entscheidend ist, dass es sich um nette Überraschungen handelt. Unangenehme Überraschungen dienen keinem Zweck. Virginia Satir nestelt für ihr Leben gern in ihrer Handtasche herum, während sich ihre Klienten vor ihr ausbreiten. Von Zeit zu Zeit winkt sie herüber und ruft „Ich bin ganz bei Ihnen!" Die Klienten sind in diesem Augenblick vollkommen überrascht und erfreut zugleich. Es verleiht dem Dialog die nette Abwechslung, dass man Aufmerksamkeit nicht spielen oder vortäuschen muss.

Wenn jemand überrascht ist, wird er Dinge tun und sagen, die er selbst nicht erwartet hätte. Manchmal kann man auch einen Scherz einwerfen, vor allem, wenn die Aufmerksamkeit nachlässt – oder einen Dialekt nachahmen, oder etwas sagen wie „Scheiße stinkt, aber ist warm." Jedes Mal, wenn wir das sagen, fangen die Klienten an, aus Unsicherheit heraus zu lachen. Sie kriegen eigentlich nicht den Dreh. Bis wir sagen: „... aber nicht für immer". In solchen Augenblicken fallen die letzten Schranken, wo der Coachee sich unangenehm fühlt. Solche allgemeinen Statements sind nicht per-

sönlich, aber schaffen gleichzeitig einen Moment der Intimität, der Vertrauen hervorbringt. Aber aufgepasst: Der Moment muss stimmen, und Sie müssen genau wissen, was jetzt gerade angebracht ist und womit Ihre Sparringspartner umgehen können.

Es gibt viele Versionen von Überraschungen. Sie dienen dazu, die Situation eines Gesprächs zu verlagern, zu verändern, aufzuheben. Einige davon gehören zu den Coaching-Tools, die in diesem Buch vorgestellt werden. Wenn jemand vollkommen verstockt ist, kann man ihn auch mal ein bisschen schocken. Schock ist eine Steigerung der Überraschung. So lange Sie die Person nicht angreift, ist es ein probates Mittel, wenn Sie merken, dass Sie die ganze Zeit über das Wetter oder um den heißen Brei herum reden. „Wie ist Ihr Sexleben?" fragen Sie mal mittenherein. Keine Angst. Sie verlangen keine Antwort und keine Erklärung. Aber Ihr Klient ist gerade aus seinen sich selbst einlullenden Standardaussagen aufgewacht. Dass Sie mit solchen Dingen vorsichtig umgehen können und wissen, wie weit Sie gehen können, versteht sich von selbst. Dieses Tool sollte auch nicht zu Ihren Standards im Werkzeugkasten gehören, sondern eine Ausnahme bilden. Ansonsten riskieren Sie, dass sich Ihr Klient daran gewöhnt und nur noch auf der Lauer liegt, was als nächstes kommt. Wenn Sie sich so richtig in ein „shock treatment" hineinsteigern, ergeht es Ihnen wie dem Psychiater in dem Film „Local Hero" mit Burt Lancaster als stressgeplagter Firmenchef. Als dieser außen an der Glaskuppel seines Büros mit beleidigenden Transparenten erscheint, die ihn „aufwecken" sollen, verlässt er das Gebäude und gibt die Anweisung: „Knallt ihn ab!"

15.

UNEXPECTED OUTCOMES – UNERWARTETER AUSGANG

Unerwartete Situationen unterscheiden sich von Überraschungen, weil sie nicht durch absichtliches Tun entstehen, sondern durch die Erschaffung der Situation selbst. Der „kontrollierte Unfall" ist das eine, der Fall, in dem etwas Überraschendes passiert, das andere. Zum Beispiel so: „Ich nahm an einem 30-Tage-Leadership-Seminar für Filmleute teil. Mir war klar, dass man eine Menge von uns erwartete. Unsere erste Aufgabe bestand darin, in vier Tagen einen 3-Minüter über das Unternehmen zu drehen. Danach waren wir erledigt und erleichtert zugleich. Am fünften Tag wurden wir angewiesen, einen kompletten Dokumentarfilm zu drehen. Plötzlich veränderte sich das ganze Umfeld. Es entstand eine unglaubliche Aufregung, Energie und spontane Verbrüderung unter den Teilnehmern. Von diesem Moment an waren wir ein Team. Wir hatten gleichzeitig noch jeder einen eigenen Film zu drehen. Darauf hatte ich mich mental auch vorbereitet. Aber das schien nun gar kein Problem mehr zu sein. Angesichts dieser neuen Wirklichkeit, dieser immensen, kaum zu bewältigenden Aufgabe, war klar, dass wir uns zu einem Team zusammenschweißen müssen. Dabei schienen wir alle über uns hinauszuwachsen. In den nächsten Tagen stellte ich fest, dass ich mich in den Anführer der Truppe verwandelte. Ich merkte, dass Leute mit Fragen und Problemen auf mich zukamen, die sie nie vorher zu äußern gewagt hatten. Denn die Aufgaben wurden dringender. Am Ende der Woche hatten wir vier

Leute im Team, die mit der Kamera umgehen konnten, was sie nie vorgehabt hatten, zu lernen. Jeder Teilnehmer kam mit einer Figur, einer Geschichte und einem Dialog, die zu der Figur passte. Alle hängten sich dermaßen in das Projekt hinein, dass wir es tatsächlich schafften. Ich glaube, ich werde so etwas nicht wieder erleben. Dieses Team war in der Lage, das Unmögliche möglich zu machen" (Dana Minney). Diese Situation erlaubte dem Genie Einlass in die Handlung. Die Teilnehmer waren selbst überwältigt von sich selbst, als sich die Schleusen öffneten und sich ein Wasserfall über sie ergoss. In diesem Augenblick wachsen Menschen über sich hinaus. Sie unternehmen spontan Dinge, die brillanter sind, als alles, was sie bisher zustande gebracht haben. Das geschieht immer in Augenblicken, die sie buchstäblich „überwältigen": In Situationen, die sie überleben müssen oder die sie überfordern. Situationen, deren Ausgang ungewiss ist.

DER TIPP: Wenn der Coachee gerade in einer Jauchegrube gegen das Ertrinken kämpft, wirft der Coach ihm einen schweren Stein zu. Er schafft unerwartete Situationen, in denen man über sich hinauswachsen muss. Der Coach bestimmt die erste Szene des Drehbuchs und erklärt, wie das Ende aussehen soll. Das klingt simpel, wenn da nicht die Methode wäre. Fragen Sie sich selbst: „Wie kann ich eine Situation für ein Leben oder eine Geschäftsidee gestalten, in der unerwartete Innovationen entstehen?" Eine Aufgabe, von der Sie wissen, dass Sie sie erfüllen können, produziert nur Durchschnitt. Aber bei dieser Frage erwacht Ihre Neugier – die Möglichkeit, dass Sie es auch schaffen, ist zu verführerisch. Manchmal hilft der Zufall. Und manchmal geschehen dabei kleine Märchen. Einmal stellten wir einem Teilnehmer vor eine schier unmögliche Aufgabe: Er sollte Wunderkerzen besorgen. Das Problem bestand darin, dass wir weder Weihnachten, noch Silvester oder Karneval hatten. Es gab nirgendwo in der Stadt irgendwelches Feuerwerk. Er rannte von Laden zu Laden. Keine Chance. Schließlich gab er auf und beschloss, etwas trinken zu gehen. In der Bar kam er mit dem Keeper ins Gespräch. Der fragte ihn, warum er so bekümmert aussah. Er erzählte ihm die Geschichte von seiner Aufgabe: „Ich bin ein Versager. Ich habe nirgends welche bekommen". Da sagte der Keeper: „Ob Sie's glauben oder nicht: Wir haben einen Drink auf der Karte, der „Sizzler" heißt und mit einer Wunderkerze getoppt wird. Sie können so viele davon haben, wie Sie wollen. Hier, nehmen Sie!"

16.

LISTENING TO STORIES/ PULLING/ELICITING – GESCHICHTEN HERVORLOCKEN

Ein Coach hat gewonnen, wenn der Coachee beginnt, von sich aus Geschichten zu erzählen. Wenn sie erzählen, können Sie entspannen.

DER TIPP: Befragen Sie Ihre Klienten in einer Weise, die ihre Geschichte aus ihnen hervorlockt. Das ist meistens nicht so schwer. Zeigen Sie Ihr Interesse an ihnen. Wenn sie ihre Geschichte erzählen, können Sie beobachten, wie sie aufleuchten und aufleben. Nehmen Sie es als Gelegenheit, ⇨ sich zu unterhalten. Oftmals wollen Menschen ihre Geschichte auf eine bestimmte Weise und in einem bestimmten Rhythmus erzählen. Lassen Sie sie. Wenn Sie sie einfach laufen lassen, werden sie die verschiedenen Schichten freilegen, die die Geschichte offenbart. Gewöhnlich ist die Geschichte die Spitze des Eisbergs. Wenn jemand seine Story erzählen kann, weil jemand ihnen zuhört und alles aufsaugt, was sie sagen und zu sagen haben, ist es genau das, was sie brauchen, um ihre verborgenen Wünsche zu entbergen.

Dass ein solches Hervorlocken Professionalität erfordert und große Ergebnisse erzielt, zeigt dieses Beispiel: „Ich erinnere mich, wie mich einmal Sonja Becker interviewte. Ich war wirklich wahnsinnig, weil die Leadsängerin in der Band meines Mannes gerade den Job an den Nagel gehängt hat. „Wie konnte sie das machen? Sie weiß genau, dass er das Geld braucht, um unsere Familie zu ernähren!" Sonja hörte weiter der Geschichte zu und der Ungerechtigkeit der Welt. Ich redete immer weiter und legte immer mehr offen. Irgendwann sagte sie zu mir, dass ich viel mehr Power hätte, als ich denke. Sie konfrontierte mich schließlich mit der Tatsache, dass ich in Wirklichkeit selbst die Leadsängerin in der Band sein will. Zu dieser Zeit habe ich nur Klavierstunden gegeben. Es passierte nicht gleich, aber die Annahme machte mich neugierig. Schließlich war mir klar, dass ich es war, die das Mädchen aus der Band gekickt hatte! Jetzt unterhalten mein Mann und ich ein Theater und absolvieren regelmäßig Auftritte, was uns sehr erfüllt. Wenn jemand Dir mit solch einer Qualität zuhört, kann man nur staunen, wie viel da aus einem herauskommt. Plötzlich sieht man die Dinge vollkommen klar und schießt wie ein Kastenteufel heraus. Ich glaube, ein guter Coach weiß nie, was am Ende der Session herauskommt. Sie sitzen nur da, hören, und warten" (Irene Xander, Business-Coach, Opernsängerin, Trainerin).

Weiterführende Literatur:

Any Given Sunday. An jedem verdammten Sonntag. (mit Al Pacino) DVD

Drummond, Bill & Cauty, Jimmy a.k.a. THE KLF. Das Handbuch. Der schnelle Weg zum Nr.1-Hit. Berlin 1998.

Newstrom, John W./Scannell, Edward E.. Games Trainers Play. Experiential Learning Exercises. New York 1980.

Newstrom, John W./Scannell, Edward E.. More Games Trainers Play. Experiential Learning Exercises. New York 1983.

Newstrom, John W. Scannell, Edward E.. Even More Games Trainers Play. Experiential Learning Exercises. New York 1994.

Forsythe, John. Local Hero. (mit Burt Lancaster) DVD

7. BASIC TOOLS

Es gibt im Prinzip einige wenige Tools, mit denen man eine Session bestreiten kann. Sie sind gleichzeitig unentbehrlich und bilden das Grundgerüst zum Coachen. Sie werden in diesem Kapitel vorgestellt. Benutzen Sie diese Basic Tools zusammen, am besten so schnell und oft wie möglich. Sie werden auch Ihre eigene Wahrnehmung stark verändern. Solange Sie sich noch nicht qualifiziert fühlen, mit Top-Leuten zu arbeiten, beginnen Sie mit Anfängern.

„Der Grund des Daseins (...) das Gespräch.“

Martin Heidegger, Holzwege

17.

FEEDBACK – FEEDBACK

Als Europäer ist man oft erstaunt, wie intensiv und oft man im anglo-amerikanischen Kulturkreis miteinander kommuniziert – sei es im Fahrstuhl, im Büro oder bei offiziellen Anlässen. Dort herrscht der Diskurs des „cheering up“, des Sich-Gegenseitig-Aufmunterns, der uns Alt-Europäern schnell auffällt, weil er uns nicht geläufig ist. Bei uns kommt es – wenn auch nur unbewusst – mehr hart auf hart. Der Triathlet Stefan Fischer bringt das Phänomen auf den Punkt: „Wenn ich einen Ironman in Amerika absolviere und mich ein Einheimischer nach meiner Zeit fragt, bekomme ich meistens die gleiche Reaktion: „Hey, das ist ja großartig!“ Wenn ich dagegen in Klagenfurt nach vier Kilometern Schwimmen, 180 Kilometern Fahrradfahren und einem anschließenden Marathon nach 11 Stunden finishe, bekommt man von einem Landsmann die Reaktion: „Ach, interessant. Und wo steht der Weltrekord?“

Feedback bedeutet „Rückkopplung“. Wir kennen diesen Begriff aus Konzerten - als das scheußliche Geräusch, das aus Lautsprecherboxen dröhnt, wenn man zum Beispiel ein Mikrophon davor hält, das dann sich selbst aufnimmt und wiedergibt. Das Kreischen entsteht, weil Aufnahme und Wiedergabe sich wechselseitig überschlagen. Der Urklang der Sprache ist das Echo, die Wiedergabe unserer eigenen Laute. Der Dialog ist die Musik der Sprache, erst durch das Hören kommen unsere Gedanken zum Erklingen. Sie generiert automatisch ein Echo, sie orchestriert unsere Verfassung.

Positives Feedback bringt den Teilnehmer auf ein höheres Level seiner Leistung. Feedback bewirkt, dass man neue Erkenntnisse über sich und ihre Möglichkeiten nutzt, um seine Leistung zu verbessern. Als Coach sollte Ihr Feedback daher auch niemals Ihre Stimmung entlarven, oder Ihr persönliches Urteil enthalten. Und es sollte auch den richtigen Maßstab anlegen

Die Systemtheorie hat den Begriff „Feedback“ aus der Kybernetik übernommen und auf soziale Systeme angewandt. In der Kybernetik hat man erkannt, dass organische Systeme statt auf mechanischen Abläufen auf zirkulären Bewegungen beruht. Die Kybernetik bewies in den Sechziger Jahren, dass Systeme sich durch Rückkopplungsschleifen selbst organisieren, dadurch, dass sich das eine auf das andere bezieht. Adam Smith war im 18. Jahrhundert einer der Vordenker der Selbstorganisation, mit seiner Metapher der „Unsichtbaren Hand“ in der Ökonomie und des „Unparteiischen Beobachters“ in der Ethik. Er stellte die These auf, dass aus den wechselseitigen Beziehungen frei handelnder Wirtschaftsträger Wohlstand entsteht, und Moral aus der wechselseitigen Beziehung eines Menschen und seiner Gesellschaft, seiner Kultur (die ihn/sie damit selbst zum Träger der Kultur macht!).

Diese organische Bewegung hat man in der Kybernetik wiederentdeckt, als hat man verstand, dass Rückkopplung „nicht nur ein wichtiger Begriff für die modellhafte Darstellung lebendiger Organismen, sondern auch von sozialen Systemen ist“ (Capra 1996:78). Seit den Siebziger Jahren wurde immer deutlicher, dass Feedback auch ein adäquater Begriff für das ist, was in einem Dialog entsteht: Kein Gespräch verläuft linear, sondern basiert auf Wechselseitigkeit – mit der Ausnahme von Befehlen. Es gibt sonst nicht nur den Sender und den Empfänger, sondern auch die Reaktion des Empfängers auf die Botschaft, und das auch noch auf unterschiedlichen Ebenen.

Der Kommunikationstheoretiker Paul Watzlawick definiert Information, abgeleitet aus der Beobachtung der Kybernetiker, als eine Weiterreichung von Energien bei lebenden Wesen, und Feedback als deren Rückgabe. Mit einem Unterschied: Selbst, wenn die gleiche Information 1:1 zurückgegeben wird, entsteht ein neues Verständnis dieser Information – ähnlich, wie es Hans-Georg Gadamer in seinem „hermeneutischen Zirkel“ zugrundelegt.

Es gibt in der menschlichen Kommunikation Rückkopplungen positiver und negativer Art. Wir kennen sie nur zu gut: Positiv ist die Bestätigung, Anerkennung, Aufwertung einer Person durch die Information. Negativ ist das Unverständnis, die Aberkennung einer Person, zum

Beispiel durch Entwertung des Gesagten (Watzlawick 1969:29ff., 146f.). Wenn ein Coach jemandem mit seinen Äußerungen ständig mitteilt, dass er alles besser kann oder ihn durchschaut, zerstört er das soziale System, das er gerade aufbauen will – „durch Anerkennen des Standpunktes des Anderen, Einlenken, Lachen, manchmal sogar durch bloße Passivität (kommt) ihr System wieder ins Gleichgewicht (...)" (Watzlawick).

Kein Gespräch verläuft in eine Richtung, sondern wechselseitig, kreisförmig. Das Gespräch zwischen Coach und Coachee ist eine Beziehung von höchster Qualität, denn der Coach stellt jedes Interesse zurück, es geht ausschließlich um das Leben der Person, die er betreut. Fazit: Coaching ist ein Gespräch, in dem eine neutrale Beziehung hergestellt wird, auf der Basis des Vertrauens, in der Spirale von Frage und Antwort. Auf diese sich selbst organisierende Weise findet man sich in der nächsten Schleife auf einer anderen, logischerweise höheren Ebene. Die Operation heißt Reflektion, der Leitdraht dieser Gesprächsform ist das Feedback.

Im Deutschen bedeutet Feedback allerdings etwas vollkommen anderes. Es gehört zum Job, für alles, was man getan oder produziert hat, bei den Kunden oder Chefs um ein „Feedback" zu bitten. Inzwischen gibt es auch Maßnahmen wie der „look over shoulders" oder der regelmäßige „report" an die Geschäftsleitungen. Dieses „Feedback" ist aber kein „Zurück Ernähren", wie man Feedback wörtlich übersetzen würde, sondern Kritik, Ansicht, Urteil – und vor allem Kontrolle. Am gefährlichsten ist Feedback, wenn jemand es mit seinem gegenüber „mal ehrlich meint": Oftmals ist die andere Person später am Boden zerstört, wenn man ihr die vermeintliche „Wahrheit" über sie selbst sagt – die in Wirklichkeit nichts anderes als eine Interpretation ist. Eine spontane „Meinung" zu einer Äußerung hat meistens den Anschein eines niveauvollen Kommentars vor dem Hintergrund der „allgemeinen" Meinung. Aber das hat weniger mit Feedback und kaum etwas mit Intelligenz zu tun, sondern mit dem Eigeninteresse, sich selbst in den Mittelpunkt zu stellen und seinen sozialen Gewinn aus dem Gespräch zu ziehen – bis hin zu Machtspielen. Es wird oft als Zeichen der Intelligenz betrachtet, und es ist in unserer Kultur geradezu ein Passierschein dafür, wenn man in einem Gespräch sofort seine Meinung wiedergibt, Kritik übt oder sich „Luft macht" über Ansichten, die andere äußern. Fast nichts bleibt unkommentiert. Im Berufsleben ist nichts gefährlicher, als sich von seiner „persönlichen Seite" zu zeigen. Jede Art, sich zu offenbaren, kann von anderen sofort zum eigenen Nachteil ausgenutzt werden. Das raubt alle Energie oder verwandelt sie in Aggressivität. Der Dialogpartner hat sofort das Gefühl, sich zur Wehr setzen zu müssen.

Dies sind Beispiele für schlechtes Coaching. Bei gutem Coaching erzeugt man ein Feedback und sorgt dafür, dass die jeweilige Person selbst darauf kommt, was sie hinter sich lassen und welches Ziel sie erreichen kann. Denn Feedback ist erst einmal nichts als die Aufnahme und Wiedergabe. Sonst nichts. Deshalb ist Coaching ein Handwerk auf goldenem Boden. Feedback bedeutet Vertrauen, mit den Mitteln der Intelligenz, der Einfühlsamkeit und der Kunst der Diplomatie. Als Coach sehen Sie sehr schnell, was in Ihrem Gegenüber steckt. Feedback ist eines der wichtigsten Coaching-

Werkzeuge. Wer Coach werden will, muss lernen, die Stimmungen, Einstellungen und Eigenschaften anderer Menschen zu reflektieren. Dazu gehört auch, was sie zwischen den Zeilen sagen und was sie unterbewusst aussprechen.

DER TIPP: Feedback im Coaching bedeutet, zu sagen, was man im Handeln und Verhalten anderer Menschen sieht, ohne seine Meinung dazu abzugeben. Es ist sozusagen „die unbefleckte Empfängnis des Gegebenen", um es mit Hegel zu sagen. Und das ist eine Kunst.

Zum Dialog gehören zwei. Oder mehrere. Jeder Dialog ist eine unendliche Geschichte. Selbst wenn man die Worte wiederholt, die jemand gesagt hat, erzeugt man eine Rückkopplung. Das mag langweilig klingen. Aber das ist es keineswegs. Feedback ist der Spiegel der eigenen Verfassung: Je nachdem, was man gesagt hat, beginnt man unweigerlich zu reflektieren, was man zu hören bekommt – und „Reflektion" bedeutet „Spiegelung". Wenn es nahezu die eigenen Worte sind, unbefleckt von Kommentaren, Meinungen, Vorurteilen, Interpretationen, hat man ein astreines Feedback. Ein Kreischen bleibt da manchmal nicht aus.

Wenn man feststellen will, ob man ein objektives Feedback gegeben hat, schauen Sie in das Gesicht Ihres Gegenüber. Vermeidet er/sie Blicke, dreht er/sie sich weg, oder schaut er Sie mit einem verwunderten Blick oder einem strahlenden Lächeln an? Wenn Ihr Spieler im Laufe der Zeit nicht klarer, fragender, neugieriger und lebendiger im Gesichtsausdruck wird, haben Sie vermutlich kein Feedback gegeben, sondern Tadel oder Kritik ausgeteilt. Coaching ist eine sensible Angelegenheit. Selbst die gewissenhaftesten Coaches müssen mit ihren verbalen und non-verbalen Signalen sehr vorsichtig umgehen. Ein falscher Gesichtsausdruck im falschen Moment, ein leichtes Kopfverdrehen kann schnell den Eindruck erwecken, der Coach zweifelt an der Aussage oder unterstellt der Person, sie könne das besser, wenn sie es nur versuchen würde – und schon geht das Ganze nach hinten los.

Nehmen wir ein besonders schwieriges Beispiel. Sie sagen: „Bisher ist noch nicht viel herausgekommen, nicht wahr? Aber ich bewundere Ihre Hartnäckigkeit!" Will sagen: Unser „Patient" ist im Augenblick noch vollkommen auf dem Holzweg. Und trotzdem haben Sie ihn aufgebaut. Sie warten, geben Ihrem Gegenüber Zeit. Die Person wird nun reflektieren, ob ihre Hartnäckigkeit sich in ihrem Bereich wirklich auszahlt.

Als Coach bauen Sie jemanden auf, indem Sie sein Verhalten studieren. Fühlt er/sie sich wohl bei dem, was er/sie sagt? Ist es wirklich ihre Überzeugung – oder lügen sie sich gerade etwas in die Tasche? Sie schauen – und sagen es nicht. Ein effektiver Coach korrigiert niemals, bestraft niemals. Menschen mit hohem Performance-Potenzial korrigieren sich selbst – Ihre Missbilligung, wenn Sie nun „mal mit der Wahrheit herauskämen", würde ihnen gar nicht helfen.

Feedback baut andere auf. Wenn Sie ein gutes Feedback geben, ernten Sie Sympathie. Üben Sie sich darin, durch die Betonung der positiven Dinge jemanden wieder aufzurichten, wenn diese Person merkt, dass sie sich gerade selbst in Grund und Boden redet. Bringen Sie sie wieder zum Strahlen. Reflektieren Sie eine Handlung oder ein Ereignis dieser Person im positiven Sinne – ohne dabei opportunistisch zu werden: „Als Sie damals gesagt haben „Bis hier und nicht weiter", haben Sie automatisch eine Veränderung herbeigeführt – eine Veränderung, die Sie selbst steuern wollten". Sie werden sehen, wie schnell die Leute aufhorchen und lernen, wenn sie die natürlichen und positiven Konsequenzen ihres Handelns erkennen.

Dies sind Beispiele für gutes Feedback:
1 a. „Als Sie das und das gesagt haben, bin ich neugierig geworden."
2 a. „Ihre Handlungsweise führte zu einem guten Ergebnis".
3 a. „Als Sie vorhin das und das gesagt haben, hatten Sie ganz große Augen."

Sie können sicher sein, dass Ihr Gegenüber nach solchen Sätzen auch ganz große Augen hat und Sie verwundert anschaut.

Das kann man bei den folgenden Beispielen nicht behaupten:
1 b. „Ich habe das Gefühl, Sie mögen Ihren Job nicht."
2 b. „Ich glaube, Sie verbergen etwas."
3 b. „Ihre Depressionen beeinflussen Ihr Denken."
4 b. „Sie schöpfen Ihr Potenzial nicht aus."

Na, so etwas hört man doch gerne. Jeder Satz enthält entweder ein „nicht" oder einen negativen Begriff, wie „verbergen" oder „Depression". Selbst wenn es stimmt, was man denkt, erzielt man damit keine Ergebnisse, wenn man es ausspricht. Das ist die hohe Kunst der Diplomatie: „Never complain, never explain", um es mit dem berühmten Wort von Prince Charles zu sagen. Stattdessen müssen Sie es positiv drehen:

Zu 1b. „Ich glaube, Sie können mehr aus Ihrem Job machen, oder es gibt etwas anderes, das Sie lieber täten."
Zu 2b. „Das ist es noch nicht, was Sie tun und begehren."
Zu 3b. „Auf einem anderen Level würden Sie in der Ersten Liga spielen."
Zu 4b. „Es gibt etwas, dass Sie besser beherrschen – vielleicht sogar besser als jeder andere."

Solche Aussagen vermitteln Perspektiven. Es nutzt überhaupt nichts, wenn der Coachee weiter in dem eigenen Saft schmort, den er vorträgt. Stattdessen nutzt der Coach seinen Background, um die Person über den eigenen Tellerrand schauen zu lassen.

Feedback ist prinzipiell Sagen, was man sieht – und zwar genau jetzt, in diesem Gespräch. Spätere Analysen sind wie ärztliche Befunde: Das Warten auf das Ergebnis erzeugt nur Hoffen und Bangen. Es muss sich dann um klare, messbare und objektive Aussagen handeln, die auch vor anderen Personen bestehen. In Teams verlassen sich die anderen Leute auch auf exakte Informationen. Wenn man in einer Mannschaft positives Feedback erzeugt, dann macht Business richtig Spaß. Es ist einfacher, auszusprechen, was funktioniert und was nicht funktioniert, als jemanden zu beschuldigen, etwas falsch gemacht zu haben. Beim Militär sucht man in eine Truppe einen, der schuldig ist, und lässt alle anderen für ihn büßen. Im Team erkennt man durch Feedback gemeinsam ein Ziel und jeder seine Aufgaben, Sie hören das Thema heraus und bestimmen das Timing.

Feedback ist ein wunderbares Mittel, um unsere Intelligenz zu koordinieren.

Durch das Sagen-Was-Man-Sieht beschleunigen Sie die Spirale des Dialogs. Aber das hat auch seine komplizierte Seite – nämlich dann, wenn jeder Teilnehmer beginnt, zu projizieren. Projektion bedeutet „Herüberwerfen", in diesem Fall die eigenen Gefühle bei anderen anzusiedeln. Wir neigen dazu, andere Menschen nicht danach zu betrachten, wer sie sind, sondern was sie in uns auslösen. Wenn jemand das Feedback gibt „Du hast eine Menge Zorn in dir", dann meint man oft nicht die Wut in dem anderem, sondern die eigene. Im Team bleibt nichts verborgen. Wenn solche Dinge auf den Tisch kommen, kann jeder seinen eigenen Eindruck vergleichen und wiedergeben. Als Coach allein hätte man von solchen Aussagen keinen Vorteil – Ihr Gegenüber würde Ihnen einfach nicht glauben, und je hartnäckiger Sie darauf bestehen, umso schneller dreht sich die Spirale nach unten.

Keine Plattform ist für ein ehrliches Urteil besser geeignet als die Bühne, sei es nun im Theater, im Stadion, auf dem Kongress, oder im täglichen Meeting. Das Publikum ist unbarmherzig. Entweder, man bekommt man für seinen Vortrag braven oder rasenden Applaus, oder Sie bekommen Buh-Rufe. Das ist Feedback. Die Bühne bietet Gelegenheit, Dinge auszuprobieren, bis sie positives Feedback erzeugen: „Mein Bruder und ich probten ein Theaterstück über die zwei Seiten des Mannes ein, den Gentleman und den Höhlenmenschen. Wir haben im Team so lange an dem Stück herumlaboriert, bis es uns fast zum Hals heraus hing. Ich gab eine neue Parole aus: „Wir improvisieren jetzt einfach, und ihr sagt uns jeweils, ob das funktioniert oder nicht". Auf einmal waren wir vollkommen von der Rolle, wie von einer Last befreit rasten wir über die Bühne, tobten, schrieen und schmissen Speere durch die Gegend – und unser Publikum tobte und schrie mit. Am Schluss hatten wir jede Menge Stoff für unser Stück, einfach aufgrund des Feedback von unserem Publikum. Zu sagen und sehen, was funktioniert und was nicht, war zehn Mal besser als jeder Vorschlag und jede Kritik" (Sylvester Becker).

Feedback ist absichtsvolle Kommunikation. Mit den Mitteln der Sprache erzeugt man eine Spirale, die immer weiter hinauf bis zur Höchstleistung führt. Jegliche Negativität ist aus diesem Prozess verschwunden – allein das wird den Coachee überraschen. Nichts feuert auf diesem Weg mehr an als ehrliche Bestätigung, Anerkennung, Richtungsweisung. Wir alle sind durch und durch soziale Wesen. Jeder Mensch hat ein fundamentales Bedürfnis nach Orientierung und Anerkennung. Wir sind gierig darauf, zu hören, wie andere uns sehen. Nur so können wir unser Verhalten bestätigen oder neu ausrichten. Dummerweise nutzt es nichts, beim Coaching die blanke Wahrheit auszusprechen. Ein Coach muss wichtige Kriterien erfüllen, damit eine Person Informationen über sich selbst gut verarbeiten und nutzen kann. Die harte Konfrontation mit Problemen, Analyse und Lösungen sind Sache der Psychotherapie.

Als Coach repräsentieren Sie ein Fachpublikum und verfolgen das Tun und Treiben Ihres Schützlings mit dessen Augen. Ein guter Fußballcoach kann die Fähigkeiten eines Spielers sehr schnell erkennen, ebenso ein erfahrener Leader die Fähigkeiten seiner Mitarbeiter schnell herausfindet. Und dann besteht sein Job darin, sie aufzubauen. Feedback ist die Kunst, durch die Rückführung einer Information eine Veränderung herbeizuführen. Das geschieht allein durch die leichte Unterscheidung, die man macht, indem man positiv ausdrückt, was man sieht. Den Menschen wird dabei nicht nur warm ums Herz, sie kommen auch ihrer eigenen Wahrheit näher. Ihre inneren Visionen werden auf einmal fassbar. Um sich vor Ihrem zaghaften Eindringen in ihr Inneres zu schützen, versuchen viele ihrer Schäfchen, Ihnen mit der Frage „Was soll das bedeuten?" oder „Was bringt mir das?" eine Retourkutsche verpassen. Das ist eine Falle! Auf keinen Fall darauf eingehen, denn dann geben Sie Ihre Meinung und Ihre Absicht preis, und haben als Coach verloren und eine Diskussion am Hals! „Ich habe keine Ahnung, ich sage nur, was ich sehe", lautet die korrekte Antwort.

Es ist ein hartes Geschäft, Menschen ein Feedback zu geben, das sie auch wirklich hören. Ein glaubhaftes Feedback entsteht vor einem Publikum, das die unschätzbare Qualität mit sich bringt, die allgemeine Meinung zu repräsentieren. Unser Beispiel hat es gezeigt: Man kann noch so eigenwillig und zielstrebig ein Projekt verfolgen, man kann sich seiner Sache noch so sicher sein – was nützt es, wenn kein Applaus kommt? In unseren Seminaren erzeugen wir genau diese Publikumssituation: Vorne ein großer, schicker Designersessel. Hinten der gleiche Sessel. Vorne der Coachee, gegenüber der Coach. Fünf Meter Distanz, damit es thematisch nicht zu gemütlich wird. Und dazwischen – das lauschende und beobachtende Publikum. Ein Coach kann viel behaupten. Jetzt gibt es Zeugen. Wenn der Coachee behauptet, dass er mit Leidenschaft bei seinem Job ist, und dabei eine Miene zieht wie sieben Tage Regenwetter, fragt der Coach: „Was steht in seinem Gesicht? Strahlt er?" Und das Publikum wird gnadenlos ehrlich sein – aber auch gnadenlos fair.

Wenn Sie das schaffen, haben Sie Ihrem Coachingpartner ein unschätzbares Geschenk gemacht. Also bleibt die Frage, wie Sie das Ziel messen, wenn Sie Ihren Coachee in die nächste Spirale jagen. Die Antwort: Steht ihm/ihr ins Gesicht geschrieben. Das ist unser nächstes Thema.

Eines der größten Geheimnisse der Menschheit besteht sicher in der Frage, was ein Coach einer Mannschaft in der Kabine sagt, wenn sie zwei Zähler zurückliegt – und wenn sie nach der zweiten Halbzeit einen Zähler vorne liegt, wie beim „Wunder von Bern". Damals mag es möglicherweise noch geklappt haben, der Mannschaft Zucht und Ordnung beizubringen. Aber vielleicht hat der lakonische Sepp Herberger den Jungs auch einfach klar gemacht, dass sie gegen den erklärten Favoriten Ungarn eigentlich keine Chance haben und dass sie dafür gar nicht so schlecht spielen. Die Erkenntnis, dass man nichts zu verlieren hat, befreit ungemein und kann unglaubliche Energien freisetzen. Entsprechend frei haben Fritz Walter und Co. nach dem Verlassen der Kabine jedenfalls aufgespielt. Mit bekanntem Ergebnis. Alles eine Sache des Feedback.

18.

DISTINCTIONS - GESICHTER LESEN

„Alles Denken beginnt mit einem Staunen."

Heraklit

Feedback ist so wichtig, weil die wenigsten Menschen versuchen oder es beherrschen, ihre eigene Situation zu erkennen – geschweige denn eine Entwicklung an sich zu beobachten. Als Coach braucht man ein Messgerät für diese Veränderungen: Die non-verbale Kommunikation, besonders Gestik und Mimik des Gesprächspartners. Während die Person irgendetwas sagt, verraten ihre Züge und Bewegungen, was sie darüber denkt und vor allem fühlt. Nur Gefühle setzen Energien frei.

Als der deutsche National-Teamcoach Rudi Völler nach dem Ausscheiden aus der Vorrunde der Fußball-Europameisterschaft 2004 seinen Rücktritt bekannt gab, sah er sehr erleichtert aus. Die Wochen vorher konnte man das nicht behaupten. Angespannt, gestresst, nervös – jeder konnte ihm seinen Zustand von seinem verkniffenen Gesicht ablesen. Völler wich Blicken aus, schaute unter sich, charakteristisch sein zusammengepresster Mund. Die Züge lösten sich in dem Augenblick, als er zum letzten Mal in die Fankurve ging und mit seinen Armen die unmissverständliche Geste machte: „Ich habe wirklich alles versucht. Nun versucht es der Nächste". Und alle haben ihn geliebt. Als der Verlierer ein paar Wochen später in Deutschlands beliebtester TV-Show auftrat, stand das Publikum geschlossen auf. Völler ist beliebter denn je. Er hat aus seinem Herzen keine Mördergrube gemacht, sondern war auch im Scheitern immer eines: ehrlich. Und das konnte man ihm vom Gesicht ablesen. Mimik verrät alles. Wenn wir „gute Miene zum bösen Spiel" machen, wollen wir unsere Laune verbergen. Wir wissen, dass uns die mentale Lage immer ins Gesicht geschrieben steht. Non-verbale Kommunikation zu interpretieren, ist die Fähigkeit, im Coaching Veränderungen herbeizuführen.

Will man Menschen auf einem hohen Level coachen, muss man sich selbst in der Fähigkeit trainieren, die Gesprächssituation richtig zu interpretieren und auszuwerten, zu sehen, was funktioniert und was nicht. Feedback sorgt dafür, dass sich die Leute nicht zum Beispiel der Situation verweigern, sondern auf sie anspringen und bereit sind, immer weiter zu gehen. Mimik und Gestik verraten Ihnen, in welcher mentalen Situation sich Ihr Coachee gerade befindet. Hegt die Person Zweifel, ist sie abwesend oder voll dabei, hängt sie wie ein Waschlappen im Sessel oder rutscht sie vor Aufregung an der Sitzkante entlang, als wolle sie gleich wie ein Tiger nach vorne springen? Ist der-/diejenige blass im Gesicht, oder schießt ihm/ihr gerade das Blut durch jede Ader? Je nachdem stehen Sie am Anfang oder am Ziel Ihres Gesprächs.

Konzentrieren Sie sich in einem Interview von Beginn an auf das Mienenspiel Ihres Gegenübers. Sie werden feststellen, dass es im Laufe der Zeit sehr lebendig wird. Bei einem optimalen Verlauf wechselt Ihr Gesprächspartner die Gesichtszüge im Nu. Wie stellt man fest, ob man während einer Coaching-Sitzung eine Veränderung herbeigeführt hat? Let's face it. Sie können es jedem Menschen im Gesicht ablesen. Stellen Sie sich die folgenden Fragen:

- *Was hat sich in der Physiognomie Ihres Gegenüber verändert?*
- *Was hat sich nicht verändert?*
- *Welcher Gesichtsausdruck herrschte vorher vor?*
- *Welcher Gesichtsausdruck ist jetzt zu sehen?*

Das Gesicht ist der Schlüssel zur Seele. Studieren Sie die Züge, die Bewegungen, die Farbe des Gesichts einer Person, und Sie werden darauf schließen können, welche Energie in ihr gerade vorhanden ist. Schließlich können wir alle sehr gut beurteilen, wie jemand „drauf" ist, allein von seiner Haltung, seiner Sprache, der Lautstärke der Stimme, und eben vom Gesicht her. Wenn Sie ein gutes Feedback geben, werden die Augen größer. Es können merkwürdige Dinge passieren.

DER TIPP: Wann immer Sie Ihren Mandanten einen neuen Reiz geben, eine neue Perspektive vermitteln, wird er „geweckt". Sobald wir etwas vernehmen, was neu für uns ist, werden wir neugierig. Im Alltag gibt es fast nur Dinge, Ansichten, Situationen, Themen, die wir alle kennen – wenn wir sie nicht sogar wiederholen. Im Coaching sehen die Leute die Dinge plötzlich aus anderen Perspektiven – dadurch, dass Sie, der Coach, diese Person beobachten statt beurteilen. Dann kommen sie immer weiter aus dem Schneckenhaus ihrer Sicherheit heraus und strecken die Fühler immer weiter aus, hungrig nach der Möglichkeit, etwas (oder alles) in ihrem Leben zu verändern. Dies ist eine Perspektive im doppelten Sinne: Zum einen eine andere, als sie der Coachee hat, zum andere eine objektive Perspektive, die seine Zukunft bestimmen kann. Als Coach vermitteln Sie Ihren Spielern diese Möglichkeiten – und wenn Sie sie zu ihrer Neugier führen, sitzen Ihnen Leute gegenüber, deren traurige, melancholische oder gelangweilte Gesichter plötzlich strahlen wie Honigkuchenpferde.

Das richtige Gesicht zur richtigen Zeit zu machen, bewahrt vor Selbsttäuschung. Als Leader hat man mit einer realistischen Einschätzung einen klaren Vorteil. Sie sehen dann nicht nur klar, was um Sie herum passiert, sondern auch, was passieren wird. Sobald Ihr Verstand Ihnen die Signale sendet, werden Sie beginnen, Ihr Umfeld, Ihre Teamplayer und Ihre Mitmenschen anders, nämlich: realistisch einzuschätzen. Mit einer geschulten Sensibilität wissen Sie einfach sofort, wo Sie bei anderen Leuten „dran" sind. Schulen Sie sich darin, den Gesichtsausdruck anderer Menschen zu studieren. Es wird in den meisten der gleiche, von Routine gezeichnete Ausdruck sein. Beim Coaching haben Sie die Chance, durch Feedback einem Menschen einen anderen Gesichtszug zu „verpassen". Das ist Ihr Erfolg.

Wenn wir im Seminar physiognomische Unterscheidungen anwenden, lesen wir im Gesicht die Zeichen für Neugier heraus. Dann steuern wir das Gespräch nur noch auf dieses Thema, das den Gesprächspartner ganz offensichtlich neugierig macht, oder wo er plötzlich vollkommen locker zu werden scheint und munter daherredet, wo er vorher verstockt oder einfach gelangweilt war. Unsere Kunst besteht darin, Menschen an eine Wegkreuzung zu führen, wo ihre eigentliche Lebens-Leidenschaft erst beginnt. Das leisten wir, indem wir sie auf die Dinge ansprechen, bei dem sich ganz offensichtliche ihre Gesichtszüge weiten. An diesem

Punkt steigt die Neugier und die Begeisterung. Machen Sie den Test: Bringen Sie noch einmal kurz das Thema auf, bei dem Sie vorher waren, oder ein unangenehmes Thema – und Sie werden feststellen, dass die Gesichtszüge wieder zusammenfallen. „Gerade war es noch so schön, und jetzt muss dieser verdammte Coach das Thema wieder auf meinen verdammten Alltag bringen", denkt sich der Coachee. Und seine Augen werden wieder müde. Auch das kann produktiv sein. Wie eine unserer Coaches zu berichten weiß. „Ich habe einmal einen Außendienstler gecoacht, der behauptete, seinen Job zu hassen. Er sagte, er wäre viel lieber Anästhesist. Ich studierte sein Gesicht und stellte fest, dass er bei jedem „Anästhesist" sein Gesicht plötzlich völlig ohne Ausdruck war. Ich fragte aber weiter und beobachtete, ob sein Gesichtsausdruck sich wieder veränderte. Bis ich ihm sagte, dass er immer dann anfängt zu strahlen, wenn er über seinen Job redet, den er angeblich so hasst. Später stellte sich heraus, dass er vollkommen zufrieden mit dem ist, was er tut, und dass er auch ein ziemlich guter und erfolgreicher Verkaufstrainer ist – was er hasst, ist das Unternehmen, für das er arbeitet. Er wollte sein eigenes Business in dem Bereich aufbauen, selbst Seminare geben und vielleicht sogar als Show ausarbeiten, vielleicht als Comedy-Show über Verkaufen. Von einem Ohr zum anderen hat er gestrahlt, seine Worte flossen wie ein rauschender Bach, als er immer weiter darüber redete. Inzwischen ist er auf dem besten Wege dorthin. Das Wort „Anästhesist" habe ich nie wieder von ihm gehört." (Irene Xander)

Die Fähigkeit, Dinge zu sehen, gibt Ihnen als Coach die Möglichkeit, etwas in Personen zu entdecken, was andere nicht entdecken. Studieren Sie die Aufstellung der Nationalmannschaften bei wichtigen Spielen. Verfolgen Sie die Gesichter, wenn die Kamera langsam an ihnen vorbei gleitet, während im Hintergrund die Nationalhymne erklingt. Was für ein intensiver Moment. Die Ruhe vor dem Sturm. Eine unglaubliche Spannung liegt über den Spielern. Gleich ertönt der Anpfiff. Aber noch kann sich keiner vom Fleck bewegen. Bis zur letzten Note. Der eine schaut nach oben. Der andere kaut ein imaginäres Kaugummi. Der Dritte schaut geradeaus und singt kräftig mit. Der nächste sieht mit seinen wilden Haaren und seinem Dreitagebart eigentlich aus, als hätte er entweder die Nacht durchgemacht oder hätte das Spiel schon hinter sich. Aber die Mimik verrät bei allen, das sie die Situation überspielen und das Match möglichst lässig herunterspielen wollen. Jeder auf seine Art. Fußball- oder sonstige Ballspiele sind ohne hin eine hervorragende Möglichkeit, verschieden mentale Zustände und Mentalitäten zu studieren. Selten führt ein Team so offen vor ihren Augen vor, wie sie aufgestellt sind. Und warum sollte man überhaupt den Sportteil einer Zeitung lesen, über Spiele und Rennen, die längst stattgefunden haben? Weil wir viel mehr an der psychischen Beschaffenheit eines Sportlers und eines Teams interessiert sind, als an der physischen. Dass eine Liga-Mannschaft gut ist und die Spieler gewisse körperliche und technische Voraussetzungen mitbringen, dass sie manchmal fit sind und manchmal nicht. Aber dass sie manchmal siegen und manchmal komplett versagen, obwohl sie fit sind, das ist das große Geheimnis ihrer mentalen Situation. Wenn jede Mannschaft gleich wäre und nur die eine etwas stärker als die andere, würde sich kein Mensch für die Bundesliga interessieren außer am Samstagnachmittag. Dass für viele Millionen Menschen so etwas wie Fußball, Football, Basket- oder Baseball das halbe Leben bedeutet, liegt darin, dass wir in ihrem Spiel, in ihren Trainern und ihren Gesichtern die Dinge wieder erkennen, die wir von uns selbst kennen – und trotzdem immer ein neues Geheimnis bergen. Neugierig geworden? Gesichter lesen!

19.

OBSERVATION - BEOBACHTEN

Observation geht mit den vorangegangenen Tools unmittelbar einher. Es klingt einfach, ist aber ein bisschen komplizierter. Egal, wie wir es beschreiben, später werden Sie sagen: „Warum habt Ihr das nicht gleich gesagt?" Observation im Coaching-Sinne bedeutet, die Dinge mit höherer Wertschätzung, Neugier und Bestätigung zu betrachten. Es handelt sich also formal um eine Haltung, die einen guten Coach während seiner Tätigkeit begleitet.

Coaching ist ein Prozess zwischen zwei Personen. Coache vertreten keine Einstellung, keine Ideologie, keine Philosophie, keine Meinung, keine Position, nicht einmal eine Wissenschaft. Natürlich kennt und weiß man eine Menge. Aber man lässt im Coachingprozess alles außer Acht und reagiert spontan. Diese Form der Hebammenkunst entspricht tatsächlich der Erwartung eines Kleinkinds: Vorher liest man jede Menge Bücher, dann kommt das Kind, und schließlich findet man seinen eigenen Weg, mit dem Kind umzugehen – nämlich so, wie es funktioniert. Jeder andere würde es vermutlich wieder anders machen. Das macht Sie als Coach so individuell, und den Coachee so frei von Programmen, die zum Beispiel in der Psychologie im Hintergrund ablaufen.

Das Gegenteil von Observation verhält sich ungefähr die klassische Situation bei einem Kassenarzt – oder zumindest bei den meisten. Sie sitzen da, hören nicht richtig zu, warten auf das Symptom, machen den Befund, verschreiben ein Mittel dagegen, und die Rechnung. Man kann einen einfachen Test machen, um die Aufmerksamkeit seines Arztes zu testen. Bringen Sie Ihre eigene Vermutung zur Sprache: „Ich bekomme ständig Schnupfen oder Grippe. Ich habe das Gefühl, mein Immunsystem ist ganz unten". Nach zwei Stunden Warten und Untersuchungen in verschiedenen Zimmern, die den Aufwand und die Rechnung immer höher treiben, dürfen Sie wieder vor Ihrem Arzt Platz nehmen, und in 90 Prozent aller Fälle wird er dann sagen: „So wie es aussieht, haben Sie eine Immunschwäche." Umgekehrt wird Ihr Arzt sehr angestrengt wirken, wenn Sie so tun, als könnten Sie noch nicht einmal richtig formulieren, was Ihnen fehlt. Es ist einfach nur die Frage, wer sich dümmer stellt. Das nennt man Unternehmensberatung. Dann gehen Sie mit dem Rezept in die Apotheke, und der Apotheker zieht eine Schublade auf und gibt Ihnen für viel Geld das verschriebene Medikament. Das nennt man Management. Sie kennen vielleicht den

Witz von dem Unternehmensberater, der den Schäfer trifft? „Hey Schäfer, wie wär's?", fragt der dynamische Mensch aus seinem Porsche heraus: „Wenn ich dir genau sage, wie viele Schafe du da hast, darf ich mir eins aussuchen!" „So so", brummt der Schäfer. Der Berater holt eine GPS-Sonde aus dem Kofferraum, schließt sie an das Navigationssystem, funkt einen Satelliten an, scannt die Schafherde und gibt das Bild in seinen Laptop ein, der nach der Registrierung der Pixelelemente in Relation zu kleinen grauen Elementen auf grünem Feld eine Zahl herausspuckt: „246 Schafe", teilt der Unternehmensberater triumphierend mit.

„Stimmt genau. Sie müssen Unternehmensberater sein".

„Woher wissen Sie das?", fragt der junge Mann erstaunt.

„Na ja, Sie tauchen ungefragt auf, tun etwas, worum Sie keiner gebeten hat, sagen, was ich schon weiß, und verlangen dafür einen hohen Preis. Übrigens, was Sie da auf dem Arm haben, ist mein Hund."

Hey, wir betreiben hier Coaching. Der böse, böse Marylin Manson hat seinen vielleicht größten Auftritt in Michael Moores Dokumentarfilm „Bowling for Columbine", als er auf die Frage, was er gewaltbereiten Jugendlichen sagen würde, antwortet: „Ich würde ihnen nichts sagen. Ich würde ihnen zuhören". Das ist eine gewaltige, intelligente Botschaft.

<u>DER TIPP:</u> Beim Observieren bringen Sie Ihre Neugier in Aktion. Gehen Sie in eine andere Person hinein. Als Coach sind Sie nicht nur „in ihr", sondern Sie SIND für eine Stunde oder mehr diese andere Person. Sie haben sich selbst aufgelöst, haben von Ihrem eigenen Ego vollkommen losgelassen – dafür bekommen Sie Ihren Stundensatz! Es funktioniert, indem Sie sich erst in die Situation, dann in den Geist dieser Person versetzen: die zitierte „Sympathie". Martin erzählt: „Als ich Therapeut war, arbeitete ich viele Jahre mit einem Mentor. Ziemlich am Anfang überreichte er mir eine Karte, auf der zu lesen war: „Wenn du denkst, du weißt, was gerade passiert, hast du wahrscheinlich nicht alle Tassen im Schrank". Wenig später hatte ich eine Sitzung mit einem Mann, der über die Probleme mit seiner Familie sprach. „Ich glaube, ich habe Sie jetzt verstanden", meinte ich nach einer Weile. Dann hörte ich ein Klopfen am Fenster. Mein Mentor hatte das mitbekommen, hob hinter dem Fenster die Karte hoch und grinste mich an. „Na ja, vielleicht weiß ich doch noch nicht alles, vielleicht weiß ich gar nichts", sagte ich verlegen zu meinem Klienten. An diesem Punkt merkte ich, dass ich die Situation mit meiner Interpretation vernebelt hatte, dass ich zu meiner Neugier zurückkehren und die Schleier vor meiner Wahrnehmung entfernen muss. Wann immer ich wieder auf meinen Beobachtungssitz zurückkehre, kommt sofort eine tiefere Wahrheit zum Vorschein. Hätte ich mich an der „ersten Wahrheit" festgenagelt, die sich in meinem Hirn festgesetzt hatte, wäre die „zweite" nie zum Vorschein gekommen." Observieren bedeutet wörtlich „ob-achten", nicht kontrollieren, sondern die Gegenseite mit hoher Aufmerksamkeit bedenken: die Fähigkeit, sichtlich ohne Meinung, Vorurteil, Interpretation zuzuhören. Versuchen Sie, den Coaching-Prozess zu beobachten, ohne eine voreilige Meinung darüber zu bilden, Ihren Erfahrungshintergrund zu

Rate zu ziehen, oder etwa plump zu unterbrechen. Je neugieriger man bei seinen Klienten wird, um so brillanter werden sie. Daraus entwickelt sich ein Tanz der Informationen. Man sollte nie den Fehler machen, zu früh zu sagen, „Mensch, probieren Sie doch mal das und das ...“. Coaching hat nichts mit simplem Denken oder simplen Antworten zu tun. Durch Observation kommt eine tiefere Wahrheit zum Vorschein, eine vielschichtige Komplexität. Ein Mensch erkennt auf diese Weise die Perfektion der Situation: Er bewegt sich durch das neutrale Beobachten des Coaches weg von seinen konstruierten Wirklichkeiten hin zu seiner eigenen, alleinigen, umfassenden Wahrheit – zu seiner Gipfel-Erfahrung. An etwas anderem braucht man gar nicht arbeiten.

Beim Observieren betrachten Sie das Gesicht eines Menschen, bis es sich von selbst verschiebt. Sie sehen ihm weder in die Augen noch an ihm vorbei. Irgendwann sehen Sie nur noch Pixel, das Gesicht entlarvt mehrere Persönlichkeiten, wie ein Portrait von Picasso. Jetzt beginnen die Bilder sich zu bewegen. Die Menschen verändern sich. Wenn Sie sie nicht mit diesem gewöhnlichen starren Blick beobachten, passt ihr Gesichtsausdruck nicht mehr zu der Maske, die Sie für sie gebastelt haben. Observation wird Ihnen helfen, Feedback ohne Urteil zu geben. Wenn Sie sagen, „Sie sind traurig“, ist das eine Interpretation.

Sagen Sie, was Sie sehen. Sagen Sie: „Ich sehe Traurigkeit in Ihren Augen“. Der Ausdruck der Augen vermittelt Ihnen, welches Feedback Sie geben können. Feedback und Observation unterscheiden sich darin, dass man beim Observieren beobachtet, was wirklich passiert, während Sie beim Feedback sagen, was passiert - allerdings formal, nicht inhaltlich. Observation ist vorsichtige Prüfung. Observation und Feedback zusammen sind sehr kraftvolle Instrumente für jede Art von Kommunikation.

Hier das Beispiel eines Manson-Kollegen, der vor der Observation von seiner Berufung als Rockstar nichts ahnte: „Ich nahm an einem Seminar mit dem Titel „Selbst-Aktualisierung“ teil. Der Coach fragte mich: „Was ist es, was dich von deinen Ideen abhält?“ Ich begann, alles in meinem Kopf zu durchstöbern, was mich stört und was mich alles durcheinanderbringt. Er saß aber nur da und hörte geduldig zu. Er stimmte mir auch nicht zu, sondern beobachtete mich nur und hörte mir zu. Nachdem ich alles gesagt hatte, was mir eingefallen ist, beobachtete er mich immer noch sehr genau, als ob er auf etwas warten würde. In diesem Augenblick merkte ich, dass nichts davon mich wirklich in meinem Leben von irgendetwas abhalten würde. Ich sah, dass ich keine Kontrolle über mein Leben übernommen hatte, dass ich nicht der Chef in meinem Leben bin. Ich ließ es zu, dass andere Menschen mich dominieren.

Zu dieser Zeit wollte ich unbedingt in einer Band spielen. Nach diesem Coaching war mir klar, dass ich nicht ein Mitglied dieser Band sein wollte, sondern der Leadsänger MEINER Band. Das war vor sechs Wochen. Seitdem habe ich viele Leute vorspielen lassen. Letztes Wochenende standen wir zum ersten Mal auf der Bühne. Das war ein großer Erfolg, ich war vollkommen ekstatisch. Jetzt plane ich meinen nächsten Gig. Ich fühle zum ersten Mal in meinem Leben unglaubliche Energie in mir. Ich kann nicht richtig beschreiben, was in dem

Seminar das genau ausgelöst hat, ich weiß nur, dass ich vollkommen ausgewechselt bin, dass ich viel mehr ich selbst bin. Es ist, als hätte jemand lauter Schichten in mir freigelegt, so dass mein wahres Ich zum Vorschein kommt. Ich glaube, das ist das besondere Talent, das die besten Coaches beherrschen." (Nick London).

20.

ATTENTIVENESS - AUFMERKSAMKEIT

Wir nehmen an, dass Sie nicht gerade einschlafen, auf die Uhr oder an die Decke gucken, wenn Sie gerade coachen. Aber man kann auch mit besonderer Aufmerksamkeit arbeiten. Wir beobachten unsere Klienten sehr genau, wie wir bei der ⇨ Observation gesehen haben. Gleichzeitig hören wir nicht nur auf das, was sie sagen, sondern auch auf das, was sie sagen wollen. Diese Art Aufmerksamkeit konzentriert sich also auch auf den Ausdruck, auf verbale und auf non-verbale Zeichen. Das ist nicht so einfach, wie es klingen mag. Wenn wir wirklich aufmerksam sind, können wir heraushören, was jemand meint und was er nur sagt. Wir sind hinter der Gewissheit her, die ein Mensch hat und von der Hegel in seiner „Phänomenologie des Geistes" sagt, sie sei „eine Erkenntnis von unendlichem Reichtum (...) außerdem als die wahrhafteste" (Hegel 1970:65). Was sie sagen, mag noch nicht die innere Wahrheit reflektieren. Die meisten Menschen arbeiten mit einer Serie von Annahmen in ihrem Kopf, die sie für ihre Wahrheit halten. Eben sagten wir, wie wichtig es bei der Observation ist, zu wissen, dass man nie wirklich weiß, was mit einem los ist. Aber die Coachees müssen spüren, dass sie Ihre ganze Aufmerksamkeit genießen. Das bedeutet, dass Sie alles, was sie sagen, in sich einsaugen. Man kann diese Art Aufmerksamkeit mit der Aufmerksamkeit einer Mutter vergleichen, die sich nicht verbal mit ihrem Baby verständigen kann. Also tut sie es intuitiv, und mit viel Erfolg.

DER TIPP: Stellen Sie sich vor, Sie würden Ihren Klienten lieben wie Ihr Kind, das keine Worte von sich geben kann. Was tut man dann? Man schaut auf jede Mimik, jede Geste, man will nur das Beste. Die meisten Menschen hatten diese Art von Aufmerksamkeit nicht mehr, seit sie aus dem Kindesalter herausgewachsen sind. Als Coach müssen Sie diese tiefe, wertschätzende Fähigkeit mitbringen.

Aufmerksamkeit bringt mit sich, dass wir zuhören, ohne zu filtern. Hören Sie zu. Zuhören. Nicht überlegen, was man als nächstes sagt. Nicht im eigenen Denken stecken. Vollkommen in dem anderen aufgehen. Das ist wahrlich keine leichte Übung. Es ist eine Art Probevorspiel. Wir überlegen ständig, ob wir auf etwas mit Zustimmung oder Kritik reagieren. Ist das ein Angriff? Will er sich anbiedern? Ist es gut oder schlecht, was er sagt? Und überhaupt ... mag ich diese Person? Mag sie mich? Schalten Sie es aus. Alle diese „mindsets" sind vorgebaute Strukturen. Paul Watz-

lawick unterscheidet in einem Dialog zwischen der Inhaltsebene und der Beziehungsebene. Während wir auf der Inhaltsebene dies und das, möglicherweise vollkommen Belangloses austauschen, checken wir auf der Beziehungsebene ständig unsere Sympathie mit dem Gesprächspartner aus – meistens über das, was man auf der Inhaltsebene mitteilt. Im seltensten Falle, etwa bei einer Aussprache zweier Eheleute, wird die Beziehungseben allein diskutiert. Meistens stecken wir uns ständig kleine Botschaften zu. Lassen Sie sie in Ihrer mentalen „Ablage" und schicken Sie sie nie hinaus. Seien Sie höflich. Seien Sie aufmerksam.

DER TIPP: Gehen Sie eine mentale Checkliste durch. Die Checkliste steht nicht auf einem Blatt Papier, sondern auf der Oberfläche Ihres Gegenüber. Hören Sie mit den Augen. Schauen Sie mit dem Herzen.

Erhellt sich die Miene eines Klienten, während er erzählt? Ab wann fangen sie an, auf ihrem Stuhl herumzurutschen? Ist der Kiefer entspannt unten? Oder muss der Klient ständig schlucken, vielleicht sogar würgen? Und noch etwas passiert: Wenn wir Aufmerksamkeit schenken, bekommen wir Aufmerksamkeit zurück. Die Leute entfalten sich von oben nach unten. Wenn sie merken, dass wir zuhören, werden sie lebendiger und interessierter. Erst leuchten ihre Augen auf, dann lassen sie ihren Kiefer ruhen. Dadurch sieht man jünger aus als vorher. Dann ändert sich die Gesichtsfarbe, und das ganze Gesicht wird schmaler. Wenn Sie weiter aufmerksam bleiben, werden Sie bemerken, dass der Atem allmählich tiefer geht – wie bei einem kleinen Kind oder einem schlafenden Menschen. Schließlich öffnet sich buchstäblich das Herz: Man kann es fast schlagen sehen, wenn jemand aus sich herausgeht. Schließlich lässt der Klient die Beine baumeln, der Atem geht ganz leicht. Das geschieht, weil Sie aufmerksam sind und Aufmerksamkeit zeigen.

Durch diese Dynamik entledigt sich ein Mensch seiner Schmerzen. Wenn die Beziehung zwischen Ihnen beiden immer deutlicher wird, fühlen die Klienten sich immer besser aufgehoben. Sie bewegen sich in der Komfortzone. Dies ist der Moment, wenn Vertrauen entsteht. Die Anzeichen für Vertrauen und Komfort sind physischer Natur und daher sehr gut sichtbar. Der Schlüssel dorthin liegt in der kontinuierlichen Aufmerksamkeit. Jedes Mal, wenn Sie eine Pause machen, haben die Klienten die Gelegenheit, das zu verdauen, was sie selbst gerade gesagt haben. Dann werden sie sich weiter enthäuten, wie eine Zwiebelschale nach der anderen. Die Belohnung zum Schluss: Der wahre Charakter einer Person.

So etwas lernt man in der Familientherapie. Sie verleiht einem Coach sehr viel Einsicht in Neugier und Erwartungen eines Menschen. Familientherapeuten betreten schon das Zimmer, als seien sie von Gott gesandt – mit einer Leichtigkeit und inneren Ruhe, die auf die Patienten magische Ausstrahlung hat. Solche Leute haben diese Tätigkeit zur Perfektion gebracht, weil sie wissen, was ihnen sonst von den Patienten blühen würde.

Sie sind gleichzeitig in der Lage, in die Probleme, die ihre Mandanten erzählen, Ruhe einkehren zu lassen. Sie ziehen so lange die Wellen glatt, bis man sich tatsächlich selbst im Wasser erkennen kann. Beim Coaching kommt hinzu, dass man es mag, was man da sieht.

Schließlich schauen Sie sich das einmal an. Wir gehen inzwischen immer auf diese Weise in eine Sitzung hinein. Wir lassen alles hinter uns, was uns gerade noch beschäftigt hat, sobald wir uns in die Situation der Person versetzen, mit der wir den Raum teilen. Wir sind sie.

Wir gehen manchmal so weit, dass es uns vorkommt, als würde uns jemand ein Klavierkonzert vorspielen, obwohl er nur redet. Das ist unser Job: hundertprozentig unterhalten zu werden. Hier beginnt das Selbst-Amüsement.

Sie merken, dass diese Tools sehr stark zusammenhängen. Beobachtung ist beispielsweise mit Aufmerksamkeit verwoben. Jedes Werkzeug unterscheidet sich subtil. Es ist Ihr Job, diese Werkzeuge für sich auseinander zu dividieren.

21.

AMUSING YOURSELF – SICH UNTERHALTEN

Wenn Sie sich als Coach nicht für Menschen interessieren, haben Sie den falschen Job gewählt. Ein Coach kann Menschen lesen. Und nicht nur das: Er betrachtet die Biographie einer Person wie einen Film im Kino, man hört ihre Stimme wie einen Gesang. Denn man hat ein profundes Interesse an diesem Leben. Die gute Nachricht: Das kann man lernen. Sie sind auf eine Art unschuldig und aufmerksam wie ein Kind, das einen Comic anschaut.

DER TIPP: Setzen Sie Ihre Fantasie ein. „Was wäre, wenn diese Person mein Sohn wäre?“ Schon bin ich „drin“ in dieser Person und behandele sie mit größter Sorgfalt. Mein Verhalten reflektiert auf ihr Verhalten. Durch meine Neugier erwacht ihre Neugier. Und wir tanzen gemeinsam auf einem anderen, breiteren Parkett. Unsere Konversation wird ein Austausch zweier menschlicher Intelligenzen. Ich habe das Gefühl, einem kleinen humanen Wunder beizuwohnen. Es liegt an einem selbst, das Gespräch in eine Richtung zu führen, die so tief in eine Person dringt (ohne sie zu verletzen), dass irgendwo hinten in der Ecke ihre Brillanz beginnt zu funkeln. Bis man denkt, warum in aller Welt dieser Mensch offenbar dieses Talent hat, wenn er langsam aber sicher beginnt, zu glühen vor Begeisterung. Wenn dieses menschliche Abenteuer nicht spannend ist, wissen wir's auch nicht.

Ein Coach ist ein Philosoph. Er weiß nicht, er staunt. Er befindet sich in Platons „schweigendem Dialog der Seele mit sich selbst“. Und er unterhält sich. Denn ein Coach kann sich selbst ins Staunen versetzen. Es gibt langweilige Kinofilme, aber keine langweiligen Menschen. Es liegt am Coach, ihn in Spannung zu versetzen, also selbst für die Spannung zu sorgen, die man beim Betrachten von Menschen haben kann. Bei uns in Texas gibt es die Redewendung „Er wacht jeden Tag in einer neuen Welt auf“. Das ist ein Kompliment. Es besagt eigentlich: „Diese Person ist nicht beständig, und außerdem ein wenig weltfremd“. Man kann es aber auch so interpretieren, dass diese Per-

son mit einer geistigen Frische und Wertschätzung für andere Personen auftritt, die sie und ihre Umgebung bereichert. Hier ist nicht die Rede vom Berufsbild des Coaches, sondern von der Person, die Ihnen mit hängendem Blick gegenübersitzt. Es ist Ihr Job, sie zum Strahlen zu bringen. Wenn Sie allerdings selbst die Fähigkeit mitbringen, auf sie neugierig zu sein, werden Sie sie automatisch anstecken. Wie gesagt, es ist Ihr lange verloren geglaubter Bruder, Ihre süße Tochter, oder Ihr bester Freund, der vor Ihnen sitzt. Er wird sich wundern über Ihr Staunen. Und wenn alle Lampen angehen, wird es eine helle Freude sein. Und Sie werden mit der Zeit immer besser darin, sie und sich selbst zu unterhalten. Sonst wird Coaching auf Dauer ziemlich fade.

Ein Teil unseres Trainings besteht darin, Leute auf die Bühne zu bringen: Unser „Theater of Business". Das meiste dort oben auf der Bühne geschieht vollkommen unerwartet, für die Akteure wie auch für das Publikum. Wir sagen den Leuten, die auf der Bühne stehen, dass sie sich selbst amüsieren sollen, und dass sie dabei beobachten sollen, wie das Publikum reagiert. Nichts schlimmer als eine Performance, zu der jemand keine Lust hat.

Wenn Sie umgekehrt vom Publikum amüsiert sind, dann ist auch das Publikum von Ihnen amüsiert – eine merkwürdige, magische Verbindung, aus der eine unglaubliche Dynamik hervorgehen kann. Sich selbst amüsieren zu können, ist eine Methode, sich das beste Publikum zu erschaffen, das man sich wünschen kann.

22.

ACKNOWLEDGEMENT – ANERKENNUNG

Als Leader muss man nicht nur das Ziel kennen, sondern auch den Weg. Dafür muss man in Erfahrung bringen, was das Team will. Es wäre kontraproduktiv, seinen Willen alleine durchziehen zu wollen, wenn sich die eigene Energie nicht auf das Team übertragen lassen will. Das ist der Punkt, an dem die Coaching-Kultur Einzug in ein Unternehmen findet: Anerkennung.

Nichts ist wichtiger und wesentlicher, um den Energielevel eines Teams zu steigern. Anerkennung ist der wahre Lohn, den man einem Menschen zahlt. Geld ist wie Klopapier – es sollte einfach in ausreichenden Mengen vorhanden sein. Aber in Wirklichkeit suchen wir einen Job, weil wir dort Anerkennung bekommen. Menschen sind keine Einzelwesen. Sie sind durch und durch soziale Wesen, und finden ihren Platz nur in der Gemeinschaft. „Allein weiß kein Mensch, was er ist. Bring' ihn in die Gesellschaft, damit hältst du ihm den Spiegel vor sein Gesicht, den er schon immer wollte ", sagt der schottische Philosoph Adam Smith. Der Schatten in Platons Höhlengleichnis ist nur die Ahnung, die man von sich hat.

Der Spiegel, in dem man sich selbst erkennt, sind die anderen. Anerkennung ist die absolute Steigerung von Feedback: Nicht nur sehen, was Menschen tun oder wie sie wirken, sondern das wertschätzen, was sie tun. Stolz, Freude, und Selbstbestätigung mischen sich zum eigentlichen Lebenselixier zusammen. Das Geheimnis: Wir brauchen Anerkennung wie die Luft zum

Atmen. Nehmen Sie das Wort beim Wort: Geben Sie Anerkennung für etwas. Ich erkenne nicht etwas, sondern jemand – und zwar an. Ohne wie Heidegger dem Wort auf den letzten Grund gehen zu wollen: Dieses „an" bedeutet, jemanden zu erkennen, wie er an für sich ist. „Acknowledgment", „Anerkennung" nannte der Jazz-Gigant John Coltrane das erste Stück seines hochreligiösen Werkes „A Love Supreme". Anerkennung bedeutet, eine Person in dem, was sie ist und was sie tut, zu belohnen. Dieser Lohn ist für sein Dasein, für die schlichte Erkenntnis, das jemand das tut, was er tut. Anerkennung setzt eine Dynamik frei, durch die sich die Dinge selbst organisieren.

Ein selbstorganisierendes System - wie ein Team in einem Unternehmen – funktioniert nur ohne Tadel, Beschuldigung, Kritik, Anweisungen, Hilfestellung oder Korrektur. Sonst würde es bedeuten, andere „Zwecke an sich" als Mittel zum Zweck zu benutzen. Das ist verboten: Im Begriff der „Person" liegt bereits die Anlage, dass ein Mensch sein Ziel ist und dafür beachtet werden darf. Selbst die ambitioniertesten, perfektesten Konzepte mit den besten Leuten brechen zusammen, weil ihre grundlegenden Kommunikationsmuster diese Tatsache missachten.

Anerkennung als Grundmuster einzuführen, bedeutet, automatisch negative Elemente auszuschalten. Wenn Menschen sich anerkannt fühlen, haben sie keinen Anlass mehr, sich zu beschweren. Das ist schwerer als man annimmt, denn nichts ist einfacher, als andere herunterzuziehen. Wir tun es fast ständig, meistens ohne Absicht. Wir nehmen damit anderen ihre Energie und ihre Vitalität. Wenn jemand sagt: „Du siehst gut aus. Hast du abgenommen?", schwingt die Botschaft mit: „Du bist nicht mehr so fett wie früher." Soziale Kompetenz prägt die Schwingungen in einem Unternehmen – und die Resultate. Das soziale Klima eines Unternehmens taucht in keiner Statistik und in keinem Bericht auf.

Man stelle sich vor, man geht gerne zur Arbeit, weil man dort die Anerkennung bekommt wie im Fußball- oder sonst einem Verein, dem man beiwohnt: „Da hast du deine Position, die füllst du so gut du kannst aus, wenn du mal Mist baust, bringt dich keiner dafür um, und vielleicht schießt du auch mal ein Tor". Man könnte sich gar nicht retten vor Begeisterung. Und jedes Team hätte eine eigene Fußballmannschaft. Ein hervorragender Coach kann sogar innerhalb des Teams seine Enttäuschung äußern – wenn alle wissen, dass er immer die schützende Hand vor sie hält.

Ein Leader kultiviert die Beziehungen mit jedem seiner Teammitglieder und zwischen ihnen. Bestehen keine emotionalen Bindungen untereinander, ist das Business-Spiel eine trockene und aushöhlende Angelegenheit. Dann handelt es sich um Management und nicht um Coaching. Unternehmen werden fast immer gemanagt und nicht angeleitet.

Bei einem Leadership-Konzept erkennt man die Fähigkeit eines Leaders an der Stärke des Teams, wie im Sport. Der Hauptgrund, warum Leute ihre Ziele nicht erreichen, ist nicht die Einzelleistung, sondern mangelnde Kommunikation, sowohl zwischen Leader und Team als auch im Team untereinander. Ein Leader ist dafür verantwortlich, diese Kommunikation zu stiften, ein effektives Netzwerk aufzubauen und dadurch einen hohen Grad an Energie im Team zu erzeugen. Dann stimmt auch die Einzelleis-

tung. In einem Seminar für leitende Angestellte machten wir einmal den Versuch, uns selbst von unseren Teilnehmern coachen zu lassen. Es war ein Desaster. Sie hatten erst keine Ahnung, was sie anstellen sollen, dann begannen sie, uns zu kritisieren und anzugreifen. Wir fragten uns, wie wir jemals in dieses Geschäft hatten gehen können. Wir hatten das Gefühl, die größten Vollidioten zu sein. Wenn dies eine akkurate Wiedergabe des Stils des Hauses war – und das war es! – dann wunderte uns nichts mehr. Dieser Versuch vermittelte uns eine tiefere Einsicht als das Know-how, wie man mit jemandem ein Gespräch aufbaut, das ihn ermutigt. Und es hat nur zwanzig Jahre gedauert, bis wir zu dieser Erkenntnis kamen! Deshalb ist es wichtig, zu verstehen, wie man mit Menschen spricht und sie dabei ermutigt und nicht das Gegenteil erreicht: Angst und Mutlosigkeit.

Anerkennung unterscheidet sich von einer normalen Konversation, weil es sich in dieser Dialogform nicht um abstrakte Konzepte, Ideen oder Meinungen dreht. Folgende Beispiel sind kein Coaching, sondern Konversation: „Was machen Sie mit Ihrem Leben?" „Na ja, ich versuche alles besser zu machen.". Oder: „Haben Sie ein erfülltes Leben?" „Na ja, es könnte erfüllender sein." Das sind wunderbare und durchaus unterhaltsame Gespräche, aber beide Gesprächspartner bleiben in ihrer eigenen Welt, ihrem eigenen abstrakten „mindset" verhaftet. So werden Sie nie über eine gewisse Grenze hinauskommen.

Anerkennung ist der Sprung von konzeptualem Denken zur Handlung. Wer anerkennt, stellt Handlungsweisen heraus. Jetzt verstehen Sie, was Anerkennung von Feedback unterscheidet – und wie wunderbar diese Basic Tools zusammenarbeiten. Hier stellen Sie nicht nur etwas an anderen fest, sondern Sie sagen etwas, das von Wärme und Wertschätzung zeugt: „Schon als Sie hereinkamen, war ich begeistert, ich weiß auch nicht, warum." Mit einem solchen Statement bemerkt Ihr Coachee Ihre Aufmerksamkeit. Sie merken, dass ich mich unterhalte, während ich mich mit ihnen unterhalte. Die Wärme und Unterhaltsamkeit teilen sich durch Ihre Sprache mit – daran brauchen Sie nicht arbeiten. Es kommt von selbst: von Ihrer Einstellung.

Wenn Sie anerkennen, was sie tun, werden auch Leute im Team beginnen, sich gegenseitig zur Kenntnis zu nehmen. Wenn es vorher nur der dröge Abteilungsleiter war, offenbart sich plötzlich die andere, die menschliche Seite in ihm. Schon wird er für die anderen interessant. Über einen gewissen Zeitraum haben Sie ein Team vor sich, das gegenseitig aufmerksam ist, was Sie durch die Sprache bemerken, in der sie miteinander verkehren.

Wenn das passiert, liegen die Leute vollkommen auf einer Wellenlänge. Teams funktionieren genauso wie der Kolben im Auto: Er verwandelt zwölf Volt Energie in Tausende von Volt, indem er sie durch Kupferringe schickt.

Ein Individuum trägt seine Energie in ein Team, die von diesem beschleunigt wird. Als Einzelne haben wir ein geringes Energielevel – jeder kennt seine „Tagesform", die man nach dem Aufstehen in Schwung bringt und durch Eigenmotivation höher wird. Aber sie ist begrenzt. Wir können diese Energie sehr schnell verlieren. Man stelle sich vor, man geht morgens in sein Büro, weil man weiß, dass man getragen wird von einem Team! Das ist Humanenergie. Wenn die anderen Teammitglieder keine innere Schranke haben, mit anderen zu kommunizieren, steigert das die Vitalität und den Kommunikationsfluss bei jedem Gespräch. Vitalität ist eine sichtbare, sensible Kraft. Die Verbindungen in einem Team kann man im Sport sehr gut beobachten. Schon ihre Augen sind wach und werden durch die Präsenz der anderen Spieler noch größer. Echte Leader sind in der Lage, diese Dynamik wie jenen Autokolben anspringen zu lassen.

Ein großes Unternehmen, das gerade fusioniert hatte, engagierte uns, um die Konflikte zwischen dem Management und den Mitarbeitern einzudämmen. Sich zu beschweren, war der Grundtenor der Kommunikation. Wenn das Management auf eine Beschwerde reagierte, multiplizierten sich die Beschwerden. Wir zeigten ihnen Wege, wie sie statt dessen mit anerkennenden Worten und Gesten reagieren können, und übten diese Fähigkeit mit Rollenspielen ein. Durch die Veränderung des Kommunikationsmusters waren die Leute plötzlich in der Lage, sich zusammen mit ihren Differenzen auseinanderzusetzen, und zogen am Ende alle am gleichen Strang.

Die Faustregel: Geben Sie dem Dialog „Neun Leben". Sagen Sie acht Dinge, die positive Eigenschaften oder Leistungen eines Menschen herausstellen, haben Sie deren vollkommene Aufmerksamkeit. Das ist die Empfehlung von Psychologen. Wir empfehlen, dies neun Mal zu tun, denn dann kommt das anerkennende Gespräch in Fluss.

DER TIPP: Die Person darf es nicht merken. Also bitteschön, fangen Sie nicht an, sich einzuschmeicheln! Ein Beispiel: „Interessant, wie Sie Ihr Geschäft organisieren (1). Was ich daran besonders gut finde (2), ist, dass Sie meine Informationen einfach anwenden (3) und dann noch weitergehen (4). Sie leiten daraus andere Informationen und Perspektiven ab (5), nicht wie Leute, die immer erzählen, „der hat dies und die hat das gesagt". Sie setzen beide Systeme in Bewegung (6), Sie transportieren Sie auf die Handlungsebene (7). Nur durch Handlung kann man Widersprüche auflösen. Ich bin mir sicher, dass Sie erfolgreich sein werden (8), weil Sie die Kraft haben, Dinge umzusetzen (9)." Wirkt das anbiedernd? Wir meinen nein. Trotzdem ist es ein „Kompliment" nach dem anderen.

Nicht immer hat man Leute vor sich, denen man ständig Anerkennung schenken will. Das ist eine gute Coaching-Übung, um negative Tatbestände in positive umzuwandeln. Einer besonders arroganten Person sagt man, sie verfüge über viel Selbstsicherheit. Das ist die Umkehrung eines negativen Tatbestandes in eine positiven: Coaching-Alltag. Wenn Sie negative Dinge herausstellen, sie verfolgen und Gründe dafür suchen, gehen Sie an die Wurzel, nicht zu den Zweigen. Sie betreiben gerade Psychotherapie ohne Lizenz.

Anerkennung ist das Schmieröl im Getriebe der Kommunikation. Deshalb ist es auch ein wichtiges Coaching-Tool. Adam Smith hielt Anerkennung sogar für existenziell. Die Gefängnisstrafe war für ihn schlimmer als der Tod, denn ohne Anerkennung ginge der Mensch zugrunde. Wenn man andere Menschen wertschätzen will, spricht man einfach in anerkennenden Worten zu ihnen. Sobald man den Beitrag jedes Spielers hervorhebt, betont man den Wert jedes einzelnen Mitglieds. „Du hast sehr viel dazu beigetragen, das Projekt rechtzeitig fertig zu bekommen". Sogar Irrtümer und Fehler kann man in anerkennende Worte fassen, ohne plump dabei zu werden: „Gut, dass du den Fehler diese Woche gemacht hast, nächste Woche kriegst du das hin". „Jetzt wissen wir wenigstens, wo wir stehen". Oder einfach: „Schlechte Generalprobe – gute Premiere". Ihr Vorteil: es passiert so selten, dass man Anerkennung erfährt, dass Sie als Coach in einer Pole Position stehen. Probieren Sie's aus: neun Dinge, die die Person, an die sie gerichtet sind, aufhellen, ohne dass sie es bemerkt. Nach neun Malen Anerkennung haben Sie die Erlaubnis, eine ⇨ Empfehlung auszusprechen.

Aufmerksamkeit bedeutet, zu bemerken, was eine Person getan hat. Sich Unterhalten bedeutet, darauf zu reagieren, was sie getan hat. Anerkennung bedeutet, herauszustellen, was sie getan hat.

Das ist Ihr Job als Coach, die Verwirklichung positiver Psychologie. Das klingt kitschig, ist aber viel schwieriger. Die meisten Leute lachen darüber, weil sie Angst haben. Analysieren und kritisieren ist mehr en vogue, denn das kann jeder. Die meisten Menschen können nicht coachen, weil sie nicht auf der Aktionsseite stehen. Sie sitzen im Publikum, gucken, nörgeln, kritisieren oder sind ironisch wie Waldorf und Stadler.

Coache arbeiten aus der Perspektive der Aktion. Sie müssen jemanden von jeder Art Kritik befreien. Sie setzen jemand in Aktion. Sie stellen ihn auf die Bühne. Und stehen selbst auf der Bühne. Ihr Job, anzuerkennen, ist also kein einfacher Job. Aber wenn Sie's einmal heraushaben, hängt Ihr Coachee Ihnen an den Lippen, fängt an zu strahlen – und tritt ins Rampenlicht. Vorhang. Applaus. Die schönste Anerkennung.

23.

UNSHAKEABLE FACTS - UNERSCHÜTTERLICHE TATSACHEN

Wie oben erwähnt, hat Anerkennung nichts mit Schmeicheleien zu tun. Zu durchschaubar wären plumpe Komplimente, und vor allem gehen sie in eine andere, ganz merkwürdige Richtung ... stopp! Aufwachen! Ein Coach hat die Aufgabe, seine Leute ins Leben zu holen! Sagen Sie ihnen die nackte Wahrheit ins Gesicht! Sie sind fett! Es ist netter, die Fettleibigkeit von jemand zu erwähnen, als zu behaupten, er hätte zwei Pfund abgenommen. Und es stiftet Vertrauen. Denn nicht selten ist es genau das, was die ganze Zeit im Raum steht. Bei dem Beispiel des Übergewichtigen buchstäblich: Seine Leibesfülle hindert ihn an gewissen Dingen oder verschafft ihm Minderwertigkeitskomplexe. Unser Monsieur Mathieu aus dem zitierten Film „Die Kinder des Monsieur Mathieu" muss einem seiner potenziellen Chorknaben ins Gesicht sagen, dass bei ihm wirklich endgültig Hopfen und Malz verloren ist. Er übernimmt daraufhin die Funktion des Notenständers, was ziemlich lustig ist.

DER TIPP: Unübersehbare Tatsachen bilden die Grundlage für ehrliches Coaching und ehrliche Diplomatie. Die Faktenlage ist der Ausgangspunkt. Alles andere ist eine Sackgasse, oder weist in die falsche Richtung. Wenn wir jemandem sagen, dass er fett ist, tun wir das ohne Urteil und ohne Kritik dabei. Wir sagen nur genau das, vor dem sich im Moment jeder fürchtet. In diesem Moment, wenn es ausge-

sprochen wird, nimmt es jeder zur Kenntnis. Wir konfrontieren unsere Leute mit der Wahrheit. Dies ist nur eine andere Form der Anerkennung.

Es gibt viele Möglichkeiten, um den heißen Brei herum reden. Die Kunst ist, es zu wagen, in den heißen Brei hineinzustoßen. Wenn Klienten über ihr Geschäft reden, will ich wissen, was sie verdienen. Manchmal sage ich die Wahrheit über den Markt: „Tja, die Jobs sind weg und kommen nicht wieder". Oder ich bringe Neuigkeiten: „Diese Firma ist pleite, habe ich gelesen". „Wir haben gerade Krieg": So lange man vor Augen liegende Fakten unterdrückt, kann man keine aufrichtige Coaching-Session betreiben. Diese kleine Mutprobe trennt den Coach vom Anfänger. Da müssen Sie durch.

Man wird Ihnen dankbar sein. Sie sprechen schließlich von dem großen Elefanten, der gerade mitten auf dem Tisch sitzt. Wenn Sie unverrückbare Fakten erwähnen, wirkt das entspannend! Wichtig ist das Erwähnen, und nicht das Ins-Gesicht-Klatschen. Wahrheit kann oft sehr verletzend sein, wie wir alle wissen, es liegt in Ihrer Gabe, den feinen Unterschied zu kennen. Wenn Sie allerdings die Wahrheit auf den Punkt treffen – dazu gehört viel Takt und der richtige Zeitpunkt – eröffnen sich vollkommen neue Kommunikationskanäle. Wir brauchen nun nicht mehr so tun, als handle es sich um ein großes Geheimnis. So lange bestimmte Themen als Tabu betrachtet werden, kann man nicht geradewegs heraus sprechen. Nun aber ist die Wahrheit auf dem Tisch, und der Elefant ist fort. Die Gedanken fließen ruhig, und in die richtige Richtung. Verborgene Wünsche und lang vergessene Sehnsüchte kommen dahinter zum Vorschein. Das ist das Schöne daran: „das Göttliche, die tiefsten Interessen des Menschen, die umfassendsten Wahrheiten des Geistes zum Bewusstsein zu bringen und auszusprechen" (Hegel, Ästhetik, S.21). Und ... was gibt es Schöneres? Übrigens: Sie sind nicht fett.

Weiterführende Literatur:

Hegel, Georg Wilhelm Friedrich. „Zweck der Kunst", in: Vorlesungen über die Ästhetik. Frankfurt am Main 1983, S. 29ff.

Hegel, Georg Wilhelm Friedrich. „Die Sinnlichkeit, oder: Das Sagen und das Meinen", in: Phänomenologie des Geistes.

Watzlawick, Paul. Menschliche Kommunikation. Basel/Toronto 1969.

Hume, David. „About Sympathy", in: An Enquiry Concerning The Principles of Morals. Oxford 1975

Smith, Adam. The Theory of Moral Sentiments.

Coltrane, John. „Acknowledgement", auf: A Love Supreme. Impulse/MCA.

8. SKYLLA UND CHARYBDIS – DIE KRISE

„Verlassen Sie sich auf die eigene Neugier, Strategie und Willensstärke."

Heidi Klum, Body of Knowledge. 8 Rules of Model Behavior (zit. in DIE WELT, 21.12.2004, S. 10)

Bisher haben wir gelernt, wie man ein Gespräch aufbaut, das Coaching-Qualität aufweist, wie Sie Ihren Klienten behandeln, und außerdem bereits die Basic Tools, mit denen Sie, geschickt verzahnt, sehr erfolgreich sein können. Sie fanden diese Ausführungen eigentlich locker-leicht? Dann werden Sie nun in große Gefahren geraten. Denn hier kommt die schlechte Nachricht: Ihr Klient ist in Gefahr, Sie haben ihn in diese Situation manövriert, Sie sind jetzt auch für ihn verantwortlich.

Coaching basiert auf Selbst-Aktualisierung. Sie helfen jemandem, sein Ziel zu erkennen und zu erreichen. Das bedeutet: Sie coachen diese Person von der konzeptualen (der „verkopften") in die aktuale (der „handelnden") Sphäre. In der konzeptualen Sphäre liegen die Anlagen, die Ideen, die Theorie. Als Coach führen Sie Ihren Klienten in die aktuale Sphäre, in die Erkenntnis, Verwirklichung, in die Tat. Sie decken auf, welche Ahnung Ihr Coachee hat, was in ihm stecken könnte, und holen das Beste aus ihm heraus: Seine tiefsten Interessen, seine höchste Motivation. Angesichts des Widerspruchs zwischen dem, was man gerade tut, und dem, was man offenbar tun könnte oder sollte, „klafft" meistens eine „Kluft", wie Heidegger sagt. Die meisten Menschen befinden sich deshalb zwischen Ahnung, Anspruch und Wirklichkeit. Sie stecken auch mental in einem konzeptualen Zustand: Angst, Frustration, Melancholie, oder vielleicht sogar Depression sind alles passive Zustände. Das gleiche gilt für die „Stimmung" in einem Team. Mit Ihren gelernten Tools und viel Training können Sie diese Zustände schon gut erkennen. Mit der Leitfrage „Was wollen Sie wirklich?", durch Feedback, positive Anerkennung, offene Fragen und andere Mittel führen Sie die Coachees zu ihren Zielen hin. Sie wachen auf. Sie werden neugierig. Sie blitzen auf. Sie verlassen für eine Stunde ihre Melancholie, ihre „Gemütlichkeit", ihre Gewohnheiten, die ihre Persönlichkeit auf Dauer hat festfrieren lassen. Jetzt wollen sie's wissen.

Und dann? „Auf der Schwelle der Erfüllung stirbt die Sehnsucht," hat Udo Jürgens einmal so vielsagend formuliert. An der Schwelle zur Tat steht die Angst. Angst, das Gewohnte zu verlassen. Angst, vertraute Dinge wie einen festen Job hinter sich zu lassen. Angst vor dem Neuen. Ihr Klient liegt wie Phoenix in der Asche. Sie haben eine ganz kleine Glut in ihm entfacht. Nun müssen Sie die Glut anpusten und ihm aus der Asche heraushelfen. Er muss sich neu erschaffen. Ein Team muss sich neu aufstellen.

Selbst wenn gerade Licht am Ende des Tunnels erscheint: Einfacher wird es keineswegs. Auch für Sie nicht. Wer Angst hat, beginnt sich zu wehren. Wenn Sie einmal die falsche Frage stellen oder das falsche Statement machen, fliegen Sie unweigerlich aus der Kurve. Wenn die Maus in die Ecke gedrängt wird, wird sie kämpfen wie ein Löwe, sich mit Händen und Füßen wehren. Sie hat Angst. Wie Ihr Klient. Er hat Schwellenangst. Sie wird bei jedem Eintritt in eine neue Phase zurückkehren.

Nehmen Sie sich bei Ihren ersten Versuchen nicht vor, Donald Trump coachen zu wollen. Er würde Sie beim geringsten Fehler nach Strich und Faden fertig machen. Wenn Sie zum Beispiel ins Analysieren geraten oder Anweisungen geben, macht Karl Kühl um die Ecke das Gleiche mit Ihnen. Sie werden zu Beginn immer wieder Psychologie, Unternehmensberatung oder Managing betreiben. In unseren Seminaren müssen die Teilnehmer deshalb immer wieder das Coachen in der Gruppe trainieren. Ein besonderer Spaß besteht darin, sich vom Coachee coachen zu lassen. Dabei haben wir eine interessante Feststellung machen können: Die Coaching-Tools wirken auch umgekehrt - auf den Coach. Das bedeutet, man coacht sich selbst, während man coacht. Deshalb ist Coaching ein Traumjob, wenn er einem liegt. Er besteht im Kern nicht darin, an anderen zu arbeiten, sondern daran zu arbeiten, dass der andere an sich arbeitet. Dafür muss man sehr viel an sich arbeiten.

Wenn Sie eine Person coachen, wollen Sie, dass sie ihre Ziele erkennt oder formuliert. Darin ist inbegriffen, dass diese ihr gewohntes Terrain verlässt, ohne zu wissen, was dahinter erscheint. Auf der Performance Scale ist diese Barriere mit „Angst" oder „Konfusion" gekennzeichnet. Es ist der Grenzbereich, in dem ein Mensch vom Konzeptualen zur Handlung übergeht, von seiner Innerlichkeit zu äußerlich wirksamen Taten, von seinen „Wurzeln" zu seinen „Zweigen". Wir ahnen, dass dahinter etwas Schönes auf uns wartet. Aber im Moment sind wir verwirrt, verängstigt, paralysiert. Das ist der Moment, wenn im „Herrn der Ringe" jeder realisiert, dass es kein Zurück mehr gibt. Nebel. Point of no Return. Und kein Stehenbleiben. Also Augen auf und durch den Nebel hindurch. Dahinter erscheint eine neue Neugier. Wie sie heißt? Lesen Sie „Nebel" einmal rückwärts.

24.

CONFUSION - KONFUSION

Leben ist wie die Irrfahrten des Odysseus. Wir haben Kriege gewonnen, Heldentaten bestanden, Versuchungen widerstanden. Aber wir wissen nicht, wo es langgeht. Und wir wissen nicht, dass wir es nicht wissen. Wir navigieren auf der schmalen Fahrrinne zwischen Skylla und Charybdis, und beide wollen uns verschlingen. Sie hausen in der Region, von der Mama uns immer gewarnt hat: jenseits dessen, was wir aufgrund unserer Erfahrung, Bildung und Erziehung akzeptieren können. Sie zerstören unser bisheriges Weltbild. Aber darin liegt auch der Sex: Der Ruch des Verbotenen macht es noch viel verführerischer, die Grenzen zu durchbrechen. Irrfahren oder erfahren, was verführt besser?

Irrungen, Wirrungen durchlebt jeder Mensch, der das delphische Orakel seiner Existenz befragt, vor dem die Aufforderung „Erkenne dich selbst!" steht. Nur andere Menschen können ihn aus seiner eigenen Selbstwahrnehmung herausholen. Zum Beispiel der Coach. Es kann möglicherweise auf ihn zurückfallen. An wen soll sich derjenige schon wenden, der plötzlich in ein Loch fällt? An den, der ihn dort hineingeschubst hat. Der Coach stiftet Verwirrung. Er wirbelt die innere Welt des Coachees und seine prästabilisierte Harmonie mächtig durcheinander. Er wehrt sich mit Händen und Füßen gegen das, was vor ihm steht. Er denkt: „Verdammt, irgendjemand will mich hier gerade bestechen. Irgendjemand will mich wohin treiben, wo ich nicht hin will". Sie müssen ihn durch diesen Engpass führen, auch wenn Sie derjenige sind, der die Aggression zu spüren bekommt. Sie sind Coach. Es ist Ihre Herausforderung. Fusion bedeutet die Verschmelzung zweier Systeme in ihrem Kern. „Fusion" wurde beispielsweise der Jazzrock der Siebziger Jahre genannt, als Jazzmusiker begannen, die Kernelemente aus beiden Gattungen herauszuholen und miteinander zu verschmelzen. Zwei Systeme verschmelzen miteinander wie ein Samen mit einem Ei, oder teilen sich wie eine Zelle. Bei Konfusion muss also nicht Chaos herrschen. Es kann ein sehr fruchtbarer Vorgang werden. Der menschliche Körper hat mehr Zellen als das Universum Sterne.

<u>DER TIPP:</u> Wenn sich Ihr Coachee in der Krise befindet, die Sie heraufbeschwören, begegnen Sie ihr mit einer zweiten Krise: Double-Binding. Es handelt sich um zwei Optionen, die beide keine Lösung bieten: „Wasch' mich, aber mach' mich nicht nass." Erinnern Sie sich an die schöne Definition des Coaches mit dem Stein, den er einem Ertrinkenden zuwirft? Sie halten ihn mit diesem Tool in der Hand. Sie konfrontieren den Coachee erneut, indem Sie denjenigen, der an der Mündung des Nadelöhrs steht, wo noch dazu zwei Dämonen auf ihn warten, eine Möglichkeit aufzeigen, die kein Zurück zulässt: Geben Sie dem Boot einen Tritt und schmeißen Sie ihm das Seil zu! „Sie wollen ein guter Verkäufer sein? Vergessen Sie das Verkaufen. Wenn Sie neugierig sind, dann machen Sie erst mal andere neugierig! Zeigen Sie's mir! Ich will was sehen!" Sie setzen ihn in Aktion, indem Sie ein Projekt entwerfen: „Sie haben sechs Wochen Zeit. Bis dahin haben Sie in diesem Bereich sechs Kunden gewonnen, mit denen Sie jeweils 200 € Umsatz machen – also

1.200 €. Ganz nebenbei. Aber ohne zu verkaufen!" Ein alter Spruch in unserer etwas preußisch geprägten Familie sagt: „Gib' einem Mann eine Aufgabe, und er wird daran wachsen". Stimmt ... fast. Man kann auch einer Frau eine Aufgabe geben, an der sie wachsen wird. Wenn Menschen beginnen zu handeln – oder zum Handeln gezwungen werden – haben sie zum ersten Mal die Chance, über sich hinaus zu wachsen und gleichzeitig etwas über sich zu lernen. Im Handeln (sic! „Verkaufen" und „Handeln" sind das gleiche Wort) reduziert sich die Angst, die durch das „double bind" produziert wurde. Wir können nicht erschöpfend betonen, wie viel Power diese „double binds" haben. Woher nehmen?

Aus dem Ziel, das sich beim Coaching herausstellt, und dem Dilemma, das sich dadurch vor dem Coachee auftut. Das ist elementar. Wer erleuchtet aus einer Session geht, wird sofort von seinem Umfeld wieder auf den vermeintlichen „Boden der Tatsachen" geholt. Unsere Mitmenschen sind so gut darin, nicht zu bekommen, was sie wollen, dass sie Experten in der Disziplin geworden sind, auch andere davon abzuhalten. Dabei handelt es sich um eine soziale Epidemie. Haben Sie schon einmal einen Korb voller Krabben gesehen? Wenn eine Krabbe versucht, aus dem Korb zu klettern, wird sie von den anderen wieder hineingezogen. Das gleiche geschieht unter Menschen, und in Menschen. Die einzige Lösung dagegen ist das auf das korrekte Ziel ausgerichtete Handeln. Es ist Ihr Job, den Coachee zum Handeln zu bringen – schon während des Coachings. Sie zeigen ihm, wo er steht. Aber Sie geben niemals Anweisungen. Coaching ist die Kunst, jemanden dazu zu bringen, selbst an seinen Ideen und Vorstellungen zu arbeiten. Ach so: Warum man das Verkaufen vergessen soll? Coaching ist der Austausch von Werten. Richtiges Verkaufen bedeutet, andere wertzuschätzen. Wir nennen es „Service Selling". Aber das ist eine andere Geschichte.

25.

PARADOX - PARADOX

Der Coach navigiert seinen Klienten zwischen den Klippen, indem er dessen Neugier aktiviert. Das bringt ihn zum Handeln. Die eine Klippe heißt Konfusion, die andere Paradox. Sie handelt von dem Umgang mit Widersprüchen. Entweder erscheint etwas widersprüchlich, oder es ist vielleicht wirklich widersprüchlich. Zum Beispiel: „Erscheint Licht als Partikel oder als Welle?" Die korrekte Antwort lautet Ja. Beides ist richtig.

Wenn man es als Partikel misst, ist es ein Partikel. Wenn man es als Welle misst, ist es eine Welle. Quantenphysiker versuchen nicht, uns durcheinander zu bringen, sie sagen einfach, was sie sehen. Niemand kann dieses Paradox auflösen. Wir akzeptieren es einfach, lassen es auf sich beruhen. Wenn ein Widerspruch auftaucht, kann man ihn nicht auflösen. Versuchen Sie's erst gar nicht. Nutzen sie ihn (⇨ This and That).

DER TIPP: Sagen, was man sieht. Widersprüche aufzeigen und feiern. Fragen, wie diese in der Zukunft zu lösen sind. Denken Sie besonders aktions- und zukunftsbezogen: „Sie sehen ja, was vorher nicht gelaufen ist, aber wie läuft es jetzt?". „Wie bauen Sie damit Ihre Zukunft auf?". „Wir wissen nun, dass Sie kein Maler mehr sein wollen. Was werden Sie dann? Wie sieht von jetzt an Ihre Karriere aus?" Meistens kommen in dieser Situation genug Fragen vom Coachee. Er sucht nach Rat. „Meine Freundin will, dass ich sie heirate und mit ihr ein Kind bekomme. Ich will eine Freundin." Die Antwort: Tun Sie beides. Das bringt den Coachee zum Arbeiten.

Mit einem Paradox stiftet man sofort Verwirrung, denn es bricht das lineare Denken auf und zwingt beide Gehirnhälften zur Auseinandersetzung. Deshalb ist es ein gutes Tool. Denn wenn man beide Dämonen erkennt, sieht man wenigstens etwas in dem Nebel, in dem man herumstochert. Dann merkt man, dass es kein Nebel ist, sondern nur eine verschwommene Vorstellung von den Dingen, die vor einem liegen. Man beginnt, die Konturen zu interpretieren und die Dinge auseinander zu sortieren. Schließlich navigiert man in diese neue Realität: vom Nebel ins Leben. Und man merkt, dass diese Wahrnehmung wesentlich effizienter ist für die eigene Persönlichkeit. Willkommen auf der Straße der Neugier, hinein ins (neue) Leben.

Wie bereits erwähnt, müssen Sie als Coach Ihre Leute in Aktion bringen. Diese Aktion könnte man, um in unserer Metapher zu bleiben, das Land des Nicht-Wissens nennen. Wenn wir „durch" sind, wissen wir schließlich nicht, was dahinter kommt, weder Odysseus, noch Jason und die Argonauten, Harry Potter, noch Sie, weder Coach noch Coachee. Wir kennen nur eines: Das Ziel. Und das ist es wert. Ihre Coachees werden in dieser rhetorischen Gefahrensituation sehr schnell wissen, welche Handgriffe nötig sind, indem sie wahrnehmen, was um sie herum vorgeht. Werfen Sie ihm Bälle zu, und er wird sie gezwungenermaßen auffangen, so wie er instinktiv einem Ast ausweicht, der ihm vors Gesicht kommt. „Ja, und was nun... ?" ist eine Standardfrage in dieser Situation. Keine Ahnung, sagen Sie's mir, ist eine Antwort. Sie bringen die Person ins Handeln. Nur mit aktionsgebundenem Denken manövriert man Coachees vom konzeptualen Denken hinein in Handlung. Hier ist der springende Punkt: Wir wissen eigentlich, was wir am besten können und was uns mit der größten Leidenschaft erfüllt, aber ducken uns davor weg. Manchmal ein ganzes Leben lang. Indem er beobachtet, Gesichter liest, Feedback gibt, sagt der Coach: „Let's face it." Hier und Jetzt. Es wird das Richtige dabei herauskommen. Plötzlich befindet man sich in einem anderen Raum. Wenn ein Unternehmen versucht, eine wirksame Unternehmenskultur aufzubauen, ist das der gewaltigste Übergang, den man sich denken kann. Statt vager Konzepte sind dann Evaluierungen und Verallgemeinerungen an der Tagesordnung: „Wir müssen mehr leisten". „Wir schaffen das Umsatzziel nicht". „Wir operieren hier vollkommen im Chaos". Diese Verallgemeinerungen werden in handlungsbezogene Statements umgewandelt.

Ein Coach holt das Positive daraus hervor, indem er Anerkennung gibt. „Sie haben das Doppelte geleistet wie vorher". „Ist doch prima, wenn Sie das Umsatzziel nicht schaffen.

Dann wissen Sie , dass Sie an die Grenze gegangen sind." „Ihr Chaos ist brillant. Darin sind Sie richtig gut. Zelebrieren Sie es, machen Sie Fehler, und wenden Sie es an." Die Paradoxie besteht in dieser Situation aus dem Widerspruch von Wille und Weg. Ich weiß, das will ich, aber wie soll ich da hingelangen? Und warum soll ich alles andere zurücklassen? Nun soll man das eine tun, das andere nicht lassen, aber nach vorne und nicht zurück. Das Gesetz von Ursache und Wirkung wird scheinbar aus den Angeln gehoben. Leute, die wunderbar in diesen Kategorien denken und leben können, sind Leader. Sie sind diejenigen, die andere anführen können, um diese Hindernisse zu überwinden. Sie denken handlungsbezogen, und finden Antworten auf Dinge, auf die die meisten nur reagieren. Sie sehen das große Bild, aber auch die kleinen Details.

Jemanden durch Konfusion und Paradox zu treiben, bedeutet, dass sie an der Schwelle zur Wahrheit stehen. Wahrheit bedeutet, die Dinge näher zu sehen, als sie sind. Man nähert sich also sehr vorsichtig und gezielt an. Leader sehen diese Wirklichkeit aus der Perspektive der Dinge, die in der Vergangenheit geschehen sind, nicht in der Intuition. Dieses Aus-Dem-Bauch-Denken bringt meistens Ergebnisse hervor, die auf einer Mischung aus den eigenen Vorstellungen und einer Menge Annahmen beruhen. Meistens ist Intuition tödlich falsch. Ein Pilot verlässt sich nicht auf seine Intuition, sondern auf seine Bordinstrumente. Leader treffen dagegen Entscheidungen, die auf den ⇨ <u>unerschütterlichen Tatsachen</u> beruhen. Mögen sie noch so paradox klingen. Auf diese Weise leiten Sie Ihre Klienten an den Klippen vorbei. In den meisten Sagen und Geschichten bestehen die Helden natürlich diese Prüfung. In den allermeisten Mythen testen die Frauen in Löwengestalt, die Dämonen und Schlangen in Wirklichkeit nur, wie viel Mut ihre „Opfer" haben. Beverly D. erkannte durch die Konfrontation mit einem Paradoxon: „Ich kann mich sehr gut an dieses Interview erinnern. Ich war vollkommen verwirrt, was ich mit meinem Leben anstellen soll. Ich wusste nicht, ob ich mit meinem Freund zusammenziehen oder mir eine eigene Wohnung nehmen soll. Ich wusste nicht, was ich tun soll, weil ich nicht wusste, was ich will. Ich wusste nicht, ob der Typ der Richtige war oder ein Desaster bedeuten würde. Der Coach sagte, ich solle beides machen. Bevor ich nichts unternehmen würde, würde ich es auch nicht wissen. Die einzige Möglichkeit, herauszufinden, ob er der Richtige sei, war, es auf einen Versuch ankommen zu lassen. Ich sah das Paradox, es war wie in Catch 22. Mir war klar, dass ich gerade hervorragend gecoacht wurde. Übrigens, ich habe ein nettes Apartment gefunden und beschlossen, dass er nicht der Mann meines Lebens ist."

26.

CURIOSITY AGAIN – NEUE NEUGIER

Wir reden hier über den mächtigsten Instinkt im menschlichen Wesen: Neugier. Sie ist die Quelle der Brillanz, der erste Luxus, den man über seine natürlichen Bedürfnisse hat, und die Quelle aller Entwicklung eines Individuums. Alle humanen Systeme entwickeln sich über die Zeit durch Neugier. Ein Vertreter einer Spezies muss Neugier entwickeln, wenn er eine neue Nahrungsquelle auftun muss, weil die alte versiegt ist. Die neugierigsten Tiere überleben am ehesten. Angst ist deshalb eine Quelle der Neugier. Diese beiden Erscheinungen tanzen miteinander. Wenn unsere Vorfahren Angst hatten, blieben sie in ihrer Hütte und verhungerten. Sie waren gezwungen, Neugier und Mut zu entwickeln, um zu jagen und etwas zu Essen zu besorgen. Heute haben wir es etwas bequemer mit der Essenssuche. Geblieben ist die Neugier. Eine neue Neugier sozusagen. Diese Neugier öffnet neue Dimensionen. Sie ist die Sehnsucht nach dem, was hinter den Widersprüchen und Paradoxien liegt.

Der Job eines Coaches besteht darin, nach der Neugier zu suchen, nach ihrem aktuellen Selbst. Dies führt zu Glückseligkeit, das Ziel aller Ziele. In jedem steckt sie – irgendwo. In welchem Moment kommt Licht in ihre Augen? Wann beginnen sie zu strahlen? Wer Routine hat, erkennt diesen Moment sehr schnell und steuert immer zielsicherer auf ihn hin. Der Blick ist untrügerisch. Sie können nicht sagen, „Oh, jetzt haben wir's!", wenn der Coachee darauf mit einem ungläubigen Blick antwortet. Betrachten Sie genau die Augen von Kindern. Sehen Sie die unbekümmerte Fröhlichkeit darin? Das ist Neugier. Sie sind der Quell' unserer Freude, der nicht zu versiegen scheint. Gehen Sie in einen Kindergarten, und alle Kleinen schauen auf Sie und strahlen oder schauen verwundert. Sie fragen Sie, wer Sie sind und welche Überraschungen Sie parat haben. In einer höheren Schule hat sich das schon gelegt. Sie sehen junge Leute, die einen auf „cool" machen und sich eine Art Robotik zugelegt haben, während sie ihre Leidenschaften beim Schauen von Musikclips ausleben. Wenn man Studenten eine Frage stellt, überlegen sie, was oder welche Antwort man von ihnen erwartet, anstatt in ihre Psyche oder ihre Brillanz zu schauen. Schauen Sie in die Augen eines Erwachsenen, und Sie sehen Bedenken, Enttäuschung, Unsicherheit, Urteil, Meinung und jede Menge Hemmungen. Wenn Erwachsene neugierig sind, wirken sie entspannter, jünger, sogar sexier. Da ist ein Spiel, eine Leichtigkeit mit ihrem Gesichtsausdruck, weil die Widerstände gewichen sind. Geben Sie ihnen Liebe, Respekt, und Service, und Ihre Coachees werden strahlen wie die Kinder. Das Spiel kreiert ein Energiefeld, aus 12 Volt werden 12.000 Volt. Diese Prozedur könnte man „Selbstorganisierendes System zum Leader" nennen.

In unserer Gesellschaft sind die erfolgreichsten Menschen solche, die ihre Neugier bewahrt haben. Albert Einstein war dieser festen Überzeugung. Innere Neugier hat schon immer ein Ziel in sich, eine Seele für sich. Sie reagiert nicht auf kritisches Denken oder Analyse. Obwohl diese beiden sein müssen und ihren Zweck erfüllen, können sie keine Dynamik entwickeln. Pure Neugier ist reiner Brennstoff, der uns nach vorne treibt.

Diese Neugier geht mit Konfusion und Paradox Hand in Hand. Wenn jemand beginnt, seiner Neugier nachzuspüren, gerät er zwangsläufig in Widersprüche und Verwirrung. Sobald man seinen sicheren Hort verlässt, sieht man der eigenen inneren Realität ins Auge. Der Verstand setzt einen Verteidigungsmechanis-

mus ein, um sich davor zu schützen. Oft beginnen die Coachees deshalb, sich in dieser Situation wieder zurückzuziehen. Sie betreten lieber wieder einen sicheren Pfad, als im Nebel herumzuirren. Jeder von uns kennt das Gefühl, in totaler Verwirrung zu sein. Wenn man in einem Entscheidungs- oder Denkdilemma steckt, sucht man verzweifelt eine Lösung, obwohl keine zu existieren scheint. Gleichzeitig wissen wir, dass es kein Zurück gibt. Mit der Neugier ist es das gleiche.

DER TIPP: Eine neue Neugier ist wie ein neues Leben. Machen Sie es wie Heidi Klum. Folgen Sie Ihrer Neugier wie Ihrem Schatten. Sie wird Ihnen immer einen kleinen Schritt voraus sein. Machen Sie das Ihrem Coachee deutlich. Und, dass es keine Umkehr gibt, indem Sie fragen, wo das Zurück liegt. Machen Sie deutlich, dass es bei genügend Reflektion nur eines geben kann, eine Lösung, eine frische Idee, Neuland. Wenn Sie sein Ego massieren und auf seinen Wunsch eingehen, zurückzukehren, bringen Sie den Coachee noch mehr in Gefahr. Er ist mit Ihnen schon durch verschiedene Stadien gegangen, die ihn hierher gebracht haben: Möglicherweise sogar Depressionen oder Melancholie, Verbitterung oder Erschöpfung, sicher aber Angst und Furcht.

Charles Spielberger grübelte lange über der Frage, was der Unterschied zwischen den beiden sei – bis es ihm irgendwann dämmerte, dass Angst ein existenzieller Zustand ist, während Furcht etwas Aufregendes sein kann. Furcht ist Furcht vor etwas: einer Aufgabe, einer Herausforderung, einer Veränderung im Leben. Angst ist Furcht vor dem Nichts. Wir überwinden diesen Zustand, wenn wir das Objekt finden, vor dem wir Angst haben können, und dann ist es Furcht vor etwas. Das Objekt ist das Objekt der Be- oder Neugierde: Unser „Lebensinhalt".

Als Coache müssen wir also unsere Schäfchen von der Angst in die Furcht pushen, und zwar genau in diesem verwirrten Zustand, in dem sie sich befinden. Es ist eigentlich eine moralische Verpflichtung. Sie haben möglicherweise schon mal jemanden sagen hören, „Sie sind ja vollkommen verwirrt. Sie sind wohl gerade dabei, etwas zu lernen". Das ist vollkommen richtig. Je tiefer die Verwirrung, umso kraftvoller die Idee, die gerade ausgebrütet wird. Wenn man nicht durch den Wald geht, den man vor lauter Bäumen nicht sieht, kommt man auch nie an Heideggers „Lichtung", in dem einem das Wesen der eigenen Existenz klar vor Augen liegt. Haben Sie Licht?

9. STRATEGIEN UND STRUKTUREN

Willkommen in der Aktion. Was Sie nun brauchen, sind ein paar handfeste Utensilien, mit denen man Ziele definieren kann. Wer das Business-Spiel eröffnet, steckt gezwungenermaßen die Koordinaten ab. Die eine ist die Zeit, innerhalb derer man ein Ziel erreichen muss oder kann. Die andere ist das Projekt. In der Mitte des Koordinatensystems steckt das Können und die Motivation, je nachdem, wie sich Ihr Coachee anstellt. Ihr Job besteht nun darin, ihm diese Koordinaten aufzuzeigen und mit ihm gemeinsam zu überlegen, welche Ziele er hat und wie er sie erreichen kann. Was die Neugier auf der emotionalen Seite, sind Strategien und Strukturen auf der rationalen Seite. Sie helfen, nicht nur das Ziel zu erkennen, sondern auch den richtigen Weg. Wohl dem, der einen guten Coach wie Quincy Jones zur Seite hat, und noch dazu den Scharfsinn eines Will Smith ...

27.

PATTERN RECOGNITION - MUSTER ERKENNEN

„Mentor, inventor, but hard to the core
an entrepreneur ...
So if you really want to reach for the top,
never fear ... cause I'm back on the block."

Prologue Rap Quincy D. III/Quincy Jones, from Quincy Jones, Back On The Block (CD)

Will Smith hat ein echtes Problem. „Ich liege zwei Milliarden Dollar hinter Tom Cruise", erzählt er in einem Interview mit dem Magazin der Süddeutschen Zeitung (No. 34, 2004, alle Zitate daraus): Tatsächlich wetteifert er mit seinem Freund aus Hollywood ständig um die meisten Millionen. Dabei war Will Smith Anfang der Achtziger Jahre nichts als ein Spaßvo-

gel: „Als ich mit der Schauspielerei anfing, war ich ja nur dieser junge, schwarze Typ aus Philadelphia, der es irgendwie zu einem Witz-Rapper geschafft hat. Aber dann hast du plötzlich Quincy Jones am Telefon. Ein Superstar, der gerade Michael Jackson produziert hatte! Er sagte: „Will, jetzt komm endlich nach L.A. und lass' uns den Rest deines Lebens beginnen." Smith spielte bald darauf den „Prinz von Bel Air" und ist heute einer der reichsten und erfolgreichsten Männer in den Vereinigten Staaten.

Sein Erfolgsrezept: Muster zu erkennen. Als er vom Fernsehfach nach Hollywood wechselte, schaute er sich alle Sendungen und Filme gleichwertiger Kollegen an und versuchte, Gemeinsamkeiten herauszufinden und darin Strukturen zu finden: „Gemeinsam hatten sie, dass sie alle normale Typen von nebenan waren. Man sah sie förmlich vor sich, zu Hause auf dem Sofa mit ihren Kindern und ihrer Frau. Bisher war ich ja Rapper, dieser wilde Fresh Prince. Nun musste ich einer von diesen gewöhnlichen Typen werden." Das ist ihm irgendwie geglückt – und irgendwie nicht. Zum Glück. Aber auch mit viel Berechnung. Tatsächlich legt Smith bei all seinen Tätigkeiten einen Maßstab an, anhand dessen er aufgrund seiner analysierten Strukturen zum Beispiel misst, ob eine angebotene Rolle seine Karriere befördern wird oder nicht. Schließlich will Will Tom Cruise um zwei Milliarden Dollar überflügeln ... oder waren es doch zwei Millionen?

Wenn Business ein Spiel ist, dann kann man jedes Spiel irgendwann durchschauen. Je länger Sie Schach spielen, umso besser müssen Sie fast zwangsweise werden. Sie lernen die Züge, Sie lernen die Konsequenzen. Sie werden vielleicht nie ein Meister. Aber Sie kennen die Muster. Und wenn Sie immer gegen die gleichen Leute – oder im Geschäft mit den gleichen Mitbewerbern – spielen, wissen Sie immer besser, wie die anderen reagieren, und wann sie entscheidende Fehler machen. Das sind die Strukturen, die sich in Ihrer Wahrnehmung ablagern.

Als Coach beobachten Sie Menschen und ihre Reaktionen. Und Sie haben Ihre eigenen Muster entwickelt. Ohne Muster sind Sie verloren, und erzählen eventuell jedes Mal improvisierten, haltlosen Mist. Ihr Kunde wird misstrauisch werden, und er wird Sie genau so gnadenlos beobachten wie Sie ihn, wenn Sie selbst es sind, der bei seinen Erklärungen plötzlich unruhig auf dem Stuhl hin- und herrutscht und sich dabei vielleicht immer weiter in den Abgrund seiner Glaubwürdigkeit redet. Coaches' Alptraum. Vielleicht ist dies die wichtigste „Lektion" in diesem Buch.

DER TIPP: Ein Coach benötigt einen Plan, ein System, durch das er erkennen kann, in welchem System er sich befindet. Nur dann kann er seinen Coachee in ein anderes System überführen, in dem er ihm den richtigen Schub in die richtige Richtung gibt.

Zu diesem Zweck haben wir die „Performance Scale" angelegt. In ihr kann man mit Übung sehr genau erkennen, in welchem mentalen Stadium sich derjenige befindet, der Ihnen gegenübersitzt. In den Büchern „Lebe Deinen Traum" und „Die Chefin" haben wir diese Stadien eingehend beschrieben, und sie lassen sich jederzeit auch auf andere Situationen, wie einem Team, übertragen. Sie erkennen dieses Stadium durch die Tools in Kapitel 5 und 6.

Wenn jemand seine persönliche „Grenze“ überschritten hat und bereit ist, etwas anderes zu unternehmen – nämlich das, was ihn am meisten begeistert – braucht er ab einem gewissen Stadium Druck. Den richtigen Druck. Wenn man ein Metallstück ins Feuer hält, ändert sich seine Farbe je nach Hitzegrad und härtet sich. Wenn man einen Menschen unter den richtigen Druck setzt, wird er sich immer unwohl fühlen, neue Schattierungen seines Charakters zeigen, schließlich auf eine Weise „härter werden“ und seine ganze innere Schönheit entfalten.

Sie glauben, es ist schwer, diese Muster zu erkennen. Aber es ist regelrecht natürlich. Sobald etwas in der Ehe nicht funktioniert, beginnt man, nachzudenken, nach welchem „Muster“ es „gestrickt“ ist. Man sieht die Muster schon, bevor man sie mit den üblichen Filtern und Meinungen überlagert. Wenn man Menschen assistiert, wo man das erkennt, stellt man die natürliche Fähigkeit wieder her, sich mit viel Sensibilität auf andere einzustimmen. Gehen Sie in Service. Bedienen Sie Ihren Coachee, um seine Bedürfnisse und Muster zu erkennen. Beobachten Sie, schauen Sie, lernen Sie. Dann durchschauen Sie sein Muster und sind in der Lage, die Person in ein anderes System zu überführen. Will Smiths macht's vor. Der ganze Körper wird sich sichtlich erleichtert fühlen, wenn jemand spürt, nach welchem Muster er vorgeht oder in welchem Zustand er sich befindet. Als Teamcoach können Sie durch Stimmungsveränderung eine gewaltige Geschlossenheit entwickeln. Denn er steht nun auf einer ganz entscheidenden Stufe: Sich nur noch nach vorne zu entwickeln. Und zwar buchstäblich: Entwickeln, bis hoch nach oben. Dann schaffen Sie drei Milliarden. Will Smiths Ziel: „Ich möchte nie wieder eine Straße irgendwo auf der Welt entlanglaufen, ohne dass mich die Menschen erkennen.“ Will, nimm dich in Acht.

28.

STRATEGIC THINKING – STRATEGISCHES DENKEN

„Within days of my joining the AEC in early 1970, Lester took me aside one day after rehearsal and said, very seriously, „Don't even mess with us or get any more involved if you can't commit to playing Great Black Music at a very high level, becoming famous, and taking our place in the History of Jazz.“ These were his musical goals from the outset of his career and journey through life. Big brother, friend, ally/co-conspirator, showman, slickster, mentor and business partner, he was a consummate musical stylist, a teacher, motivator, and a great judge of talent.“

„Schon kurz nachdem ich in den frühen Siebziger Jahren auf das Art Ensemble of Chicago gestoßen bin, nahm mich Lester zur Seite und meinte sehr ernst, „Komm' bloß nicht auf die Idee, mit uns herumzuhadern oder dich auf uns einzulassen, wenn du dich nicht darauf festlegen kannst, „Great Black Music“ auf einem sehr hohen Niveau zu spielen, berühmt zu werden, und einen Platz in der Jazzgeschichte einzunehmen.“ Dies waren seine musikali-

schen Ziele vom Anbeginn seiner Karriere und seiner Reise durch das Leben. Großer Bruder, Freund, Verbündeter/Ko-Inspirator, Showmann, coole Sau, Mentor und Geschäftsmann er war ein alles verschlingender musikalischer Stylist, ein Lehrer, Motivator, und ein großer Richter über Talente.": So urteilt der Jazz-Schlagzeuger Don Moye über Lester Bowie, den Gründer der legendären Avantgarde-Formation „The Art Ensemble of Chicago". Sie schafften es als eine der wenigen Musiker im Jazz, in der freien improvisierten Musik zu Ruhm und Glamour zu gelangen, wo die meisten Musiker am Hungertuch nagen. In dem zitierten Statement hat der Bandleader Lester Bowie bereits am Anfang das Ziel formuliert. Durch die Jahrzehnte hindurch, als die fünf intellektuellen Musiker aus Chicago die Welt mit Busladungen voller Instrumente bereisten, sich für ihre Auftritte maskierten und verkleideten und eine unnachahmliche „Great Black Music" spielten, folgten sie diesem Muster und entwickelten sich in immer höhere Sphären. Am Ende war das „Art Ensemble of Chicago" tatsächlich das, was Lester Bowie prophezeiht hatte: Legende. Kein Wunder: Ihr Leader war ein Coach, ein Vorbild, ein Forderer und Mentor. Er wusste, was als nächstes kam. Das nennt man Avantgarde.

Ein Coach braucht eine Landkarte, um zu entscheiden, wo man sich befindet und wo es langgeht. Ansonsten wäre die ganze Prozedur ein zielloses Gestochere im Nebel. Der Coach dagegen kennt das Ziel, kennt bereits den Weg dorthin und bringt seinen Coachee dazu, vom Holzweg auf den Weg zu springen. In jeder Abstufung dieser Skala herrscht eine andere Stimmung, eine andere Harmonie. Man kann sie ohne weiteres mit den musikalischen Skalen vergleichen. Ihr Job besteht darin, die Musik eines Menschen zum Erklingen zu bringen. Suchen Sie nach der Tonart, fallen Sie im richtigen Moment mit der richtigen Dynamik und dem korrekten Tempo ein, erzeugen Sie mehr Energie, bringen Sie die Stimmung zum Kochen. Nehmen die das Muster, in dem sich ein anderer Mensch bewegt, um ihm andere Muster aufzuzeigen. Auch bei Teams kann man das Muster anwenden. Im Sport brauchen Sie noch nicht mal in die Gesichter schauen, sondern nur auf die Tabelle. Wir behaupten: Nicht das Ergebnis bestimmt die Stimmung, sondern die Stimmung das Ergebnis. Der Teamcoach hat die Aufgabe, die Mannschaft in ein neues System zu überführen, indem er sie auf eine neue Stufe der Skala treibt.

Beobachten Sie die mentale Situation Ihres Coachees oder Ihres Teams. Die „Performance Scale" ist die Ligatabelle der Mentalität. Wenn er sie zur Hand nimmt, muss er strategisches Denken entwickeln, um einen Weg zu finden, seinen Klienten oder seine Mannschaft auf ein höheres Level zu befördern.

<u>DER TIPP:</u> Untersuchen Sie die Vitalität, die Energie eines Teams, und fokussieren Sie diese Stimmung auf ein erreichbares Ziel, geben Sie ihnen eine Aufgabe, um ein konkret formuliertes Ergebnis zu bekommen. Sie können das Ziel nach den Bedürfnissen formulieren. Ob das Bedürfnis darin besteht, Profit zu machen, seinen Lebensunterhalt zu sichern, sich den Gegebenheiten anzupassen oder schlicht zu überleben, ziehen Sie die entsprechenden Register. Coache „lesen" ihre Teams oder ihren Coachee, und das Umfeld, in dem sie sich be-

wegen. Wenn Sie die Bedürfnisse mit dem Umfeld abwägen, können Sie ermitteln, wie man ein neues System entwickelt.

Wenn man eine Herde wunderbarer Zuchtpferde besitzt, aber eine Koppel, die zu klein ist, beginnen die Tiere, sich gegenseitig zu beißen und auszutreten. Man muss also einen größeren Zaun ziehen – aber während sie dies tun, müssen Sie die kleine Umzäunung stehen lassen, weil Ihnen die Tiere sonst durchgehen würden. Das Gute daran: Die Pferde sind unruhig. Sie signalisieren, dass sie etwas brauchen. Strategisches Denken setzt die Coachingsituation in ein Feld. In vielen Hollywoodfilmen können Sie folgendes Muster erkennen. Nehmen wir „The Bourne Identity". Der „Held" wird vom Schicksal berufen. Er hat eine schier unlösbare Aufgabe zu bewältigen. Er selbst wird auch noch verfolgt. Es gibt also kein Zurück, nur ein Vor. Jetzt muss er zeigen, was er kann. Und die Zeit läuft. Das ist eine klare Strategie.

Wer ohne Strategie arbeitet, beschwört nahezu ein ADS-Syndrom herauf. Womit niemand umgehen kann, ist das Nicht-Wissen um ein Ziel und den Raum-Zeit-Rahmen, in dem dieses Ziel erreichbar sein soll. Wer das Ziel nicht erkennt, wird auf Dauer aggressiv. Sie sind ein guter Coach. Sie arbeiten nach einem Muster, kennen die nächste Stufe der Leiter, erkennen die Bedürfnisse Ihrer Coachees – und entwickeln dafür eine Strategie. Sie besteht darin, das bestehende System in ein neues System zu überführen. An der Schwelle zur Aktion ist es besonders aufregend, solche Ziele zu formulieren. Die meisten Menschen sind mit menschlichen Verhaltenssystemen nicht vertraut und würden innerhalb des „kleinen Zaunes" der Befindlichkeit versuchen, die Symptome zu behandeln. Es wird nicht funktionieren. Sie müssen für Unruhe sorgen, um das System zu stören.

29.

PERTURBATION – MILDE ZERSTÖRUNG

„Perturbare" kommt aus der lateinischen Sprache und bedeutet wörtlich „Durcheinanderwirbeln". Das Wort „Perturbation" wird in der Mathematik verwandt und bedeutet „Zerstörung". Im Coaching bezeichnen wir es als „milde Zerstörung". Es gibt immer etwas zum milden Zerstören. Ein kleines Weltbild hier, ein Grundverständnis dort, eine sportliche Auffassung oder das berühmt-berüchtigte „Betriebsklima", die „Corprorate Governance", all diese etablierten Selbstverständlichkeiten gilt es, zu stören, je nachdem, ob Sie Einzelcoaching betreiben, ein Team, ein Unternehmen, den Vorstand oder eine Mannschaft im Sport.

Ein Beispiel: Eine Fußballmannschaft hat die letzten fünf Spiele verloren. Jeder schiebt die Schuld auf die anderen. Andere verschwören sich, suchen Opfer oder Schuldige ... keine Frage, die Mannschaft liegt am Boden. Es handelt sich um eine Art kollektive Melancholie, die man auch aus Opposition, Skepsis, Zögerlichkeit, den ewigen Diskussionen, Beschwerden, Sorgen, üblen Nachreden, Heuchelei, Kritik herauslesen kann. Nun kommt Ihr

Plan. Schauen Sie auf die „Performance Scale“. Der nächste Schritt von dieser kollektiven Melancholie gelangt hinauf zu „Constriction“: Man fühlt sich eingeengt, sucht nach Erklärungen, wartet auf Anweisungen. Das ist auch nicht gerade begeisternd. In diesem „schweren“ Stadium kann man ein Team nicht motivieren. Tun Sie das Gegenteil: Sie wecken die Neugier eigentlich nur, wenn Sie das Team noch tiefer fallenlassen. Sie müssen noch weiter abfallen, um sich ihrer Situation endlich bewusst zu werden. Dann wachen sie auf.

Leider kann man auf der „Performance Scale“ nie ein Stadium überspringen. Das Team wird wieder verlieren. Aber dann rappeln sich die Spieler langsam auf. Wenn die Spieler auf dieser Höhe sind, entwickeln sie Aggression, Frust, Selbstbedauern, erkennen die Stagnation in ihrem Team, Betrug und Selbstbetrug, die Verteidigungsstrategien, die sich jeder einzelne zurechtgelegt hat. Sie sind der Teamcoach. Sie erklären ihnen, dass Sie ständig Anweisungen geben müssen, obwohl Ihnen das keinen Spaß macht. Und dass Sie nun damit aufhören werden. Sie verbieten, nach Schuldigen zu suchen, außer in sich selbst. Sie verleihen Ihrer Enttäuschung emotionalen Ausdruck. Das wird sie beeindrucken, weil Sie Verantwortung und Engagement zeigen. Sie erklären Ihrem Team, wann und wo sie schlecht gespielt haben – ohne einzelne zu tadeln. Sie fragen sie, ob sie wie Kinder oder wie erwachsene Menschen behandelt werden wollen.

Es ist pure Dialektik: Diese miserable mentale Verfassung war vorher schon da, aber jetzt haben Sie Ihre Spieler so weit, dass ihnen ihr Zustand auch bewusst wird, und dadurch ändern sie sich! Damit wird dieser vermeintliche Widerspruch überwunden. Wenn Sie die „Performance Scale“ als Pattern haben, erkennen Sie sehr schnell, wie Ihr Coachee, Ihr Team oder Ihre Mannschaft „drauf“ ist – und finden hier die Tools, um sie aufzuwecken. Coache echter Mannschaften haben große Konkurrenz: sämtliche Stadion- und Fernsehzuschauer. Immer kommen zwei Mannschaften zusammen, die mit ihrem Spiel und ihrem Verhalten deutlich machen, wie sie sportlich, aber auch mental aufgestellt sind.

Die Chemie zwischen Trainer und Team und zwischen den einzelnen Spielern untereinander ist das Entscheidende. Und, wie die Chemie drüben ist, auf der gegnerischen Seite. Wenn Sie solch ein Team haben wie oben beschrieben, ist der Weg weit. Wie wir alle wissen, kann eine Mannschaft auch „wie ausgewechselt“ aufspielen, wenn der Coach wechselt ... Eine milde Störung im System dient dazu, auch die Risse und Spleens zu entlarven, die sich im Laufe der Zeit einschleichen.

DER TIPP: Sagen Sie, wo Ihr Coachee oder Ihr Team mental steht. Versuchen Sie, das System konstruktiv zu zerstören, indem Sie ganz neutral die Situation deutlich machen, so dass die Muster und Ereignisse, die die Effizienz des Teams oder der Person unterlaufen, alle an die Oberfläche kommen.

Beginnen Sie eine Session mit einem starken Statement und testen Sie, wer darauf eingeht und wer einfach nur reagiert. Die Mehrheit wird nur reagieren, einige werden etwas entgegnen. Egal, welche Reaktion kommt, das ganze Gift spritzt heraus. In der Regel passiert folgendes: Die zustimmenden Leute fühlen sich angezogen, denn sie nehmen an, sie haben es mit einem fremden Eindringling zu tun. Sofort kommen ihre Verteidigungsstrategien zutage. Die Verteidigung auf diese „Attacken" sind in Wirklichkeit Offensiven.

In Wirklichkeit attackieren sich die Leute meistens permanent gegenseitig, oder sie attackieren das System. Sie erkennen schnell, wogegen sie sich wehren, indem Sie auf drei Dinge achten:

1. *Die Körpersprache der Spieler (leuchtet etwas in ihnen auf, haut es sie förmlich vom Hocker, werden sie finsterer etc.).*
2. *Kommunikationsmuster (welche Stimmung entsteht) und*
3. *Verhaltensmuster (mit wem geraten sie aneinander, wer übernimmt die Leaderfunktion).*

Jedes Verhalten, das man als Attacke interpretieren kann, ist eines, das die Unternehmenskultur beschädigt hat.

In anderen Stadien (Stadium in zweierlei Sinne) kann milde Zerstörung etwas Wunderbares sein. Eine der größten Gesten in der Fußball-Bundesliga 2004 geschah zweifellos der Moment, in dem der brasilianische Spieler Ailton vom FC Schalke 04 im Hinrunden-Spiel gegen Leverkusen seinem Gegenspieler den offenen Schnürsenkel zuschnürte, weil dieser Handschuhe anhatte. Die demütige Geste konnte sich Ailton zu diesem Zeitpunkt allerdings längst leisten. Schalke 04, die sehr schlecht in die Saison gestartet waren und erst nach einem Trainerwechsel in Form kamen, gewannen das Spiel unerwartet hoch mit 3:0 und stiegen damit zu den Anwärtern für den Deutschen Meister auf.

30.

SOCIAL SKILLS TRAINING – SOZIALE FÄHIGKEITEN

Wenn man milde Zerstörung anwendet und dadurch die Risse im System erkennt, behandelt man sie am besten mit einem Training in sozialen Fähigkeiten. Das bedeutet: Sie lassen Situationen simulieren, damit sie zum einen an Dramatik verklieren und zum anderen die Gelegenheit zum Lernen bieten. Dieses Training besteht grundsätzlich aus dem Gebrauch von unglaublich euphorischen Rollenspielen. Die Kunst besteht darin, dass diese Spiele Begeisterung übertragen. Die meisten Rollenspiele sind nämlich langweilig.

Unsere Trainings sind Verhaltenstrainings oder -interviews. Wir befragen unsere Teilnehmer nach Situationen, die in ihrem richtigen Leben, also im Büro oder im Umgang mit ihren Kunden eintreten, und die sie dann nachspielen müssen. Das hat immer den gleichen Effekt: Das Publikum steigt in die Szene ein und beginnt, den Schauspielern Feedback oder Empfehlungen zu geben. Alles ruft durcheinander, und die Akteure versuchen, die eingeworfenen Vorschläge direkt in ihr Spiel umzusetzen und Alternative nach Alternative auszuprobieren. Im Rausch des Brainstormings kommen sie auf Ideen, sich so zu verhalten, dass sie das Ergebnis erzielen, das sie erreichen wollen. Indem wir das Rollenspiel auf diese Art inszenieren – nämlich mit einem hohen Niveau an Interaktion – steigern wir den Energiepegel im Team entscheidend in die Höhe. Nicht euphorisch genug? Okay, so richtig prickelnd ist das Beispiel nicht. Sie müssen auch keineswegs den Arbeits-

alltag simulieren. Probieren Sie es einmal mit Coaching: Lassen Sie sich vom Ihrem Coachee coachen! Oder Sie betreiben Flirt-Coaching. Leute aus unserem Coaching-Seminar übertragen die Coaching-Idee auf Rollenspiele in der realen Welt: Deren Klienten lernen beim Geländefahren, was Aufmerksamkeit und Rücksichtnahme wirklich bedeutet., und wo eine Konkurrenz nichts weiter ist als ein sozialdarwinistisches Ausscheidungsrennen, bei dem der gewinnt, der als letzter die steile Böschung herunterrast. Andere Coaches trainieren Fahrradbegeisterte im Fahren in der Gruppe, das über Stunden hinweg nur funktioniert, wenn sich ein Team bildet, wenn Disziplin oberstes Gebot ist, und wenn sich alles nach dem schwächsten Glied in der Gruppe richtet.

Irgendwann entwickelt das Team aus dem „Belgischen Kreisel" heraus dermaßen Tempo, dass sie unschlagbar sind – und der Schwächste wird einfach mitgezogen. Eine Klientin aus der Schweiz bietet Coaching in der Schweinezucht und mit Schweinerennen an, mit begeisternden Ergebnissen: Coachen Sie mal ein Schwein, zu gewinnen, und Sie werden fürs Leben lernen!

Flirt-Coaching ist ein seriöses Angebot in unserer Palette. Wer ist schon gut darin? Also stellen wir Dates nach, wie sie im richtigen Leben stattfinden könnten. Das Entscheidende dabei ist das Publikum: Es kontrolliert die Wahrhaftigkeit der gestellten Situationen und ruft entsprechend „Eintritt frei!" oder „Eintritt verwehrt!".

<u>DER TIPP:</u> Die Reaktion des Publikums entspricht immer der Wahrheit. Es ist der „unparteiische Zuschauer" in diesem Spiel, der die allgemeine Meinung widerspiegelt. Man kann sich durch die Einhelligkeit des Echos also sicher sein, hervorragend gecoacht zu werden. Im Einzelcoaching ist der Coach das Publikum. Ihre Meinung muss repräsentativ sein.

Je nachdem machen Sie zum Beispiel dieses hässliche Geräusch eines Buzzers, wenn jemand in einem Ratespiel die falsche Antwort gibt, oder spenden Applaus, wenn der Coachee richtig liegt. Das Paar auf der Bühne spielt die Szene oder den Dialog so lange wieder und wieder, bis das Publikum Eintritt gewährt. Man ist erstaunt, wie viel Spontaneität und Kreativität in diesem Spiel freigesetzt wird. Applaus. Klappe. Fertig. Das Ding ist im Kasten. Und alle sind plötzlich vollkommen zufrieden mit dem Ergebnis.

Eine Teilnehmerin berichtet: „Ich werde mein erstes Flirt-Coaching nie vergessen. Ich war so überrascht von dem, was da geschah. Ich kannte den Mann, der in dem Spiel mein Partner war, nicht besonders gut. Ich fühlte mich in dieser Szene deshalb zusehends überfordert. Obwohl ich viel quatschen kann, bin ich nicht besonders selbstbewusst, wenn ich mit Männern rede. In diesem Fall aber spielten wir vor einem Publikum, das uns anfeuerte und uns ständig Rückmeldung gab, was funktioniert und was nicht!

Als ich merkte, dass es funktionierte und dass der Mann sich für mich interessierte, nahm mein Interesse an ihm immer mehr zu, und dann wurde es natürlich immer aufregender! Seitdem denke ich immer an diese Situation, wenn ich in eine potenzielle Flirtsituation gerate, und vor allem an deren ungewissen Ausgang. Das gibt mir unglaublich Selbstvertrauen" (Beverly D.).

31.

MINIMAL INTERVENTION – MINIMALE INTERVENTION

Es mag komisch klingen, aber eines der wichtigsten Coaching-Tools besteht darin, möglichst wenig zu tun. Wenn Sie in einem Boot sitzen, das mit voller Geschwindigkeit fährt, dürfen Sie das Steuer nur minimal bewegen, um eine starke Kursänderung herbeizuführen. Wenn Sie das Ruder buchstäblich herumreißen, fliegen alle aus dem Boot. Und es kostet viel zu viel Kraft. Mehr Kraft, als Sie haben.

Coaching geht oftmals schneller vonstatten, als es gut ist. Ihre Aufgabe besteht darin, Ihre Klienten arbeiten zu lassen. Das braucht Zeit. Durch minimale Intervention passen Sie das Gespräch dem Schritttempo an, genau wie das Steuerblatt dem Strom. Sie können sozusagen den Strom um das Ruder verändern, damit der Coachee das Blatt wenden kann. Sie ändern ihren Tonfall in einen beruhigenden Bass, Sie sprechen langsamer, Sie atmen tief durch, damit Ihr Gegenüber das gleiche tut. Wenn Sie eine Kleinigkeit in dem Setting des Dialogs verändern, verändert sich der gesamte Verlauf. Das ist minimale Intervention. Es dient dazu, dem Gesprächspartner das Gefühl zu geben, dass er am Ruder sitzt. Es funktioniert ganz einfach.

<u>DER TIPP:</u> Was immer Sie tun, reduzieren Sie die Auswirkung dieser Handlung um zehn Prozent. Mit anderen Worten, Sie minimieren die Tools um zehn Prozent. Sie agieren also weniger massiv, als vielleicht von Ihnen erwartet wird. Dieser Hiatus bezweckt, dass Ihr Gesprächspartner einen Teil des Dialogparts übernimmt. Benutzen Sie sie auf die leichtestmögliche Art und Weise. Werfen Sie nie mehr hinein, als nötig ist. Dadurch tritt der Coachee in Aktion. Ohne dass er es richtig bemerkt, bewegt er sich stetig in den oberen Bereich seiner eigenen Tatkraft und Energie hinein. Weil es eine minimale Intervention ist, belassen wir es auch dabei. Wir sehen uns wieder beim Schock.

Weiterführende Literatur:
Klum, Heidi. Body of Knowledge. 8 Rules of Model Behavior. New York 2004.
Jones, Quincy. Back on the Block. CD.
Sage, Martin. Lebe Deinen Traum. München 2003.

10. SCHOCK

Herders Ausspruch „Licht, Liebe, Leben" vereint im Prinzip die drei wesentlichen Elemente des Coaching. Es zielt auf die Erfahrung von Höhepunkten ab. Auf Lichtmomente, Lichtblicke, Dinge, die einleuchten. Lighting Up. Den Coachee dorthin zu bringen, wo er aufleuchtet, ist Ihr Ziel. Sie laden seine Batterien mit positiver Energie auf, bis er leuchtet. Dafür hören wir auf die Botschaften, die seine Sinne vermitteln. Die Frage „Was wollen Sie?" ist eine der Grundfragen des Coaching. Sie wird in allen möglichen Variationen gestellt und aktiviert immer die Sinneszellen. Auf einmal ist der Coachee hellwach. Sie können sehen, wie es in ihm arbeitet. Das ist das, was wir unter „Begegnung" verstehen. Sie helfen einer Person, eine Strategie zu entwerfen. Auf diese Weise muss sie von ihren gewohnten und gelernten Erfahrungen ablassen. Man nähert sich dem Erlebnis eines Höhepunktes. Er besteht in der Begegnung des Coachees mit dem, was „nicht über ihm, sondern in ihm" steckt, wie Nietzsche es sagt: Die Ahnung dessen, was sie noch leisten kann, wo ihr persönlicher Gipfel ist. Andernfalls setzt eine unbeschreibliche Langeweile ein. Deshalb folgt hier Schockierendes. Nicht nur, um Ihren Coachee wachzurütteln, sondern vor allem, um ihn nach vorne zu stoßen.

„At least half of effective communication is listening."

„Mindestens die Hälfte effektiven Coachings besteht aus Zuhören."

Micki Holliday, Coaching, Mentoring and Managing (Franklin Lakes NJ 2002:65)

32.

ENCOUNTER – MILDE KONFRONTATION

Wenn Journalisten in einem Interview merken, dass ihr Gesprächspartner sich an einem Thema festbeißt, oder wenn sie das Thema wechseln wollen, dann benutzen sie einen alten Trick: Sie begegnen ihm mit der Realität, die er gerade geschaffen hat. Der TV-Moderator Reinhold Beckmann ist zum Beispiel ein guter Encounterer: „Ach, sehen Sie mal, Herr Bundeskanzler, auf einmal müssen Sie grinsen!" „Ja, Herr Beckmann, ich weiß ja, was Sie hören wollen, also gut ...". Auf diese Weise bekommt Beckmann, was er will, und schenkt seinem Dialogpartner gleichzeitig sehr viel Aufmerksamkeit. Das ist charmant, keine Frage. Encounter ist keine Begegnung der dritten, sondern der zweiten Art, die den Coachees vermittelt, wo sie gerade stehen. Wir „begegnen" unseren Coachees mit dem, was gerade geschieht. Es handelt sich im Unterschied zum Feedback also um ein Feedback auf der Meta-Ebene, auf sehr nahe und persönliche Art und Weise. „Schauen Sie, auf einmal lächeln Sie". „Jetzt geht plötzlich etwas in Ihnen vor, das vorher nicht da war". Jetzt. Jetzt. Jetzt.

Wenn Sie dem Coachee in der momentanen Situation begegnen – und damit seiner Realität – schieben Sie ihn fast schon von selbst eine Stufe höher. Zum einen wechselt das Gesprächsniveau, zum anderen wird es lockerer, persönlicher. Zum dritten zeigen Sie die Veränderung auf, die sich zeigt. Es vermittelt den Klienten, dass gerade sehr viel geschieht und dass Sie nicht nur eine kleine Plauderei führen. Im Gegenteil: Sie sind im Augenblick sehr präsent und zeigen ihm, was sein Verhalten alles bewirkt, und wie es auf andere wirkt. Entscheidend ist deshalb, wann Sie dieses Tool einsetzen: In dem Moment, wenn der Coachee ansetzt, einen weiteren Sprung auf der „Performance Scale" zu vollziehen. Normalerweise ignorieren wir unseren mentalen Zustand und versuchen, ihn zu betäuben. Wir schicken unsere wirkliche psychsiche Situation lieber ins Koma, indem wir gewohnte Denkmuster, Rechtfertigungen und Rationalisierungen vorschieben. Unser Verstand verdrängt unangenehme Erlebnisse, weil sie wehtun. Aber in Wirklichkeit sehnen wir uns nach hundertprozentigen Gefühlserlebnissen, nach Seelenmassagen und verborgenen Ideen, die uns zum Bewusstsein kommen. Coaching ist positive Psychologie. Sie orientiert sich nach dem Prinzip von Freude und Begegnung. Psychologen versuchen es mit milder Konfrontation. Wir wollen unsere Klienten dorthin führen, wo sie Möglichkeiten erkennen, sich besser zu fühlen und mehr Lust am Leben haben. Indem man beständig alternierend die Frage stellt, was sie wollen, schickt man den Coachee permanent den Berg hinauf. Coaching entspricht in diesem Sinne mehr dem Mountainbiken. Wenn es bergauf geht, ist es in Wirklichkeit anstrengend. Wenn es bergab geht, macht es dagegen Spaß. Ganz oben verweilt man nur relativ kurz. Sie erkennen die Wucht und Wirksamkeit der Begegnung des Coachees mit seiner idealen Wirklichkeit an seinem äußeren Erscheinungsbild.

<u>DER TIPP:</u> Es handelt sich um eine Art mentales Topfschlagen. Klopfen Sie ab, ob sein Gesicht sich aufhellt oder verdunkelt, wenn Sie etwas zu seiner Situation äußern. Checken Sie, ob es „warm" oder „kalt" ist, was er sagt. Egal, ob es wärmer oder kälter ist, Sie können sich auf diese Weise der Wahrheit besser nähern. Wenn eine Person ein wenig aufleuchtet, ist Gewinnen ihre Vision, sie ist auf der positiven, handlungsbezogenen Seite, und Sie gehen mit ihr in diese Richtung. Wenn Sie sie bei-

spielsweise zu einem bestimmten Projekt ermuntern wollen, müssen Sie die Stimulationen schichten, bis es quasi aus den Coachees herausbricht. Laden Sie die Batterie immer weiter auf. Suchen Sie nach Mitteln, die Batterien weiter aufzuladen. Und vergessen Sie nie: Nur, wenn Sie eingeladen sind. Denken Sie an Alladins Wunderlampe. An das Genie in der Flasche kommen Sie nur heran, wenn Sie hineindürfen und nichts einstecken, was auf dem Weg liegt. Versuchen Sie niemals, irgendetwas von Ihrem Klienten zu bekommen, was er nicht hergeben will. Damit erzeugen Sie auf der Stelle Misstrauen. Durch Encountering erkennen Sie schnell das Verhaltensmuster der Person, die Sie coachen, und das psychische Stadium, in dem sie sich befindet. Auf einem relativ hohen Energielevel reckt sich der ganze Körper, je mehr das Vertrauen und die Leidenschaft steigen. In der Grafik sehen Sie, dass Langeweile, Ratio und Entschuldigungen in der Nähe der Augen liegen. Kurz darüber: Zweifel (Stirnrunzeln). Wir beginnen mit der Begegnung mit der Langeweile und appellieren anschließend an die Ratio, schließlich die Entschuldigungen. Es kommt ganz von selbst. Wir wecken sie auf. Dann kommen die Rechtfertigungen, und schließlich die Entschuldigungen. Wir gehen durch all diese Stadien und landen schließlich bei den Emotionen. Sie liegen im Hals und unterhalb. Das Schöne an unserer Sprache ist, dass die Erklärungen schon in den Ausdrücken liegen. Wer öfter schluckt, ist bei den Dingen, an denen er „viel zu schlucken" hat oder was ihm die Kehle zuschnürt. Meistens kommen in dieser Phase Tränen. Sie müssen das nicht lernen. Sie wissen es, wenn Sie sich selbst auf Ihre sinnlichen Eindrücke konzentrieren. Ihre Aufgabe ist es, die Person auf das nächsthöhere Level zu befördern. Auf der unteren Skala liegen Isolation, Abneigung, Druck, Müdigkeit, Gefahr und Schuld. Das Tabu: Wenn Sie sagen würden, wo sich die Person befindet, fällt sie noch tiefer – Sie analysieren, bringen die Leute ins Grübeln, betreiben wieder Psychologie ohne Lizenz. Sie suchen nicht nach den Gründen, sondern nach den Trieben. Ihre psychologischen Vorkenntnisse mögen Ihre Fähigkeiten unterstützen, aber spielen Sie niemals Professor Freud. Sobald Sie das Kind beim Namen nennen, ist das Spiel aus. Es ist interessant zu wissen, dass Freud meinte, Schuldgefühle haben mit sexueller Unterdrückung zu tun, mit Einschüchterung, Angst oder finanziell motivierten Existenzängsten. Sie aber betreiben positive Psychologie. „Positiv" kommt lateinischen „ponere", was „Stellen, Legen, Setzen" bedeutet. „Negativ" kommt übrigens von „negare", Verneinen, Verleugnen. Sie verschaffen Ihrem Coachee eine Begegnung mit seiner Verfassung. Dann ist er gesetzt. Ihr Job: Reach for the top! Jetzt haben Sie gerade einmal tief ein- und ausgeatmet.

33. RECOMMENDATIONS – EMPFEHLUNGEN

Kennen Sie den Film „Patch Adams" mit Robin Williams in der Hauptrolle? Der Psycho-Patient ist so von der Gleichgültigkeit seiner Ärzte so entsetzt, dass Hunter „Patch" Adams beschließt, selbst die Medizinerlaufbahn einzuschlagen. An der Hochschule eckt er mit bunten Hawaii-Hemden, seltsamen Ansichten und unkonventionellen Heilmethoden an: Er bringt krebskranke Kinder mit roter Clownsnase zum Lachen und schafft es auf seine ganz besondere Art, todgeweihten Patienten neuen Lebensmut einzuhauchen. Während er so einerseits das Herz der schönen Studentin Carin gewinnt, treibt er andererseits die bornierte Hochschul-Verwaltung an den Rand des Wahnsinns. Diesen Patch Adams gibt es wirklich.

Ein weiteres Tabu im Coaching sind Anweisungen. Anstatt auf diese Art zu manipulieren, müssen Coaches Optionen oder Empfehlungen geben. Kein Mensch mag Befehle oder Anweisungen. Empfehlungen dagegen machen Menschen neugierig.

<u>DER TIPP:</u> Clustern Sie die Optionen in eine schwache, eine mittelstarke und eine starke Lösung, wie: „Sie können im Moment überhaupt nichts machen. Oder Sie gehen konservativ vor und ändern nur ein Detail in Ihrem Aufbau. Die dritte Option wäre eine radikale Lösung. Es ist Ihre Entscheidung". Wenn wir Optionen geben, beobachten wir, bei welcher Option die Person aufhellt. Was wir nicht machen, sind Vorschläge. Sie fallen unter Manipulation, jeder Mensch reagiert darauf verärgert. Versuchen Sie es auf eine andere Weise. Wiederum hilft das Neugier-Prinzip. Beschreiben Sie eine Option in einer Weise, die dazu einlädt, zum Beispiel als ⇨ <u>Szenario</u>. Wenn die Option verlockend erscheint, wird der Coachee fragen, ob er das nicht mal ausprobieren könne. Das ist Leadership. Wenn Sie versuchen, Probleme zu lösen, ist das nicht Leadership. Leader nageln die Dinge nicht fest, sondern schaffen Herausforderungen. Höher, schneller, weiter. Und hier die Geschichte von einem anderen Patch Adams: „Zwei Jahre lang hat mir mein Coach empfohlen, eine Methode zu finden, wie Fitness auch Spaß machen kann. Ich hatte keine Ahnung, wie das bewerkstelligen sollte, aber ich bin immer an dieser Idee drangeblieben. Schließlich übernahm ich in der Polizeiakademie, in der ich arbeite, eine Sportklasse. Wir hatten keinerlei Budget für irgendwelche Sportgeräte. Plötzlich kam mir auf einen Schlag die Idee, etwas mit Medizinbällen und Rohren zu veranstalten, weil das Zeug da herumlag. Ich nannte mein Programm „Balls and Bands". Seitdem habe ich diesen Unterricht schon hunderte Male veranstaltet. Die Leute lieben es, weil sie danach immer das Gefühl haben, sie hätten an einem richtigen Workout teilgenommen." (Mattison Grey)

34.

STORYTELLING – GESCHICHTEN ERZÄHLEN

Eine andere Art des „Schocks", der positiven Wahrnehmungsveränderung, ist das Erzählen von Geschichten. Niemand auf der Welt hat wirklich Lust, eine Predigt zu hören oder auf andere Weise belehrt zu werden. Wenn man jemandem etwas nahebringen will, sind Stories das bessere Tool. Sie vermitteln die Wahrheit auf eine elegante Art. Dieses Buch steckt voller Geschichten, die Ihnen die vorgestellten Tools und ihre Wirkung verdeutlichen sollen. Schon hat man ein Bild vor Augen oder einen Sachverhalt besser dargestellt.

Wir unterscheiden Geschichtenerzählen und Geschichten erzählen. Wir erzählen selten die Geschichte von Rotkäppchen und dem bösen Wolf, Schneewittchen oder den Sieben Zwergen, weil es oft mühsam und hinderlich ist, zu erklären, was man damit sagen will. Coache erzählen Geschichten in erster Linie, um dem Klienten zu gestatten, sich zu entspannen. In dem Moment, in dem Sie eine Geschichte zum Besten geben, verschwindet der Druck. Sie haben außerdem eine Art an sich, die Wahrnehmung einer Person zu verändern, ohne sie zu fordern oder ihren Auffassungen zu widersprechen. Man ist nach wie vor vollkommen frei, seine Meinung zu behalten oder zu ändern.

Das muss nicht bedeuten, dass man zu jeder denkbaren Gelegenheit eine passende Story parat haben muss. Es ist vollkommen legitim, auch einfach eine Geschichte von sich selbst zu erzählen. Sie birgt den Vorteil, dass sie bestimmt keinerlei „Moral" hat und auf keine Weise belehren will.

DER TIPP: Eine Geschichte erzählen, die sich analog zur Wirklichkeit des Coachees verhält. So zum Beispiel: „Mein ganzer Körper und meine Emotionen waren seit Jahren voller Schuld darüber beladen, was ich in meiner Jugend angestellt hatte. Mein schlechtes Gewissen darüber hatte ich mit den Jahren immer mit mir herumgeschleppt und förmlich in mich hinein gefressen. Es behinderte meine Karriere, wie auch mein Privatleben. Dann belegte ich einen Kurs mit dem Titel „Konfliktbewältigung". Ein gewisser Martin Sage interviewte mich. Ab einem gewissen Punkt war ich den Tränen nahe und konnte kaum noch weitersprechen. Er motivierte mich immerzu, ein Leader zu werden, weil ich angeblich unglaubliche Führungsqualitäten besitze, und ich konnte diese Informationen einfach nicht verarbeiten.

Da begann er einfach, eine Geschichte von seiner Tochter zu erzählen. „Vor ein paar Jahren hat meine Tochter etwas getan, was man nicht tun soll. Meine Frau wollte sie dafür hart bestrafen. Ich betrachtete diese Maßnahme allerdings als Zerstörung der wunderbaren Brillanz dieses Geschöpfes, ein Schritt hin zur Abstumpfung. Meine Frau und ich stritten also heftig darüber. Mein altes Selbst wollte sie auch bestrafen, aber schließlich gingen wir darüber hinweg, und ihre Neugier ist immer noch intakt." Dann schaute er hoch und sagte: „Du hast keine Schuld." Pause. „Du hast nichts Unrechtes getan." Pause. „Es gibt nichts in der Welt, was Du ändern oder bereuen musst." In diesem Augenblick wurde mir diese Last von den Schultern genommen. Ich sah mein eigenes Leben aus einer anderen Perspektive. Als er die Geschichte von seiner Tochter erzählte, konnte ich plötzlich unglaublich entspannen. Es gab mir Zeit, Abstand und eine Änderung des Blickwinkels zu gewinnen. Als er mir sagte, dass ich keine Schuld trage, habe ich es kapiert. Jetzt erlaube ich meinen Leadership-Qualitäten und meiner Dreistigkeit, zur vollen Entfaltung zu kommen" (Dana Minney). Sie sehen: Geschichten erlauben den Coachees sogar, ihr altes Leben die Toilette herunterzuspülen und ein neues Leben hervorzuzaubern, ohne irgend jemanden dazu zu zwingen. „Storytelling" gibt einem Coach gleichzeitig die Möglichkeit, jemandem zu zeigen, was er in einer

Person sieht in Bezug auf ihr Potenzial, ohne dieses Kenn'-Ich-Weiß'-Ich-Understatement. Wenn Sie eine Geschichte erzählen, sind Sie ein Entertainer. Die Leute lieben es, unterhalten zu werden. In einem gewissen Sinne ist eine Geschichte auch eine Art Spiel: Sie führen es ohne Absicht ein, und trotzdem nicht zum Spaß. Denn die Geschichte hat einen Fokus. Im besten Falle illustriert die Geschichte eine Szenerie, die dem Klienten noch nicht deutlich geworden ist. Gleichzeitig können Sie mit einer Geschichte Dinge aussprechen, die Sie sehen, die aber einer Psychoanalyse entsprechen würden. Sie wollen und dürfen aber nicht analysieren. Sie müssen positivieren und pushen. Die Geschichte ist die Brücke, mit der Sie diesen Sprung vollziehen. Was dem Coachee bleibt, ist die freie Option. In diesem Sinne ist „Geschichten erzählen" eine kunstvolle Art der ⇨ Empfehlung.

Diese Geschichte müssen wir noch unbedingt loswerden, weil sie demonstriert, wie handlungsbetont das Erzählen von Geschichten ist: Es war einmal, da kam eine Frau in unsere Unternehmerinnenschule, die ein paar Monate vorher eine Therme eröffnet hatte. Ihre Arbeit bestand also darin, andere Frauen Genuss zu verschaffen und sie nach Strich und Faden zu verwöhnen. Während des Seminars stellte sich heraus, dass sie selbst keinerlei Vergnügen in ihrem Leben hatte, vor allem als es darum ging, die Therme zu eröffnen. Weil sie so damit beschäftigt war, dass alles klappte, kam sie nicht einmal dazu, sich für die Eröffnung ein paar nette Klamotten zu kaufen. Wie kann man Genuss verkaufen, wenn man selbst nicht genießen kann? Anstatt ihr das ins Gesicht zu sagen, erzählte der Coach ihr eine Geschichte von einer Haardesignerin, die er kannte. Diese Frau veranstaltet regelmäßige Haarparties. Da kommen Frauen für ein Eintrittsgeld und bekommen alle eine neue Frisur. Sie tragen alle etwas zu einem Buffett zusammen und massieren sich gegenseitig. Da merkte die Frau, dass sie selbst nicht besonders viel Spaß daran hatte, sondern nur Arbeit. So begann sie, es umzudrehen. Nun lässt sie sich als erstes massieren und trainiert anschließend die anderen Frauen, in ihre Dienste zu treten, damit sie lernen, tolle Frisuren herzustellen.

Die Frau im Interview fing darauf hin an, leicht durchzudrehen, bis die auf die Idee kam, dass die Leute sie dafür bezahlen sollen, wenn sie ihnen eine Gesichtspflege gibt. Von dem Extrageld geht sie shoppen! Neulich habe ich sie gesehen. Sie hatte eine neue Frisur, lackierte Finger- und Fußnägel, rundherum neue Klamotten ... und strahlte von einem Ohr zum anderen. Es kann auch umgekehrt funktionieren: Die Coachees erzählen Ihnen Geschichten. Spätestens dann haben Sie gewonnen. Meistens aber sind Sie derjenige, der mit einer Geschichte anfängt. Sie bringt andere Menschen oft dazu, mehr zu enthüllen, als sie in einer normalen Konversation enthüllen würden. Jeder Mensch hat seine Geschichte. Wenn man sie erzählt, gibt man Gelegenheit, sich in sie zu vertiefen. Die Lebensgeschichte bringt den Held seiner Biographie hervor.

35.
REFLECTION - REFLEKTION

Reflektion bedeutet wörtlich „Zurückbiegen" oder „-beugen". Wer reflektiert, beugt sich über das, was gerade gesagt wurde, noch einmal zurück und wirft einen Blick darauf. Es kommt niemals das gleiche heraus, wenn man ein zweites Mal über etwas nachdenkt. Immanuel Kant hat die „Operation der Reflexion", wie wir bereits zitiert haben, in drei Momente aufgeteilt, die das Prinzip Coaching erklären (und weil es so schön ist, wiederholen wir es noch mal): 1. Selbst denken; 2. An der Stelle jedes andern denken; 3. Jederzeit mit sich selbst einstimmig denken." Lassen Sie sich diese Momente noch mal auf der Zunge zergehen, bevor Sie sie ins Herz schließen. Es sind Kants „Maximen des gemeinen Menschenverstandes" und die ganze Aufklärung in der Nussschale. Aufklärung heißt auf Englisch „Enlightenment", also auch Erleuchtung. Der erste Punkt bedeutet für Kant „Befreiung von Aberglauben" und von Vorurteilen. Der zweite Punkt ist die „erweiterte Denkungsart": die Fähigkeit, sich über „subjektive Privatbedingungen" hinwegzusetzen und einen allgemeinen Standpunkt einzunehmen „(den er dadurch nur bestimmen kann, dass er sich in den Standpunkt anderer versetzt) und über sein eigenes Urteil reflektiert". Der dritte Punkt ist die „konsequente Denkungsart", mit der man mit sich einstimmig denkt. „Man kann sagen: die erste dieser Maximen ist die Maxime des Verstandes, die zweite der Urteilskraft, die dritte der Vernunft" (alle Zitate aus Kant, Kritik der Urteilskraft, §40, S. 224ff.). Hier haben wir also alles zusammen, was auch die Kunst des Coaching ausmacht. Reflektion als Coaching-Tool ist eine wirkungsvolle Methode, dem Coachee zu folgen und ihm zu zeigen, dass Sie mit ihm Schritt halten.

<u>DER TIPP:</u> Ähnlich wie Feedback, nur inhaltlich. Sie wiederholen im Prinzip, was der Coachee gesagt hat, um zu zeigen, dass Sie auf seiner Höhe sind. Einfaches Beispiel: Wenn jemand sagt: „Ich fühle mich beschissen", antworten Sie „Es scheint, dass in Ihrem Leben einige Dinge nicht so laufen, wie Sie sich das vorstellen". Mehr ist es nicht und leistet doch so viel. Wenn Sie rhetorisch im Windschatten Ihres Klienten fahren, hellt sich seine Miene sofort auf. Niemand auf der Welt hat etwas dagegen, wenn man sich mit ihm beschäftigt. Die „Operation der Reflexion" kann sogar heilsame Wirkung erzielen. Eine simple Reflektion veränderte in folgendem Fall das Leben einer Frau: „Ich coachte einmal eine Tierflüstererin. Sie war unglücklich, weil sie kein Geld verdiente. Ich reflektierte ihre Worte auf sie zurück, sagte einfach das Gleiche mit anderen Worten. Daraufhin kam von ihr, dass sie aus einer sehr reichen Familie stammte und dass niemand in ihrer Verwandtschaft verstand, warum sie sich diesen Beruf ausgewählt hat und deswegen denkt, sie sei nicht ganz dicht. Es machte sie wahnsinnig, dass die reich sind und sie nicht. Ich reflektierte wiederum ihre Worte auf sie zurück. Dann saß sie für eine Minute da, und ich sah genau, dass die Tatsache, dass sie kein Geld verdient, nichts als eine große „Ihr-Könnt-Mich-Mal"-Geste an ihre Familie ist, dass sie sich innerlich verweigerte, damit Geld zu machen. Sie sah das genau so. Jetzt, wo sie

ein klares Bild vor Augen hat, hat sie ihr Unternehmen so aufgestellt, dass es ordentlich Geld abwirft" (Mattison Grey).

Es fühlt sich einfach wunderbar an, wenn man denkt, „Mensch, der hat wirklich zugehört, er hat sogar fast kapiert, was ich meine, und jetzt prüft er das mit mir zusammen nach". Das ist Reflektion. In Wirklichkeit arbeitet der Coachee innerlich an seiner Aussage und beginnt, sie nachzuprüfen. Der Coach selbst hat nichts anderes getan, als einen Spiegel hochzuhalten, in dem die Dinge objektiv erscheinen. Ein grober Fehler wäre es, Interpretationen in eine Aussage zu legen. Weil es so simpel klingt, ist es ein ziemlich raffiniertes Tool. Probieren Sie es aus, und Sie merken schnell, dass die Komplexität des Gesprächs daraufhin ein neues Niveau hat. Noch besser ist es, die Worte nur leicht zu verändern und eine zweite Taktik hinzuzunehmen: Reframing.

36.

REFRAMING - REFRAMING

Für den Begriff „reframing" gibt es kein deutsches Wort. Wörtlich übersetzt, bedeutet es, eine Sache „zurückrahmen" oder eben einen anderen Rahmen geben. Im Coaching heißt das, einen Sachverhalt in einen neuen Kontext zu stellen. Fragen wir jemanden, der sich damit auskennt. Probieren wir es mit einer lexikalischen Definition. Die Autoren Bandler und Grindler definieren „reframing" in ihrem gleichnamigen Buch als „den Rahmen wechseln indem eine Person Ereignisse wahrnimmt, mit der Absicht, die Bedeutung zu verändern". Und weiter: „Wenn sich die Bedeutung verändert, erfahren auch Resonanz und Verhalten eine Veränderung". Später im Text beschreiben die Autoren „reframing" etwas näher: „ (...) der Stimulus des Lebens einer Person muss sich durch „reframing" nicht verändern, aber seine Bedeutung wechselt.

Man kann „reframing" immer dann anwenden, wenn man beschließt, dass der Stimulus für ein Problemverhalten nicht unbedingt verändert werden muss – dass daran nicht zwangsweise etwas Schlimmes steckt. Wenn Menschen eine negative sinnliche Erfahrung machen, liegt es daran, dass sie die Resonanz darauf nicht erleben wollen. Eine Möglichkeit, die Resonanz zu verändern, besteht darin, zu verstehen, dass die Resonanz nicht auf dem basiert, was in der sinnlichen Erfahrung erlebt wurde. Wenn man ein Problem nimmt und es in einen anderen Rahmen stellt, sieht man sein ganzes Leben aus diesem Rahmen heraus. Wenn man verändert, was die Erfahrung lehrt, wird sich auch die Resonanz ändern. Mit anderen Worten: Man kann sich eine Strategie zurechtlegen, die einem erlaubt, sich zu entscheiden, wann es Zeit ist, schlechte Laune zu haben: eine neue Resonanz zu einer sinnlichen Erfahrung machen."

Der entscheidende Satz ist der letzte Satz. Denn in der Praxis handelt es sich bei „reframing" um eines der „most sexy" Tools überhaupt. Sie selbst sind als Coach gefordert, ihrer Wahrnehmung eine totale Richtungsveränderung zu geben, beziehungsweise die Wahrneh-

mung zu wechseln. Die schwierigste Operation besteht darin, etwas Negatives in ein Positives umzudrehen.

DER TIPP: Pacen Sie, solange es geht, um zu verstehen, in welchem Rahmen sich der Coachee bewegt. Um zu sehen, wie das funktioniert, gehen wir mal wieder in die berühmte Umkleidekabine, die „black box" des Teamcoaching. Der Film „Männer wie wir" handelt von einem begabten Torwart, der eines Tages entdeckt, dass er schwul ist und von da an von seinem Dorfteam bei jedem Fauxpas schikaniert und schließlich herausgeworfen wird. In der Dorfkneipe nach dem Spiel eskaliert die Situation dermaßen, dass der Mann seinen ehemaligen Kameraden vorschlägt, in vier Wochen mit einem Homo-Team gegen sie anzutreten. Das ist der Film. Einen Monat und viele Turbulenzen später steht die schwule Mannschaft auf dem Platz. Das ganze Dorf ist gekommen, um die „Tunten" spielen zu sehen. Sie werden zu Fall gebracht, verhöhnt und liegen schließlich 2:0 in der Halbzeit zurück. Da kommt ihnen die rettende Idee. In der zweiten Halbzeit spielen die Homosexuellen in einer Weise auf, die den Hetero-Dorfjungs gar nicht behagt. Sie erfüllen jedes schwule Klischee, indem sie ihren Gegnern an den Hintern und beim Freistoß an den Eiern packen, und sie permanent auf dem Spielfeld anmachen. Nach einem dramatischen Elfmeterschießen siegt das schwule Team über die unfairen Hetero-Holzer vom Lande. Sie haben sie einfach mit ihren eigenen Vorurteilen geschlagen. Im Coaching „reframen" wir, indem wir ein Problem aus seinem alten, verdreckten Rahmen reißen und es in einen neuen, frischen Rahmen setzen. Das bereitet teilweise sehr viel Vergnügen und arbeitet mit ⇨ Sich Unterhalten, ⇨ response und ⇨ Gestaltdenken Hand in Hand. Der Coachee sagt Ihnen, dass sie gerade viel Geld verliert und nicht weiter weiß. Die korrekte Antwort: „Ja, das gefällt mir! Es bedeutet, dass der Markt sich verändert hat und dass sich für Sie neue Möglichkeiten ergeben! Legen Sie los!"

37.

SYSTEMS THEORY – DAS GANZE SEHEN

„Das Wahre ist das Ganze", ist der Slogan der „Phänomenologie" des viel zitierten Hegel, die darauf abzielt, „einmal auf dem Kopfe zu gehen". Die moderne Systemtheorie ist eine Weiterentwicklung dieser Idee. Es bedeutet in der Praxis, dass man, um im Bild zu bleiben, nicht ein Detail, sondern das ganze Bild betrachtet. Die Soziologen Talcott Parsons und Niklas Luhmann haben im 20. Jahrhundert eine Systemtheorie entwickelt, die aus den bekannten Rastern wie Ursache und Wirkung, Person und Gesellschaft, Problem und Lösung herausgeht und den Hintergrund untersucht, vor dem diese Raster entstehen. Niklas Luhmann unterscheidet in seinen „Sozialen Systemen" auf diese Weise grundsätzlich zwischen System und Umwelt. Wie auch immer dieses System aussieht, viele Dinge sind von vornherein ausgeschlossen. So entsteht Luhmanns Begriff der

Doppelten Kontingenz, der sich sehr charmant ausdrückt: „Alles ändert sich, und nichts kann ich ändern." Doris Day hat es in ihrem bekannten Lied anders ausgedrückt: „Que sera, sera, whatever will be, will be, the future's not ours to see, que sera, sera, what will be, will be ..." In der angewandten Systemtheorie beschäftigt man sich nicht mit einem individuellen Konflikt, sondern mit dem ganzen Umfeld, in dem dieser Konflikt entsteht. Bearbeitet man einen Konflikt, ist der Optimalfall, dass man diesen Konflikt begräbt. Tritt man einen Schritt zurück und beobachtet das Problemfeld, in dem der Konflikt entstanden ist, schaut man auf das Ganze, das System. Der Coach muss herausfinden, was wirklich los ist. Das System erkennen und einen Weg finden, das System in ein dem Problem entsprechendes Spiel zu verwandeln, ist Ihre Aufgabe. Jedes Spiel verfolgt eine Absicht unter bestimmten Regeln. Sie fragen den Coachee, was er wirklich will, wo seine Ziele liegen und wo er stehen will, wenn alles gesagt und getan ist.

DER TIPP: Mit dieser Verschiebung der Wahrnehmung von Problemen erreichen Sie nicht nur den Verstand, sondern auch das Herz. Wenn dort Probleme vorherrschen, wird die Person von Furcht beherrscht. Befürchtungen sind jedoch meistens Irrtümer. Sie sind dabei, den Irrtum aufzudecken, in der sich die Person befindet und der ihr so viele Probleme und Sorgen bereitet. Ihr Herz ist von einer Kombination aus Erinnerungen und Gefühlen oder Furcht kontaminiert. Meistens ist das, was die Leute als ihr Gefühl bezeichnen, die Furcht in all seinen verschiedenen Kostümen. Wenn die Entscheidungen aus Furcht getroffen werden, kann man keine Führungsqualitäten entwickeln.

Es ist zunächst keine kuschelige Aufgabe, die der Coach da hat. Aber wenn Sie einmal den Problemhorizont erkannt haben, werden Sie diesen natürlich nicht beim Namen nennen, sondern Vorschläge machen, die Ihren Coachee erstaunen werden – weil Sie nicht über das Problem sprechen, sondern ihm die Scheuklappen abnehmen. Dann sieht er das ganze Bild. Jeder andere Mensch um die Person herum hat vermutlich die gleichen Scheuklappen an und kann ihr deshalb nicht helfen, weil er Angst davor hat, die Wahrheit zu sagen. Sie sagen aber nicht die Wahrheit, sondern zeigen das Ganze. Sie holen den Coachee aus Nietzsches berühmter Ecke heraus, „aus der man dekretiert" und zeigen ihm nicht die Beschränktheit seiner Perspektive, sondern die unglaubliche Weite des Gesamtspektrums, in dem sich sein kleines Problem befindet. Durch das Coachen erschaffen wir Leader. Oft kommt es im Laufe eines längeren Coachings dazu, dass eine Person gravierende Probleme offenbart. Wir beobachten unsere Klienten mit großer Aufmerksamkeit, um jede Veränderung um eine Person herum wahrzunehmen. In einem 30-Tage-Training gehen in jedem Menschen eine oder mehrere Veränderungen vor. Die Bandbreite zwischen Chaos und Veränderung ist enorm. Mit dem Problem erkennen Sie mit einiger Übung das System. Wenn Sie Systemtheorie anwenden, ist es möglich, eine Coaching-Kultur zu entwickeln, wo in konfusen Situationen jeder jedem helfen kann. Also raus aus der Ecke.

38.

HOT COAL – SCHOCKIEREN

Mit diesem „letzten Mittel" der Schockbehandlung zwingen Sie den Klienten förmlich zur Aktion. Oder würden Sie erstmal abwarten, wenn Sie gerade ein Stück heiße Kohle verschluckt haben? Eher würden Sie sich vermutlich die Kehle aufschneiden, oder zumindest husten, spucken und versuchen, das verdammte Ding so schnell wie möglich aus dem Hals zu kriegen. Im Coaching bedeutet „heiße Kohle", dass Sie einer Person die Wahrheit über das sagen, was Sie gerade sehen, um sie mit dieser Situation zu konfrontieren. Dann sind sie gezwungen, sich zusätzliche Information zu dem Thema zu beschaffen, oder mehr Feedback zu bekommen: „Wie, was meinen Sie damit?" „Wie kommen Sie denn darauf?" „Was soll denn das bedeuten?" Was passiert? Sie werden kaum die heiße Kohle herunterschlucken, sondern müssen nun durch ihre Neugier versuchen, die Wahrheit auszuspucken. Heiße Kohle ist also eine Art charmantes Verhör, mit dem Unterschied, dass der Coachee nicht zum Ausspucken aufgefordert wird, sondern mit einem Statement konfrontiert wird, das ihn von selbst zum Spucken bringt.

<u>DER TIPP:</u> Der Coach stellt etwas in den Raum, das nicht unbeantwortet werden kann – allerdings nichts Persönliches. Sie lassen ihn verbal „über heiße Kohle laufen". Sie erzeugen eine leichte Panik, die nicht wehtut. Das macht Spaß: „Versuchen Sie es doch mal mit Bondage-Technik ...". Martins Mutter wandte in seiner Kindheit unbewusst die Heiße-Kohle-Methode an: „Ich konnte eines Nachts nicht schlafen, weil ich über die Frage brütete, was wohl am Ende der Welt sei. Ich ging damit zu meiner Mutter. Sie antwortete: „Ganz einfach. Da hinten wartet ein riesiger Drache mit einem furchtbaren Kopf und langen Klauen darauf, dass er uns alle verschlingen kann". Unnötig zu sagen, dass ich ein wenig verwirrt von diesem Bild war. Aber nachdem sie mir diese Version erzählt hatte, fühlte ich einen ungeheuren Drang, herauszufinden, was wirklich da hinten am Ende der Welt lauert. Von dieser Erfahrung habe ich vermutlich den Antrieb bekommen, mir die Tonnen an Wissen einzuverleiben, die ich nun zur Verfügung habe, wegen der Neugier und der Panik, die sie in mir geweckt hat." Sie haben da ein Stück heiße Kohle in der Hand. Zeit zu handeln.

Weiterführende Literatur:

Luhmann, Niklas. Soziale Systeme. Frankfurt am Main 1983.

Parsons, Talcott. Social systems and the evolution of action theory. New York/ London 1977

Parkin, Margaret. Telling Stories.

Kant, Immanuel. "Vom Geschmacke als einer Art von sensus communis", in: Kritik der Urteilskraft. § 40 (S. 224ff.). Frankfurt am Main 1974.

Bandler / Grindler. Reframing

11. DIE PRAXIS FÜR EINZELCOACHING

Inzwischen laufen schon Millionen von Coaches da draußen herum: Trainer ohne Trainingsanzug in der weiten Steppe der unbegrenzten Nischen. Wer Sie sind und was Sie coachen, ist gleich der Frage, worin sie sich von anderen Coaches unterscheiden. Ein Coach ist kein Guru. Er erzählt keine Wahrheiten und vermittelt keine Glaubenssätze. Er folgt seiner eigenen Neugier, um die Neugier anderer entdecken zu können. Er geht also voran. Mit gutem Beispiel. Was einen Coach auszeichnet, ist nicht selten eine gewisse Eleganz und Smartness. Psychologen erkennt man an ihrer großen Brille, ihrer „terminlich gebundenen Kleidung" (der seit 20 Jahren gleiche Konferenzanzug in blau mit roter Krawatte) und ihrem grübelnden Gesicht, Coaches an ihrem neugierigen Blick und ihrer Offenheit. Sie lassen sich täglich auf das große Spiel ein, ihrer Neugier zu folgen, wenn sie einem anderen Menschen folgen, und nichts dabei zu wissen. Dass sie dabei Erfolg haben, sieht man an ihrem Anzug und an ihrem Auftreten.

Aus unserem Erfahrungsschatz ermitteln und vermitteln wir hier die Top Five in zeitlicher Reihenfolge, an dem Klienten einen guten Coach messen:

Die Schuhe
Die Bildung
Die Ernährung
Das Auto
Das Haus

Wir lassen diese Liste einfach im Raum stehen, können aber nur empfehlen, sich daran zu orientieren, wenn man seine Attraktivität als Coach nicht dem Zufall überlassen will. Weibliche

„I don't care how great, famous, or successful a man or woman may be, each hungers for applause."

George M. Adams (zit. In Holiday 2001:85)

Coache überraschen nicht selten durch eine kreative Kleiderwahl mit einer gewissen Sexiness, die sie wiederum von der „Karrierefrau" unterscheidet. Wir müssen es dabei belassen. Denn nun geht es in die Aktion. Zunächst zu Ihnen. Und dann zu Ihrem oder Ihren Klienten, die schon ungeduldig auf Sie warten.

39.

STYLE - STIL

Wie qualifiziert man sich als Coach? Einige sind tatsächlich von merkwürdigen Akademien zertifiziert, die meisten sind es nicht. Wie bescheinigt man Einfühlungsvermögen? Jemanden als Coach zu promovieren, ist wie eine Herde Katzen zu bändigen. Das Dumme daran ist nur, dass auch jeder Trottel mit dem Talent, den Müll zu trennen, sich Coach nennen kann. Bei der Vielzahl von Experten und Coaches ist es sprichwörtlich unmöglich, diese mit einem standardisierten Verfahren zu qualifizierten Coaches zu erklären oder in einer geregelten Ausbildung ihre Qualifikationen zu entwickeln.

Es bleibt also nichts anderes übrig: Sie müssen Ihren eigenen Stil entwickeln. Ihre Spezialität ist Ihr Zertifikat. Ihr Zertifikat ist Ihre Spezialität. Sie brauchen nichts zu tun, um sich in Business-Strategien auszukennen, wenn in Wirklichkeit Beziehungsmanagement Ihr Thema ist. Im Gegenteil: Man sollte sich nur auf dieses eine Thema konzentrieren, das allein Ihr Thema ist und das keiner außer Ihnen so hervorragend bearbeiten kann wie Sie selbst. Wenn Sie diese Nische finden, stellt sich heraus, dass es keine Nische ist, sondern ein riesiger Markt mit Millionen von Optionen. Don't analyze – specialize!

Wo liegt Ihr Interesse? Wo Ihr Talent? Wo Ihr Genie? Bei welchen Gesprächsthemen wird Ihnen warm ums Herz? In welchen Gebieten sind Sie solch ein Experte, dass Sie anderen etwas beibringen können – und wollen? Diese Lebenserfahrungen sind mit einem wissenschaftlichen Zugang nicht messbar. Coachen Sie sich oder lassen Sie sich coachen, um es herauszufinden. Jeder Coach hat eine eigene Handschrift. Entscheidend ist, dass man seine Art während der ganzen Coaching-Beziehung beibehält und sogar ins Coaching einbringt.

Andere Coaches, andere Sitten: Das Thema bestimmt den Coaching-Stil. Ein Fahrradcoach kann einen anderen Ton anschlagen als ein Beziehungscoach (und darf sogar Trainingsanzüge tragen). Martin hat beispielsweise sieben verschiedene Coache: Einer für Kleidung und Image, ein anderer für Sprechen, noch einer für Business, Fitness, Buchhaltung, und die Liste ist noch nicht zu Ende. Mit jedem Coach besteht eine andere Beziehung, weil die Verbindung, das Charisma und das Ziel unterschiedlich gelagert sind.

<u>DER TIPP:</u> Benutzen Sie Ihren Stil, um in Verbindung mit Ihren Klienten zu kommen. Damit meinen wir nicht Ihre Klamottenmarke, sondern Ihren Mutterwitz, Ihr Interesse und Ihre Expertise: Was Sie selbst Ihrer Meinung nach als Coach auszeichnet. Um es herauszu-

finden, empfehlen wir eine Selbst-Aktualisierung nach der Sage-Methode, Ihren ehrlichen, aufrichtigen Partner zu fragen, was er/sie an Ihnen schätzt oder, sich ganz allein mit einem Notizbuch und einem Bleistift auf eine Hütte zurückzuziehen, spazieren zu gehen, darüber nachzudenken und ab und zu etwas aufzuschreiben. Das ist allerdings eine recht ernste Angelegenheit. Fragen Sie lieber Ihre Freunde und Partner, was sie in Ihnen sehen. Nur durch Fragen kommen wir dahinter, was andere in uns betrachten. Oft erkennen wir dadurch erst unsere eigenen Stärken. Der Schreiber dieser Zeilen bekam in diesem Zusammenhang von seinem besten Freund nach zehn Jahren Freundschaft die unerwartete Aussage: „Er kann einfach toll Geschichten erzählen“. Das ist zehn Jahre her, und noch immer warten einige darauf, dass diese Geschichten mal auf Papier erscheinen ...

Gehen Sie am besten direkt auf Los. Verkaufen Sie Coaching-Sitzungen! Die Art, wie Sie verkaufen, ist Ihr Stil. Denn wenn Sie verkaufen, erleben Sie sich selbst, wie Sie Mittel und Wege suchen und finden, andere von sich zu überzeugen. Und gleichzeitig haben Sie zwei Fliegen mit einer Klappe geschlagen.

Wenn Sie eine Vorstellung haben, was Ihre Stärke und Ihr Stil ist, können Sie Ihr Coaching-Geschäft um diese Idee herum aufbauen. Die zwei entscheidenden Komponenten für einen erfolgreichen Geschäftsaufbau – ob es sich nun um Coaching handelt oder nicht – sind Projektmanagement und Verkaufen. Beim Verkaufen geben Sie Ihre Coaching-Visitenkarte ab. Sie können auch für sich schnell feststellen, was Sie begeistert und was nicht. Möglicherweise beginnen Sie mit einer Idee, wie Teamaufbau in Petrolunternehmen funktionieren könnte und bemerken im Laufe der Zeit, dass Sie beim Reden einen trockenen Hals und wenig Resonanz bekommen. Wohingegen Sie sich bei Ihrem Service als Walker durch das Ihnen wohlbekannte New Yorker Nachtleben in Rage reden können! Das ist unser Business. Wir coachen in unserer Schule die Leute in die Richtung, was sie am liebsten tun, und vermitteln ihnen den Weg dorthin. Um den eigenen Stil zu finden, entwickeln wir Themen rund um Leitfragen wie „Was lieben Sie am meisten?“ oder auch „Was haben Sie überlebt? Was ist Ihre Botschaft?“.

Wenn Sie einmal so weit sind, eine klare Antwort auf diese Fragen zu formulieren, wissen Sie auch, welche Art Coach Sie sind und wie Sie es verkaufen. Eigentlich ist jeder Mensch ein Coach in etwas: Es lohnt sich, es herauszufinden, denn dahinter könnte ein Millionengeschäft warten. Sie können sich selbst überraschen. Sie leben nur das halbe Leben, wenn Sie sich nicht zumindest diese Frage stellen. Die meisten Menschen haben Angst davor, zu sehen, wer sie wirklich sind, weil ihre Wirklichkeit eine andere ist. Daher entwickeln sie einen Tunnelblick. Dazu gibt es ein berühmtes Zitat: „Angst killt Innovation“. Lassen Sie nicht die Ihre killen.

Die Suche nach seinem Stil brachte unseren Coach Reinhard in die Lage, seine Coaching-Karriere wiederzubeleben: „Eines Abends in der Coaching-Schule wurden wir alle nach unseren „Spezialitäten“ befragt. Sonja wollte von mir wissen, bei welchem Projekt ich große Augen bekäme. Ich sagte spontan „Etwas, das mit schönen Frauen zu tun hat!“ Sie kannte meinen Background im Bereich Sport und Er-

nährung. Zusammen kamen wir auf die Idee für mich, Frauen in Fitness zu trainieren. Darüber hinaus könnte ich den Damen anbieten, wie sie an bestimmten Übungen Spaß haben können und sich zur gleichen Zeit mit mir als männlichen Geleitschutz sicher fühlen.

Wir entwarfen einen Marketingplan für mich. Eine Frau im Seminar gab mir sogar ihre Visitenkarte und sagte, ich solle Bescheid sagen, wenn ich soweit bin. Sie hätte nämlich ein paar Freundinnen, die nur abends laufen können und mich sicher engagieren würden! Ich startete dieses Projekt in München, inklusive Tai Chi, Yoga, Abnehmen und Coaching, und setzte es später in New York fort. Ich habe die Frauen sogar ein wenig in ihren Beziehungen trainiert! Ich hatte ungeheuer viel Spaß dabei. Davor stolperte mein Coaching so daher. Sobald ich meine „Spezialität" erkannt hatte, entstand eine unheimliche Dynamik."

Wie immer sich die Wirtschaft entwickelt, lassen Sie sich davon nicht entmutigen. Es wird immer Menschen mit Geld geben, die danach Ausschau halten, wofür sie es ausgeben. Die Leute reagieren auf Luxusmarketing – ein spezieller Service oder eine einmalige Erfahrung kann Geldberge versetzen. Finden Sie Ihre Nische heraus, machen Sie die Nische zum Feld, und integrieren Sie es in Ihr Coaching. Sie sind nicht nur darin der Beste, sondern auch im Verkaufen dieses Coachings. Nicht zufällig gibt es wohl deshalb ein Wort, das sowohl das Verkaufen wie das In-Aktion-Treten ausdrückt: „Handeln". Coaching kann ein Leben verändern. Ein hervorragender Coach ist auch die ehemalige First Lady der USA. Fünf Minuten kosten bei ihr 1.000 Dollar. Die Frau muss ihre Qualitäten haben, wie der folgende Witz untermauert: Hillary und Bill Clinton fahren eines Tages durch die Landschaft von Arkansas und halten an einer Tankstelle. Als Hillary zum Zahlen verschwindet, kommt plötzlich ein lautes Lachen vom Kassenraum. Bill schaut herüber und sieht, wie der Tankwart und seine Frau sich herzlich umarmen. „Das glaubst du nicht, wer das war, Schatz ... meine Jugendliebe!" erzählt Hillary freudestrahlend, als sie weiterfahren. „Mensch, stell' dir vor, du hättest ihn geheiratet, dann wärst du heute die Frau eines Tankwarts", sagt Bill süffisant.

Seine Frau schaut ihn erstaunt an. „Ganz falsch, Schatz. Er wäre der Präsident der Vereinigten Staaten!" Das hat Stil.

40.

THEATRE - THEATER

Woran liegt es eigentlich, dass man nicht von Anfang das tut, was einem am meisten liegt? An unserer Erziehung und äußeren Einflüssen, die uns von unseren Ideen mit Hartnäckigkeit abbringen. Es vergeht kein Tag, an dem nicht alles, was uns begeistert und beschäftigt, von anderen heruntergemacht wird. Wir hören seit unserer Kindheit die Botschaft, dass wir nicht gut genug sind, wie wir sind, und dass wir nicht okay sind. Wir haben dadurch das Gefühl, wir kriegen es nicht richtig hin, und sind schon froh, wenn wir über die Runden kommen. Wenn wir dann Erfolg haben, bekom-

men wir das merkwürdige Gefühl, jemanden übers Ohr gehauen zu haben. Wenn Leute uns akzeptieren, denken wir, „Oh, irgendwie habe ich es angestellt, dass ich die reinlegen konnte. Wenn sie wüssten, was ich in Wirklichkeit für eine schlappe Nummer bin, würden sie mich nicht an ihrem Spiel teilnehmen lassen".

Das ist totaler Blödsinn. Wenn wir im Wald von Wölfen aufgezogen worden wären, hätten wir keine Persönlichkeit, keine soziale Ausprägung und keine Maske. In der menschlichen Zivilisation dagegen konstruieren wir unsere Persönlichkeit sehr sorgsam als Maske oder wie eine Figur in einem Theaterstück. Ihre Persönlichkeit ist eine solche Figur, die Sie entworfen haben, als Resultat der Einflüsse um Sie herum. Diese Figur hat mit Ihnen nicht viel zu tun. Sie ähnelt eher dem Menschen, die andere wie Ihre Eltern in Ihnen sehen wollen und nach deren Vorstellungen Sie sich richten, um sozial akzeptiert zu werden.

Wenn man sich abgelöst von dem Zentrum seiner menschlichen Natur entwickelt, ist das eine schmerzhafte Art zu leben. Sie macht sich ständig bemerkbar: Sei es das würgende Lachen, das Sie aus Höflichkeit herausbringen, oder die frühzeitige Herzattacke, weil man sich sein Leben lang unter extremen Druck gestellt hat. Man spielt jede gefällige Rolle, aber selten die Rolle seines Lebens. Wir entwickeln extrem raffinierte Strategien, um nicht nur gleich, sondern besser zu sein als andere. Jeder macht das auf seine Weise. Das Denken ist das gleiche: „Ich will schlauer, schneller, stärker, größer, netter sein als die anderen". Männer denken meistens in diesen Kategorien. „Ich bin besser als die anderen. Ich zeige denen jetzt mal, wo der Hammer hängt. Ich kann es einfach besser." Weil Männer sich so bemühen, schlau zu sein, erfinden sie so komplexe Dinge wie komplizierte Theorien über Leadership oder Management. Frauen dagegen wehren sich meistens gegen Konkurrenzkämpfe dieser Art. Sie sind besonders sensibel, und deshalb konkurrieren sie lieber in Auftreten, Charme, Sanftmut, Schönheit, Appeal.

Klienten lügen gerne, wenn sie in Aktion treten sollen. Sie tragen ein trügerisches Gesicht, ohne es zu bemerken. Sie behaupten, ihr größtes Ziel sei, ihr Team in eine hochleistungsfähige Mannschaft umzustrukturieren, und ziehen dabei eine Fresse bis zum Boden. Coachen heißt Demaskieren. Sie nehmen Ihren Coachees die schlecht sitzende, falsche Maske herunter, und werfen sie ins Kaminfeuer. Das ist der erste Schritt, und auch der gefährlichste. Denn Sie dürfen dabei nichts anderes zerstören. Der Job ist deshalb so delikat, weil das falsche Ego und die Fassade um ihr Dasein kämpfen.

Der leiseste Hauch von Kritik wird ihre Einstellung verhärten und der Coachee wird in den Untergrund gehen. Schön ist nur, dass Sie diese Unruhe in jeder Sitzposition, in jeder Bewegung, in jedem Gesichtszucken erkennen können. Nach jeder erfolgreichen Sitzung kann man erstaunliche Vorher-Nachher-Entwicklungen bemerken, allein wenn man die Gesichtszüge der Coachees studiert. Der generelle Gesichtsausdruck formiert sich aus den muskulären Ablagerungen der Erfahrungen. Im Coaching entsteht dann im Optimalfall eine Art Aufheiterung im besten Sinne.

<u>DER TIPP:</u> Geben Sie Ihrem Klienten eine Rolle, die er ausfüllen kann. Stellen Sie den Coachee auf die Bühne. Theater ist ein sehr

effektives Mittel in dem Dilemma, die alte Person aufzulösen, um der neuen Platz zu bieten. Praktizieren Sie daher mit Ihren Klienten so oft wie möglich Rollenspiele, damit sie aus ihren „alten“ Rollen herausfallen können. Jagen Sie sie auf die Bühne – auf eine richtige Bühne! Wir tun das in fast allen unseren Seminaren. Die meisten Trainings kumulieren in einer riesigen Karaoke-Party. Dabei geht jeder Teilnehmer einmal auf die Bühne und legt los. Dies ist kein gewöhnliches Karaoke, weil sie vor einem Publikum vortragen, das sie anfeuert, sie ermutigt und unterstützt.

Es ist erstaunlich, zu beobachten, welche neuen Charakterzüge zum Vorschein kommen, wenn man dieses Gefühl erfährt und gezwungen ist, etwas zur Schau zu bringen. Verlorene oder verborgene Talente tauchen aus der Versenkung auf. Einer unserer Klienten war ein verkrachter Sänger mit Lampenfieber. Sein Auftrag bestand darin, in der Subway der New Yorker Grand Central Station als Straßenmusikant aufzutreten. Er tat es ... und kam als ein anderer Mensch zurück!

Im 30-Tage-Training müssen die Teilnehmer eine eigene Off-Broadway-Show schreiben, entwerfen, und schließlich darin auftreten. Plötzlich sind sie wie verwandelt. Sie sind gezwungen, aus ihrem Charakter herauszutreten und wissen nicht, was sie tun sollen. Ihre falschen Figuren entwerfen bunte Fassaden. Sie entwerfen immer mehr Masken, um ihren wahren Charakter dahinter zu verstecken. Wir lassen sie mit großen Vergnügen durch dieses gesamte Maskenspiel gehen. Wenn sie auf der Bühne stehen, sagen wir „Okay, für die nächste Vorstellung musst du tanzen“. „Ich tanze nicht, und schon gar nicht vor hundert Leuten, bei Licht und nüchtern“. „Prima, welchen Tanz wirst du uns zeigen?“ Es gibt kein Zurück: Ein neuer Charakter muss daraus hervorgehen.

Bairbre hat sich durch diese „harte“ Performance-Schule vollkommen gewandelt: „Ich nahm an einem Kurs mit dem Titel „Sage On Stage“ teil, ein Seminar für Leute, die noch nie auf einer Bühne standen oder es mal damit versuchen wollten, etwas aufzuführen. Am Ende des Trainings sollte man ein Showprogramm zusammenhaben und selbst die Tickets verkaufen. Das war eine ungewöhnliche Erfahrung für mich. Ich war vollkommen befangen. Ich kam aus meinem Kopf nicht heraus. Es war fast unmöglich, aus dieser Befangenheit herauszukommen. Noch härter war es, zu merken, dass es den anderen Teilnehmern offenbar locker von der Hand ging. Sie ermutigten mich, aber ich dachte trotzdem, dass ich das nie schaffen würde. Aber es ging einfach weiter, ich hatte keine Wahl. Es war gleichermaßen aufregend und beängstigend. Irgendwann war ich plötzlich in der Lage, mich vollkommen gehen zu lassen, und aus mir kamen Dinge hervor, die ich selbst nie erwartet hätte. Es war so ein unglaubliches Vergnügen auf einmal. Ich fühlte mich total frei, ja befreit! Ich lernte eine Menge über mich selbst, über all die verschiedenen Rollen, die ich beherrsche. Jetzt will ich das wieder tun. Das war eine wirklich tolle Erfahrung“ (Bairbre Colley).

Als Coach sitzt man übrigens permanent auf der Bühne. Welcome on stage, Mr./Mrs. ....! (Ihr Name bitte)

41.

BREATH - ATMUNG

Wie wir im vorangegangenen Kapitel angedeutet haben, sind die meisten von uns an irgendeiner Stelle ihrer Biographie gehemmt, was sich auch in körperlichen Verkrampfungen und Verklemmungen ausdrücken kann, speziell in der Mimik. Als Coach hat man die Aufgabe, Menschen zu dem zu leiten, was sie können, schon immer machen wollten oder wo sie das größte Potenzial und damit die größten Erfolgsaussichten haben. Die meisten Leute wollen im tiefsten Inneren einer Erleichterung von diesen Krämpfen und ihre Sinne wieder spüren, auch wenn sie es nicht wissen. Sie können selbst zu diesem Punkt kommen. In der Tat sind wir so auf die Welt gekommen. Schauen Sie sich Babies an und wie sie sich bewegen: Unverkrampft, unverklemmt, gelenkig und in Positionen, die Sie als Erwachsener nie trauen würden, auszuüben, oder die Fantasie nicht mehr dazu haben. Es ist nicht natürlich, diese Natürlichkeit und dieses Vertrauen zu verlieren und in unserer Energie und unseren körperlichen Fähigkeiten gestoppt zu werden. Durch die Beeinträchtigungen unseres Lebens sind wir allein nicht in der Lage, dorthin zurückzukehren. Coache müssen bei ihren Klienten indirekt verursachen, in dieses Stadium zu kommen.

Was hat das alles mit Atmung zu tun? Einer der besten Strategien, jemanden nicht zu beeinträchtigen, ist das Fokussieren auf die Atmung. Versuchen Sie, Ihre Klienten auf gleiche Höhe zu kommen. Bei Coaching-Anfängern gibt es eine Tendenz zu denken, dass man weiß, was das Beste für den Coachee ist. Glauben Sie uns, das können Sie nicht wissen. Außerdem wollen Sie es gar nicht wissen. Sie können nur der Anführer dieser Person sein und sie zurück zu der Bestimmung führen, die sie einmal innehatte. Sie haben nicht die geringste Ahnung, was das ist. Sie dagegen hat eine Ahnung. Sie kennt sogar schon den Weg. Ihr Job ist es, sie auf diesen Weg zu bringen, wenn Sie sich selbst in einer einmaligen, lächerlichen und hilflosen Konfusion befinden. Wenn Sie zusammen mit dem Klienten diesen Punkt erreicht haben, sind Sie auf dem richtigen Weg. Es ist eine Kunst, keine Ahnung zu haben, ständig neugierig zu bleiben, und dieser Neugier zu folgen. Immer, wenn Sie das Gefühl haben, Ihr Coaching geht gerade in eine bestimmte Richtung, können Sie sicher sein, dass es gerade überhaupt nicht weitergeht. Es trifft auch für Sie als Coach zu, dass Sie lieber zurück auf die Straße wollen, wenn Sie in einen vernebelten Wald geraten. Ein kreativer Prozess wird freilich nur ausgelöst, wenn Sie mitten in den Nebel hineinrennen. Nur wenn Sie in den Nebel gehen, betreten Sie neuen Grund. Ihr Ziel muss es sein, zum „Ich weiß nicht" zu gelangen. Bis dorthin wird Ihr Hirn nur immer den gleichen Blödsinn wiederkäuen. Folgen Sie nicht dem Gesprächsverlauf. Folgen Sie Ihrer Neugier. Was immer die Klienten verlangen, es ist auf ihren natürlichen Zustand bezogen. Wenn Sie sie dorthin geleiten, werden Sie Zeuge eines wunderbaren Prozesses, der sich unabhängig von Ihnen und jenen abspielt. Die Umgebung einer Person wird sich selbst heilen.

<u>DER TIPP:</u> Einfach den Mut haben, nicht zu unterbrechen und nicht das Problem lösen zu wollen. Das ist eine große Begabung. Sie

sind vermutlich der erste Mensch im Leben dieser Person, der so mit ihr umgeht. Wie widersteht man der natürlichen Gewohnheit, auf jeden Menschen gleich einzugehen und ihn nach irgendwelchen Vorstellungen zu kategorisieren? Keine Ahnung. Es nicht zu wissen, ist der erste Schritt. Geben Sie Ihrem geschäftigen kleinen Verstand eine Atempause. Beobachten Sie lieber den Atem Ihres Klienten. Konzentrieren Sie sich darauf, voll und ganz. Triathleten benutzen diesen mentalen Trick auf einem hohen Niveau, um sich während ihres langen Laufes eine Pause zu machen. Sie sind in der Lage, ihr Bewusstsein für eine Zeit von ihrem Körper abzutrennen – das berühmte „Abschalten" - und sich dann bei einem anderen, eleganteren Läufer psychisch einzuklinken, in dessen Takt und Atemrhythmus zu laufen. Das hat viel Schönes, wenn man nach 4 Kilometern im Wasser und 180 Kilometern auf dem Rad noch einen Marathon absolvieren soll.

Wie schnell geht ihr Atem? Wie tief atmen sie? Bleibt die Luft schon im Halse stecken, oder geht sie tief hinunter in die Lunge? Schwingen Sie sich darin ein und atmen sie genau wie Ihr Coachee. Es wird Sie davon abhalten, den entscheidenden Prozess zu unterbrechen, der sich vor Ihnen ausbreitet. Wenn Sie etwas sagen müssen, dann begleiten Sie das Thema Ihres Klienten nur mit Dingen wie „Das klingt interessant, so habe ich das noch nie betrachtet". Beantworten Sie keine Fragen. Als Coach sind Sie kein Experte. „Ich weiß es auch nicht" ist die einzig sinnvolle Antwort auf jede Frage. Dieses Tool gibt Ihnen eine simple Anleitung, um eine sehr schwierige Aufgabe zu lösen. Wenn alles andere nicht klappt, gehen Sie zurück zu den ursprünglichen Tools: Feedback und Anerkennung. Tragen Sie die anderen Tools für eine Weile mit sich herum. Gehen Sie mit ihnen schwanger. Und denken Sie immer an das Atmen.

Wie heißt es so schön in einem die Esoterik parodierenden Sketch? „Wir atmen tief und ohne Furcht."

42.

FEAR - FURCHT

Furcht ist kein Tool, die Art, mit ihr umzugehen, sehr wohl. Und das ist an dieser Stelle sehr entscheidend. Was sollen wir tun, um uns zu beruhigen? Richtig, tief atmen. Auf intellektueller Ebene bekämpfen wir Furcht mit der Reflektion über Furcht. Was ist Furcht, im Gegensatz zu Angst? Furcht klingt sanfter als Angst, aber wenn es furchtbar oder fürchterlich wird, dann verbreitet Furcht Angst und Schrecken. Das sind die Augenblicke, in denen sich das zeigt, wovor man vorher Angst hatte. Das Monster, das man bisher nur gehört hatte, kommt um die Ecke. Wenn man Angst hat und gar nicht weiß, wovor, spricht man von Hysterie.

Nun aber begegnet man der Furcht, englisch „fear". Für uns ist „fear" das Akronym für „false evidence appearing real". Da zeigt sich etwas, das gar keine Glaubhaftigkeit hat, weil es sich um eine konstruierte Wirklichkeit handelt. Wenn jemand eine Lüge über Sie ver-

breitet, und ich glaube das, ist der Sachverhalt falsch, aber die Lüge wahr. Deshalb glaube oder akzeptiere ich sie: „Falsche Ursache reitet Chimären tot“ wäre eine hübsche akronyme Entschlüsselung für „Furcht“. Merkwürdigerweise wollen wir meistens nicht einmal jemanden mit einer Lüge verletzen, wie auch niemand mit einer Lüge verletzt werden will. In Freundschaften und Beziehungen hat man Furcht davor, verletzt zu werden oder selbst verletzend zu sein. Oft genug entwickelt Furcht eine Eigendynamik. Es handelt sich um Chimären, eingebildete Monster. Die Chimäre verletzt, ohne das weitere Zutun der Beteiligten. Furcht produziert selbsterfüllende Prophezeiungen. Weil wir uns davor fürchten, dass etwas eintritt, tritt es ein.

DER TIPP: Sich einfach nicht darum zu kümmern, ist das Geheimnis, wie man sich vor Furcht befreit. Vermitteln Sie diese Einsicht Ihrem Coachee. „Lassen Sie die Chimäre am Wegesrand stehen und gehen Sie vorbei, indem Sie sich klar machen, dass Ihnen nichts passieren kann. Ich habe keine Angst davor, mein Haus oder mein Auto oder irgendetwas zu verlieren, was ich besitze. Deshalb habe ich keine Furcht. Furcht ... wovor?“ Es funktioniert nicht, die Furcht psychisch zu vertreiben. Ihr Verstand wird sie zur Strecke bringen. Dazu ist es nötig, in das Fegefeuer der Furcht hineinzugehen und sich zu fragen, was Sie sehen. Vermutlich gar nichts. Erst verlieren die Bauchmuskeln ihre Anspannung, dann öffnet sich das Herz, und dann der Verstand. Keine Angst, das klappt.

43.

TRUST - VERTRAUEN

Die Verbindung zwischen Coach und Coachee basiert auf Vertrauen. Sie müssen dem Klienten vertrauen, und der Klient muss an den Punkt kommen, wo Sie sein Vertrauen gewinnen. Diese „vertrauensbildenden Maßnahmen“ ähneln einem Tanz. Ihr Part besteht darin, Glaubwürdigkeit durch Ihr Vertrauen in ihn aufzubauen. Zuallererst nehmen Sie an, dass alles, was diese Person Ihnen vermittelt, nichts als die reine Wahrheit ist. Sobald sie das bemerkt, gewinnen Sie ihr Vertrauen, und in dem Moment hört sie damit auf, Ihnen möglicherweise das Blaue vom Himmel herunterzuerzählen. Die Coachees lernen, dass Sie deren Worte schätzen, und dass Sie gerade möglicherweise der einzige in ihrem Leben sind, der das wirklich tut. Es kostet womöglich Zeit, diese Fähigkeit zu entwickeln, aber Vertrauen ist eines der Tools, das einfach funktioniert. Sie müssen sich selbst beherrschen, wie ein Bogenschütze das Ziel trifft, weil er seinen Körper beherrscht: Es ist nicht die Frage, ob er stark genug ist, den Pfeil zu spannen oder zu zielen, sondern nur die Frage, im richtigen Moment loszulassen.

DER TIPP: Seinen Glauben an Menschen kann man auf einem tiefen physiologischen Level erlernen. In Koichi Toheis Buch „Was ist Aikido“ sagt er: „Es ist der Verstand, der führt und der Körper, der folgt.“ Und „das Ziel ist es nicht, den Feind zu besiegen, sondern sich selbst anzunehmen.“ Benutzen Sie Ihren Geist, um einen tiefen Glauben an diesen Menschen zu entwickeln. Sie müssen davon ausgehen, dass jeder Mensch sein Bestes gibt. Egal, was sie Ihnen erzählen, glauben Sie einfach, was sie sagen. Und glauben Sie, dass es sich um das Beste handelt, was sie ausmacht. Das ist im Prinzip ein Mittel der ⇨ Reflektion, denn die Coachees werden Ihr Vertrauen schnell bemerken und sich dann genau überlegen, was sie sagen. Das trifft nur für intelligente, mental gesunde Menschen zu, denn nur für diese ist Coaching gedacht. In diesem Augenblick nähern wir uns der Wahrheit. Selbst wenn man das Gefühl hat, es handelt sich um Unwahrheit, müssen Sie glauben, dass es sich in diesem Moment um die Wahrheit handelt. Das kann man mit Formulierungen zum Ausdruck bringen wie „Das ist wahr, und außerdem..." oder „Das kann man auch aus dieser Perspektive betrachten ...". Mit dieser Technik vertraut man nicht nur anderen Leuten, sondern sie bildet auch Vertrauen für Sie. Machen Sie keine halben Sachen, geben Sie alles. Vertrauen muss man sich verdienen, man bekommt es nicht geschenkt. Mehr noch: Man muss es erfinden, denn unsere Erinnerung gibt uns Vertrauen nicht vor. Vertrauen beginnt bei Selbstvertrauen. Üben Sie mit einer anderen Person, wie Sie deren Vertrauen gewinnen, bis Sie ein eigenes System haben, bevor Sie ans Coachen gehen. Diese Verbindung entsteht nur durch Entspannung: Vertrauen entsteht, wenn die Anspannung geht. Es muss dafür geklärt sein, dass Sie die Person niemals hinterfragen, unterbrechen, kritisieren, in Probleme drängen, Anweisungen geben oder in irgendeiner Weise manipulieren. Sagen Sie es nicht. Beweisen Sie es. Wenn Vertrauen entsteht, spürt man die Entspannung am ganzen Leib. Willkommen in der Coaching-Praxis.

12. DIE PRAXIS FÜR TEAMCOACHING

Gutes Coaching ist wie guter Sex. Beide Teilnehmer fühlen sich gut danach. Was davor passiert, ist nicht immer Sex, aber auch dort ist der Weg zum großen Teil das Ziel. Wer ein guter Coach werden will, hat nun schon jede Menge Tools beisammen. Wer ein erfolgreicher Coach sein will, braucht vor allem viele Klienten. Das Schöne dabei: Es spielt bei unserer Art von Coaching keine bedeutende Rolle, ob man einzelne Personen coacht oder gleich eine ganze Gruppe (nicht zu verwechseln mit geschlossenen Einheiten wie eine Unternehmensabteilung!). Im Gegenteil: Gruppencoaching, oder Coaching jedes einzelnen in der Gruppe, hat den Vorteil, dass Sie einen Resonanzkörper haben, mit dem Sie Ihre Wahrnehmung teilen können: „Was sehen Sie? Erhellt sich seine Miene, wenn er diese Ziele äußert? Nein? Finde ich auch. Das ist es noch nicht, was du tust, meinst, begehrst. Da geht noch mehr.“ Und da wäre noch ein Vorteil: Sie verdienen in einer Stunde ungleich mehr Geld, wenn Sie zwanzig Leute haben, als wenn Sie eine Person coachen und dabei vor allem als Beginner Gefahr laufen, in die Psychoanalyse abzurutschen. Dazu müssen Sie nur mehr Seminare verkaufen. Schön, dass Verkaufen ein Coaching-Tool ist. Wie? So:

44.

SERVICE SELLING – DAS NEUE VERKAUFEN

Im vorangegangenen Kapitel haben wir das Thema „Verkaufen“ schon angesprochen: Ein Coach lernt eine Menge über sich und seine

Fähigkeiten, wenn er sein Coaching selbst verkaufen soll. Dann passiert ganz Erstaunliches.

Tut man immer das, was man am liebsten tun möchte? Eher selten. In Wirklichkeit haben die meisten Menschen Angst, nicht das zu bekommen, was sie wollen, also begnügen sie sich mit dem, was sie haben, und bitten nicht weiter darum. Manchmal vergessen sie sogar ihre eigenen Wünsche und das, was sie glücklich machen würde.

Was bringt uns von den Dingen ab, die uns die größte Freude bereiten? Warum sagt jemand „Nein" zu dem, was ihn vor Freude in die Luft springen lassen würde, wenn er es bekäme? Die Antwort auf solch ein Verhalten ist komplex und weitreichend unbekannt. Vermutlich ist Wunscherfüllung für den menschlichen Verstand zu abstrakt und irreal, als dass er damit umgehen könnte. Dafür gibt es Weihnachten und das Lottosystem. Glück im Sinne von Zufall löst das Problem allerdings auch nicht. Auf dem Wochenmarkt kursierte die Geschichte von einem Kollegen, der tatsächlich in einem Gewinnspiel gewonnen hatte: 7.000 Euro Rente pro Monat – ein Leben lang! Er kaufte sich sofort ein Haus, zwei Mercedes und noch ein paar andere Dinge und hat sich jetzt total übernommen. Der Punkt ist, dass man etwas bewegen muss, sein Glück „versuchen", anstatt darauf zu warten. Als Coach muss man die Leute bewegen, die irgendwo festgefahren sind. Ob Sie's glauben oder nicht, aber Verkaufen ist der Schlüssel zum Coachingprozess.

Brian Tracey ist in einer der berühmtesten Verkaufs-Gurus der Vereinigten Staaten. Sein Fundus an Tipps, wie man effektiv verkauft, ist erwartungsgemäß riesig. Ein wesentlicher Bestandteil der „Verkaufstaktik" in der neuen Ökonomie besteht im „in den Service gehen": „Service Selling" hat nichts mit dem Begriff „Dienstleistung" zu tun (dieser wird ja in Anspruch genommen und recht und schlecht erfüllt, wenn der Kunde schon im Zimmer steht). Service bedeutet, sich in die Situation des Kunden zu versetzen und zu ermitteln, welche Bedürfnisse er hat. Man arbeitet mit Neugier und schaut, wofür sich der Kunde wirklich interessiert. Das alte Verkaufen arbeiten mit den Regeln des Krieges: Strategie, Überrumpelung, unerwartetes Erscheinen, Verunsichern, Schuldgefühle entwickeln, in ein Zeitdilemma bringen, attackieren etc.. Das neue Verkaufen basiert auf Neugier: Man zieht mit seiner Idee, die einen selbst neugierig macht, nur die Leute an, die davon angezogen werden – weil ihre Neugier geweckt wird.

Das gleiche gilt für Coaching. Man schaut in die Herzen der Klienten, um herauszufinden, was gut für sie ist. Das wird sie neugierig machen. Wenn es immer klarer wird, was sie wollen, wird man als nächstes einen Wasserfall von Argumenten hören, warum das unmöglich zu verwirklichen ist: „Ich kann mir das nicht leisten, ich habe dafür keine Zeit, es macht keinen Sinn, das zu verfolgen ..." das sind nur einige Beispiele für die Vielzahl von Entschuldigungen. Ein Coach muss darauf bestehen, dass die Klienten die Ziele verfolgen, die sie selbst entwickelt haben. Dieser Überzeugungsakt kann unterschiedliche Formen annehmen. Je mehr Ahnung man von den verschiedenen Verkaufstechniken hat, umso besser ist man beschlagen, seine Klienten in dem zu unterstützen, was sie wollen. Der Coach ist also in der merkwürdigen Lage, seinen Klienten ihr Glück selbst „verkaufen“ zu müssen. Ansonsten ist die Coachingsitzung in diesem Augenblick beendet. Der Coachee hat die Hälfte der Summe gespart und kann sie an der nächsten Trinkhalle auf den Kopf schlagen und dem Trinkhallenbesitzer erzählen, dass er gerade selbst (with a little help from his coach) herausgefunden hat, was er schon immer wusste, aber, nein, das ist ja absurd, darauf erst mal ein lecker' Bier. Und vielleicht bekommt er sogar noch den früheren Bus. Der Kleingeist hat gesiegt.

Wer es doch nicht so weit kommen lassen will, sich für seinen Coachee und sein Coaching verantwortlich fühlt und selbst Ziele hat, wird seinen Coachee wohl doch überzeugen können, was für ihn gut ist. Manchmal muss man ihnen eben etwas „verkaufen“, wie folgendes Beispiel zeigt: „Ich war mit meinem Partner shoppen. Als wir in einen Möbelladen gingen, sah er einen Glastisch und schrie förmlich auf vor Freude: „Das ist genau der Tisch, von dem ich schon immer geträumt habe!“ Nach zwei Minuten und einen Blick auf das Preisschild hatte sich sein Enthusiasmus verflüchtigt: „Schade, kann ich mir leider nicht leisten, bin zu knapp bei Kasse im Moment.“ Ich konnte gut sehen, wie dieser Tisch meinen Freund so richtig in Begeisterung versetzt hatte. Er würde beim Arbeiten einfach besser drauf sein und deshalb auch bessere Resultate erzielen, das war mein ganz simpler Schluss. „Hör zu“, sagte ich, „hast du jemals schon vorher Büromöbel gekauft?“ „Klar, schon oft, wieso? Insgesamt für bestimmt 7.000 Dollar“ meinte er. „Und wie verhält sich der Preis für diesen Tisch dazu?“ „So gut wie nichts. Hm. Auf lange Sicht wird sich der Tisch wahrscheinlich auszahlen“, gab er zu. Er kaufte den Tisch und freute sich jeden Tag aufs Neue, wenn er daran saß. Er ist mir immer noch dankbar dafür, und das macht mich natürlich auch glücklich.“ (Dana Minney)

Interessant ist, dass die besten Coache der Welt immer noch verkaufen müssen. Es reicht nicht, das Handwerk und die Kunst des Coaching zu erlernen, man muss es praktizieren – und zwar nicht erst am lebenden Objekt. Verkaufen ist die beste Methode, um zu trainieren, wie man betrugsfrei Neugier erzeugt.

<u>DER TIPP:</u> Ihr Produkt ist nicht für jeden geeignet. Wenn Sie merken, dass jemand kein Interesse zeigt, lassen Sie es sein. Es gibt genug Klienten für Ihren Service, Sie müssen sie nur finden. Die Wahrscheinlichkeit, dass Sie eine robuste Klientel aufbauen, steht in proportionalem Verhältnis zu Ihrer Fertigkeit, zu verkaufen. Wer Neugier hat, wird getragen von einer Welle der Begeisterung, die auch andere mitreißt.

Verkaufen durch Neugier wird durch ein wunderschönes Beispiel aus der Literatur sehr deutlich: In Mark Twains „Tom Sawyer“, ganz am Anfang. Da muss Tom einen Zaun weiß streichen, wozu er überhaupt keine Lust hat. Anfangs wird er wegen dieser Strafarbeit von den anderen Jungs verspottet – bis Tom im Laufe der Zeit unheimlichen Spaß an der Arbeit entwickelt. Das merken die anderen Kinder. Der Schluss ist bekannt: Die Jungs bezahlen schließlich dafür, dass sie auch streichen dürfen.

45.

PROJECTS - PROJEKTE

Wie stimuliert man hoch effektive Teams, ihr ganzes Potenzial auszuspielen, noch mehr „spirit" zu generieren und die ganze Truppe zu einer homogenen, schlagkräftigen Einheit zu verbinden? Durch Projekte. Das Wort stammt von dem lateinischen „proicere" und bedeutet „entgegenschleudern". Eine wunderschöne Übersetzung für das, was wir hier meinen. Es bedeutet nämlich nichts anderes, als unschuldige Menschen ins kalte Wasser zu werfen, indem man ihnen eine Aufgabe vorsetzt.

Mit Projekten zieht man alle Coaching-Register. Sie können aus einem Event oder einem Produkt bestehen, das ein Einzelner oder eine Gruppe gemeinsam bearbeiten muss. Nach etwas sechs Wochen müssen die Coachees das Resultat zeigen. Dies ist der unmittelbare Schritt in die Aktion. Die Redezeit ist vorbei. Ab jetzt gilt das Motto: „In der Zeit, wo du hier herumlamentierst, wie das gehen soll, wärst du schon fertig."

Das erste Projekt darf dabei ruhig relativ einfach sein. Der oder die Teilnehmer oder die Teilnehmerin arbeiten daran, als seien sie auf einem Abenteuertrip – vorausgesetzt natürlich, dass das gewählte Projekt ein Produkt ihrer Neugier ist. Das haben Sie, mein lieber Coach und Kupferstecher, vorher mit aller Überzeugung herausgekitzelt. Nun geht es daran, zu sehen, ob es sich um etwas handelt, bei dem die Coachees tatsächlich Energie und einen langen Atem beweisen. Und dafür hat Gott das Projekt geschaffen. Es ist nicht existenziell. Es kann ruhig schief gehen. Und es erhellt ungemein. Hauptsache, das Ziel ist eines, das alle Beteiligten in Begeisterung versetzt, und gleichzeitig Geld in die Kasse spült! Projekte funktionieren gleichermaßen individuell. Wenn jemand eine Veränderung in seinem Leben sucht und etwas Neues ausprobieren will, dann sind Projekte wegen ihrer Unverbindlichkeit genau das Richtige.

<u>DER TIPP:</u> Ein Projekt im Sinne des Coaching ist nicht existenziell. Man kann nur gewinnen: Geld, Einsicht, neue Ziele. Zu einem Projekt muss man nicht motiviert werden. Man ist motiviert. Das Projekt basiert auf den eigenen Zielen. Das Ziel eines Projektes besteht darin, etwas zu kreieren, das den Klienten inspiriert, ein wenig Geld einbringt, ihm Klarheit verschafft und darüber in Kenntnis setzt, was ihm in seinem Business Spaß bringt und was nicht. Das gilt natürlich auch für ein Team. Der Witz beim Coaching besteht ja gerade darin, dass niemand „motiviert" werden muss, weil man nichts anderes tut, als seiner Neugier zu folgen, seine Ziele zu verfolgen, und was daraus folgt, ist Erfolg.

Alles kann in ein Projekt verwandelt werden. Wir haben Leute erlebt, die den Stier bei den Hörnern gepackt und ihr Projekt zu ihrem Beruf gemacht haben, andere, die Projekte variiert oder neue Projekte verfolgt haben. Die Hauptsachen bestehen darin, dass ein Projekt interessant und unterhaltend bleibt. Im Idealfall scheitert ein Projekt. Dann hat man eventuell Tausende von Euro gespart, die man in ein neues Geschäft investiert hätte, nur um herauszufinden, dass man es nicht interessant genug findet und sich irgendwann nur noch damit quält. Es gibt die verschiedensten Felder, in denen man ein Projekt starten kann, weil man dort keine fertige Ausbildung benötigt: Kochen, verschiedene Sportarten, aber auch Dinge, bei denen man in zehn Wochen eine Ausbildung genießt. Zum Beispiel Film-Coaching. Ein Kollege veranstaltet regelmäßig Filmprojekte. Die Teilnehmer haben zehn Wochen Zeit, einen Film zu produzieren, und starten bei Null: Keine Idee, kein Storyboard, keine Aufgabenverteilung. Jeder Teilnehmer muss sein ganzes Talent und seine Kraft hineinstecken. In Teams einigt man sich oft auf einen Werbetrailer oder Dokumentarfilm über das Unternehmen. Dann geht es an die Jobverteilung: Man braucht Script- und Kameraleute, Redakteure und Regisseure. Der Coach führt sie Schritt für Schritt durch das Projekt und beobachtet, wer in seinen Job passt und wer welche Herausforderung braucht. Wenn der Film nach zehn Wochen fertig ist, weiß das Team wahrlich, was Projektmanagement bedeutet. Alle hatten die Gelegenheit, ihre Kollegen mal in einem ganz anderen Licht zu sehen und zu erleben, was sie sonst noch drauf haben. Und das Allerwichtigste: Sie haben zusammen ein Werk produziert, auf das sie stolz sein können. Sie können sich nicht vorstellen, wie die Teilnehmer vor Selbstvertrauen glühen. Von nun an vertrauen sie sich nicht nur gegenseitig, sondern einander. Es geht natürlich auch einfacher. Einer unserer Klienten ist ein Paradebeispiel, wie man seine ganze Neugier erfolgreich in ein Projekt stecken kann: „Beim Mittagessen unterhielt ich mich mit dem Coach Karin Manske. Sie fragte mich, warum ich es erstrebenswert fände, nach New York zu ziehen. Ich antwortete, dass mich besonders die New Yorkerinnen faszinieren würden, aber gleichzeitig hätte ich Angst, sie anzusprechen. Sie blieb an dem Thema dran und führte mich geradewegs in meine Begeisterung, Frauen zu treffen. Ich hatte allerdings keinen blassen Schimmer, wie ich das anstellen sollte. Wir kamen schließlich auf die Idee, ein Projekt zu starten, in dem ich Frauen interviewe, was sie von einem Mann erwarten. Dies gab mir Mut, Frauen anzusprechen, weil es ja aus reinen Forschungsgründen war, also ein legitimer Grund, ohne dass sie sich angemacht fühlen müssen. Und nicht nur das: Ich lernte viel, und mehr Frauen kennen, als ich jemals vorher getroffen hatte. Ich bewahre ihre Telefonnummern auf, und eines Tages lade ich sie alle zu einer riesigen Party ein“ (Reinhard Botzek).

46.

NETWORK THINKING - NETZWERKDENKEN

Was hat funktioniert? Was nicht? Welche Veränderungen haben funktioniert und welche nicht? Unterschiede zwischen Vorher und Nachher – wie bei einem Projekt – verändern das Qualitätsniveau einer Organisation. Man beginnt, im Gleichzug mit seinen Tätigkeiten darüber nachzudenken, was man tut. Die Selbst-Evaluierung und der Sinn dafür, was das Team kann und was nicht, wird immer präziser. Wenn jeder einen scharfen Blick auf ein Projekt oder Programm hat und die Unterschiede fest-

hält, dann handelt es sich nicht um Gruppendynamik, sondern um Netzwerkdenken. Gruppendynamik bedeutet, abzuwarten, bis alle den kleinsten gemeinsamen Nenner gefunden haben. Das ist mehr eine Sache für Hippies. Basisdemokratisches Diskutieren und ewiges, träges Meinungsäußern und Bedenkentragen geht mit der Recherche einher, ob sich denn alle hier im Raum überhaupt prima verstehen. Netzwerkdenken ist „action-based". Was ausgelöst wird, ist eine Stimmung. Es verhält sich ähnlich wie bei der Mafia: Weil bei diesem Familienunternehmen so viel Geschlossenheit besteht, ist man immer gleichermaßen begeistert oder empört über das, was ihnen geschieht. Mit den entsprechenden Konsequenzen. Der zweite gravierende Unterschied besteht darin, dass in einem Netzwerk jeder einzelne verbunden denkt und merkt, was geht und was nicht. Notabene: „2. An der Stelle eines jeden einzelnen denken und 3. mit sich selbst einstimmig denken" (Kant, Kritik der Urteilskraft, § 40). Dann werden Sie wirklich, richtig, ungebremst und unbegrenzt explosiv produktiv. „In dem High Performance Leadership Training neulich fand ich mich in einem Team wieder. Ich sah Dinge in Vollendung, die ich mir vorher nicht vorstellen konnte. Es war nicht so, dass irgendjemand irgendetwas Besonderes für mich getan hätte. Es war nur Fakt, dass alle durch ein gemeinsames Ziel vereinigt waren. Das trug erheblich zu meinem persönlichen Ziel und meiner Produktivität bei. Sobald jemand plötzlich fehlte oder wir in unserer Leistung nachließen, haben wir ein Teammeeting einberufen. Das hat uns alle schnell wieder auf den Plan gebracht, plötzlich waren die Energie und die Produktivität wieder auf dem höchsten Level. Während dieses Trainings erlebte ich in Sachen Geld den erfolgreichsten Tag meines Lebens. Ich habe diesen Erfolg dem „team spirit" zu verdanken. Ich habe zu dieser Zeit nicht an dem Training teilgenommen, aber ich habe die ganze Energie von dort aufgesaugt, und ich habe sie hinter mir gefühlt, sie hat mich förmlich angetrieben. Ich habe dadurch gelernt, mich selbst nach vorne zu katapultieren. In unserem Team waren wir nicht gezwungen, die ganze Zeit miteinander abzuhängen, aber allein diese Power im Team übertrug sich offenbar auf mich und hielt an. Am Anfang hatte ich noch starke Bedenken, ob ich diese 30 Tage allein physisch durchstehe. Aber irgendwie wurde ich durch unsere Arbeit sogar immer stabiler. Ich befand mich irgendwann auf dem Höhepunkt meiner Leistungsfähigkeit. Es hat mich anscheinend noch beflügelt, dass ich meine Tickets selbst verkaufen und ständig auf der Bühne Improvisation üben musste. Seit sechs Monaten kann ich wieder nachts schlafen" (Beverly D.).

47.

UNCONDITIONAL LOVE – BEDINGUNGSLOSE LIEBE

In dem Film „Jerry Maguire" spielt Tom Cruise einen Spielervermittler, der eine zu kesse Lippe riskiert, aus seinem Team fliegt und als Einzelgänger versucht, einen fallengelassenen Spieler wieder auf Trab und an den Mann zu bringen. Er und der ehemalige Top-Player, gespielt von Cuba Gooding Jr., entwickeln im Laufe des Films eine unglaublich starke Bande. Nichts kann sie trennen, nichts kann sie aufhalten. In ihrem Fall übertragen sie ihre „Liebesbeziehung" aufs Geschäft. Sie sind in der Lage, sich gegenseitig blind zu vertrauen, eine starke Freundschaft aufzubauen und schließlich Ergebnisse zu erzielen. Ihr Mantra: „Show me the money!" Anfangs steht Maguire mit dem Rücken an der Wand. Am Ende stehen sie beide Rücken an Rücken. In dem Film „Der Club der toten Dichter" stehen am Ende die Schüler auf ihren Pulten und brüllen ihrem geliebten Lehrer ein letztes Mal „Oh captain, my captain" hinterher. Solche starken Beziehungen funktionieren im Business prächtig. Hoher Profit ist häufig das Resultat einer Beziehung zweier Männer, zwischen die kein Blatt passt. Vorausgesetzt, dass Schlauheit, Begabung und Strategie in ausreichendem Maße vorhanden sind.

Große Coache sind wie große Trainer im Sport. Sie entwickeln eine starke Bande mit ihren Spielern. Bei den meisten erfolgreichen Profi-Teams kann man beobachten, dass die Trainer von ihren Spielern auf Händen getragen werden. Umgekehrt entwickeln Coache eine starke Liebe und Respekt für die Leute, die für sie spielen. Kein Coach ist erfolgreicher als derjenige, der seinen Coachees zeigt, dass er sich für sie, ihre Projekte und ihre Ziele verantwortlich fühlt, als seien es seine eigenen, der sie durch Himmel und Hölle begleitet und immer zur Seite steht. In einer Service-Ökonomie zahlt sich dieser Beistand aus wie noch nie. Die Art von Enthusiasmus und Emotion, die immer mit dem Sport in Verbindung gebracht wird, findet nun Einzug in Unternehmen. Hier herrscht nicht mehr der knallharte, freudlose Manager, der Umsatzziele formuliert, sondern derjenige, der seine menschlichen Fähigkeiten ausspielt, um ein Team zu formen, das unschlagbar wird. Die höchste menschliche Fähigkeit ist bedingungslose Hingabe. Die Kondition bekommt man schnell dafür, wenn man dafür Dankbarkeit und Respekt erhält. Es ist eine harte Liebe. Sie verlangt Ihnen alles ab.

Leistung erfordert Herz. Wenn wir sagen, dass Leistungsträger „Herz haben", dann meinen wir eine besondere Form der Liebe für das „Spielfeld", in dem sie sich beschäftigen und es zu unglaublichen Leistungen bringen. Liebe ist nun einmal die höchste Energieform: Vom Herzen gehen alle anderen Energien aus, auch wenn man sie nicht sehen oder messen kann. Sie werden automatisch in den Menschen, die Ihre Liebe bekommen, Dinge auslösen, die man nicht für möglich gehalten hätte. In diesem Sinne ist Liebe nur ein Tool, wenn sie bedingungslos ist. Nicht Mittel zum Zweck, sondern ehrlich, aufrichtig, vertrauens- und respektvoll. Aber wem sagen wir das.

Um zu sehen, wie Liebe und Service ineinander übergehen, dient als Beispiel der Teamcoach Beverly Jearney, die an der University of Texas die Mädels in Track and Field trainiert. Aufgrund der Leistung ihres Teams, das immer wieder über sich hinaus gewachsen ist, wurde sie sieben Mal hintereinander zum Coach des Jahres ernannt. Bevor sie auf der von weißen Männern beherrschten Szenerie auftauchte, diente sie demütig in Mississippi und arbeitete sich zu einer respektablen Position hoch. Ihr Geheimnis: Mut, Hingabe und eine ungeheure

Liebe für die Leute, denen sie dient, und die diese Liebe auf dem Platz zurückgeben. Das nennen wir mal eine starke Bande.

48.

RESPECT - RESPEKT

Mit Kants Begriff der „Person" mit ihren ureigenen Zielen geht der Begriff des Respekts einher – nämlich, dass man diese Ziele uneingeschränkt anerkennt. Respekt ist bedingungslose positive Beachtung. Indem man Respekt bekundet, zeigt man Verantwortung für das, was andere tun. Speziell als Coach. Coaching ist die Kunst, die Herzen und Köpfe der Menschen zu öffnen. Die damit verbundene Verantwortung ist keine Belastung, sondern der Beginn eines bedeutenden Spiels.

Wenn man ein Buch schreibt, verbringt man anfangs viel Zeit mit der Festlegung des Stils. Wir waren der Meinung, dass das Thema „Coaching" eine dynamische, sportliche Sprachregelung mit Handbuchcharakter haben soll. Da liegt das anfeuernde „Du" oder „Ihr" nahe. Bis wir zum Thema Respekt kamen. Seitdem sprechen wir in erster Linie von „Personen" statt etwa „Menschen", weil wir nicht menscheln und auch nicht in er/sie oder UnternehmerInnen-Terms sprechen, sondern Frauen und Männer gleichermaßen ansprechen wollten. Außerdem nutzen wir die im Deutschen eine spezielle Anrede für Respekt: „Sie". In unseren Kursen bekommt jeder Teilnehmer eine Verantwortung. Wir haben dazu ein Assisting-System entwickelt, in dem jeder Aufgaben übernimmt und von Anfang bis Ende allein durchzieht. In diesem System gibt es viele Assistenten und eine Logistik. Die Logistik darf nichts tun, als die Arbeiten an die Assistenten zu deligieren und zu koordinieren. Sie ist verantwortlich für das gesamte Team und dessen Aufgaben. Sobald eine Aufgabe beendet ist, gibt er der Logistik einen Report. Die Logistik ruft ständig kleinste Teammeetings zusammen, um das Team auf gemeinsamen Draht zu halten und zu inspirieren. Dahinter steckt die Idee, dass es wesentlich interessanter und effektiver ist, Aufgaben gemeinsam zu lösen, als alleine. Und dass es außerdem viel mehr Spaß macht. Auf diese Weise zollen die Assistenten sich gegenseitig Respekt. In den Meetings „schauen" sie „zurück" auf das, was die anderen getan haben, und vernetzen auf diese Weise ihre Leistungen. Gleichzeitig übertragen die Logistiker die Verantwortung auf jede einzelne Person. Das ist eine andere Erfahrung als die Aufgabenverteilung an der langen Leine. Man kann sich diese Art Respekt auch an dem Verhältnis zwischen Eltern und Kindern klar machen. Die Eltern können entweder alles für das Kind tun, oder ihm zeigen, wie sie manche Dinge allein tun können. In welchem der beiden Alternativen steckt mehr Liebe? Richtig, in der zweiten, denn man behandelt sie als selbständige Person und zieht keinen nörgeligen unselbständigen Flegel auf. Das ist Verantwortungs-Unterricht. Man zeigt jemandem, dass man an ihn glaubt, und dass man Respekt vor ihm hat. Sie können Menschen nur lieben, wenn Sie lieben, was sie tun. Respekt bedeutet auf diesem Level, dass Sie

Ihren Lebensgenuss mit anderen Leuten teilen, die Ihnen am Herzen liegen. Wenn Sie keine Lust an dem Spiel haben, lassen Sie es sein – Sie werden keine Hingabe entwickeln und brauchen vom Team keinen Respekt zu erwarten. Ein Team ist nämlich wie eine Frau. Die spüren so etwas. Echter Respekt ist weder in Beziehungen noch im Business oft zu finden.

DER TIPP: Keine Tricks. Seien Sie immer ehrlich und aufrichtig. Respekt bedeutet, dass man die anderen lässt, wie sie sind, und sie als Menschen und in ihren Zielen achtet. Die meisten Unternehmen tolerieren Systeme mit internen Rivalitäten. Am Stuhl sägen, nicht zuständig sein, jemanden ins Leere laufen lassen, seinen Hintern in Sicherheit bringen, seine Mitarbeiter von hinten ein Messer in den Rücken jagen: Solche Taktiken werden meistens noch als „realistisch" bezeichnet und insgeheim geduldet. Sie können dadurch, dass andere Leute als Mittel zum Zweck eingesetzt werden sollen, niemals die Energie eines Top-Teams erreichen, das sich an ihren Erfolgen gemeinsam berauschen kann. Wenn man hinter die Kulissen von wirklich und langfristig erfolgreichen Unternehmen schaut, findet man oft eine Kultur vor, in der man respektvoll miteinander umgeht. Wenn ein Coach ein Umfeld voller Respekt und Wärme schaffen kann, werden sich die Leute untereinander besser behandeln und sich gegenseitig helfen, ein großes gemeinsames Ziel zu erreichen. Wenn einer der besten Köche aus England kommt, kann etwas nicht stimmen mit dieser Welt. Der britische Star-Koch Jamie Oliver hat als „The Naked Chef" mit seinen Büchern und Fernsehsendungen weltweit einen Erfolg zu verzeichnen wie kein anderer Koch. Sein Rezept: Der knapp 30jährige „Robbie Williams des Kochens", der schon als Achtjähriger im Pub seiner Eltern das Kochen gelernt hat, vermittelt den Leuten seinen lockeren, zeitgemäßen, unverkrampften Stil. Er trägt alte Jeans, misst sich erst gar nicht mit den „Koch-Künstlern" alten Schlages, sondern integriert Kochen ins Leben. Jamie kocht mehr mit den Händen als mit dem Kochlöffel, genial und einfach dabei, eben pur. Seine „message": „Jeder kann kochen, man muss sich nur trauen!" Der Naked Chef hat aus diesem Konzept heraus ein zweites Projekt gestartet: „Jamie's Kitchen". Hier werden arbeitslose und schwer erziehbare Jugendliche in einem eigenen Restaurant zum Koch gecoacht, um sie „für etwas zu begeistern, ihnen Selbstverantwortung und Verantwortung zu geben" (Oliver). Auf diese Weise gehen hunderte von Jungtalenten in eine Kochschule, für die andere Tausende von Euro zahlen würden, und haben eine Basis für ihren eigenen Geschäftserfolg – statt Hoffnungslosigkeit und Arbeitslosengeld. Was werden andere dann sagen? Richtig: „Respekt!"

Weiterführende Literatur:
Tohei, Koichi. Was ist Aikido?
Kant, Immanuel. Grundlegung der Metaphysik der Sitten.
Marriott, J.W. Junior/Brown, Kathi Ann. The Spirit to Serve. Marriott's Way. New York 1997
Tracey, Brian. Sell Well
Jansen, Robert/Sage, Martin. Vergiss' das Verkaufen.
Twain, Mark. Die Abenteuer von Tom Sawyer und Huckleberry Finn.
Oliver, Jamie. Jamie's Kitchen. Starnberg 2003.

13. TECHNIK UND RHETORIK IM EINZELCOACHING

Es ist ja nicht so, dass es keine weitreichenderen Errungenschaften gibt, die aus Deutschland kommen, als nur Autos. Wo ja selbst diese in anderen Ländern erfolgreicher imitiert und verkauft werden als hierzulande. Da wären zum Beispiel die Denkgestalt der Aufklärung und die Ideen des Deutschen Idealismus, das Gesamtkonzept Goethes und nicht zu vergessen die wissenschaftlichen Erkenntnisse, die mit ihren Trägern ausgewandert sind, aber ursprünglich aus Deutschland stammen. Auch die Kybernetik leitet sich ursprünglich aus dem Gedanken eines organischen Ganzen und den Zusammenhängen der Systeme ab, die schon Kant und Goethe vorschwebten und die eine Grundlage des Coaching bilden. Dieses Kapitel stellt Ihnen Stilmittel, rhetorische Tricks und wissenschaftliche Konzepte vor, die ganz pragmatisch in die Kunst des Coachens umgesetzt wurden und mit denen Sie Ihre Coachees direkt in Aktion, in der Coachingsprache: mit dem nackten Arsch ins Feuer setzen.

„Atonality in music, the Bauhaus in architecture, and gestalt psychology were among the modern developments of Weimar Germany.“

Steve J. Heims, The Cybernetics Group (1991:206)

49.

ANALOGY - ANALOGIE

Auch wenn nebenher noch eine Menge mehr passiert: Die Grundgestalt des Coachens ist der Dialog, das Sprechen im positiven Sinne. Ein Coach setzt Impulse, gibt Ideen und sorgt dafür, dass es im Coachee arbeitet. Sobald der Coach etwas erklären muss, kann er sicher sein, dass er gerade in der Falle sitzt. Wer erklären muss, arbeitet gerade an seiner Me-

thode. Definitionen sind definit, an ihnen lässt sich nichts rütteln, höchstens diskutieren. Wenn es aber voran gehen soll, empfiehlt sich nichts besser als eine lebendige, bildhafte Sprache. Besonders die Stilmittel Analogie und Metapher eignen sich für uns. Für Coaching gilt der Grundsatz: „Never complain, never explain". Gerade dann, wenn man glaubt, etwas zu sehen, ist es illegitim, den Coachee nicht darauf festzunageln: Das wäre wieder Psychologie ohne Lizenz. Wenn man dem Coachee also nicht an die Substanz gehen, aber die Situation weiter nach vorne treiben will, bietet sich Analogie als wirksames Tool an. Eine Analogie ist eine Verfrachtung des Sachverhaltes in ein paralleles Bild. Sie benutzt Bilder und verlinkt den Sachverhalt mit einem anderen, der mit dem Coachee logischerweise nichts zu tun hat. Auf diese Weise lassen sich auch sonst unangenehme Situationen wunderbar meistern. Oft sind sie von einem gewissen Witz begleitet. Als der etwas kleinwüchsige russische Dichter Puschkin einmal eine Dame zum Tanz aufforderte, antwortete diese unwirsch: „Ich tanze nicht mit Kindern." Worauf dieser antwortete: „Das tut mir leid, ich wusste nicht, dass Sie schwanger sind." Nun ist man vielleicht nicht immer so schlagfertig. Aber es geht auch anders. Ein Paar wurde einmal mitten im Liebesspiel jäh vom Klingeln des Vermieters unterbrochen. Als er endlich wieder abzog, war die Stimmung selbstverständlich auf dem Nullpunkt, als die Freundin meinte: „Ich habe das Gefühl, gerade hätte mir jemand mein absolutes Lieblingsessen gekocht, und als es auf den Tisch kam und ich gerade zulangen wollte, wird es mir – schwupp! – wieder weggezogen!" Beide mussten so lachen, dass die Stimmung wieder hergestellt war. Sie bekam noch ihr Lieblingsessen. Wie es die Natur des Themas verlangt, sind wir davon abgekommen.

<u>DER TIPP:</u> Gewusst wie. Im Coaching leitet man Analogien mit dem Wörtchen „wie" ein. Nutzen Sie Ihre Phantasie und Ihren Erfahrungsschatz, um eine Situation mit etwas zu vergleichen, das die Coachees sofort verstehen: „Business ist wie professioneller Sport, nur dass dabei keiner verletzt wird und jeder die Chance hat, das Spiel für sich zu entscheiden. Sie inszenieren es so, dass jeder dabei gewinnen kann." Was immer Sie als Analogie einsetzen, es wird Ihre Coachingsitzung angenehm bereichern. Dabei spielt es keine Rolle, ob man naheliegende, verständliche Beispiele anführt oder auch absurde Dinge für Analogien nimmt. Es sieht aus wie, wie sollen wir sagen, nun ja, wie wenn man sein Gehirn unter den Arm nimmt und damit in einen Zug steigt, der von dem Punkt, wo man steht, einen steilen Weg hinauf auf einen Berg fährt, um dort auszusteigen und auf sich selbst hinunterzuschauen. Wie folgendes Beispiel illustriert: „In einem Interview meinte Martin, eine Ehe sei wie ein Geschäft. Es sei ein Vertrag, wo man sein Netzwerk mit dem des Partners verbindet. Beide Parteien investieren etwas ins Geschäft, und der Ertrag erhöht sich für beide. Es ist eine Win-Win-Situation. Je mehr er redete, umso klarer wurde mir, dass ich ein solches Geschäft unterhalte, ohne allerdings von meiner Partnerin zu profitieren. Ich begriff, dass sie mich jedes Mal aufhielt, wenn ich voran gehen wollte. Das übertrug sich sogar auf meinen Beruf. Sie unterstützte mich nicht in meinem Bemühen, erfolgreich zu sein. Ich hätte ihre Hilfe aller-

dings gut brauchen können. So machte ich eben immer „mein Ding" allein. Ich sah, dass das so nicht weiter funktionieren kann. Es leuchtete mir ein, dass ich entweder so weitermachen und ständig investieren könne, oder dass ich aufhöre und einen Neustart mache. Dabei bin ich sehr geschäftstüchtig und kann mit Geld umgehen. Martin machte mir allerdings mit diesem Vergleich deutlich, dass ich nicht sehr beziehungstüchtig bin und dass dieses Manko auch mein Business beeinträchtigt. Auf diese Weise war ich jetzt für den nächsten Schritt bereit. Jetzt habe ich eine neue Beziehung, und mein Geschäft wächst und expandiert schneller, als ich es je für möglich gehalten hätte. Das nenne ich ein echtes Abenteuer!"

50.

METAPHOR - METAPHER

Auch Metaphern sind Vergleiche. Als Coaching-Tools arbeiten sie aber unterschiedlich. Eine Analogie funktioniert, in dem man zwei unterschiedliche Dinge vergleicht, die offensichtlich keinen Bezug zueinander haben. Bei der Metapher arbeitet man dagegen mit einem Bild, das den Sachverhalt repräsentiert. „Die ganze Welt ist eine Bühne", ist eine Metapher. Analogien passen besser, um Dinge zu klären, während Metaphern Analogien in Mythen umsetzen. Das kann eine sehr starke Wirkung haben. Die Urvölker Melanesiens basteln für jeden verstorbenen Ahnen einen Dämon, der in einem Dämonenhaus wohnt. Diese sind ein Teil der Bevölkerung, es wird teilweise für sie sogar das Essen mit zubereitet. In unserer christlichen Kultur begraben wir die Ahnen unter der Erde und lassen ihre Seele leben, zumindest so lange wir uns an die Verstorbenen erinnern. Die melanesischen Ahnen behandeln ihre Ahnen nicht, als seien sie jemals gestorben. Sie leben – als Dämonen verwandelt. Deshalb kennen die Melanesen auch keine Trauer. Vielleicht ist das die wichtigste kulturelle Errungenschaft Melanesiens neben dem Bungee-Springen.

<u>DER TIPP:</u> Das „wie" weglassen. Der Dämon ist nicht wie der Mensch, sondern er IST der Mensch. „Business ist wie Sport" ist Analogie. Die Metapher dazu lautet: „Business IST Sport". Metaphern bewirken nicht nur geistige Vergleiche, sondern die Coachees setzen sich selbst sofort in die gedachte Situation hinein. Ich, der Athlet, dort die Herausforderung, das Ziel, die Regeln, die Energie. Auf einmal macht das Business Spaß. Er sieht es als Gelegenheit, sich auszutoben. Ein guter Coup ist ein gelungener Doppelpass. Ein guter Abschluss ist der Pokal. Die Leute lieben das. Sie sind mit einem Mal mitten in der Aktion. Und das ist schließlich unser Ziel. Um zu erklären, wie Unternehmertum heute aussieht, sagen wir gerne: „Wissen Sie, Business ist Krieg", um zu erklären: „Aber das neue Business heißt Unternehmertum. Niemand kommt darin um, und die Intensität ist viel höher". Das hört man gerne, und es beflügelt die meisten, in diesem neuen Spiel mitzuspielen, weil wir alle den Krieg satt haben. Man spürt den Willen zur Aktion als Sensation am eigenen Leib. In unseren Beziehungs-Seminaren illustrieren wir das

Verhältnis von Mann und Frau gerne mit der Metapher „Männer sind Piloten und Frauen das Radarsystem". Wenn die Herren den Fokus haben, das Ziel anpeilen und drauflos jagen, sind Frauen in der Lage, das Einsatzfeld zu scannen und die subtilen Informationen aus allen möglichen Quellen auszuwerten. Sofort wissen alle Teilnehmer nicht nur, was gemeint ist, sondern sehen die Stellung von Mann und Frau einmal in einem Kontext, der die Sichtweise (für die meisten) verändert. Sie sehen sich selbst selbstverständlich sofort als Pilot beziehungsweise Radar und verstehen den neuen Sinn. Was das mit den Melanesen sollte, fragen Sie sich. Ganz einfach: Sie sind der Bungee-Springer. Wenn Sie den Sprung wagen, sind Sie Coach. Jetzt sind Sie an der Reihe. Die Leute hinter Ihnen warten schon ungeduldig. Springen Sie.

51.

GESTALT THINKING – GESTALTDENKEN

„Das Ganze ist mehr als die Summe seiner Teile": Wenn dieser Ausspruch einmal gerechtfertigt ist, dann im Zusammenhang mit der Gestalttheorie. Die psychologische Lehre, in der die wesentlichen Eigenschaften von Gebilden nicht durch die Summierung der Eigenschaften ihrer Teile zu fassen sind, weil außer diesen noch ihre Qualitäten etwas zu sagen haben, entstand um die Jahrhundertwende in Deutschland. Die Psychologen Christian von Ehrenfels, Wolfgang Köhler und Max Wertheimer stehen für diese Theorie. Weil unsere Seele immer nach Geschlossenheit, Einfachheit, Einheitlichkeit und Regelmäßigkeit sucht, entwerfen wir ständig Teile des umfassenden Ganzen, um uns ein Bild von Dingen zu machen und sie entwerfen zu können. So „sehen" wir Sternbilder, die nichts anderes sind als bildhafte Anordnungen von Sternen am Himmel, die für uns eine bildhafte Struktur ergeben, oder erkennen eine Melodie in etwas, das im Prinzip nur eine Aneinanderreihung von Tönen ist, weil sie eine daraus hervorgehende besondere Qualität hat. So kann man auch einen Menschen sehen – nicht als Summe seiner Teile, sondern als Individuum in seiner Gesamtwerdung durch Körper, Geist, Seele, Leben. Nehmen wir den Piloten, dessen Flugzeug außer Kontrolle gerät. Das Flugzeug fällt und fällt. Als erstes geht der Sinn dafür verloren, wo oben und unten ist. Dann verengt sich der Gesichtskreis auf das Schaltpult vor ihm. Er hat nur noch den Tunnelblick, der sich schließlich auf den Durchmesser eines Strohhalms verengt. Mit der zunehmenden Panik sieht er schließlich nur noch schwarz. Er kann keine andere Wahrnehmung mehr zulassen. Wenn wir in Not sind, ist unsere Wahrnehmung nur noch ein enger Korridor. Auch in der Evolution kennt man das Phänomen. Wenn unsere Vorfahren auf der Jagd waren, kapriziert sich die Perspektive bei der Pirsch immer enger auf das Objekt, um zu überleben. Wenn sie dann satt waren, konnten sie sich zurücklegen und ihren Blick auf ihre Umgebung und dessen Weite und Schönheit werfen. Wir haben es da ein wenig leichter. Je schneller unsere Bedürfnisse befriedigt sind,

umso öfter und länger erleben wir das Weltbild im großen Ausschnitt. Erst kommt das Fressen, dann die Gestalt. Wer Angst hat, wo der nächste Dollar herkommt oder woher man seine nächste Mahlzeit nehmen muss, hat eine derart verengte Perspektive. Man sieht das Leben nicht als Ganzes. Als Coach weist man auf die wichtigen Aspekte des Lebens hin, die ein anderer vielleicht gerade nicht sieht. Gestaltdenken bietet sich auf zweierlei Wegen für Coaching an. Zum einen kann man die „Gestalt" des Klienten betrachten, das gesamte Bild der Persönlichkeit, die er sein könnte. Auf diese Weise gestalten wir die Eröffnung des Seminars „What To Do With The Rest Of Your Life": Während des Interviews malen wir eine Art Puzzle auf das Flipchart und füllen die einzelnen Teile, mit denen sich die Klienten in ihrem Leben beschäftigen. Im Gesamtbild kommt dann immer etwas anderes heraus, als der Klient denkt. Im Normalfall empfiehlt man jemandem, der gut in Mathe ist, beispielsweise Ingenieur zu werden.

<u>DER TIPP:</u> Beim Gestaltdenken betrachtet man auch die anderen Teile des Puzzles, die diese Person ausmachen. „Okay, was noch?" lautet die Frage. Die Liste kann endlos weitergehen, wenn man nicht nur nach den Begabungen, sondern auch nach den Interessen und Leidenschaften fragt. Wenn dann Dinge wie Jagen, Blockflötespielen, Reisen, Mode oder Tanz hinzukommen, hat man erst ein Gesamtbild und verschiedene Möglichkeiten, es zu einem Ganzen zusammenzusetzen. Auf diese Weise ergeben sich ungeahnte Möglichkeiten, Neigungen und Fähigkeiten in sein aktives Leben zu integrieren. Bei der zweiten Anwendung der Gestalttheorie zeigt man einer Person, wie sie selbst die Gestalt ihres Lebens erkennt. Meistens sind wir in unserem Leben immer auf einen Aspekt oder ein Problem kapriziert, das uns die Sicht auf unsere gesamte Erscheinung blockiert. Und nicht nur das: Meistens produziert diese verengte Sichtweise Angst. Bei Angstzuständen zieht sich die Muskulatur zusammen, inklusive die der Augen. Dadurch verengt sich der Blickwinkel, man verliert buchstäblich die Übersicht. Indem man als Coach die Gesamtansicht vermittelt, kann der Coachee sich selbst aus einer anderen Perspektive betrachten. Es ist, wie wenn ein guter Freund zu Ihnen sagt: „Mensch, du stellst Dein Licht viel zu sehr unter den Scheffel" – und ihm mal klar macht, was er eigentlich kann, wie er dasteht oder welche Wirkung er auf andere Menschen hat. Auf einmal springen ihm ganz andere Seiten und Sichtweisen ins Auge, die aber genauso zu seiner Gestalt gehören wie sein „Problem", nur dass dieses im Zusammenhang ein „Problemchen", die Jagd auf den nächsten Dollar ein Witz ist im Vergleich zu den großen Perspektiven, mit denen sich das nächste Essen locker bezahlen lässt, und zwar in einem Drei-Sterne-Restaurant. Das Gleiche gilt für Probleme. Klienten kommen im Regelfall mit einem Problem zu Ihnen. Oftmals ist es aber gar nicht das Problem in ihrem Leben, sondern etwas ganz anderes. Wenn Sie das Gefühl haben, der Schuh drückt im Prinzip woanders, fragen Sie weiter: „Hm, das ist in der Tat ein Problem. Okay, was noch?" Möglicherweise kommen dann andere Dinge in den Fokus, wie zum Beispiel eine Klientin, die das Problem hatte, dass ihre Verkäufe seit einiger Zeit chronisch zurückgehen. Das eigentliche

Problem bestand aber darin, dass ihr ganzes Leben auf die Tatsache fokussiert war, dass sie keinen Umsatz generierte. Ihr Blickwinkel hatte sich dermaßen verengt, dass wir ihr einfach klar machen mussten, was es außerhalb ihres Kontoauszuges noch in ihrem Leben gab. „Schauen Sie mal, Sie sind umgezogen, haben sich dort prima eingelebt, haben dort eine Ausbildung gemacht, schauen Sie doch mal, was Sie alles geschafft haben!" Irgendwann kommt sie zu dem Punkt, wo sie erkennt, dass ihre Verkäufe zwar im Moment unten sind, aber auch deswegen, weil sie die positiven Umstände nicht lebt – und das, was KEIN Problem in ihrem Leben darstellt: „In Ordnung, ich mache im Moment nicht viel Umsatz, aber ich kann mich im Prinzip nicht beklagen, was ich bisher nach meinem Umzug erreicht habe. Und das muss man ja auch einbeziehen", meinte sie irgendwann. Jetzt ist sie in einer viel besseren Position, um Entscheidungen zu treffen und zu sehen, wie als nächstes handeln muss. Das ist angewandtes Gestaltdenken. Selbst Freudsche Fehlleistungen können die Sichtweise und das Leben verändern, wie folgender Witz zeigt. Treffen sich zwei Männer, erzählt der eine: „Du glaubst nicht, was mir neulich passiert ist. Ich stehe am Bahnhof vor dem Ticketschalter, neben mir plötzlich eine Frau mit Riesenbusen, und ich sage aus Versehen „Zwei Pickets nach Tittsburgh" statt „Zwei Tickets nach Pittsburgh"." „So etwas ist mir auch passiert", meint der andere. „Ich sitze mit meiner Frau beim Frühstück und wollte sagen, „Reichst du mir mal die Marmelade, mein Schatz?" Stattdessen sage ich, „Du hast mir mein ganzes Leben versaut, du blöde Schlampe!" Okay, was zum #$BLEEP! noch?*

52.

QUANTUM PERSPECTIVE OR FIELD THEORY - QUANTEN-PERSPEKTIVE ODER FELD-THEORIE

Coache wollen nicht nur die Gestalt, das Ganze der Situation einer Person betrachten, sondern auch deren Umfeld. Der physische Raum wirkt stärker auf die Befindlichkeit von Menschen ein, als man glaubt. Ob jemand in einem Baumhaus lebt oder in einem U-Boot, in einer Wüste oder in einer Großstadt: Niemand würde leugnen, dass die Umgebung den Menschen formt. Es ist im Grunde einer der interessantesten Sachen an anderen Menschen: Woher sie kommen, wie sie sprechen und sich verhalten, das ist es, was Menschen auf Menschen neugierig macht. Durch Quantenperspektive kann ein Coach dieses „prägende Umfeld" einer Person begreifen. Darin enthalten sind der Energie- und Informationsfluss, die auf schier unheimliche Weise auf den Menschen einwirken. Lexikalisch wird Quantenperspektive oder Feldtheorie etwa so beschrieben: „Ein Feld ist definiert als die Totalität nebeneinander existierender Sachverhalte, die als wechselseitig abhängig definiert werden. Verhalten ist eine Funktion im Feld, die dann existiert, wenn das Verhalten einsetzt. Feldtheorie besteht aus einer Anzahl von Konzepten, die eine psychologische Wirklichkeit repräsentieren. Diese Konzepte sollten weit reichend genug sein, um auf alle Möglichkeiten von Verhalten anwendbar zu sein, und gleichzeitig spezifisch genug, um eine bestimmte Person in einer konkreten Situation zu repräsentieren" (nach Hall and Lindzey's „Theorie der Persönlichkeit").Die „Wellenlänge", die einen Menschen und seine Kommunikation bestimmen, hängen von verschiedensten Einflüssen ab: Sein Erbgut, seine Erziehung, seine Orte, an denen er aufgewachsen ist, inklusive der klimatischen Verhältnisse, des sozialen Umfelds, der Menge an Menschen um sich herum: All diese Faktoren bestimmen die Beziehung und Verbindung zu unseren Mitmenschen und zur Welt. Wenn sich jemand für eine Woche in der Wüste aufhält, wird sich seine Sichtweise und sein Gefühl für diese Umgebung verändern. Man wird sie adaptieren. Wer dagegen in einer kalten Höhle im Tibet gelebt hat, hat eine vollkommen andere Energie. Die Quantenperspektive bezieht alle Faktoren mit ins Coaching ein: Zum Beispiel Jahreszeit, Kultur, Bildung, Ernährung, Gewohnheiten, Krankheiten in der Familie, Beziehungen zu Menschen, und so weiter. Auf diese Weise erkundet man das gesamte Feld, in dem sich ein Leben abspielt.

<u>DER TIPP:</u> Man betrachtet eine Person nicht als jemand, die in einem Umfeld handelt, sondern als Teil eines ganzen Gewebes von Ereignissen. Auch Sie als Coach sind Teil dieser Schwingungen. Deshalb ist es nicht nötig, Verhalten zu interpretieren. Es ist wichtiger, von den einzelnen Komponenten des Umfeldes nicht in die Irre geleitet zu werden.

Um Feldtheorie wirklich effektiv anwenden zu können, muss ein Coach die Perspektive einnehmen, dass alles in der Welt einen Zusammenhang hat, oder dass die ganze Welt ein Netz von energetischen Beziehungen hat, die sich physisch wie psychisch mitteilen. Ganz banal gesagt, wir kennen das alle: Eben noch haben wir uns in einer Umgebung sauwohl gefühlt, dann den Ort gewechselt, und plötzlich ist alles unangenehm. Das kann an der Temperatur, an der Enge oder Weite des Raums liegen, an den Leuten, die dort auftauchen und denen man sich unterlegen fühlt. Wir wissen es oft nicht. Nur, dass es an der Umgebung liegen muss oder an dem, „was in der Luft liegt". Für einen Coach ist das eine sehr entspannende Angelegenheit. Mit dieser Logik ist klar, dass es keinen Sinn hat, das Umfeld zu manipulieren. Also ist es ausgeschlossen, mit jemandem zu streiten, jemanden anzugreifen, Anweisungen zu erteilen, oder zu versuchen, etwas zu arrangieren. Die Dinge werden sich sowieso von selbst ergeben. Sie haben nichts weiter zu tun, als den Ereignissen ihren Lauf zu lassen und zuzuschauen, wie sie sich entfalten. Was immer geschehen soll, geschieht. Sie können in der Zwischenzeit die wesentlichen Phänomene entdecken, die sich vor Ihnen ausbreiten: Die Herkunft, die Statur, der kulturelle Background, die sozialen Beziehungen. Sie zählen Eins und Eins zusammen und wissen, in welchem Feld Ihr Coachee sich bewegt. Im High-End-Coaching bringen Sie Ihren Coachee dazu, sein Umfeld selbst zu bestimmen und der magnetisierende Mittelpunkt darin zu sein. Dieser Sprung ist das Charisma. Die Entwicklung von einer Person zu einer Persönlichkeit mit Ausstrahlung wird das gesamte Umfeld in seinen Bann ziehen. Schließlich ist es die Persönlichkeit selbst, durch die sich die Dinge so entwickeln, wie man es will, ohne viel hinzuzusetzen.

In der Produktion „What the #$BLEEP! Do We Know!?" kommt ein Interview vor, das zu den meist zitierten Passagen der Holly-*

woodproduktion gehört, die vermutlich die erfolgreichste Forschungsdokumentation aller Zeiten ist. Es handelt sich um die Kommentare von Dr. Joe Dispenza, wie er seinen Tag „erschafft". Er gestaltet sein Umfeld selbst, statt abzuwarten, wie es auf ihn wirkt: "I wake up in the morning, and I consciously create my day the way I want it to happen. (...) When I create my day, and out of nowhere, little things happen that are so unexplainable, I know that they are the process or the result of my creation. And the more I do that, the more I build a neural net, in my brain, that I accept that that's possible. Gives me the power and the incentive to do it the next day. So, if we're consciously designing our destiny, if we're consciously, from a spiritual standpoint, throwing in what the idea that our thoughts can affect our reality or affect our life, because reality equals life. Then, I have this little pact that I have when I create my day. I say, I'm taking this time to create my day, and I'm infecting the Quantum Field. Now, if it is in fact, the observer's watching me the whole time that I'm doing this, and there is a spiritual aspect to myself. Then, show me a sign today, that you paid attention to any one of these things that I created, and bring them in a way that I won't expect. So, I'm as surprised at my ability to be able to experience these things, and make it so that I have no doubt that its come from you. And so, I live my life, in a sense, all day long, thinking about being a genius, or thinking about being the glory and the power of God, or thinking about being Unconditional Love. I'll use living as a genius, for example. And as I do that, during parts of the day, I'll have thoughts that are so amazing, that cause a chill in my physical body, that have come from nowhere. But then, I remember that that thought has an associated energy, that's produced an effect in my physical body. Now, that's a subjective experience, but the truth is that I don't think that unless I was creating my day to have unlimited thought, that that thought would come."

53.

DISRUPT ORDINARY THINKING – NORMALEN DENKSTROM UNTERBRECHEN

Ein Coach ist auf der Gewinnerstrecke, wenn Menschen über sich zu erzählen beginnen. Er gewinnt Zeit, aber noch nicht die Neugier. Denn wenn Menschen über sich erzählen, greifen sie meistens auf eine Ansammlung erprobter Geschichten zurück, ohne es zu bemerken. Wenn man dann etwas Ungewöhnliches einwirft, verändert dies ihre Aufmerksamkeit. Wenn man fragt, wie es geht, antwortet man meistens mit „Oh, danke, prima, ich mache allerdings nicht so viel Geld, wie ich gerne würde". Dann lautet die nächste Frage: „Was ist Ihr Lieblingsfisch?" Vermutlich wird der Gefragte daraufhin staunen, lachen, oder protestieren. Auf jeden Fall ist er hellwach. Wenn Sie die Gewohnheiten brechen, bekommen Sie die volle Aufmerksamkeit. Wenn ein Coach also die Denkgewohnheiten aufbricht, löst man oft eine Serie unerwarteter Gedanken aus. Auf diese Weise kann sich der Genius eines Menschen zeigen. Wenn man einmal den Denkfluss aus seinem Bett geholt hat, ist es eine große kreative Leistung, ihn dort vom Thema „Fisch" wieder ins Bett zu holen. Aber, und das ist

DER TIPP: dieser Weg MUSS zurückgelegt werden. Eine unserer Coaching-Klienten wiederholte ständig, dass sie nicht wisse, was sie wolle, weil sie den Weg der größten Sicherheit gehen wolle – als Künstlerin. Sie wollte unbedingt einen sicheren Job und ein geregeltes Einkommen. „Wissen Sie eigentlich, dass es so etwas wie Sicherheit gar nicht gibt?" sagten wir ihr. Sie reagierte geschockt, wurde dann aber neugierig. Danach dachte sie viel ungezwungener über ihr Leben nach. Wir konnten lauter Wege diskutieren, auf denen sie erfolgreich sein könnte, anstatt immer auf Sicherheit bedacht zu sein. Stattdessen schaute sie nun, was für sie die schönste und amüsanteste Option ist. Auf diese Weise konnten wir tatsächlich den Fokus verändern und ihr helfen, ein Gebiet zu finden, das ihr viel mehr Energie gibt als vorher. Was ist Ihr Lieblingsfisch?

54.

BLUNT UGLY TRUTH – DIE NACKTE WAHRHEIT

Wenn man die schreckliche Wahrheit sagt, ist dies ebenfalls eine Durchbrechung des normalen Gedankengangs, inklusive Anerkennung.

DER TIPP: Der strategische Dialog (alles Coaching ist übrigens strategischer Dialog) besteht darin, dass man den Coachee durch einen offensichtlichen Tatbestand unerwartet ablenkt: „Oh, Sie haben da einen Pickel im Gesicht!" Warum ist das eine Anerkennung? Weil aus lauter Höflichkeit niemand es wagt, jemandem ins Gesicht zu sagen, dass dort ein Pickel wuchert. Die Wahrscheinlichkeit ist größer, dass bei der Person die Lampen angehen, als dass sie in Apathie versinkt. In unserem „Self Actualization"-Seminar geben wir jedem Teilnehmer auch Feedback zu seiner Schattenseite, seinem dunklen Ich. Denn die nackte Wahrheit ist: Jeder Mensch hat seine dunkle Seite, und sie versucht ständig, sich in verschiedenen Verkleidungen Ihr Bemühen zu sabotieren, das zu bekommen, wonach Sie suchen. Deshalb besteht dieses Seminar oft aus einer nackten Wahrheit nach der anderen. Wir zeigen jeder Person gnadenlos die Qualitäten auf, über die sie sich am meisten schämt, und zwar in einer Weise, dass bei ihnen das Licht angeknipst wird. Wenn sie ins Licht gucken, können sie damit umgehen und damit spielen, bis ihnen schließlich klar wird, wie ihr Schatten sie in ihren Beziehungen oder in ihrem Beruf behindert. Besonders empfehlenswert ist die nackte Wahrheit bei arroganten Menschen. Sie kommen ganz schnell von ihrer Warte herunter, wenn sie von ihrer menschlichen Seite angesprochen werden – und gehen meistens dankbar darauf ein. Am besten, Sie probieren es auch erst dort aus, denn hier ist es ein probates Instrument, um große „Pretender" von ihrem Sockel zu stoßen: Diese können nämlich meistens sehr gut damit umgehen. Wir haben einmal einen berühmten Musiker gecoacht, bis es un-

umgänglich war, ihm mit der nackten Wahrheit ins Gesicht zu springen. Wir redeten und redeten, bis ich schließlich auf den Punkt kam: „Wissen Sie was, für mich stehen Sie wie ein totaler Loser da." Selbstverständlich wurde er sehr wütend und begann, auf mich einzuschreien. Ich wusste, dass er durchdreht, wenn ich das sagte. Ich hatte nur nach dem richtigen Knopf gesucht. Als Reaktion auf meine Bemerkung fing er an, seine Karriere vor mir zu rechtfertigen und mich dabei verbal zu attackieren.

Bis er plötzlich aufhörte und hörbar erleichtert meinte: „Junge, Junge, fühle ich mich auf einmal gut! Das haben Sie mit Absicht gemacht, stimmt's?" In den nächsten Minuten wurde die ganze Pein aus seinem Gesicht gewaschen, und er begann zu grinsen. Wir haben vermutlich seiner Angst eine Stimme verliehen. Es brauchte allerdings einer Menge Strategie und Dialogaufbau bis dorthin, damit ihn die nackte Wahrheit bestimmt trifft. Sie darf nämlich keine nackte Behauptung sein. Sie ist ein Tool, das man nur mit äußerster Vorsicht und Intelligenz anwenden darf. Wir behalten die Wahrheit zunächst für uns.

55.

EXPLORATION - ERWEITERUNG

Wer mit Erweiterung arbeitet, bedient sich eines Tools, das mit freier Assoziation nahe verwandt ist. Niemand will wirklich gleich anderen an die Substanz gehen. Erweiterung ist ein einfacherer Weg, einen Dialog zu eröffnen. Man beginnt stattdessen mit Small Talk und testet an verschiedenen Themen, was den Coachee aufhellt. Statt also ein Wort zu sagen und der nächste fügt eines hinzu, ist „Erweiterung" Themenerweiterung auf freier assoziativer Basis. Es ist nur die Frage, bei welchem Thema sich der Coachee einhängt, um von diesem Thema auf sein Thema zu kommen.

DER TIPP: Wenn es beim Coaching mal hängt – sprich, der Coachee kommt mit seinem Problem oder seiner Frage nicht weiter – dann schneiden Sie ein Konversationsthema an. Vermutlich findet er dann eine Lösung. Es verhält sich nämlich mit der Erweiterung wie mit den verlorenen Schlüsseln.

Wenn der Coachee nach dem „Schlüssel" sucht, sagen Sie ihm einfach, „denken Sie eine Minute an etwas anderes, dann wissen Sie wieder, wo er ist", und meistens findet er sich dann auch. Sobald man einmal kurz aussetzt, kommt die Antwort, die im Prinzip auf der Hand liegt. Es geht auch brutaler.

Wenn wir unsere Klienten fragen, was sie in ihrem Leben erreichen wollen, antworten sie oft mit einem kläglichen „Ich weiß es nicht". Dann antworten wir „Was wäre denn, wenn Sie es wüssten?" Sofort geht im Unterbewusstsein ein Pop-Up auf, und die Sprüche quillen nur so heraus.

Die Informationen haben nur darauf gewartet, endlich ans Licht zu kommen. Alles eine Frage der Erweiterung. Übrigens ... „Was wäre, wenn Sie es wüssten?" ist eine unserer Lieblingsfragen.

56.

GIVE YOURSELF AWAY (REVERSE THE CRAB EFFECT) – SICH WEGGEBEN (DER UMGEKEHRTE KRABBEN-EFFEKT)

Vermutlich ist Ihnen längst klar, dass die meisten Coaching-Instrumente sehr viel Training und Selbstdisziplin benötigen. Das ist das Schöne und auch das Paradoxe an ihnen. Coaching ist nicht Belehren, es ist eine Lernstrategie. Sie lernen täglich zusammen mit ihren Klienten. Ihre Belohnung besteht in der Bestätigung durch die Erfolge Ihres Klienten. Sie sind derjenige, der ihm zu Durchbruch verhilft. Gleichzeitig durchbrechen auch sie innere Mauern und verhelfen sich zu einer Karriere. Sie feuern sie an. Sie sind vermutlich der einzige Mensch im Leben Ihres Klienten, der ihn zu seinen Wurzeln führt. Während Sie seinen Erfolg zelebrieren, sitzen andere neidisch in der Ecke und gönnen Ihrem Klienten und dessen neuen Erfolgen nicht das Gelbe vom Ei. Sie dagegen müssen Ihre ganze Seele in die Waagschale werfen, damit Ihr Klient weiter nach vorne kommt. Umgekehrt dient das auch Ihnen, denn es löst auch die Bremsen, auf denen Sie selbst stehen, wenn Sie andere Leute auf ihre Bremsen aufmerksam machen. Sie kennen diese Leute, die Angst vor dem Erfolg haben, aber nicht wissen warum. Beim Coaching bekommt man sehr schnell eine Ahnung, warum das so ist. Erinnern Sie sich noch an die Geschichte mit den Krabben im Korb? Sobald eine Krabbe versucht, hinauszukrabbeln, ziehen die anderen sie wieder hinein. Menschen sind so. Wenn jemand erfolgreich wird, entwickelt sich bei den anderen Neid. Das funktioniert aber auch umgekehrt, als Coaching-Tool. „Man muss auch jönne könne"; ist ein altes Kölner Sprichwort. Sie geben sich weg: Das bedeutet, Sie fangen an, den Erfolg anderer anzuerkennen und ihnen diesen Erfolg zu gönnen. Nicht nur zu gönnen: Ihn zu feiern. Mit anderen Worten: Wenn Sie eine Krabbe sehen, die gerade aus dem Korb klettert, dann helfen Sie ihr dabei. Im Idealfall beziehungsweise im Team wird sich ein Schneeballeffekt entwickeln. Alle Krabben helfen sich gegenseitig, aus dem Korb zu kommen, und eines Tages vielleicht auch dir. Dazu benötigt man psychologische Disziplin, denn es gehört nicht zu den menschlichen Anlagen, sich neidlos anzuerkennen. Oft muss man gegen seine eigenen Gefühle ansteuern. Wenn Sie Coach sind und einen erfolgreichen Klienten haben, denken Sie möglicherweise „Verdammt, der hat so viel Geld, und ich soll ihm noch zu mehr Geld verhelfen, während ich überhaupt nichts verdiene!" Unbewusst suchen Sie nach Wegen, Ihren Klienten zu unterminieren. Sie sind deshalb nicht schlechter als andere, es ist ganz natürlich. Aber machen Sie sich Ihren Neid bewusst, bevor Sie einem Klienten Schaden zufügen, statt ihn aufzubauen. Pushen Sie sich zusammen mit ihm in ein Stadium, wo sie seinen Erfolg feiern können. Hier funktioniert ausnahmsweise mal der Spruch: „Ihr Erfolg ist unser Erfolg". Ein hervorragender Coach besteht aus purer Neugier für andere Menschen, weil er sich an ihnen bereichern und seine Neugier stillen kann. Deshalb liegt ihm alles daran, dass sie ihre Ziele erreichen. Das Ablegen von Neid ist ein Lernprozess, der den

Weg zum Erfolg erst freimacht. Wenn man lernt, einfach entspannt zu sein, wo man seinen Erfolg verhindert, hört man auf, sich selbst unter Erfolgsdruck zu setzen. Diese Erleichterung ermöglicht, einfach zur Seite zu treten, damit der Erfolg freien Zugang hat. Beim Coaching muss man den Glauben vertreten, dass Erfolg von selbst geschieht, und dass wir selbst es sind, die ihn durch Druck oder Neid ständig verhindern – bei uns wie bei anderen. Nehmen wir einmal an, Sie wollten Sänger werden, und nun sind Sie Coach. Da kommt ein Klient zur Tür herein, der gerne Sänger werden will. Schon haben Sie auf den Lippen zu sagen, was alles dagegen steht, alle Charaktermakel, die Fallen im Showgeschäft, die Neider ... was Sie nun zu tun haben, ist, sich selbst auszuklinken und zu beobachten. Fragen Sie sich, warum Sie so denken. Werden Sie neugierig. Untersuchen Sie die Muster, die Ihren Bemühungen zugrunde liegen, jemandem eine Gesangskarriere abspenstig zu machen. Erkennen Sie sich selbst. Drehen Sie das Muster um. Feuern Sie Ihren Klienten an. Nicht „Ja, aber“, sondern „Warum nicht?“. Und zwar ein bisschen leidenschaftlicher, wenn wir bitten dürfen.

57.

SPLIT-FOCUS – DAS BLICKFELD AUFTEILEN

Wenn man ein Objekt lange genug betrachtet, sieht man es nicht mehr. Nehmen Sie Ihren Zeigefinger und halten Sie ihn gestreckt vor sich. Irgendwann verschwindet er in den anderen Dingen, die man im Gesichtsfeld hat. Nach einer Weile unterscheiden die Augen nicht mehr, weil sie sich an das Objekt gewöhnt haben. Wenn Sie dann Ihren zweiten Finger zur Hand nehmen, sehen Sie beide, weil die Augen von einem Finger zum anderen wandern. Es gibt dafür auch jene wunderbaren Bilder, deren primäres Motiv nach einer Weile verschwindet und den Blick auf eine dreidimensionale Figur freigeben. Diese dreidimensionale Sicht hilft beim Coaching, einen akkurateren Blickwinkel einzunehmen. Wie? Ein guter Baseballspieler benutzt „split-focus“. Wenn Ihr rechtes Auge dominiert, beobachtet man den Ball mit dem rechten, aber auch mit dem linken Auge. Wenn der Ball angerauscht kommt, springt das Auge ständig von links nach rechts. Deshalb blicken Baseballspieler sowohl geradeaus als auch aus dem Winkel. Indem man das Blickfeld in eine lineare Sicht und in einen Blickwinkel aufteilt, kann man die Geschwindigkeit des Balls im Raum einschätzen. Split-Fokus bedeutet, mit zwei Dingen gleichzeitig zu jonglieren, um zu verstehen, dass wir es können. Wir sind keine Zyklopen. Wir können mit zwei Augen sogar dreidimensional sehen. Die Spaltung des Blickfeldes erweitert unsere dimensionale Art zu sehen. Sie geht von einem Auge zum anderen. Wenn wir aufhören, den Blick nach innen zu verengen, gehen wir nach außen. Macht man sich das einmal bewusst, sieht man die Dinge sozusagen mit anderen Augen und verschließt weder den Blick nach innen. Man spricht von „konzeptuellem Blick“ und „aktivem Blick“. Konzeptuell ist alles, was in der Erfahrung abgelegt ist und nach Bedarf wieder hervorge-

holt wird (ganz im Gegensatz zum Konzeptionellen). Aktiv ist handelnd tätig werden, womit Freiheit und Spontaneität verbunden ist. Raten Sie mal, worauf wir es hier „abgesehen" haben: Selbstverständlich auf den „aktiven" Blick, um in Aktion zu gehen.

DER TIPP: Mit der Idee „split focus" arbeiten. Lassen Sie eine Person das eine Auge verdecken und fragen Sie, was diese nun sieht. Tun Sie das gleiche mit dem anderen Auge, werden Sie feststellen, dass derjenige den gleichen Gegenstand anders sieht. Wechselt man nun ständig zwischen den beiden Augen, balanciert man das Gehirn aus. Wenn Sie im rechten Auge Angst haben, wechselt die Angst dadurch vom rechten ins linke Auge. Die Augen – und mit ihnen die Gehirnhälften – tauschen ihre Qualitäten aus. Weil das funktioniert, können wir zwei Dinge auf einmal tun: Wir können die Blinklichter polieren und uns gleichzeitig dabei unterhalten und uns unterhalten, während wir die Blinklichter polieren. Der Fokus geht zwischen diesen beiden Aufgaben hin und her. Es verhält sich dabei wie der Neustart-Befehl beim Computer. Die Erfahrungen und Erlebnisse werden aufgefrischt und auf den neuesten Stand gebracht, aktualisiert. Wer split-focus betreibt, aktualisiert sich selbst, zumindest als Metapher. Es schärft den Blick auf die Dinge und holt die Themen aus ihrem Brennpunkt heraus, was Einsicht und Aktion erheblich erleichtern kann. Anwenden kann man die Idee jederzeit, besonders dann, wenn man vor etwas Angst hat, zu tun. In dem Film „Bugsy" mit Warren Beatty als mafiöser Gründer des Spielparadieses Las Vegas tut der Hauptdarsteller dies mit einem Spruch, den er bei seinen größtenteils unschönen Verrichtungen immer vor sich hersagt, um sich abzulenken: „Zwanzig Zwerge zeigen Anstand, zehn im Handstand, zehn im Wandschrank". Die Aufgabe besteht natürlich darin, diesen Spruch sauber auszusprechen. Dabei bricht er Wohnungen auf oder verprügelt irgend jemanden. Beides gelingt ganz gut. Tun Sie einfach zwei Dinge auf einmal, gerade wenn Sie nichts miteinander zu tun haben oder sich scheinbar widersprechen. „Split focus" muss sich nicht nur im Kopf abspielen, wie das folgende Thema zeigt.

58.

THIS AND THAT – BEIDES TUN

Wir Menschen sind so trainiert, dass wir uns zwischen zwei Optionen entscheiden sollen. Man denkt seine halbe Zeit darüber nach, ob man nun das eine oder das andere tun soll. Soll ich meinen Job behalten oder ein vollkommen neues Leben beginnen? Die Antwort lautet: Ja. Die Gegenfrage lautet: Ja, was denn nun? Wir sagen: Ja, tun Sie beides, sowohl das eine als auch das andere. Eine häufig gestellte Frage ist die grundsätzliche Lebensfrage: „Soll ich nun ein liebender Vater sein oder die wilde Seite meines Charakters ausleben?" Da gibt es nur eine einzige Coaching-Antwort: „Tun Sie beides." Man ist um ein Tausendfaches mehr zu Dingen fähig, als man denkt.

DER TIPP: Widersprüche entstehen im Kopf. Kaum handelt man, lösen sie sich auf.

Das ist „split focus" auf aktionaler Ebene. Viele Mentoren sind fordernd. Auf alles, was man sagt, antworten sie mit einem scharfen „Und ...?". Auf diese Weise fühlt man sich ständig herausgefordert. Das ist Sport im Kopf. Und genau auf diese Weise kann man Widersprüche auflösen. Sicherlich gibt es Dinge, die sich ausschließen, wie etwa zwei Hosen gleichzeitig zu tragen oder Fahrradfahren und Kochen. Aber genau hier liegt bei den meisten Menschen das Missverständnis. Es geht nicht darum, alles Mögliche gleichzeitig zu tun, sondern nacheinander. Es ist durchaus denk- und machbar, eine fürsorgende Mutter zu sein und eine wilde Disco Queen. Es ist nur eine Frage, wie man sich die Dinge einrichtet. Genauso verhält es sich auf beruflicher und Karriereseite. Man packt alles in Projekte. Wie auch die Frage, ob man nun seinen sicheren Beruf an den Nagel hängen und den Job seiner Träume verfolgen soll, bei dem man wesentlich mehr Energie verspürt. Die Antwort: Das Eine tun und das Andere nicht lassen. Man wäre wahnsinnig, alles von heute auf morgen hinzuwerfen und sich in ein existenzielles und finanzielles Abenteuer zu stürzen. Stattdessen macht man einen Job UND ein Projekt. Starten Sie Ihre große Idee als kleines Projekt, in einem überschaubaren Rahmen, und schauen Sie, was daraus wird, während Sie woanders das Geld verdienen. Wenn es funktioniert, wird das Projekt erfolgreicher und größer, bis es soviel abwirft, dass Sie Ihren Job hinschmeißen können. Nun geht es richtig ab.

Der Doppeltipp: Es funktioniert doch mit den zwei Dingen gleichzeitig. Mit dem Training von „split focus"-Konzentration kann man alle Projekte, die man hat, ständig simultan verfolgen. Das gesplittete Blickfeld bedeutet in diesem Fall, dass Sie immer Ihr Ziel vor Augen haben und deshalb alle anderen Dinge, die darauf zulaufen, parallel praktizieren können. Auf diese Weise verfolgen wir jeder hunderte von Projekten zur gleichen Zeit, weil wir für die jeweiligen Projekte Leute beschäftigen. Martin schreibt gerade ein zweites Buch, während er mit seinem Co-Trainer neue Produkte entwirft, Seminare verkauft, die Buchhaltung führt, alles innerhalb von 15 Minuten. Wenn wir überlegen würden, ob wir nun ein Buch schreiben, das Geschäft vorantreiben oder Seminare leiten sollen, würden wir weder vom Fleck kommen, noch so ein erfolgreiches Unternehmen führen können. Wir würden noch nicht einmal anfangen damit. Meistens hätte man in der Zeit, in der man darüber nachdenkt, was nun anzufangen sei, das meiste schon erledigt. Die Überführung der „split focus"-Konzentration auf die Aktion ist sehr hilfreich. Sie können natürlich beides tun: Abwarten UND Tee trinken. Oder Kochen UND Fahrradfahren. Oder Dies UND Das. Hauptsache, Sie fangen an, sich zu konzentrieren.

59.

USE THE FORCE, LUKE (CHI) – NUTZE DIE MACHT, LUKE (CHI)

Bei diesem Tool beziehen wir uns nicht nur auf „Star Wars", sondern auf die ganze Ener-

gie, die im Raum herrscht. Bekanntlich versucht der Held aus der Filmsaga erst einmal, sich durch kraftzehrendes Herumgekloppe zu bewähren, bis sein Yedi-Mentor sagt: „Nutze die Macht, Luke". Als geborener Yedi-Ritter ist man von Hause aus mit ausreichend Macht ausgestattet. Die Macht, das ist die Energie im Raum um sich herum. Nachdem Luke das einmal verstanden hat, ist er nahezu unschlagbar. Wenn auch Sie unschlagbar werden wollen, nutzen Sie diese auch als „Chi" bekannte Energie, die man auch durch Körperübungen wie Tai Chi oder Karate erlernen kann. Wenn man diese Energie anders nutzen will, als Ziegelsteine zu zerbrechen oder böse Weltraumdespoten zu zerhauen, dient Chi im Coaching zur Beherrschung der Hände als heilende Energie. Humanenergie funktioniert wie Magnetismus, Charisma, Schwerkraft, wie Yin und Yang.

Wenn wir auf der Bühne coachen, entwickeln die Akteure Charisma, indem man ihnen Feedback gibt. In einer Show fragen wir, ob die Darbietung unterhaltsam ist, ob das Publikum mit dem Akteur in Verbindung steht und ob sie das Gefühl haben, ein Teil dieser Show zu sein. Nicht nur der Akteur hat Charisma, auch das Publikum. Im Coaching verhält es sich genauso. Man spürt sofort, ob sich eine Verbindung zwischen Coach und Coachee aufbaut. Sobald dies geschieht, entsteht Energie, Berührung mit dem anderen. Wer einmal verknallt ist oder war, weiß, dass es das gibt. Das ist die höchste Form von Energie, die man sich vorstellen kann. Plötzlich kann man eine Stadt wie Troja erobern statt Eulen nach Athen zu tragen, oder zumindest Bäume ausreißen, wenn nicht sogar den Berg zum Propheten bringen. Was wir gemeinhin als „Atmosphäre" bezeichnen, kann auch von einzelnen Menschen ausgehen. Dann spricht man von Ausstrahlung, das Bewusstsein vom eigenen Selbstbewusstsein, das so selbstverstandlich wirkt, dass es auf andere anziehend wirkt. Ein Coach ist sehr sensibel, was das Charisma seines Klienten angeht. Er bemüht sich, sich mit ihm auf einer Ebene zu verbinden, auf der diese Energie entsteht. Man begibt sich in dessen Stimmung und nimmt sie in sich auf. Das ist die Umkehrung des Karate-Zweikampfes mit friedlichen Mitteln, verbunden mit viel Respekt: Chi. Chi kann man auch hervorragend in der Praxis anwenden, gemeint ist die medizinische oder auch psychologische Praxis, die Anwaltskanzlei oder die Mediation. Heilen nach Chi bedeutet, sich mit dem Organ zu beschäftigen, das Schmerzen oder Verletzungen hat. Es kommt auch vor, dass jemand unserer Klienten an einem gebrochenen Herzen leidet.

<u>DER TIPP:</u> Fragen Sie auf einer Skala von Eins bis Zehn, wie Ihr Klient sich einstufen würde. Auf diese Weise arbeitet er selbst an dem Bewerten seiner Stimmung, ohne dass Sie ein- oder aufdringlich werden. „Stimmung" kann man ohne weiteres als musikalische Stimmung verstehen, wie die Stimmung eines Instruments oder der Ausrichtung nach der Stimmgabel. Chi anzuwenden, bedeutet dann, je nach „Stimmung" jemanden zu befragen, ihn zum Lachen zu bringen, mit ihm herumzuspielen, oder die Energie zu bewegen, um mit heilenden Worten Schmerzen in der Herzgegend zu heilen. Ein bekannter Arzt sagte einmal, dass der Körper erstaunliche Dinge vollbringen kann, um sich selbst zu heilen. Im Prinzip heilt

kein Medikament. Der Körper entscheidet sich allein. Wenn Ihnen das jemand sagt, fühlen Sie sich sofort erleichtert. Uns ging es so. Das Herz macht einen Satz nach vorne. Heilen durch Coachen bedeutet, Ihr Chi, Ihre Aufmerksamkeit und alle anderen Tools einzusetzen, um eine andere Person mit Ihrer Vitalität „anzustecken" und den Druck von ihr zu nehmen. Es kann passieren, dass jemand kommt, dem der Arzt prophezeiht hat, dass er nur noch einen Monat zu leben hat. Sie entgegnen: „Ärzte wissen auch nicht alles".

Dann erzählen Sie eine Geschichte. „Ich kenne zum Beispiel eine Frau, mit der ich gearbeitet habe. Der Arzt gab ihr noch sechs Monate, das ist jetzt zehn Jahre her, und sie ist so fit wie nie." Chi will, dass Sie dabei Ihre Stimme, Ihren Körper, Ihren Geist und Ihre Augen einsetzen. Um das zu erlernen, empfiehlt sich etwa ein Tai Chi-Kurs oder man schaut sich Chi bei anderen Coaches ab: Wie gewandt sind sie, wie tunen sie sich auf ihre „Patienten" ein, welche Stimmlage haben sie dabei, wo schauen sie hin, wie schauen sie? Es ist nicht einfach zu erklären, aber wenn man es erlebt, versteht man es sofort. Chi versammelt die Eigenschaften der Schwerkraft, der Elektrizität und der Anziehung. Beim Coachen stimmt man sich in eine sehr subtile Form der Attraktion ein, um herauszubekommen, was anzieht und was abstößt. Sie beginnen, damit zu tanzen, um zu sehen, was es will ... Sie merken, Chi hat seine eigene Agenda. Mit Coaching helfen Sie anderen Leuten, ihr Business zu planen. Die Frage ist jetzt, wer die Regeln schreibt. Sie wollen, dass die Person, die die Regeln schreibt, das Gesetz der Schwerkraft kennt. Wie? Stellen Sie sich vor, Sie bauen in Ihrer Garage ein Flugzeug. Es muss den Gesetzen der Schwerkraft entsprechen. Das Entscheidende ist, dass man genau diesen Gesetzen folgt, denn wer immer sie geschrieben hat, kannte sich mit Schwerkraft aus. Am besten, man studiert Isaac Newton, um zu verstehen, worauf es beim Flugzeugbauen genau ankommt. Sie wollen ein Geschäft aufbauen? Das Gesetz sagt: Folge den Regeln und den Bedürfnissen des Marktes. Es sind die gleichen Gesetze wie die der Elektrizität und der Schwerkraft, die immer noch die Macht der Anziehung erzeugt. Geld bewegt sich in Form von Strömen durch den Markt. Diese Ströme entsprechen genau den Mustern der Attraktion: Sie müssen den Schwerpunkt herausfinden, um Ihren „Magneten" an der richtigen Stelle zu verorten. Magnetismus, Schwerkraft und Elektrizität sind im Prinzip die gleichen Dinge, sie werden nur anders gemessen. Denn am Ende gibt es nur eines, das ist die „Macht". Wissenschaftler sprechen von vier Komponenten: Elektrizität, Elektromagnetismus, starke und schwache Energie. Wenn Sie eine Organisation aufbauen und niemand weiß um die Regeln dieser Schwerkraft, wird das Flugzeug abstürzen. Wir haben unser Unternehmen mit dem Ziel entwickelt, in der ganzen Welt präsent zu sein. Ich studierte dafür die Regeln der Schwerkraft. Die Gesetze der Anziehung haben wir in Regeln umgewandelt. Denn am Ende kaufen die Leute Ihr Produkt oder Ihren Service durch Anziehung. Das klingt alles bewusst etwas abgedreht, weil Sie nicht in der Theorie stecken bleiben, sondern Chi selbst aktiv erfahren sollen. Um wirklich herauszufinden, wie man Chi in den Griff bekommt, sollten Sie damit experimentieren. Die folgende Seminar-Anekdote macht deutlich, welchen Effekt Chi auf die

Teilnehmer haben kann: „Erst sagte der Trainer, um Chi zu verstehen, muss man es am eigenen Leibe erfahren. Wir mussten unsere Hände mit den Handflächen zueinander nach vorne strecken. Er fragte, ob wir etwas in unseren Handflächen spürten. Er bat uns, die Hände ein wenig zu bewegen, bis wir etwas merkten: „Ihre Hände bauen Energie auf. Sie beginnen zu glühen. Stimmt's?" Es stimmte. Dann wies er uns an, wir sollten uns vorstellen, dass unsere Hände glühten wie ein Bürgersteig an heißen Sommernachmittag. Er sagte: „Erst stellen Sie sich das vor, dann kommt der Moment, dass Sie beschließen, es zu glauben. Jetzt nehmen Sie die Hände und halten Sie sie mit Abstand gegen die Ihres Nachbarn, bis Sie merken, wie die Hitze sich überträgt. Bewegen Sie sich ein wenig näher heran, und Sie werden spüren, wie der Druck sich erhöht, und ziehen Sie sie dann zurück. Drücken Sie die Hände abschließend gegen die Ihres Nachbarn, bis Sie das Gefühl haben, es handele sich um zwei Magneten, und lassen Sie nun los."

Die zweite Übung war noch cooler. Einer sollte die Arme ausstrecken, damit ein anderer sie herunterdrückt. Ich stemmte mich mit aller Kraft dagegen, bis meine Kraft irgendwann nachgab. „Jetzt machen wir die gleiche Übung noch mal, lassen die Arme aber locker und stellen uns vor, sie seien Feuerwehrschläuche, die durch die Wucht des durchströmenden Wassers fest wie Stahl sind." Wir wiederholten die Übung, und ohne große Kraftanstrengung hatte unser Sparringspartner keine Chance, die Arme herunterzudrücken. Das war kein Wasser, es war Chi, was das durch den Arm lief." (Dana Minney). Möge die Macht mit Dir sein.

60.

SHOCK - SCHOCK

Eines der wesentlichen Etappenziele im Coaching besteht darin, eine Verschiebung der Sichtweise herbeizuführen, die jemand auf sein Leben hat. Die reguläre Sichtweise ist das Mantra der Gewohnheit, das wir ständig mit uns herumschleppen. Werden wir mit der Frage „Wie geht's Ihnen?" konfrontiert, beginnen wir unweigerlich das Grübeln und Gründeln in den grauen Tiefen unserer kleinen Existenz. Danke, gut. Hervorragend. Könnte nicht besser sein. Aber das Unterbewusstsein funkt: Alles Scheiße. Mein Leben ist ein Chaos. Meine Miete nicht bezahlt. Mein Partner untreu. Die nette Frage ist eine selbsterfüllende Prophezeihung. Genauso gut könnte man fragen, warum man so schlechte Laune hat. Spätestens jetzt hat man tatsächlich schlechte Laune. Schock ist ein probates Mittel im Coaching, um Leute aus ihrem existenziellen Dämmer aufzuschrecken. Natürlich ist damit kein Elektroschock gemeint, und auch keine Gemeinheit. Eine laute Stimme oder ein Kugelschreiber, der auf Sie zufliegt, löst oft schon wahre Wunder aus. In Seminaren, wenn die Stimmung gerade abflaut, fragen wir gerne hinein, ob die Teilnehmer wissen, wo sich ihr Adrenalinhaushalt befindet „... (lauter) HEY! Na bitte, da ist er." Ein lauter Schrei oder ein schwerer Gegenstand, der zu Boden fällt, schon sind alle wieder wach. Und nicht nur das. Wir benutzen diesen Trick sogar relativ oft. Wir fragen jemanden, wie sein Geschäft läuft, und werfen ihm gleichzeitig einen Stift zu. Bevor er überhaupt in sein Mantra mit seinen zurechtgelegten Sprüchen versinken kann, muss er seine volle Aufmerksamkeit bemühen. Mit dem Schock, dass Sie plötzlich fangen müssen, kommen Sie aus Ihrem kleinen Gedankengebäude heraus. Wir bringen Ihre Aufmerksamkeit in die Wirklichkeit. Dann fragen wir entsprechend: „Wie laufen die Dinge für Sie in Wirklichkeit?" und werfen wieder etwas in Ihre Richtung. Mit dieser Strategie landen die Coachees direkt in der dreidimensionalen, wirklichen Welt, in die vor ihren Augen anstatt in jene hinter ihren Augen, in der die Dinge nur repräsentiert werden. Wir beamen sie unmittelbar von der konzeptualen auf die aktive Seite. Auf diese Weise sind sie gezwungen, von ihrem inneren Modell in die Realität zu wechseln, in genau das, was gerade geschieht: Da kommt ein Kuli auf dich zugeflogen. Wie läuft dein Geschäft? Hallo wach! Schock bereitet einem Trainer viel Freude. Am meisten, wenn man Schock steigert. Bei der dritten oder vierten Frage nimmt man immer größere Gegenstände zur Hand, zum Beispiel ein Aufnahmegerät oder etwas ähnlich Wertvolles. Oder Sie benutzen ersatzweise schwer wiegende Worte. Je aufmerksamer die Opfer zwangsweise werden, umso breiter, klarer, heller werden die Mienen und die Antworten. Wie ein Beispiel aus dem Seminar zeigt: „Eine Frau in einer Unternehmerinnen-Schule beklagte sich, dass jeder gegen sie sei. Nach der Scheidung von ihrem Mann ging ihr Millionen-Dollar-Unternehmen stetig den Bach herunter. Sie behauptete, ihr Anwalt versuchte, sie kaputt zu machen, und sie sei ihm hilflos ausgesetzt. Sie war in ihrem Denken so verhaftet, dass wir zunächst nicht wussten, wie wir zu ihr durchkommen sollten. Uns war klar, dass wir sie schockieren mussten. Wir teilten ihr mit, dass sie nur das Opfer mimen würde, dass sie selbst der Verursacher für die Trennung von ihrem Mann sei und dass sie den Großteil ihres Geschäfts retten könne, wenn sie nur aufhöre, mental so verbohrt zu sein ... das war gewagt! Sie war auch definitiv schockiert. Aber dann wurde sie neugierig. Schließlich realisierte sie, dass sie sich tatsächlich zu einem Teil gerne als Opfer sah, dass sie sich gemein verhalten hat." (Irene Xander) Das macht Sie nachdenklich? Achtung, da kommt etwas geflogen!

61.

CONFRONTING DEATH – MIT DEM TOD KONFRONTIEREN

Schock geht auch mit anderen Mitteln als mit Kugelschreibern. Menschen mit der Realität ihres Todes zu konfrontieren, ist ein sehr nützliches Tool, um ihnen den Push zu geben, den sie für die Verwirklichung ihres Lebens brauchen. Allzu gerne wird der eigene Tod verdrängt. Aber wir sind gar nicht darauf versessen, irgendjemand trauriger zu machen, im Gegenteil: In einer vertrauensvollen Situation kann es für den Coachee sehr angenehm sein. Der Vorteil des Todes besteht darin, dass wir ihn nur bei anderen erleben, unseren eigenen relativ spät – so spät, dass wir ihn nicht mehr großartig verarbeiten können. Wir nutzen den Tod, um Coachees ins Leben zu holen. Es handelt sich dabei um ein ähnliches Verfahren wie die berühmte eigene „Grabrede", die man auf einer einsamen Berghütte schreiben soll, um seine Visionen zu entwickeln. Wenn man einmal darüber nachdenkt, was die Mitmenschen einmal über sie sagen sollen, wenn sie an ihrem Grab stehen, formuliert man gerade seine eigenen Ziele – im Perfekt. Bei uns klingt das folgendermaßen: „Was glauben Sie, wie alt Sie werden? Wussten Sie, dass wir im Schnitt vermutlich neunzig Jahre alt werden? Was haben Sie so lange vor? Was würden Sie unternehmen, wenn Sie wüssten, Sie hätten noch ein Jahr zu leben? Was, wenn es nur ein Monat wäre? Und wenn es morgen so weit wäre ...?“ Und dann die Killerfrage: „Wenn Sie morgen sterben, was würden Sie heute bereuen, nicht unternommen zu haben?“ Manchmal ist diese Frage nur der Schock, den jemand braucht, um zu überlegen, was er/sie wirklich will in seinem Leben.

DER TIPP: Die Konfrontation mit dem eigenen Tode beschleunigt die eigenen Ziele. Man behandelt ein Leben als Spiel auf Zeit, als Produkt, ohne Pathos und Eitelkeit. Ein Leben ist aber etwas, das man hat: Eine Zeit, in die man hineinwächst. Darüber nachzudenken, wie man diesen Zeitrahmen nutzt und ihn mit seinen irdischsten Wünschen ausfüllt, ist mehr als legitim. Und trotzdem macht man es nur unterbewusst, viel zu selten, oder man überlässt es sogar dem Zufall der Ereignisse. Nicht mit uns. ier ein Beispiel, wie die Konfrontation mit dem Tod Klarheit verschaffen kann: „Letztes Jahr zog ich von meiner Heimatstadt, in der ich fast mein ganzes Leben verbracht habe, nach New York. Etwa neun Monate später fragte mich Martin eines Tages, „Okay, du bist also hier nach New York gekommen, um dich zu verändern und Deine Ziele zu verfolgen. Hast du davon schon etwas auf den Weg bringen können?“ Ich antwortete, „ich bin dabei.“ „Das ist ein Nein“, meinte er. Dann fragte er mich ernsthaft, „Was, wenn du morgen stirbst bist du bereit, zu gehen?“ Natürlich war ich in diesem Moment total schockiert, bis ich kapierte, dass ich meine Dinge nicht so schnell realisierte, wie ich eigentlich vorhatte. Zwei Monate später hatte ich eine TV-Comedy-Show auf die Beine gestellt, inklusive mehrmals redigiertem Script, einem Team, Drehort und Sendeplatz! Das Ganze ging innerhalb weniger Wochen über die Bühne. Ohne dieses Coaching hätte ich allerdings überhaupt nicht bemerkt, dass trotz all der Veränderungen in meinem Leben ein wenig Langeweile aufkam. Der Sinn für Dringlichkeit kehrte unmittelbar in mein Leben zurück. In dem Moment, als ich die Unvermeidlichkeit und Unvorhersagbarkeit meines eigenen Todes sah, konnte ich den Teil in mir absterben lassen, der mich von meinen Vorhaben abhält“ (Dana Minney).
Sind Sie bereit, zu gehen?

62.

META LANGUAGE - META-SPRACHE

Man muss kein Psychologe sein, um herauszuhören, was eine Person gerade wirklich sagt, wenn sie etwas sagt. Man braucht nur gute

Ohren. Metasprache (vom Griechischen „meta“ – darüber, jenseits) im Coaching bedeutet, zu sehen, was jemand über seine Sprache äußert: Sie schauen nach den Wörtern in den Wörtern, oder den Wörtern um eine Phrase herum. Es kann Ihnen großen Aufschluss darüber verleihen, in welche Richtung Sie eine Person coachen, wenn Sie auf den Subtext achten. Sprache ist ein freies Medium. Oft ist schon die Themen- oder Wortwahl aufschlussreich darüber, was jemand zu sagen oder zu verbergen hat. Viele Menschen haben zum Beispiel eine Tendenz, die Dinge, die sie sagen wollen, zu negieren. Wenn jemand sagt „Ich habe keine Angst, dort hineinzugehen“, dann scheint ihn die Angst zu beschäftigen. Entscheidend ist, dass man beim Zuhören die Fensterscheiben seiner Wahrnehmung sauber gewischt hat, um die Feinheiten der Wortwahl zu sehen. Auf diese Weise kommt man der Wahrheit und der Wirklichkeit näher. Wenn jemand behauptet, er wolle wirklich einen Job haben – warum wirklich? Wenn er dann noch ohne Leidenschaft und den „Brustton der Überzeugung“ spricht, kann man davon ausgehen, dass Ihre Wahrnehmung nicht trügt: Er will den Job möglicherweise gar nicht.

DER TIPP: Werden Sie sensibel. Lassen Sie sich coachen. Wenn man Coaching lernt, ist es unabdingbar, dass man selbst gecoacht wird, um von anderen zu erfahren, worüber man gerade eigentlich redet. Mit der Zeit nehmen Sie die Wiederkehr Ihrer Hauptthemen im Leben immer schärfer wahr. Nur so nähern Sie sich umgekehrt als Coach der Wirklichkeit einer Person an. Durch ⇨ Feedback und ⇨ Reflektion erklären Sie dem Coachee, was „seine Welt“ ist. „Eines Tages meinte Martin, als er mich coachte, dass es im Business drei verschiedene Arten von Spielen gibt: Gewinn, Ruhm und Geld. Er fragte mich nach meinem Spiel, und ich sagte „Ruhm“. Er meinte, „Okay, und wofür willst du berühmt werden?“ Ich antwortete ohne zu zögern: „Auf keinen Fall möchte ich für etwas Ordinäres berühmt werden.“ Woraufhin er meinte: „Was soll das denn Ordinäres sein, wofür du nicht berühmt werden willst?“ Vermutlich bin ich bei dieser Frage knallrot angelaufen. Aber es war zu spät. Schließlich gestand ich, dass ich schon immer ein Sexsymbol sein wollte, inklusive Strippen und Softpornos. Es war das erste Mal in meinem Leben, dass ich es laut ausgesprochen habe. Dann redeten wir darüber, dass ich ja mal mit Fotos anfangen könne, und wie ich an ein Filmprojekt herangehen kann. In diesem Moment wurde es schon alles auf eine gewisse Weise wirklich. Nur, weil er gut aufgepasst hatte und ich mich mit dem Wort „ordinär“ verraten hatte“ (Anonym).

63.

LIGHTS ON/LIGHTS OFF – MENTALES TOPFSCHLAGEN

Wir sind trainiert, Freude nicht zu zeigen. Wir haben Angst, dafür bestraft zu werden. Jede Person bekommt leuchtende Augen und strahlt, sobald sie sich freut. Fast alle assoziie-

ren aber mit Freude Leid und mit Vergnügung Bestrafung. Das ist seit den jüngsten Tagen der Kirche so, möglicherweise auch früher. Auch in unseren jüngsten Tagen erleben wir, dass nicht alles die reine Freude ist.

Wie oft bekam man als Kind gesagt, dass man nicht nackt herumrennen soll? In Wahrheit fühlt es sich einfach gut an, nackt durch die Gegend zu laufen. Aber von den ersten Schritten an sind wir so programmiert, eine Strafe zu erwarten, sobald wir uns über etwas freuen. Seitdem vermuten wir hinter jeder angenehmen Geschichte einen Haken, hinter jeder Gefälligkeit ein verborgenes Interesse. Wir werden vorsichtig und misstrauisch, und erwarten ständig eine Strafe fürs Vergnügen.

Wenn Sie als Coach beim ⇨ Gesichter lesen bei jemandem erkennen können, dass er Licht in den Augen hat, gibt er Ihnen positiven „response". Sie sind nahe dran, dass diese Person sich ihren Emotionen gegenüber öffnet. Plötzlich aber wird der Blick verschlossen und duster, in der Erwartung von einer Art Strafe dafür, dass er sich gerade so gefreut hat. Warum bloß? Weil er gerade seine positive Aufregung unterdrückt.

Der Punkt beim Coaching ist jedoch, dass man beim Leuchten in den Augen weitermacht. Im Gegensatz zur Psychologie wollen wir nicht herausfinden, was da los ist, oder eine Meinung dazu äußern, sondern so lange herumfackeln, bis sich schließlich ein ganzes Leuchtfeuer in unserem Gegenüber entzündet.

Dazu gehört natürlich ein großer Vertrauensvorschuss. Folgen Sie nur „den Lichtern" einer Person. Wenn Sie ein Leuchten oder Lächeln im Gesicht erkennen, gehen Sie nur diesem nach: durch Nachfragen bei dem Thema, das diese Person offenbar positiv beschäftigt, durch Versuchsballons, Beispiele, Szenarien. Wenn jemand die Lampen anhat, ist das ein Zeichen für Aufregung und Neugier. Diese Art Neugier ist die sinnliche Neugier.

DER TIPP: Es ist wie mentales Topfschlagen. Immer, wenn jemand eine Information aus seinem Emotionshaushalt herauslässt, sagen Sie entsprechend „Kalt", „Warm" oder „Heiß". Je nach Feedback wird der Coachee versuchen, Sie noch besser zu überzeugen, und nicht mehr Angst vor seiner eigenen Neugier haben.

Wenn Sie eine Person genau beobachten, können Sie ihr sehr gut vermitteln, wenn sie sich einem Thema nähert, bei dem ihr Gesicht aufklärt. Beobachten Sie dazu Bewegungen im Auge. Geht die Pupille schnell hin und her? Wird es stärker oder weicher? Größer oder kleiner?

„In einem Interview kam der Mann nicht dahinter, was er eigentlich will. Er redete über alle möglichen Dinge, die er schon getan hatte, aber er hatte keine Ahnung, was er als nächstes unternehmen solle. Wir hatten wirklich keine Ahnung, was wir ihm sagen sollen oder was er sein könne. Endlich merkten wir, dass er vollkommen losstrahlte, sobald er über China sprach. Wir befragten ihn immer weiter in diese Richtung, bis er schließlich auf die Idee kam, ein Import-/Exportgeschäft aufzubauen. Er ging tatsächlich nach China und legte los. Nicht nur das: Er fand dort eine Frau, und sie hilft ihm heute, das Geschäft am Laufen zu halten!" (Irene Xander) Wahrlich: Eine Strafe ist etwas anderes.

64.

FOLLOW YOUR CURIOSITY – DER EIGENEN NEUGIER FOLGEN

Als Coach weiß man nie, was kommt. Ein neuer Klient kommt zur Tür herein, und zehn Minuten später sprechen Sie vielleicht über Pornos. Die besten Coache sind dabei diejenigen, die kein Ziel verfolgen – sondern nur ihrer eigenen Neugier. Sie ist ihr Schatten, den sie ständig versuchen, einzuholen.

Dies ist das spannendste und vielleicht wichtigste Prinzip, das wir in diesem Buch vermitteln wollen: Folge Deiner Neugier. Mit der Betonung auf „Folge". An anderer Stelle haben wir bereits das Kärtchen erwähnt, auf dem Martins Mentor die weisen Worte schrieb, das man immer in dem Moment ein Vollidiot ist, in dem man glaubt, man wüsste etwas über eine Person.

Hier geht es um den positiven Sachverhalt. Was Ihnen als Coach widerfährt, geschieht immer als Überraschung. Sie beobachten, wie der Klient lebendig wird, während er redet. Wenn Sie das sehen können, ermutigen Sie ihn, daran weiterzumachen – weil Sie selbst wissen wollen, wie es weitergeht!

DER TIPP: Lassen Sie Ihre Neugier alleine walten. Seien Sie in jedem Moment naiv. Gehen Sie in diese oder jene Richtung. Und lassen Sie die Neugier immer vorausgehen. Neugier ist, wenn Sie das Leuchten in den Augen bemerken. Wenn jemand beginnt, sich zu bewegen und Farbe ins Gesicht zu bekommen, dann ist es das, wonach Sie gesucht haben. Sie haben keine Agenda. Sie sind einfach darauf neugierig, worauf Ihr Klient neugierig ist. Dadurch entwickelt sich eine ungeheure Dynamik im Gespräch. Sie sind der Sophist, Sie üben sich im Fragen und ⇨ Nichtwissen. Hören Sie nicht auf. Von Zeit zu Zeit wird sich selbst der Klient ein wenig über Sie wundern. Das ist ein gutes Zeichen für Ihr Nichtwissen, Ihre Neugier.

Zum Beispiel so: „Ich arbeitete mit einem Klienten, der ein sehr etablierter Geschäftsmann ist. Er erzählte mir, er wolle seine eigene Firma gründen. Ich coachte ihn darin, wie er es anstellen soll. Bald sah er, dass es durchaus möglich ist, aber ich sah, dass er immer noch hungrig nach etwas anderem war.

Ich fragte ihn: „Wenn Sie dieses Ziel erreicht haben, das wir gerade planen, was würden Sie danach unternehmen?" Er hatte erst keine Ahnung, aber ich blieb dran, einfach aus Neugier. Irgendwann sprach er von sozialem Engagement und in gemeinschaftlichem Arbeiten. Dann sah ich, dass er bei dem Thema politischer Aktivismus die meisten Lichter brennen hatte. Ich fragte ihn, was er davon hielte, wenn er Politiker werden würde. Er sagte, er würde gerne Wirtschaftssekretär oder Schatzmeister sein. Er wolle die Person sein, die bestimmt, wohin soziale Spenden fließen. Das war eine Riesenüberraschung, für ihn und für mich.

Jetzt ist er Berater und hat nichts mit Politikern zu tun. Sein zweiter Schritt bestand darin, Berater für Handwerker zu sein und ihnen zu helfen, ihr Business zu entwickeln. Es war vollkommen klar, dass er weiter in diese Richtung gehen wird" (Sylvester Becker).

14. TECHNIK UND RHETORIK - TEAM

Sie merken bestimmt, dass es immer technischer wird. Das liegt daran, dass die Coaching-Tools immer intensiver in Richtung Aktion gehen. Manchmal landet man schneller im kalten Wasser, als man denkt. Das Schönste am Coaching, zumindest nach der Sage-Methode, ist die permanente Möglichkeit der Überraschung. Das gilt für den Coach wie für den Coachee. In diesem Kapitel findet man ausführlich Gelegenheit zum Design der persönlichen Note, die man beim Coaching vergeben will: Von der Auswahl des Büros über die Sprache bis hin zu sehr handgreiflichen Methoden, um über der den eigenen Schatten hinein in besagtes kaltes Wasser zu springen. Willkommen in der Aktion und viel Spaß!

65.

ENVIRONMENT - UMGEBUNG

Am 4. Juni 1938 flüchtete der Psychoanalytiker Sigmund Freud aus seiner Wohnung in der Wiener Berggasse 19 vor den Nazis buchstäblich in letzter Minute. Er hatte diesen Ort in fast fünfzig Jahren zu einer detaillierten, für seine Arbeit unerlässlichen Ordnung gestaltet: Für die Methodik seiner Gespräche und Studien entstand im Laufe von 50 Jahren eine Lokalisierung und Materialisierung der Psychoanalyse. Freuds Freunde wussten also, welcher Wert durch seine Abwesenheit drohte, verloren zu gehen. In einer ähnlichen Nacht-und-Nebel-Aktion wie Freuds Flucht schickten sie ein paar Tage später den Fotografen Edmund Engelman

„Stay hungry!“ (Motto von Arnold Schwarzenegger)

in die beschattete Wohnung, um den Kreißsaal des Unterbewusstseins ohne Blitz und Licht zur Rekonstruktion in Freuds Londoner Exil festzuhalten und genau so wieder einzurichten, damit er weiter arbeiten konnte. An diesem „Ort der europäischen Geistesgeschichte" (Werner Spies) wurde zwischen 1891 und 1938 das Menschenbild vom idealen, vernunftgeleiteten Wesen endgültig auf die Couch und auf den Teppich des vereinzelten, dem Leben und seiner Vergangenheit ausgelieferten Individuums gebracht. Von einem menschen-gleichen Sessel aus, den Freud selbst entwarf, analysiert der Wiener Magier auf diese Weise über eine Statuette hinweg, die bewusst als Barriere eingesetzt wird, zu Gästen wie André Breton oder Salvador Dalí, den er für den „perfektesten Verrückten" hält, der ihm je untergekommen ist. Die Möbel, die große Sammlung ethnischer Statuen, die Decken, Kissen, Teppiche, die im Laufe der Jahre perfekt ausgefeilten Arrangements, alles wird von Freud methodisch als Symbol eingesetzt, um das Unterste nach oben zu kehren. Nicht zu vergessen: Die Couch...

Coache sollten sich die Magie eines Raumes zunutze machen. Sie ist bedeutender, als man glauben mag. Im Falle Freud steht das Möbelstück „Couch" für eine geistige Dimension, in der durch Entspannung eingeleitete Bewusstseinsströme immer freier und ruhiger zu fließen beginnen. Kommen wir wieder auf den Teppich, beziehungsweise von der Couch zum Coach. Jedes Seminar benötigt seine eigene Atmosphäre, je nach seinem Inhalt.

Zu dieser Umgebung gehört der Ort, das Feng Shui des Veranstaltungsraumes, die Gegenstände im Raum sowie die Teilnehmer. Eines unserer Seminare hat beispielsweise den Titel „10 Day Executive Leadership Training" und wird in einem noblen Hotel in St. Moritz abgehalten. Die Teilnehmer werden morgens zu einem luxuriösen Buffet eingeladen, verbringen dann ein paar Stunden im Seminar und fahren nachmittags einen flotten Ski auf den Traumpisten in der Umgebung. Abends findet man sich noch mal für eine weitere Seminareinheit ein.

Die Zeichen sind gesetzt. Solch ein Setting soll speziell Business-Leader auf einem sehr hohen Niveau ansprechen. Es geht in dem Seminar darum, ein Team innerhalb des Unternehmens zu kreieren, das nicht von dieser Welt ist, um das Geschäft und das Einkommen auf ein exponentiell höheres Level zu hieven. St. Moritz wirkt als Verstärkung dafür, wie man als Top-Executive auch leben kann, um zu begreifen, was man für Geld alles bekommen kann.

<u>DER TIPP:</u> Die passende Umgebung wirkt so inspirierend auf die Teilnehmer, dass sie sofort den Inhalt des Seminars verstehen. „Maui Modeling" ist ein Seminar für Frauen und wird in Hawaii abgehalten. Die Frauen können ihre eigene Natur begreifen und ihr Selbstvertrauen stärken, indem sie mit der Natur eins werden, ihre Sinne am Sandstrand in der Sonne spüren und das Leben eines Top-Models leben.

Eine Zeit am Wasser unter der Sonne zu verbringen, entspricht dieser Lebensqualität, aus der die Teilnehmer Kraft schöpfen und den Horizont erweitern können. Unser bekanntes Seminar „Self-Actualization" kann an jedem beliebigen Ort stattfinden, solange der Raum funktioniert. In diesem Fall muss er nämlich hell und dunkel beschaffen sein, dass man auch mit den Schattenseiten von Coach und Person arbeiten kann. Alles muss so hergerichtet sein, dass eine Person ihren falschen Charakter erkennen und killen kann, der ihren Alltag bestimmt. Da muss der Coach selbst auch die Möglichkeit haben, aus sich heraus zu kommen. Das Licht muss man gewissermaßen selbst erzeugen, dafür muss der Raum etwas dunkler sein. Der entscheidende Raum zur Kreation von Umgebung ist Ihr „Büro". Wir würden es nicht Büro nennen, denn im Coaching ist die Setzung von Atmosphäre entscheidend.

Ihr Coaching-Setting kann und sollte Ihrem ganz persönlichen Stil entsprechen. Dazu gehört zum Beispiel Ihr Bildungs-Background, in Form von Bücherregalen, in denen Ihr Wissen förmlich greifbar aufgestellt ist. Mit der „Bildungstapete" im Hintergrund kann der Coachee Sie besser einschätzen. Gerade im Falle des Einzelcoaching ist Entspannung und Inspiration das höchste Gebot der Voraussetzungen. Wo findet man Besinnung und Andacht, wo schaltet man von allen äußeren Einflüssen ab? In der Kirche. Eine banale Kerze kann da schon Wunder wirken. Der Bauhaus-Architekt Ludwig Mies van der Rohe bezeichnete sein Genre einmal als „räumlichen Vollzug räumlicher Entscheidungen". Das Arrangement der Möbel entscheidet über die Form des Coaching. Denken Sie nur an Sigmund Freud. Besorgen Sie sich zum Beispiel zwei richtig gemütliche, teure, stilvolle Sessel, die sich in relativ dichtem Abstand gegenüberstehen.

Oder suchen Sie sich Orte, die zu Ihrem Ziel oder der Dialogform passen. Schauen Sie, wo in Filmproduktionen die entscheidenden Gespräche stattfinden. Eine Bibliothek, eine einsame Bar, eine Kirche ... es muss ja nicht gleich der Beichtstuhl sein. In den Seminaren, in denen auch Einzelinterviews stattfinden, ist die Ansicht des Publikums von entscheidender Bedeutung. Das Publikum ist unbestechlich, und es kommt immer auf eine generelle Meinung. Nicht der Coach, sondern die Zuhörer entscheiden schließlich, ob und wann bei dem Coachee eine Veränderung stattgefunden hat. So lange muss der Coach coachen. Zu diesem Zweck sitzt der Coachee in einem recht bequemen Sessel, eventuell auf der Bühne, auf jeden Fall aber vorne. Er soll wissen, dass er nun der Mittelpunkt ist. Durch einen freien Mittelgang hindurch schaut er direkt auf den Coach. Dieser sitzt in dem gleichen Möbel. Es gibt also eine direkte Verbindung zwischen den beiden, und dazwischen das Publikum. Freud hätte seine Freude daran gehabt. Wie auch am nächsten Thema.

66.

SCREENING - SCREENING

Seine Vorhaben genau zu skizzieren, ist für jeden karriereorientierten Menschen essenziell. Für den Coach ist entscheidend, sich bewusst zu sein, sich mit einer Elite zu beschäftigen. In unserem Unternehmen haben wir Formulare entwickelt, die die Teilnehmer ausfüllen müssen, damit wir sie „screenen" können, sprich ein Bild von ihnen skizzieren. Es hat keinen Sinn, einen 300 Pfund schweren Mann in einen

Windhund verwandeln zu wollen. Eine grobe Vorkenntnis der Person hat den Sinn, dass keiner der Teilnehmer überfordert oder in eine falsche Richtung bugsiert werden kann. Sie sollten das auch praktizieren. Screening wird in den Coachingprozess integriert, indem man ein Statement in die Runde wirft und schaut, wie der Coachee darauf reagiert. Wenn die Personen mit Neugier, Offenheit und Balance reagieren, kann man zum nächsten Step übergehen. Wenn sie nicht so reagieren, ist es nicht einmal ärgerlich, nicht einen Schritt weiter gehen zu können.

Warum auch? Man würde in diesem Fall in eine Richtung coachen, die nicht mehr zum Coachee passt, oder sogar jemanden coachen, zu dem das Coachen selbst nicht passt. Realistischerweise sind es vielleicht zwei von hundert Leuten, die man von Anfang an in genau der richtigen Linie hat, beim Rest muss man erst den Weg finden. Wir rekrutieren jedoch nur Leute, die bereits neugierig sind und sich bereits mitten in einem Prozess befinden, ihren Weg zu finden. Wenn sie mit ihrem Leben noch nicht so weit sind, coachen wir sie nicht. Und Ihnen würden wir das Gleiche empfehlen. Coaching ist nicht für jedermann, nur für eine Elite. Es ist wichtig, dass Coache den Unterschied kennen. Coaching ist eine rigorose Disziplin, die von allen Teilnehmern eine Menge abverlangt, inklusive dem Coach. Wenn man es richtig anstellt, kann man sogar bei depressiven Menschen etwas auslösen. Allerdings sollte man nie den Fehler machen, Leute zu coachen, die in Wirklichkeit Medizin oder einen Psychiater benötigen. Denkbar ist es, den Psychologen oder Arzt mit ins Team zu holen, undenkbar ist es jedoch, die Verantwortung als Coach alleine übernehmen zu wollen. Immer daran denken: Keine Psychologie ohne Lizenz. Es gibt die Geschichte von einem Coach, der eine unangenehme Begegnung mit der Polizei hatte, weil er die Person nicht „gescreent" hatte: „Ich traf einmal eine Frau, die wie ich als Volontär für ein Marketingunternehmen arbeitete. Ich dachte, sie sei eine Geschäftsfrau. Sie erzählte, sie bekäme keine Kunden und könne sich die Miete langsam nicht mehr leisten. Und ich dachte, sie könne von ein bisschen Coaching profitieren. Ich empfahl ihr ein Netzwerk von Geschäftscoaches, von denen ich glaubte, sie könnten sie geschäftlich und finanziell auf die richtige Bahn bringen. Leider habe ich nicht gemerkt, wie tief unten sie war. Sie nahm Antidepressiva und fühlte sich krankenhausreif. Wir kannten uns eigentlich ganz gut und telefonierten in den letzten sechs Monaten regelmäßig miteinander. Wir arbeiteten sogar gemeinsam an einem Projekt und wurden dabei so etwas wie gute Freunde. Anscheinend rief ich sie einmal zu viel an. Eines Tages klingelte die Polizei an meiner Tür und teilte mir mit, jemand hätte mich wegen Belästigung angezeigt. Das war sie! Sie hatte mir allerdings niemals irgendeine Andeutung gemacht, dass sie keine Lust hätte, mit mir zu reden (sie sagte mir sogar das Gegenteil!). Jetzt weiß ich, wenn jemand regelmäßig Tabletten nimmt, braucht er kein Coaching, sie brauchen etwas, das ich ihnen zumindest nicht geben kann" (Anonym).

Beim Coaching in Unternehmen verhält es sich noch mal anders. Da arbeitet man logischerweise mit verschiedenen Charakteren. Der eine hat vielleicht Eheprobleme, ein anderer ist möglicherweise Alkoholiker, und andere haben eine ganze Lebensgeschichte psychischer

Krankheiten vorzuweisen. Um genau zu wissen, was man mit einigen Leuten nicht praktizieren kann, braucht man ein klares Screening. Ansonsten überfordert man sie. Fragen Sie einen Alkoholiker nicht, was er will, denn Sie wissen, was er will ... einen Drink. Die ganze Coachingmethode funktioniert ab dann nicht mehr. Das einzige, was Sie in solch einem Moment machen können, ist kein Coaching, sondern Supervision. Sie müssen entscheiden, wer gecoacht werden kann und wer Supervision braucht.

DER TIPP: Seien Sie aufmerksam, wenn Sie coachen. Es hat keinen Sinn, Leute zu coachen, die für Sie die falschen sind oder umgekehrt: Für die Sie der Falsche sind. Ein paar Tipps, wonach Sie schauen müssen, sind: Sind sie neugierig? Stabil? Ausgeglichen? Haben sie überhaupt nach Coaching verlangt? Wenn Sie ein Basketballteam aufstellen, suchen Sie nicht nur nach baumlangen Typen. Sie öffnen die Türen und lassen die Leute zu sich kommen. Legen Sie einen Köder, oder eröffnen Sie ein Spiel, und die Leute kommen von selbst. Weil sie neugierig werden. Sie sagen Ihnen dann, wo sie früher gespielt haben, und Sie wählen die Top-Leute aus. Aber Coache sind keine Therapeuten. Wir coachen niemanden, nur die Leute, die nachfragen. Wir setzen uns freiwillig Hürden, um Leute zu screenen, die nicht selbstdiszipliniert sind, unzuverlässig, oder untalentiert. Von hundert Spielern ist vielleicht einer es wert, gecoacht zu werden. Trotzdem muss man nicht gleich jeden hinauswerfen. Es gibt einen entscheidenden Unterschied zwischen unzuverlässig und nicht wert, gecoacht zu werden. Es gibt sogar brillante Leute, die es darauf anlegen, beim Coachen hinausgeworfen zu werden und sich deshalb doof anstellen: Genies. Leute, die von selbst gehen wollen und sich am Rande der mentalen Inkompetenz bewegen, sind in Wirklichkeit Genies, die mit einer Rolle kokettieren. Sie befinden sich in Wirklichkeit nicht am Rande, sondern am Absprung auf höheres Level. Wir haben Leute gesehen, die diese Rolle brillant gespielt haben und die zu den feinsten Geschäftsleuten gehören. Allerdings gehört auch feinstes Gespür zu den Fähigkeiten eines Coaches, den Depressiven vom Genie zu unterscheiden.

67.

EVENT THINKING - EREIGNISDENKEN

Die meisten Menschen denken und sprechen in Abstraktionen. „Es läuft großartig", „Ganz prima", „Ich gebe Ihnen morgen Bescheid" oder „Ich war nie länger als fünf Minuten mit dieser Frau allein in einem Raum" sind solche vagen Verallgemeinerungen. Niemand legt sich gerne fest. Er macht sich damit angreifbar. Aber was ist bloß damit gemeint? „Wir machen nächste Woche Evaluierungen, aber keine Angst, ihr bekommt ein positives Resultat ..." Na klar, was sollen die auch anderes sagen. Oder wie wäre es hiermit: „Unsere Verkäufe sind heruntergegangen. Wir sind nicht motiviert." Dieses Lamento hören wir in Unternehmen ständig. Andauernd sprechen wir in abstrakten Termini und gehen davon aus, dass die anderen wissen, was wir meinen. Aber was heißt „nicht motiviert" eigentlich? Es heißt möglicherweise, „wir haben keinen Bock, weil die Arbeit Scheiße und der Chef ein Arschloch ist." Das lässt sich nur schlecht sagen, wenn man nicht gerade in der Kneipe steht. Das ist das Schöne am Coaching: Wir holen die Kneipe heim. Im Coaching kann man mit politischer Korrektheit nicht weit kommen.

DER TIPP: Sagen, was man sieht. Nicht, was man denkt: Klartext. Nur mit klaren Aussagen kommt man wirklich weiter. Wir haben das schon einmal sehr gut beherrscht: „Mama, guck' mal, der dicke Mann da drüben!" Und zwar so, dass der dicke Mann da drüben das sehr gut hören konnte. Das ist das Problem. Nicht für einen Coach. Hören Sie einmal auf die Sprache von Coaches, im Sport oder auch anderswo: „Entschuldigung, haben wir da nicht erst letzte Woche da drüber geredet? Wollen Sie Ihr Geld verschwenden und immer wieder über das Gleiche reden? Wieso sind Sie nicht ein Stück weitergekommen? Wozu setze ich mich hier eigentlich hin? Ich bin enttäuscht, tief enttäuscht ..." und so weiter. Je nachdem, wie ein Coachee erlaubt, wie hart man ihn rannehmen kann, wirkt sich das auf seinen Ton aus. Das ist möglich, weil ein Coach Charisma besitzt, und nur eine Autorität, wenn sie freiwillig angenommen wird. Sein Job besteht schließlich darin, jemanden nach vorne zu pushen. Was soll er da mit einer Aussage wie „Ich fühle mich nicht motiviert?" „Ja, Entschuldigung, dann ist das entweder Scheiße, was Sie da machen, und Sie suchen sich was anderes, oder Sie geben sich keine Mühe in dem, was Sie tun wollen, und das ist noch viel schlimmer! Ich merke, dass Sie sich hinter Ihren Vorsätzen verschanzen!" Das ist eine klare Ansage. Verstanden? Es geht natürlich weniger schroff. Finden Sie Ihren eigenen, angemessenen Ton, der auch verstanden wird. Eine andere beliebte Aussage des Coachees ist jene vom Im-Job-Nicht-Ausgefüllt-Sein. Das ist eine sehr vage Sorte Wirklichkeit. Es ist entscheidend, dass man die Leute dazu bekommt, zu erzählen, was geschehen ist. In diesem Fall redet man von aktualen Erfahrungen, und nicht über Konzepte. Mit Kindern geht man ähnlich um: So lange reden, bis man bei dem ist, was man sieht. Es funktioniert wunderbar, denn die Kinder beginnen schließlich, selbst an dem Sachverhalt zu arbeiten: „Hast du das Spielzeug rausgeholt?" „Ja." „Hast du es auch wieder aufgeräumt?" „Nein." „Liegt das Spielzeug jetzt auf dem Boden?" „Ja." Das ist Ereignisdenken. Und es wirkt. Und sind Coachees nicht auch Ihre Kinder – zumal, wenn Sie mit solchen Aussagen zu Ihnen kommen? „Was heißt nicht ausgefüllt sein? Was machen Sie denn den ganzen Tag? Was tun Sie, wenn Sie um neun Uhr ins Büro kommen? Was dann? Wieso? Und warum sind Sie dann nicht ausgefüllt?" Mit verschwommenen Aussagen kommt man im Coaching nicht nur nicht weiter, man muss sich als Coach gegen sie wehren. Ansonsten betreibt man ein dilettantisches Psychogespräch, das beide Dialogpartner immer tiefer herunterzieht. Ereignisdenken ist ein fester Bestandteil unserer Unternehmensphilosophie. In unseren Assisting-Teams werden klare Aussagen trainiert. In den Team-Meetings wird zum Beispiel die Frage gestellt, was man getan hat, was auch funktionierte. Jede Person soll dann etwas Spezielles anführen, was er getan hat, was andere verstehen, und was wirklich klappt. Oder, mit anderen Worten, wie er handelt, um die Energie im Team zu verstärken. Wenn jemand sagt, „Oh, ich war heute gut drauf", was meint er eigentlich damit? Kannst du das mal bringen und allen zeigen? Kann ich es sehen? Wenn dagegen jeder nachvollziehen, sprich: sehen kann, was jemand tut oder getan hat, dann ist man auf der aktiven Seite, und jeder synchronisiert sich mit den Ereignissen, statt vage Vorstellungen darüber auszutauschen. Eine präzisere Antwort auf die Frage wäre zum Beispiel: „Ich war heute auf die Minute pünktlich da." Können das andere bestätigen, haben das andere gesehen? Prima. Das Orchester spielt unisono. Wenn man zum Coachen in ein Unternehmen geht, muss man sofort ereignisbezogenes Denken, sprich: eine konkrete Sprache einführen. Denn es handelt sich dabei um eine Teamstrategie für die Kommunikation der Leute untereinander. Genau so nützt Ereignisdenken im Dialog zwischen Coach und Einzelspielern. Beschreibt man ein Ereignis, können beide zusammen daran arbeiten. Erzähl' mir, was passiert ist. Ereignisdenken ist wesentlich, um Feedback geben zu können. Es ist dagegen nicht unbedingt notwendig, Veränderungen festzustellen. Aber Ereignisdenken bedeutet, eine Serie von Ereignissen zu verfolgen, die mit einem Spiel oder einer Aktivität zu tun haben. Wenn Ihr Job darin besteht, ein Buch zu schreiben, reden wir darüber, ob Sie Ihrem Ziel heute näher gekommen sind. Jedes Projekt besteht in einer solchen Serie von Ereignissen. Und es macht immer noch mehr Spaß, nach dem Tun zu fragen, als über die Entwicklung von Zahlen zu reden. Das ist es, was Teamkonferenzen immer so ermüdend macht. Ereignisdenken ist dagegen projekt- und teamorientiert. Nehmen Sie sich ein Beispiel an Kindern. Sie können so schön fragen: „... und dann?" „... und dann?" „... und dann?"

68.

ROLE PLAY - ROLLENSPIELE

Dürfen natürlich nicht fehlen. Rollenspiele sind ein sehr verbreitetes Tool im Coaching. Wir benutzen es vor allem, um für reelle Situationen leibhaftige Lösungen zu finden. Rollenspiele sind Coaching in Aktion. Der Coach spielt die Rolle von jemandem, der im wirklichen Leben des Klienten vorkommt. Der Klient spielt sich selbst und kann aus verschiedenen Szenarien heraus verschiedene Reaktionen austesten. Oder der Coach spielt den Klienten, und dieser spielt die Rolle eines anderen Menschen in seinem Leben, wie seinen Kumpel oder seinen Boss, um dessen Reaktionen am eigenen Leibe zu spüren.

DER TIPP: Es geht schlicht darum, einmal in die Rolle bzw. Schuhe des anderen zu schlüpfen und die Absichten des Klienten aus deren Sicht zu sehen. Mit Rollenspielen kann man verschiedene Interaktionen vorwegnehmen und die eigene Reaktion professionalisieren. Man kann nämlich ohne Verklemmungen und Krämpfe eine tatsächliche Situation überspielen und überspitzen, man kann seinen ganzen Mut tes-

ten, ohne negative Konsequenzen daraus ziehen zu müssen. Die Klienten sind oft überrascht, zu was sie eigentlich in der Lage sind und welche Rollen sie einnehmen können. Sie sehen plötzlich, wie viele Möglichkeiten sie haben, um mit einer Situation oder Person fertig zu werden. Zum Beispiel auf diese Art: „Ich sagte meinem Coach, dass ich bei meinem Chef wegen mehr Geld vorsprechen wollte. Sie machte mit mir ein Rollenspiel, in dem sie der Boss war, den ich um eine Gehaltserhöhung bitte. Dann wechselten wir die Rollen. Mir wurde schlagartig klar, dass ich auf die Art, wie ich den Bittsteller spielte, niemals durchkommen würde. Als ich meinen Boss spielte, fühlte ich mich verärgert, ein bisschen gelinkt und befremdet. Dann schlüpften wir in die alten Rollen zurück. Dieses Mal war die Interaktion vollkommen verschieden. Ich sah meinen Boss in einem ganz anderen Licht. Am nächsten Tag sprach ich mit meinem echten Chef. Wir kamen tatsächlich zusammen und er betrachtete mich als seinen Verbündeten, der es wert war, mehr Geld zu verdienen“ (Samara Madiao).

69.

MODELING – ROLLENWECHSEL

Die Idee vom Rollenwechsel ist simpel: Sie wollen erreichen, dass andere Leute genau das tun, was Sie wollen. Dieses Mal schlüpfen Sie nicht in die Rolle, die die Situation vorgibt, sondern in die Rolle, die Ihnen erlaubt, jemanden in eine andere Situation zu versetzen. Verstanden? Also los. Am besten wirkt Rollenwechsel in kritischen Situationen. Nehmen wir jemanden, der mit seinem Geschäftspartner vollkommen uneinig ist. Sie schreien sich gegenseitig an. Und Sie sagen: „Das ist prima. Lassen Sie mich das auch mal versuchen“. Dann machen Sie es mal auf diese, mal auf jene Weise. Auf diese (und jene) Weise präsentieren Sie den Kampfhähnen unterschiedliche Modelle (Optionen), wie sie den Konflikt austragen können. Mit diesen Modellen können sie jetzt arbeiten. Gleichzeitig sind sie durch diesen Rollenwechsel selbst „vorgeführt“ worden. Eine Klientin sagt, immer, wenn sie ihre Mutter besucht, endete das in einem großen Streit mit ihr. Also fragen wir, wie diese Situation zustande kommt. Dann bringen wir verschiedene Modelle an, wie sie sich auch verhalten könne, und zeigen ihr dadurch, welche Resultate sie mit ihrem Verhalten erzielen kann.

<u>DER TIPP:</u> Immer nach dem Motto „Das kannst du auch“. Man kann jedes Tool als Modell einsetzen. Zum Beispiel ⇨ <u>Anerkennung</u>. Ich sage zu Ihnen: „Heute abend waren wir sehr flexibel. Als ich meinte, ich wollte gerne, dass du mit zum Einkaufen kommst, hast du nicht eine Sekunde gezögert“. Dann sage ich: „Jetzt bist du an der Reihe, mir Anerkennung für etwas zu geben.“ Denken Sie an ein architektonisches „Modell“. Es ist ein denkbarer, materieller Ausschnitt einer räumlichen Wirklichkeit. Man erschafft ein Modell von dem, was man erschaffen will. Beim Coaching kreieren Sie kleine Verhaltensmodelle für was auch immer Sie erreichen wollen. Viele unserer

Klienten sagen, ein großer Teil der Attraktion unserer Programme besteht für sie darin, zu sehen, wie Rollenwechsel im Coaching funktioniert. Nicht zuletzt wohl wegen seiner Unterhaltsamkeit. In den Klassen werden sie gecoacht und unterrichtet, aber sie haben gleichzeitig auch die Gelegenheit, innerhalb ihres Systems ihr eigenes Geschäftsmodell in einem Coaching-freundlichen Klima zu entwickeln.

70.

DEEP INTEREST – TIEFES INTERESSE

Eines der wirksamsten Mittel, Neugier zu erzeugen, ist es, zutiefst an anderen Menschen Interesse zu haben. Das klingt ein bisschen merkwürdig, enthält aber jede Menge aktiver Magie. Interesse ist eines der Schlüsselworte psychosozialer Phänomene. Wörtlich heißt „Interesse" Teilnahme – wortwörtlich aber „darunter sein". Wenn Sie interessant sind, werden Sie eine Menge Freunde haben, die Sie bewundern. Wenn Sie Interesse haben, werden Sie hunderte von Freunden haben, die Sie anbeten.

Das Gegenteil von Interesse ist Ablenkung. Interesse ist eine entscheidende Einstellung zur Welt. Hat man kein Interesse, setzt man sich der Beliebigkeit der Ereignisse aus. Entwickelt man jedoch Interessen, geschehen zweierlei Dinge: Man hat ein Interesse für etwas, und man teilt dieses Interesse mit anderen. Schließlich handelt man mit einem gewissen Interesse. Die Steigerung dessen ist das Interesse an anderen, mit denen man das teilt, was sie selbst ausmacht: Coaching. Tiefes Interesse ist deshalb eines der gewaltigsten Coaching-Tools, dem auf diesem Level nur noch das Folgen der Neugier folgt. Martin erzählt: „Ich kann mich erinnern, dass mein Vater früher immer erzählte, was er heute getan hatte, wenn er von der Arbeit nach Hause kam. Das war so etwas wie Betongießen oder mit Metall arbeiten. Ich war so arrogant, ich dachte immer nur, „mein Gott, was für ein langweiliges Leben", und wollte wieder möglichst schnell zurück zum Fernseher. Mein Vater muss das gespürt haben. Er erzählte immer weniger, immer kürzer. Später fragte ich mich, warum mein Vater mir nicht näher stand. Ich hatte keine Ahnung gehabt, wie ich mein Interesse entwickeln konnte. Erst viel später als Therapeut kapierte ich, dass Menschen faszinierend sind. Sie unterscheiden sich von denen im Fernsehen dadurch, dass sie echt sind. Durch ein echtes Interesse kann ich alles mit ihnen teilen, und es kommen Geheimnisse zum Vorschein. Sie leiten mich durch ihre Gefühle und Ängste. Ich kann mit ihnen durch ihre Dramen und Komödien durchgehen, durch ihre Siege, Niederlagen, Tragödien. Über die Jahre habe ich gelernt, interessiert zu sein. Von den ersten Worten an, die jemand zu mir sagt." Die Energie, die sich mit dem Interesse an anderen Menschen verbindet, ist erstaunlich. In unserem Seminar „Service Selling" besteht eine Aufgabe darin, dass die Leute sich paarweise unterhalten. Der Job der einen Person besteht darin, der anderen mit hohem Interesse zuzuhören. Dann bitten wir die Teilnehmer, ihr Interesse zu steigern und noch mal zu steigern

– und schließlich, dass sie ihre Bewunderung ihrem Gesprächspartner gegenüber ausdrücken. Die Energie im Raum wird spürbar dichter. Sein ganzes Interesse auf eine Person zu richten, also unmittelbar an ihr teilzunehmen, verdoppelt die Neugier, die man von der anderen Person empfängt. Deshalb ist tiefes Interesse ein starker Veränderungs-Agent. Das Interesse wird nun bis ins Lächerliche hinein gesteigert. Wenn die eine Person sagt, sie habe gestern die Straße überquert, muss der andere sich überschlagen vor Freude und Interesse, dass dieser die Straße überquert hat. Der Sinn dieses Spiels liegt darin verborgen, dass man die Tiefenwirkung von tiefem Interesse spürt. Wenn Sie das tun, zoomen sich die Leute förmlich in Sie hinein. Sie haben deren volle Aufmerksamkeit, wenn Sie sich für sie interessieren. Denn sie werden furchtbar neugierig. Das Maß ihres Interesses steht in unmittelbarer Korrelation zu Ihrer Neugier an ihnen. Wer jetzt abdreht, ist ein Guru.

71.

DIALOGUE – DIALOG

Dialog ist im Prinzip die Fortsetzung von Interesse. Zusammen sind sie unbedingt zwei sehr ausdrucksstarke und wichtige Instrumente im Coaching. Wenn es möglicherweise auf Dauer nicht so berauschend ist, davon begeistert zu sein, wenn jemand über die Straße geht, dann ist die wechselseitige Verbindung zweier Menschen durch das Medium Sprache im Dialog von der Brillanz getragen. Dialog im Sinne des Coaching ist die Art, sich mit einer Offenherzigkeit mit Leuten zu unterhalten, die von deren Erwartung ihrer Brillanz ausgeht. Wer Phantasie hat, kann sich einbilden, dass jeder ein brillantes Individuum ist, und sich von seiner Neugier leiten lassen, um zu erfahren, wo das Genie steckt. Das ist ganze Triebfeder des Coaching, zumindest nach unserer Methode. Die anderen Dinge kommen dann fast von selbst. Der zitierte Jonathan Campbell sagte, da vorne an der Ampel steht möglicherweise gerade ein Herkules unserer Zeit: jemand, der berufen ist, große Taten zu vollbringen. Hier vor Ihnen sitzt gerade möglicherweise der Mozart, Picasso, Einstein, Parker, Davis Coltrane unserer Zeit in einem ganz bestimmten, wenn auch noch so kleinen Gebiet. Finden Sie's heraus. Im Dialog. Und nur durch Dialog. Sie haben gerade das Privileg dazu erhalten.

Egal, was ein Mensch im Moment repräsentiert, egal, wie langweilig, stumpfsinnig, einfach gestrickt oder mondän er oder sie erscheint – hören Sie durch ihn oder sie hindurch. Warten und beobachten Sie so lange, bis Sie irgendwann ein kleines Zeichen von Neugier oder Licht entdecken. Sobald Sie merken, dass ein kleiner Funken oder Blitz durch die Person geht, reagieren Sie darauf mit Dialog. Machen Sie Kommentare. Entwickeln Sie eine Konversation rund um die Brillanz dieser Person, indem Sie versuchen, einen Akkord anzuschlagen, bei dem die Person in das Konzert einfällt. Dialog ist wahrlich nichts Neues. Platon erzählte schon vor über zweitausend Jahren, wie Sokrates über den Marktplatz ging und die Leute in Gespräche verwickelte.

DER TIPP: Die Gespräche in einem Coaching-Dialog sind ungebunden. Das bedeutet: Sie behandeln ein Thema, das nicht von einem bestimmten Interesse geleitet wird, aber unmittelbar die Person betrifft. Interessegeleitete Gespräche führen wir den ganzen Tag. Jemand will uns etwas verkaufen, will uns eine Information abringen, hat ein ganz bestimmtes Interesse, selbst wenn er es verbergen will. Nicht beim Coaching. Das einzige Interesse ist selbstlos. Es will die Brillanz finden, um sie ihrem Träger zu verdeutlichen. Das ist Dialog.

Sokrates sprach mit den einfachsten Menschen. Sein Interesse galt einfachen Dingen wie Alltagsproblemen und auch der Philosophie, die bekanntlich einfache Fragen stellen kann. Meistens geben die Befragten im ersten Moment sehr oberflächliche Antworten. Sokrates wartete einfach ab. Oder er stellte die Frage anders. Dann begannen die Menschen plötzlich, von irgendeinem Ort aus ihrem tiefsten Inneren heraus zu antworten.

Seine Person verschwand, eine viel wesentlichere Persönlichkeit kam zum Vorschein. Dann wurde die Konversation plötzlich lebendig. So wie Platon Dialoge beschreibt, anstatt in Theorie verhaftet zu bleiben. Die Dialoge des Platon sind, so betrachtet, eine Sternstunde nicht nur der Philosophie, sondern auch des Coaching. Form und Faszination des Gesprächs besteht in der ungeheuren Erwartung, dass die Person einen unentdeckten Schatz birgt. Etwas von einer Schönheit, das noch kein Mensch vor ihr gesehen hat. Wenn Sie die die Macht des Dialogs erkennen, wird die Welt ein anderer Ort: Ein Ort von unbegrenzter Vielfalt. Statt jeden innerlich in eine Schublade oder eine Kategorie zu stecken, entdecken Sie eine Welt erstaunlicher menschlicher Wesen. Diese Menschen werden hilfreich, interessieren sich plötzlich auch für Sie, fühlen sich geschmeichelt, anerkannt. Dadurch bekommt die Konversation eine große und auch intime Bedeutung.

72.

PLAY - SPIEL

Eine Frau sitzt vor einer Tasse Espresso und hat nichts mehr zu verlieren. Geschieden, allein erziehend, kein Job, daher auch keine Kinderbetreuung und keine Tagesmutter, bei £ 69 wöchentlich von der Sozialhilfe. Sie betrachtet ihre schlafende Tochter im Buggy, der sie nichts geben kann. Außer Liebe und vielleicht eine erfundene Geschichte. Not macht erfinderisch. Die Mutter erzählt ihre prägenden Erinnerungen als Fabel um einen Jungen, sie lässt ihrer Fantasie freien Lauf, die Geschichte nimmt Fahrt auf und schreibt sich unter ihrer Feder immer weiter. Ihr kleiner Held heißt Harry Potter. Der Rest ist ebenfalls Geschichte. Joanne K. Rowling, reichste Frau Englands und erfolgreichste Schriftstellerin aller Zeiten, ist an einem springenden Punkt ihrer Biographie über sich hinaus gewachsen: an dem Punkt, an dem das Schicksal sie dazu herausgefordert hat. In diesem Moment entdeckte sie das größte Talent, das das Leben ihr geschickt hat. Haben Sie schon einmal Leute im Büro beobachtet? Machen sie einen besonders glückli-

chen Eindruck? Gewöhnlich nicht. Meistens ist das Gegenteil der Fall. Meistens fallen die Angestellten in eine tiefe Lethargie, nachdem sie angefangen haben zu arbeiten. Das ist eine Konsequenz aus der Angst, die sie befällt, wenn sie an eine Arbeitsstätte kommen – und zwar bitte pünktlich – an der ihr Schicksal „von oben" bestimmt wird. Wenn die Aufregung dann abnimmt, schleicht sich die Beruhigung in Form von Trägheit ein. Danach hampeln sie ihre Leistungsskala hinauf und hinunter, je nach „Motivation". Haben Sie schon einmal beobachtet, was passiert, wenn Sie mit den gleichen Leuten ein Gespräch über ihre Betriebs-Fußballmannschaft beginnen, oder über den anstehenden Betriebsausflug?

Die Leute werden regsam. Warum? Weil ein Spiel Power hat. Versuchen Sie einmal folgendes Experiment. Wenn Ihre Kinder abspülen sollen, fragen Sie sie, ob sie lieber Lust hätten, Fußball zu spielen. Sie werden sofort über beide Backen strahlen. Jetzt liegt es an Ihnen, zu überlegen, wie man das Spülen in eine Art Fußballspiel verwandelt. Wie könnte man es interessant, aufregend, herausfordernd gestalten? Wie wird es ein Spiel? In einem Spiel geht es immer darum, etwas in einer bestimmten Zeit zuschaffen, möglicherweise schneller als ein anderes Team. Nutzen Sie Ihre Phantasie, um ein Spiel daraus zu machen. Die meisten Unternehmen sind in der Lage, selbst die aufregendsten Aufgaben in drögesten Alltag zu verwandeln.

Ein Coach hat die Aufgabe, einen Weg zu finden, der sowohl die interessanten als auch die langweiligen Jobs in ein faszinierendes Spiel zu verwandeln. Spiel hat eine gewisse Magie an sich. Wenn Sie die Energie maximieren, werden Sie von den Resultaten überrascht sein. Rein technisch gesprochen, handelt es sich dabei um die Fähigkeit, Re-Engineering von Aufgaben zu betreiben. Das ist ein Coaching-Imperativ. Die kommerzielle Anwendung dieses Imperativs nennen wir die Sage-Methode. Sie ist, simpel formuliert, Spiel. Sobald man eine Aufgabe in ein Spiel verwandelt, werden die Leute um Sie herum lebendig und aktiv. Wir haben in diesem Buch viele Analogien zum Sport aufgeführt, jetzt verstehen Sie warum. Es ist, wie wenn Sie ein Buch schreiben: Die Qualität hängt davon ab, wie viel Spaß der Autor mit dem Thema hat, während er es schreibt. Ein richtig gutes Buch entsteht, wenn der Autor sich richtig gut bei seinem Job amüsieren kann. Der Spaß, dieses Buch zu schreiben, bestand darin, dass Martin Sage nicht vorgeschrieben hat, was darin stehen soll. Dann verlangte er unseren Kopf. Alle waren angehalten, ihre Ideen, Erfahrungen, ihren Intellekt und Bildungs-Background mit einzubringen. Nicht einmal der Übersetzer sollte das Buch einfach nur übersetzen, sondern seinen ganzen „German Background" inklusive Philosophie und Literatur hineinsetzen. Das macht nicht nur Spaß. Das ist auch Spiel. Wenn der Autor dagegen versucht, eine Riesengeschichte daraus zu machen und beweisen will, was er für ein toller Autor er ist, wird das Buch langweilig.

Spiel ist ein fundamentaler Bestandteil aller unserer Trainings. Wir betreiben nicht einfach irgendein Projekt, sondern veranlassen die Teilnehmer, eine Bühne zu bauen, die Tickets zu verkaufen, selbst an der Darbietung teilzunehmen, und die Toiletten zu säubern. Wie es möglich ist, an solchen Jobs Spaß zu haben? Unserer Philosophie nach kann man beim Toi-

lettenputzen genauso viel Spaß haben wie auf der Bühne, denn man kann die Freude des Service und den Sinn für Demut im Leben wieder erlernen.

DER TIPP: Seinen Klienten zu vermitteln, dass man jede Aufgabe mit einem gewissen Spaßfaktor versehen muss. Erinnern Sie sich an Tom Sawyer und seinen Gartenzaun, dann haben Sie eine Ahnung, wo das enden kann. Wie kann ich den Spaßfaktor erhöhen? Wie kann ich einen Job interessant gestalten? Wäre es interessanter, wenn ich ein Timing einführe oder eine Konkurrenz mit einem anderen Team veranstalte? Nach diesen Fragen gehen Sie in die Planung Ihres noch so unterirdischen Jobs.

Die Auflösung zum Spülen kommt hier: Martin selbst musste mit ein paar anderen Jungs früher im Internat immer spülen. Natürlich hassten sie diesen Job. Diese drei Machojungs mussten dreckige, fettige Pfannen saubermachen. Sie beschlossen, ein Spiel daraus zu machen. Das erste Spiel bestand darin, den Job so schnell wie möglich hinter sich zu bekommen. Sie wurden immer schneller. Als dieses Spiel langweilig wurde, beschlossen sie, so sauber wie möglich zu spülen. Auch das wurde nach einer Weile langweilig. Sie beschlossen, etwas ganz anderes während des Spülens zu unternehmen: Singen. Nach einer Weile wurden sie richtig gut darin. Sie entwickelten regelrechte Harmoniefolgen beim Spülen. Schließlich gründeten sie eine Band und holten sich andere Leute dazu. Da wurden sie vom Spüldienst entlassen, weil sie mit der Band und dem Chor auf Tournee geschickt wurden, um Werbung für die Schule zu machen. Indem sie einen dreckigen Job in ein Spiel verwandelten, wurden sie von der Aufgabe erlöst und erlebten ein großes Abenteuer, das zwei Jahre lang andauerte. Die Auflösung von Joanne K. Rowling: Eine unserer Trainerinnen war bis auf die letzten zwanzig Dollar heruntergekommen und hatte Angst, weil sie nicht wusste, wo das nächste Geld herkommen sollte. Nachdem sie sich ausgeheult hatte, sagte sie sich: „Okay, ihr könnt mich mal. Ich gehe jetzt mit meinen Kindern zu Starbuck's und genieße es." Als sie dort mit den Kindern bei einer Karamelschokolade saß, entwickelte sich ein Gespräch mit den Leuten am Nachbartisch. Diese drei Damen waren auf sie aufmerksam geworden, weil sie mit ihren Kindern so viel Spaß hatte. Sie fragten sie, ob sie nicht coachen würde. Am Ende verkaufte sie einer der Damen ein Coachingpaket, und ging direkt nach Hause, um weitere Termine zu machen. Eine weitere der drei Damen kam zu einer Session vorbei und buchte schließlich auch ein ganzes Paket. Und so ging es weiter. Dies sind zwei wunderschöne Beispiele für die Anziehungskraft von Spielen: Etwas Anderes, Attraktives aus einer Situation machen. Attraktion ist, wie man verkaufen kann. Und, wie man Magie kreiert. Hängen Sie noch herum, oder laufen Sie schon?

Weiterführende Literatur:
Platon, Dialoge. Zum Beispiel das Gastmahl (Symposion), Theaitetos, Timaios ...
Ficino, Marsilio. Über die Liebe. Platons Gastmahl.
Rowling, Joanne K.. Harry Potter.

15. ZUR BRILLANZ - EIGENSCHAFTEN EINES COACHES

Wie gesagt: Im Coaching haben wir es mit brillanten Menschen zu tun. Nicht jeder gehört dazu. Das merkt man besonders in diesem und dem nächsten Kapitel. Wir sind längst weit von einem Level entfernt, in dem Depression, Melancholie, Beklemmungen, Ängste oder Trägheit eine Rolle spielen können. Viel mehr interessiert uns eine gesunde Wut als Coaching-Tool. Hier geht es darum, High Performance-Leuten zu noch mehr Performance zu verhelfen. Das setzt auch bei Ihnen einiges voraus: Persönlichkeit, Stärke, Selbstbewusstsein.

Um wirklich zu brillieren, bringt auch der Coach ein paar nennenswerte Eigenschaften mit. Hier sind die Tools, die einem Coach Charisma verleihen. Damit lässt sich eine Menge Geld verdienen.

„Gier ist gut.“ *(Richard Gecko in Wall Street, 1986)*

„Neugier ist gut.“ *(Martin Sage, 2005)*

73.

REVERSE PSYCHOLOGY – UMGEKEHRTE PSYCHOLOGIE

Sie kennen das Bild vom Pferd, das vor einen Karren gespannt ist, und der Kutscher hält eine Angel mit einer Möhre vor ihm, so dass es nie daran kommt und trotzdem immer schneller wird. Das könnte man als Motivation auf unterster Schiene bezeichnen. Es geht aber auch anders. Wenn jemand im Coaching sagt, er habe ein Ziel, befragen Sie ihn, als hätten Sie nicht das Gefühl, dass er dieses Ziel erreicht. Sagen Sie ihm ins Gesicht, Sie glauben nicht, dass er das schaffen könne, 250.000 Dollar im

Jahr Umsatz zu machen – wenn man sich so seine Kapazitäten und sein Produkt anschaut ... Sie können sicher sein, dass eine starke Persönlichkeit alles daran setzen wird, Sie vom Gegenteil zu überzeugen.

Sie schnappt nach der Möhre. Dann geht sie hinaus und wird alles geben, um ihr Ziel zu erreichen. Dabei handelt es sich um umgekehrte Psychologie.

DER TIPP: Sie können umgekehrte Psychologie nur bei stabilen Charakteren anwenden. Denn Sie nutzen gerade deren Stärke, um noch stärker zu werden. Wir hatten einen Klienten, der sich vornahm, mit dem Rauchen aufzuhören. Wir sagten ihm: „Klar, Sie sind eine starke Persönlichkeit, aber das ist eine verdammt große Herausforderung." Jetzt wollte er es erst recht wissen. Nach diesem Coaching gab es keine Möglichkeit mehr für uns, ihn davon abzuhalten, mit dem Rauchen aufzuhören. Eine sehr raffinierte Version umgekehrter Psychologie ist die folgende:

Eine Klientin von uns ist Stylistin. Sie hatte sich für das laufende Jahr viel vorgenommen, erreichte aber ihre Umsatzziele nicht. Sie folgte allerdings auch unseren Instruktionen nicht, die da lauteten, 250.000 Dollar umzusetzen. Wir sagten ihr: „Sie schaffen es nicht. Denn wenn Sie dazu in der Lage wären, hätten Sie dieses Ziel bereits erreicht. Sie werden stattdessen den gleichen Umsatz wie immer machen.

So etwas können wir nicht coachen. Melden Sie sich bei uns wieder, wenn Sie es geschafft haben, und dann sehen wir mal, ob wir miteinander ins Geschäft kommen." Und sie kamen ins Geschäft.

74.

ONE-DOWN – JEMANDEN HERUNTERLASSEN

Sie kennen alle diese Typen, die etwas zu sagen und deshalb eine große Klappe haben. Sie bauen sich beim Coaching besonders auf, lassen Sie gar nicht zu Wort kommen und wollen auf jeden Fall verhindern, dass sie den Eindruck eines Schwächlings erwecken. Sie wollen es erst gar nicht dazu kommen lassen, dass man an ihr wahres Ego herankommt. Sie sind die Bosse. Auch mit ihnen werden wir schon fertig. Wir lassen sie am Seil herunter. Wenn ein Klient sehr fett und bombastisch auftritt, reagieren wir darauf, indem wir uns den Sessel heruntergleiten lassen, bis wir viel kleiner sind als er. Dann machen wir ein unschuldiges Statement, das den Ballon seines falschen Ego zum Platzen bringt. Ein klassi sches Beispiel dafür ist, wenn ein Chef sich sehr lautstark und selbstgerecht über die Inkompetenz seiner Angestellten beschwert. Dann machen wir einen Kommentar wie „Wissen Sie was, mein Bruder ist beim zweiten Staatsexamen durchgefallen". Das ist eine merkwürdige Randbemerkung, die ihn nicht nur stutzig macht, sondern deren Inhalt er auch damit vergleicht, was er gesagt hat. Die „message" lautet: Mein Gott, es gibt eben welche, die sind nicht schlechter als andere, und wenn Sie glauben, Sie haben schlechte Angestellte, ist das Ihr Problem.

Es wird sie zwingen, ihr Thema zu überdenken, während Sie noch tiefer in den Sessel sinken und gerade den miesen Angestellten darstellen.

DER TIPP: Wenn Sie jemanden mit der Situation konfrontieren, die er gerade beschreibt, denkt er gezwungenermaßen darüber nach – und um. Dann wird der Coachee schnell Mensch. Und als Coach soll man ja auch seinen Spaß haben.

75.

COLUMBO – COLUMBO

Mit „Columbo" erzielt man einen ähnlichen Effekt. Sie kennen die Figur Columbo sicherlich aus dem Fernsehen. Der kleine Inspektor mit dem Schlabbermantel, der immer so geistesabwesend wirkt. Peter Falk spielte diese Rolle perfekt. Und jeder fiel auf ihn herein. Um „Columbo" als Coaching-Tool einzusetzen, muss man sich nur genau so doof stellen wie der schusselige Detektiv, der am Ende immer den Bösewicht überführt. Hier kommt auch Ihr persönlicher Stil zum Tragen. Spielen Sie diese Figur wie im Theater. Formulieren Sie Ihre eigene Technik. In der TV-Serie bringt Columbo die Schuldigen immer dazu, dass sie sich auf sicherem Terrain fühlen. Nun sind Ihre Coachees nicht böse. Aber Sie und Columbo führen sie geradewegs zu einer tieferen Wahrheit. Mit „Columbo" erzielt man eine ähnliche Wirkung wie beim ⇨ Herunterlassen: Ein bisschen doof, ein bisschen neben der Spur scheinen, und schon kommen Sie den Coachees auf die Schliche, weil sie sich in Sicherheit wiegen. Bis sie merken, dass sie gerade vorgeführt werden, etwa in dem Augenblick, in dem der Coachee denkt: „Mein Gott, so blöd kann der doch gar nicht sein!" Sie werden sich möglicherweise sogar selbst korrigieren und etwas sagen wie „Nobody's perfect". Dann kommt die Unschuld wieder zurück in das Gespräch. Columbo ist eine Möglichkeit, sich tiefer herunterzulassen als der Klient. Dadurch fühlt sich der Kunde besser, und er schöpft Mut, statt weiter zu prahlen.

DER TIPP: Sobald Sie merken, was gespielt wird, spielen Sie den Dummen. Erinnern Sie sich noch an das Gespräch, das wir bei dem Tool ⇨ „Mit dem Tod konfrontieren" am Ende des 13. Kapitels hatten? Wir waren noch nicht fertig damit. Im zweiten Teil wendet Martin „Columbo" an: „Er fragte mich also, was ich bereuen würde, nicht getan zu haben, wenn ich morgen tot bin. Ich sagte, kein Baby zu haben. Er begann, sich am Kopf zu kratzen und sehr nachdenklich auszusehen. Ich kapierte später, dass dies ein Coaching-Tool ist, um dahinter zu kommen, was ich wirklich wollte. Er zog die Augenbrauen zusammen und sagte, „Hm, du meinst, du willst ein Baby, aber als ich dich gestern mit Kindern gesehen habe, sah es eher so aus, als wollten die dich zum Mittagessen verspeisen. Kannst du mir das erklären?" Ich war erst mal ein bisschen überwältigt, reagierte aber schnell: „Ich will Mutter werden, deshalb trainiere ich mit Kindern." Ich dachte, das sei eine hervorragende Antwort, und die Frage wäre erledigt. Aber er grübelte weiter und machte laut „Hmmmmm", legte seinen Zeigefinger nachdenklich ans Kinn, als würde er eine schwere Gleichung lösen wollen, und meinte, „Aber eins kapier' ich nicht. Wenn du über ein

Baby sprichst, hast du keinerlei Glanz in den Augen. Wenn du wirklich ein Kind willst, warum schaust du dann nicht so glücklich verstrahlt wie die anderen Muttis?" Das ging mir unter die Haut. „Wieso, ist doch logisch", meinte ich schnell. Da war es passiert. Er schmunzelte nur so komisch vor sich hin und meinte, „Komisch, ich höre immer, Frauen sind so herrlich unlogisch, und du erzählst mir im Zusammenhang mit Kindern, wie logisch du darüber denkst, das ist komisch ..." Jetzt musste ich leider über mich nachdenken, und darüber, was ich wollte. Ich sah ein, dass ich ein Kind wollte, aber das war noch lange nicht alles. Ein Kind war nur ein Ausschnitt von dem großen Bild, das ich vor Augen hatte. Auf jeden Fall war es eine äußerst charmante Art und Weise, mir das klar zu machen. Hätte er gesagt, er glaube mir nicht, dass ich ein Baby wolle, hätte ich vermutlich geantwortet, er könne mich am Arsch lecken." (Dana Minney). Hmmm, eins versteh'n wir nicht. Wie kriegt man so etwas heraus?

76.

SPIES - SPIONE

Es gibt vielleicht einen besseren Titel als „Spione" für dieses Tool, aber es gefällt uns so, weil es provokant klingt. Einer der erfolgreichsten Unternehmensberater dieser Welt pflegt, in ein Unternehmen zu gehen und heimlich verschiedene Leute über ihren Chef zu befragen. Er stellt sich dabei recht geschickt an. Zum Beispiel tarnt er sich als „der Neue" im Laden, nur um herauszufinden, welche Meinung über den Chef herrscht. Nur so kommt er an wirklich ehrliche Informationen. Und mit diesen Informationen geht er zum Chef. Besonders, wenn diese sich so aufplustern wie beschrieben, beginnt der Spaß. „Wissen Sie eigentlich, was die Leute über Sie denken? Sie denken, dass Sie ein ziemliches Arschloch sind. Genauer gesagt, Sie nennen Sie „das kleine Arschloch", wegen Ihrer Größe." Das ist in der Regel eine neue Information für den Chef. Mit dieser Methode geht der Unternehmensberater von der Wahrheit im Unternehmen aus. Und das ist keine gewöhnliche Methode. Wir beziehen uns meistens auf Leute, die einen Überblick über diese Art Informationen haben. Bekannte, Familienmitglieder, Freunde sind gute Beispiele dafür. Denn wenn Sie unmittelbar mit jemandem arbeiten, kennen Sie nur diese eine Perspektive. Erst, wenn Sie verschiedene Perspektiven einfangen, bekommt man das ganze Bild. Nachdem Sie den CEO eines Unternehmens kennengelernt haben, gehen Sie zum Finanzchef. Der erzählt Ihnen eine ganz andere Version. Dann gehen Sie zu den Marketingleuten, und so weiter. Auf diese Weise bekommen Sie immer mehr Blickwinkel, die ein immer klareres Bild ergeben. Das mag perfide erscheinen. Aber wenn Sie selbst glauben, was die Leute Ihnen erzählen, und es akzeptieren, wird sich vieles erklären, was Sie im Coaching nicht zusammenpuzzeln können.

DER TIPP: Akzeptieren Sie alles. Lassen Sie sich nicht auf Meinungsmache oder Diskussionen ein. Lassen Sie sich nicht einnehmen. Ent-

scheiden Sie nicht, was wahr und falsch ist. Lassen Sie sich in nichts hineinziehen. Seien Sie offen und neugierig. Falls es dazu kommt, dass Sie dem Klienten sagen müssen, welche Informationen Sie über ihn schon haben, dann müssen Sie es beichten. Beim Coaching fußt alles auf Offenheit. Alles ist offen, unverdeckt. Sie können Ihren Coach sogar fragen, wen Sie sonst noch fragen sollen. In Wirklichkeit hat diese Methode mit Spionage nicht viel gemeinsam. Sie sprechen nur mit den Platzhaltern im System. Es ist in keinem Fall möglich, mit einem isolierten Individuum zu sprechen, denn Sie möchten eine gültige Meinung und keine Einzelperspektive. Sie handeln mit einem ganzen Netzwerk einer Person. Wenn Sie mit mehr als einer Person in diesem Netzwerk reden können, haben Sie viel gewonnen. Es hilft jedem, auf den gleichen Nenner zu kommen. Dieses Tool empfiehlt sich beim Coachen von Unternehmen besser, da man es hier mit einem größeren System zu tun hat. Im Allgemeinen ist es nicht sinnvoll, das Tool bei einem Individuum anzuwenden, außer wenn Sie hängen bleiben, und Informationen um die Person herum das Gesamtbild erhellt. Das kann passieren, wenn jemand eine Schwelle hat, die er allein nicht überwinden kann. Dann kann es möglicherweise sehr nützlich sein, wenn jemand mehr über diese Person offenbart. Denn meistens präsentieren Menschen eine Verpackung ihres Lebens, nicht ihr Leben selbst. Auf lange Sicht werden Sie ohnehin nicht alle Aspekte nutzen, die Sie in Erfahrung bringen konnten. Sie wollen nur Ihre Tools nutzen. Ein guter Freund von uns ist Chiropraktiker. Wenn seine Patienten ständig wiederkommen und sagen, es schmerze hier und da, würde er nichts weiter tun, als sie reden lassen und sie danach behandeln, egal was sie sagen. Es wirkt. Auch im Coaching. Lassen Sie Ihren Klienten erzählen. Allein das wird ihn heilen. Holen Sie sich alle Informationen von ihm, und nehmen Sie die Pace auf. Sie geben Ihnen damit mentale Unterstützung. Auf einmal ist das ganze System wieder in der Reihe, wo vorher ein Durcheinander herrschte. Beim Reden darüber hält sich der Patient oder Klient die Verhältnisse selbst vor Augen. Schließlich kann der Coach wieder auf seine Klienten zurückkommen und interpretieren, was er gesagt hat. Das ist eine andere Art von Feedback und Anerkennung, mit der man vorsichtig umgehen muss, um nicht zur Überintepretation zu neigen. Ihre Kunst besteht darin, selbst die negativen Dinge positiv darstellen zu können. Deshalb sind wir Coache und keine Unternehmensberater. Manchmal wollen wir nicht die ganze Wahrheit wissen.

77.

DATA - WISSEN

Zu wissen, mit wem man es zu tun hat, ist das eine. Zum Handwerkszeug des Coaches gehört ebenfalls die umfassende Kenntnis in seinem Betätigungsfeld. Wissen ist darüber hinaus ein eigenständiges Instrument beim Coaching. Es hilft, mentale Stärke aufzubauen, für den Coach wie für den Coachee. Ein Coach muss Wissen in zwei Feldern aufbauen: Im eigenen, und in dem des Klienten. Am besten spezialisieren Sie sich auf ein Feld, in dem Sie sich wohl fühlen, bereits Kenntnisse mitbringen, oder auf das Sie neugierig sind. Finden Sie dann so viel wie möglich über diese Industrie heraus. Wir sind zum Beispiel in erster Linie Business-Coache.

Um auf dem neuesten Stand zu bleiben, lesen wir alles, was wir über Wirtschaft, Finanzen und menschliche Natur in die Finger bekommen: „The Economist", „Wirtschaftswoche", „Psychologie Heute" bzw. „Psychology Today", die „Harvard Business Review", und ähnliche. Das gehört letztendlich zum natürlichen Forscherdrang. Unser Unternehmen hat den Schwerpunkt in der Medienindustrie. Wir praktizieren Kommunikation, und wir spezialisieren uns deshalb auf Kommunikationsunternehmen.

Wir studieren sehr intensiv, was für die jeweiligen Unternehmen relevant ist. Unsere Klienten wissen das sehr zu schätzen. Sie können von Anfang an entspannen, wenn sie merken, dass wir unsere Hausaufgaben erledigt haben und wissen, worüber wir reden. Dazu gehört selbstverständlich die Inspektion der Website des Unternehmens, um seine Kompetenz zu beweisen.

<u>DER TIPP:</u> Seien Sie neugierig. Stellen Sie Fragen. Gehen Sie mit wissenschaftlichem Sachverstand vor. Tun Sie nicht, als wüssten Sie etwas. Gehen Sie wieder in die Universität. Für jedes Gebiet existiert eine Menge Fachliteratur. Für jede Frage gibt es Ansprechpartner oder junge Studenten, die Sie auf den neuesten Stand bringen. Ein Großteil dieses Buches ist in einer Universitätsbibliothek entstanden – und mit dem guten Gefühl, sämtliche Nachschlagewerke und Fachliteratur bei Bedarf unmittelbar zur Hand zu haben. Im Idealfall führen Sie mit Ihrem Klienten durch Kenntnis der Materie und des Unternehmens ein Gespräch, das längst begonnen hat. Statt sich Dinge von Ihrem Klienten erklären zu lassen, haben diese das Gefühl, dass Sie schon ein Mitglied im Team sind. Gute Vorbereitung ist alles. Nichts ist unangenehmer als eine Reise, bei der der Kutscher den Weg nicht kennt. Deshalb ist es wichtig, dass Sie Ihr Coachingwissen demonstrieren. Wer seinen Background erläutert, kann nur gewinnen.

Ihr Kompetenzbeweis ist auch ein idealer Einstieg ins praktische Coaching und vermittelt Vertrauen. Martin erläutert zum Beispiel gerne den Klienten sein Steckenpferd: Die Gestalttheorie. Es ist die Basis der Sage-Methode. Er präsentiert sie als einen Weg, Menschen zu betrachten und zu verstehen, wie menschliche Systeme operieren. In der Gestalttheorie kommt heraus, dass man Menschen unter vielen verschiedenen Aspekten betrachten muss, um das Ganze im Menschen interpretieren zu können. Je länger er die Gestalttheorie erläutert, um so mehr Vertrauen haben die Klienten: nicht in seine Kompetenz, sondern auch darin, dass er ihnen zeigt, was er vorhat.

Schließlich demonstriert er sein Konzept an den „Performance Scales" und den verschiedenen Kommunikationsebenen. Alle Sage-Trainer können diese Scales herauf- und herunterdeklinieren. Auf diese Weise haben die Klienten einen vorgegebenen Rahmen und wissen, was und wen sie vor sich haben. Information, kombiniert mit Energie, verleiht Mut. Wenn wir ein Verkaufstraining für Teams ab-

solvieren, erläutern wir den gesamten Verkaufsprozess in jedem Detail, während wir trainieren. Dann leiten wir Rollenspiele und befördern das Lernen, indem wir Atmosphäre schaffen. Dabei tun wir nie so, als hätten wir die Verkaufs-Weisheit mit Löffeln gefressen, sondern ermutigen die Leute, ihre eigenen Verkaufstricks und –sprüche zu entwickeln: solche, die bei ihnen Neugier erzeugen. Also bringen wir ihnen nicht nur das Wissen bei, das wir haben, sondern trainieren sie, ihr eigenes Wissen für ihre eigene Karriere zu sammeln.

Dieses Wissen stellen wir auch jederzeit unseren Klienten zur Verfügung, alles was wir haben: Hunderte von Büchern zu unserem Thema, Artikel und Audio-CDs zum Thema Coaching, menschliche Entwicklung und Neugier. Wir überlassen dieses Material unseren Klienten sogar kostenlos, damit sie unseren Background und unsere Methodik kennen. Auf diese Weise coachen wir unsere Klienten nicht nur – wir bringen ihnen simultan bei, wie man coacht! Hätten wir ein Interesse, unser Wissen für uns zu behalten, wäre dieses Buch nie zustande gekommen.

Um Ihnen jetzt nicht vorzuenthalten, wie Sie Millionäre werden, folgt nun gar nicht exklusiv ein Abschnitt aus Brian Tracey's Audiotape „21 Secrets to Becoming A Self-Made Millionaire": „Dieses Wissen basiert auf ausführlichen Interviews mit tausenden von Selfmade-Millionären. Diese Prinzipien wurden gestestet und immer wieder überprüft, und Sie werden auch bei Ihnen funktionieren. Hier kommt die gute Nachricht: Fast alle Beteiligten starteten mit Nichts. Im Durchschnitt war jeder Selfmade-Millionär etwa 3,2 mal bankrott oder nahe davor. Die meisten von ihnen stolperten immer wieder, bevor sie die richtige Gelegenheit fanden, Geld zu machen. Was die können, können Sie auch. Sie folgten dem Eisernen Gesetz der menschlichen Bestimmung, das da lautet: Jede Ursache hat eine Wirkung, und jede Wirkung hat eine Ursache.

Wenn Sie herausfinden, was die Gründe für die Wirkung sind, die Sie erzielt haben, werden Sie praktisch garantiert Erfolg haben. Die meisten Selfmade-Millionäre sind ganz durchschnittliche Leute mit durchschnittlicher Bildung. Sie fanden einfach nur heraus, wie es erfolgreiche Leute angestellt haben, reich zu werden und probierten es wieder und wieder, bis sie zu dem gleichen Resultat kamen. Auch Sie erzielen eines Tages diese Wirkung. Diese Leute haben den einen Grund immer wieder bei einer neuen Gelegenheit angewandt, bis es schließlich Wirkung hatte. So funktionieren Ursache und Wirkung in Ihrem Leben." (Brian Tracey).

Die Geschichte des Wissens ist eine Geschichte darüber, was in der Gesellschaft gedacht und gesagt werden kann. Wissen wurde über Jahrtausende hinweg immer nur einer Elite vorbehalten, die in die wahren Geheimnisse der Menschheit eingeweiht war, um dem Rest Angst zu machen – zum Beispiel das Wissen über Sexualität. Was dabei herauskommt, kann man zum Beispiel in dem Roman bzw. Film „Der Name der Rose" nachvollziehen. Die deutsche Kultur unserer Prägung geht bemerkenswerterweise auf einen Mann zurück, der die Wissensfront der Kirche aufgebrochen und allen zugänglich gemacht hat: Er übersetzte die lateinische Bibel in die deutsche Sprache. Sein Name: Martin Luther. Seine Erfindung: Hochdeutsch.

78.

ANGER - WUT

Wut ist das psychologische Pendant zur Neugier. Es entwickelt die gleiche Dynamik wie die Lust am Aufspüren, dem „Hinterhersein" hinter etwas. Aber es hat natürlich negative Quellen: Angst ist verschlossene Wut. Diese Verschlossenheit ist die Ursache für Herzerkrankungen, wie Charles Spielberger nachgewiesen hat. Spielberger spricht in diesem Zusammenhang vom AHA!-Syndrom (Anger, Hostility, Aggression). „Anger", Wut, ist definiert als ein emotionaler Zustand, der in Gefühlen besteht, die in ihrer Intensität variieren: Von milder Irritation über Verärgerung, intensivem Zorn bis hin zur Rage. Wut wird oft ausgelöst von dem Gefühl, ungerecht behandelt zu werden. Meistens unterdrücken wir sie, fressen sie in uns hinein. Kein Wunder, dass Wut schon vom Bluthochdruck her erkennbar ist oder Herzgefäßkrankheiten erzeugt. Denn meistens bleibt sie drin: Im Körper des Coachees. „Get furious, get curious": „Wut" ist ein sehr effektives Tool, wenn jemand seinen Groll verschlossen hält, der ihn davon abhält, sein Leben in Bewegung zu bringen. Es ist möglicherweise wert, solch eine Person zur Wut zu provozieren, damit alle angestaute Missgunst aus ihr weichen kann. Aber auch hier sei Vorsicht geboten, wie bei den Schock-Tools: Man muss sehr vorsichtig damit umgehen. Dabei ist ein gravierender Unterschied zu beachten: Man darf keine Wut erzeugen, wo keine Quelle der Wut war. Sie wollen eine Wut provozieren, die innen festgehalten wird. Es verhält sich wie bei einer Massage. Entweder der Masseur knetet Sie zu fest und bereitet Ihnen Schmerzen. Oder er löst Schmerzen aus, die vorher schon da waren. Auch das schmerzt. Aber wenn der Schmerz dann nachlässt, wird alles gut. Im Coaching funktioniert Wut so: „Ich coachte eine Frau, deren Mann sie schmähte und beleidigte. Mein Ziel war es, sie zum Handeln zu bringen, damit sie ihn verlässt. Um sie so richtig anzufeuern, sagte ich, „Wie ist es Ihnen gelungen, dass er so grob mit Ihnen umgeht?" Das versetzte sie in eine solche Wut, dass sie sich begann, zu verteidigen: „Ich habe ihn nicht provoziert, er ist einfach so ein Typ." Schließlich merkte sie, dass sie ihre Zukunft sehr gut alleine gestalten kann, statt verängstigt und verstockt zu sein." (anonym). Wie bei vielen anderen Tools muss man Routine und Gespür entwickeln, wann und wie man sie anwenden.

<u>DER TIPP:</u> Wenn Sie jemanden zur Wut provozieren, tun Sie es mit einem Lächeln im Gesicht und einem Augenzwinkern. Wenn man einem Löwen einen Dorn aus der Pfote ziehen will, muss man sichergehen, dass der Löwe weiß, man will ihm Gutes tun – sonst frisst er Sie auf! Wenn Sie provozieren, muss der Coachee sich fragen, ob Sie gerade Witze machen oder nicht. Sie müssen das gute Gefühl erleben, dass sie sich gerade erleichtern, wenn die Wut in ihnen aufsteigt. Es ist ein sehr riskantes Instrument, und man sollte es nur bei seltenen Gelegenheiten anwenden. Studieren Sie, wie es andere Coache erfolgreich anwenden, bis Sie es in Ihr Repertoire aufnehmen können. Vermutlich erinnert das Thema „Wut" an die Geschichte mit dem Sänger, dem wir sagten, seine Karriere sei nur eine Serie von Misserfolgen.

Dieses riskante Manöver brachte ihn zur Weißglut. Aber vor diesem Statement war klar zu erkennen, dass hier schon Not am Mann war. Es war für ihn eine Erleichterung, endlich Dampf ablassen zu können. Es zwang ihn förmlich, sein Leben zu verändern – auch wenn er im Nachhinein immer ein wenig misstrauisch blieb. Aber andererseits war es nicht möglich, mit ihm eine langfristige Beziehung zu unterhalten. Wann immer Sie dieses brillante Tool anwenden, bedenken Sie das Risiko dabei. AHA! „Hostility" und „Aggression" müssen wir noch nachliefern. „Feindseligkeit" ist eine Erfahrung von wütenden Gefühlen, die eine komplexe Menge von Haltungen und Verhaltensweisen mit einschließt, wie etwa gemein, hinterhältig, intrigant oder zynisch zu sein. Diese Erfahrung wird direkt gegen andere Menschen gerichtet. „Aggression" bezieht sich auf ein grundsätzlich zerstörendes oder bestrafendes Verhalten, das sich gegen andere Personen oder Objekte in der Umgebung richtet. Hätten wir fast vergessen, verdammt noch mal.

79.

INFINITE PATIENCE – UNBEGRENZTE GEDULD

Coaching ist ein sehr beliebter Beruf geworden. Fast jeder kann jemanden in etwas coachen. Wir bewegen uns vermutlich auf eine Coaching-Kultur zu, die nicht nur eine Menge Arbeitsplätze schafft. Was uns unterscheidet, ist unsere Spezialität. Manche sind sensibler als andere, andere bestechen in Motivation. Eine andere Spezialität ist unbegrenzte Geduld. Wo andere den Coachee gleich richtig zur Sache bringen, haben andere Zeit. Viel Zeit. Sehr viel Zeit. Wer die Gabe besitzt, mit Menschen arbeiten zu können, wird auch Geduld aufbringen können. Coaching ist ein Kinderspiel: Auch hier brauchen Sie unendlich viel Geduld, um zum Ziel zu gelangen. Bei Kindern merken Sie, dass Geduld das Mittel zum Zweck selbst ist. Auch Coaching bedeutet, Menschen zu helfen, ihr Ziel zu finden und zu erreichen. Die Neugier ist dabei die Triebfeder. Und darin liegt die Gefahr. Unbegrenzte Geduld ist eher ein Verhinderungs-Tool. Wer sich richtig für seinen Klienten interessiert und einsetzen will, der entwickelt einen starken Drang, ihm hinter die Schliche zu kommen und das Ziel in ihm zu erkennen. Wer seinen Klienten dabei zu hetzen beginnt, beweist seine Ungeduld. Das Gespräch kommt aus dem Fluss. Mit der Ruhe ist es dahin. Coaching ist eben ein Geduldsspiel. Coachen Sie nicht mit der Stoppuhr. Machen Sie keine Termine nacheinander zur vollen Stunde. Keiner von beiden Teilnehmern weiß, wann Ende ist. Ein Coach muss nur wissen, dass er seine ganze innere Ruhe einsetzen muss, um zum Ziel zu gelangen. Sie müssen die Wärme lieben, die zwischen zwei Menschen entstehen kann. So lange Sie in dieser Verbindung stehen, können Sie coachen, was das Zeug hält.

DER TIPP: Unbegrenzte Geduld bedeutet, den Prozess zu genießen, den man gerade mit einer Person durchläuft. Achtzig Prozent Coaching besteht im Zuhören, wie die Tools ⇨ Dialog und viele andere belegen. Man muss so gut zuhören, dass sich die Leute schon verändern, weil Sie zuhören. Sie werden bewegt, sich zu bewegen.

80.

ATTUNEMENT - EINKLANG

„A master jazz musician goes onto the stage hoping to have a rendezvous with music. He/she knows the music is there (it always is), but this meeting depends not only on knowledge but on openness. It must be let in, recognized, and revealed to the listener, the first of which is the musician him/herself. This recognition is the most misunderstood part of the process (even by musicians). It is a discrimination against mechanical pattern, for content, against facile emotion, for a certain quality of energy, against stasis, for flow, against military precision, for tactile pulse. It is like an attempt, over and over again, to reveal the heart of things."

„Ein Meister-Jazzmusiker betritt die Bühne in der Hoffnung, ein Rendez-Vous mit Musik zu haben. Er bzw. sie weiß, dass die Musik da ist (sie ist immer da, aber diese Begegnung hängt nicht nur vom Wissen ab, sondern von Offenheit. Die Musik muss hereingelassen werden, erkannt und dem Zuhörer enthüllt werden, wobei der erste der Musiker/die Musikerin selbst ist. Dieses Erkennen ist eines der am meisten missverstandenen Teile des Prozesses (sogar von Musikern). Es ist eine Diskriminierung gegen mechanische Muster, für Inhalt, gegen simple Emotionen, für eine gewisse Qualität von Energie, gegen Statik, für Flow, gegen militärische Präzision, für taktilen Puls. Es ist wie ein Versuch, wieder und wieder, das Herz der Dinge zu offenbaren." Diese Worte stammen von einem Meister-Musiker, dem Pianisten Keith Jarrett. Auf wundersame Weise treffen sie im gleichen Maße auf Coaching zu. Jarrett kann gleichermaßen Mozart spielen wie frei improvisieren. In seinen Konzerten beweist Jarrett wie kein Zweiter, wie man eine Stimmung spontan auf seine Musik wirken lassen kann. Im Coaching ist die Atmosphäre entscheidend für das Ziel. Denn zu coachen bedeutet, die innere Musik einer Person hervorzulocken. Und so wie in der Musik geht es darum, genau zuzuhören, um spontan und passend darauf zu antworten, den gleichen Akkord anzuschlagen und weiterzuführen. Dann entsteht Magie. Für „Attunement" gibt es keine konkrete deutsche Übersetzung, aber viele Ausdrücke: Auf einer Wellenlänge liegen, im Einklang mit jemandem sein, die gleiche Ausrichtung haben, spirituell auf einer Linie liegen. Attunement bedeutet im Coaching, eine harmonische oder wechselseitige Beziehung zu entwickeln. Es ist die Art, sich, wie man neudeutsch sagt, in die andere Person „einzugrooven" oder „einzutunen". Coaching ist Musik mit Menschen, das Thema die Melodie, der Rhythmus, die Dynamik und das Tempo. Jeder Mensch weiß, wann ein Dialog eine Melodie bekommt und im weiteren Verlauf von ihr getragen wird. Aber auch die Harmonie muss stimmen. Wenn man sich mit einem Klienten „eintunt", geschieht das durch den Gebrauch seines Körpers als Antenne. Je nachdem, wie er „ausgerichtet" ist, wissen Sie, wie man sich auf ihn einstellt. Wenn

Sie sich auf den Atem, das Tempo und andere äußere Zeichen des Körpers einstellen und in die Pace gehen, sind das die äußeren Attunement-Maßnahmen. Die inneren entsprechen der Harmonie und Empathie des Klienten. Sie gehen buchstäblich in deren Geschichte hinein. Sie gehen darin auf. Wenn Sie einen Kinofilm besuchen, schauen Sie sich auch nicht irgendetwas an, das auf eine Leinwand projiziert wird. Sie gehen in die Geschichte hinein und lösen sich förmlich in ihr auf. Sie spüren Gänsehaut, erleben, wie Träume wahr werden, teilen die Erlebnisse und Emotionen mit den Helden. Im Coaching bedeutet das, Sie sind mit dem Klienten verbandelt. Gleichzeitig nehmen Sie eine professionelle Haltung ein (ein schönes Paradox, das seine Wirkung tut). Sie bleiben unbeteiligt, aber im gleichen Moment kaufen Sie ein Ticket, steigen auf, machen den Ritt mit und genießen es. Durch Einklang erfahren Coache viel besser, was mit dem Klienten los ist, was in ihm vorgeht, was sie durchmachen. Sie sind alle kleine Helden ihrer eigenen Biographie.

DER TIPP: Denken Sie Ihren Klienten als Geschichte. Versetzen Sie sich voll und ganz in seine Lage. Urteilen Sie aus ihm, nicht aus sich heraus. Umgekehrt merkt der Coachee, dass Sie mit ihm im Einklang sind, dass Sie seinen Schmerz teilen. Dadurch entsteht noch mal eine höhere Energie auf einem tieferen Level. Sie verstehen empirisch das Ausmaß seines Dilemmas. Wenn es einmal so weit ist, kann man alle unbewussten Vorurteile über diese Person über Bord werfen. Man kennt nun die Wahrheit. Unsere „Coaching-School" ist eine harte Schule. Die Schüler müssen Coache wie Martin coachen. Wann immer sie die falsche Frage stellen, druckt er auf einen imaginären Buzzer und sagt mit Roboterstimme: „HMMM. Falsche Frage!" Manchmal, wenn auch seltener, kommt ein „Bing! Bing! Bing! Gute Frage!" ... und der Vorteil ist, dass man den Coach selbst aus seinem Häuschen locken kann. Es dauert aber Wochen und Monate, bis sie den Rhythmus herauskriegen. Meistens beginnen sie zu schnell und wollen zu schnell zum Ziel. Das erste Ziel muss jedoch darin bestehen, auf die gleiche Wellenlänge zu kommen. Denken Sie an die Worte von Keith Jarrett: Nicht einmal Musiker haben den Bogen heraus. Aber sie betreten die Bühne in der Hoffnung, ein Rendezvous mit Musik zu haben. Stimmen Sie Ihr Instrument. Setzen Sie den Ton. Üben Sie sich im Takt. Spielen Sie. Sabine kam durch einen neuen Einklang auf einen ganz anderen Kurs: „Was mir immer ins Gedächtnis kommt, wenn ich an Martins Coaching-Fähigkeiten denke, ist dieses erste Interview in der Unternehmerinnenschule. Catherine war unmittelbar vor mir dran und während ihres Interviews wurde viel gelacht. Ich dachte, „Na toll, wenn er das mit mir auch macht, was ist dann der Sinn von Coaching (eine sehr deutsche Einstellung übrigens)? Das ging eine Weile so weiter, bis Catherine offenbar sehr zufrieden war mit der „message", die sie bekommen hatte. Dann kam ich dran. Martin wechselte in eine vollkommen andere Stimmung. Er war plötzlich sehr ernsthaft (nicht dass ich so ernsthaft war), er schien sehr verständnisvoll und an dem interessiert zu sein, was ich sagte. Und ich fühlte mich vollkommen verstanden! Auch ich habe die „message" bekommen, die ich dringend hören musste." Ein Master-Coach betritt die Bühne...

81.

RHYTHM - RHYTHMUS

„We can say our heart is beating in order to have our next meal, or in order for us to find our real purpose in life. The fact is, however, that we can say nothing if our heart isn't beating, and it's as far from a drum machine as anything can be."

„Wir können sagen, unser Herz schlägt für die nächste Mahlzeit, oder es schlägt für uns, um unser wahres Ziel im Leben zu finden. Tatsächlich können wir jedoch nicht einmal etwas sagen, wenn unser Herz nicht schlagen würde, und es schlägt weiter entfernt von einer Drum-Machine als irgendetwas."

Auch diese Sätze stammen von Keith Jarrett. Verwunderlich ist, dass er den Herzschlag unmittelbar mit unseren Lebensabsichten verknüpft. Und mit menschlicher Musik. Rhythmus bedeutet, ein Leben wie einen Tanz zu leben. Es bedeutet, auf jede Art von Musik um sich herum zu reagieren. Wer den Film „Amadeus" gesehen hat, erinnert sich vielleicht, wie der kleine geniale Wolfgang einen Zank seiner Eltern in Noten verwandelt. Alles um ihn herum hat er aufgesogen und in seine Musik eingewoben. Dieser Mann war so mit seinem Leben synchronisiert, dass er alles, was um ihn herum geschah, als schönes Lied hörte, das er mit allen Leuten teilen kann. Rhythmus ist der Sinn dafür, dass es nur eine Zeit gibt, in der man lebt, und dass diese Zeit Jetzt ist. Es gibt nur eine Person, und diese Person bin ich. Wenn man jemanden coacht, sollte man das mit dem Gefühl tun, dass es Hier und Jetzt genau der richtige Zeitpunkt ist, diese Person zu coachen, und sonst nichts außen herum hält mich davon ab, kein anderer Gedanke stört mich. Wenn man einmal im Rhythmus ist, wird Ihr Leben zu einer Attraktion. Wenn man zwei Pendel gegeneinander ausschlägt, werden sie irgendwann synchron miteinander schwingen, mit der gleichen Geschwindigkeit in die gleiche Richtung zur gleichen Zeit. Wir sprechen dann von „entrainment", Mitführung. Auf einem sehr subtilen Niveau besteht zwischen allen Objekten diese Anziehungskraft. Wir sind alle magisch-magnetisch mit Objekten und Personen verbunden. Wer den Rhythmus hat, lebt ständig im Bewusstsein dieser Schwingungen. Ihr Rhythmus beeinflusst auch den Rhythmus anderer Menschen. Wenn ein Team seine Ziele nicht erreicht, schlägt das Pendel anders aus, sobald ein neuer Teamleader kommt. Wenn es sich um jemand handelt, der Erfahrung mitbringt, oder der ein Gefühl für die anstehenden Aufgaben hat, entwickelt sich plötzlich eine ganze andere Resonanz im Team. Sie geht die Mannschaft durch und durch, obwohl der Leader nur „Resonanzkörper" ist. Plötzlich haben alle das Gefühl, man könne die Dinge mit weniger Aufwand und mehr Stil bewältigen als unter dem Vorgänger. Ein Coach ist jemand, der diese Art Rhythmus in ein Team bringt.

<u>DER TIPP:</u> Man erwirbt diese Fähigkeit genau wie Timing, indem man anderen Coaches und Teamleadern auf die Finger schaut. Der wichtigste Part zum Erlernen von Rhythmus besteht darin, es sich bei besseren Coachen abzuschauen und ihnen beizuwohnen, wenn sie arbeiten. Hier gilt das Motto „Don't innovate – imitate!" Woher sollen Sie die Ahnung bekommen, wie jemand coacht, wenn Sie

nicht zuschauen? So haben wir alle einmal angefangen. Um in die besten Seminare zu kommen, begann Martin einfach damit, die besten Coache der Welt zu promoten und ihnen die Seminare zu füllen: „Selbstverständlich konnte ich dann selbst daran teilnehmen und hatte die Gelegenheit, jede Bewegung, jede Geste und jeden Tonfall der Coache zu studieren und zu vergleichen. Irgendwann begann ich, genauso zu sehen, fühlen und hören wie die Coache. Ich war praktisch eine Kopie von ihnen. Nicht, dass ich keine eigenen Ideen hatte, aber weil ich ihren Rhythmen, Sprechweisen und Mustern folgte, begann ich die Dinge anders zu sehen als auf meine gewohnte Art. Weil ich atmete, wie sie atmeten, sprach, wie sie sprachen und saß, wie sie saßen, sah ich die Dinge von außen. Weil sie damit beim Publikum eine gewaltige Wirkung erzielten, begriff ich langsam, was ihre Art bewirkte. Als Coache erziehen wir die Leute dazu, das Beste aus sich herauszuholen und es zu entwickeln. Wir ändern nicht nur, was sie sehen, sondern wie sie es sehen. Wir verändern den Blickwinkel, aus dem sie auf die Welt schauen, um sie von einer mittelmäßigen zu einer Top-Leistung zu bringen. Dafür führen wir sie dorthin, wo sie sich selbst aus einer anderen Perspektive betrachten können. Dafür braucht man einen Rhythmus, der gewaltiger ist als der Alltagsrhythmus." Sie werden sich nun fragen, wann man weiß, dass man den richtigen Groove gefunden hat. Der lohnenswerteste Aspekt von Rhythmus ist, dass Sie eines Tages wissen, dass Sie ihn haben. Wer jede Woche in den Tanzkurs geht, ist am Anfang verklemmt und steif, und eines Tages bemerken sie, dass sie tanzen. Einfach so. „Ich hab's!" Aber wenn sie nicht sofort vergessen, dass sie es drin haben, sind wieder draußen. Versuchen Sie einmal, mit einem Schlagzeug mitzutrommeln oder mit den Füßen zu wippen. Wenn Sie nicht aus dem Kopf kommen, haben Sie nach 30 Sekunden einen Blutstau in den Fingern oder Füßen. Sie machen schlapp. Wenn es Ihnen gelingt, nicht mehr daran zu denken, sondern die ganze Musik aus dem Kopf bekommen, können Sie ewig weitertrommeln. Wenn Ihre Aufmerksamkeit ausgeschaltet ist, erkennen Sie Ihre magnetische Wirkung. Das ist der Sex im Jazz: Die Leute spielen von sich selbst berauscht. Sie können sich die einzelnen Töne gar nicht mehr bewusst spielen, so schnell und elegant müssen sie sein. Und auch die Drummer bekommen trotz aller Ekstase keinen Bluterguss. Coaching ist wie Musik, reine Sinnlichkeit. Der Rhythmus muss in Fleisch und Blut übergehen, damit Sie den Tanz beginnen können. Wenn Sie als Trainer starten, suchen Sie sich einen Mentor und sitzen Sie bei den Sessions dabei. Setzen Sie sich direkt neben ihn auf die Bühne und warten Sie eine Gelegenheit ab, Ihre Münze ins Spiel zu werfen. Sie werden sehr schnell merken, ob Sie Timing, Ton, Vibration und Rhythmus richtig getroffen haben. Manchmal kann es Stunden dauern, die Sie in Ruhe verbringen, und wenn Sie etwas sagen, schaut der Coach Sie möglicherweise an, als wolle er fragen: „Was meinen Sie damit?" Coaching-Lehrjahre sind keine Herrenjahre. Aber wenn andere Coache bei Ihnen sitzen, werden auch Sie merken, wie sie mit sich kämpfen. Es gab mal einen Werbespot von E.F. Hutton, der mit einer Stimme aus dem off begann: „When E.F. Hutton speaks ... (dann kommt eine lange Pause, und alle drehen sich um) ... people listen." Eines Tages wachen Sie auf und sind

E.F. Hutton. Ihre Worte haben Wucht. Wenn Sie sprechen, haben Sie dabei einen Ton, der auf andere Leute anziehend wirkt. Die wollen Sie um sich haben, Sie hören, und sich in Ihre Kurse eintragen. Eines Tages schauen Sie aus dem Fenster, und die Leute stehen auf der Straße Schlange, um Sie zu sehen und zu hören. Dann wissen Sie, dass Sie den Rhythmus gefunden haben. Andere Menschen spüren das und antworten Ihnen aus ihrem tiefsten Inneren heraus. Wenn Sie wissen, dass Sie diesen inneren Rhythmus haben, werden immer mehr Leute aufkreuzen, das Geld fließt von selbst, und Ihr Team trägt Früchte.

82.

TIMING - TIMING

Wenn man fragt, wie lange die Leute in der Regel am Stück joggen, sind es meistens 20 bis 30 Minuten. Wenn man sie fragt, wie lange sie tanzen können, heißt es: Die Nacht durch. Man kann ihnen bei diesem Gedanken die Begeisterung förmlich ansehen. Wenn sie dagegen etwas Stressiges tun müssen, das alle Energie aufsaugt, hat das Spiel keine Chance. Um Spiel hereinzubringen, benutzt man die Tools Timing, Rhythmus und Nachgeben. In der Disco oder auf Parties sieht man oft Leute, die in der Musik förmlich aufgehen. Ihre Körper scheinen irgendwie mit der Musik in Verbindung zu stehen. Dann sieht man Leute, die aufstehen, zu tanzen beginnen und dabei offensichtlich mit dem Kopf gesteuert werden, denn sie haben keinerlei Swing, Rhythmusgefühl, Leichtigkeit. Wie man diese musikalischen Tools nutzt und ausarbeitet, um im Flow zu sein, ist hier unser Thema. Um es vorwegzunehmen: Sie können es nur von anderen lernen. So wie die Psychologen es verstehen, mit ihrer ganzen Körpersprache zu arbeiten, können auch Coache viel von der Rhythmisierung und dem Timing anderer Coache lernen. Ein guter Coach versteht zum Beispiel die Kunst des Sitzens. Die Art, wie manche Coache dasitzen, der Zeitpunkt, an dem sie etwas sagen oder zu lachen beginnen, ist bei Profis alles eine Sache des perfekten Timings. Timing ist alles. Zur richtigen Zeit am richtigen Ort sein, ist das geheime Erfolgsrezept. Die Frage ist nur Wie. Wie gestalten Sie Ihr Leben, Ihren Ablauf, Ihr Programm, dass es zu Ihrem Rhythmus passt, und wie setzen Sie es in die Praxis um? Martin erzählt dazu gerne eine schöne Geschichte: „Ich wuchs in einem kleinen Ort in Upstate New York auf. Bei uns gab es einen Typen, der war der beste Footballspieler in der ganzen Umgebung. Ich konnte nie verstehen, was an ihm so toll sein soll, er war nicht stärker oder schneller als die anderen. Aber was immer er machte, er stach sie alle aus. Schließlich bekam ich es heraus: Es war sein Timing. Dieser Kerl wusste einfach genau, wann er wie über den Platz rennen muss, um genau an der richtigen Stelle zu stehen, wenn der Ball kam. Auf dem Footballfeld kamen die Gegner kaum mit ihm in Berührung. Er hatte ein Gefühl für Rhythmus. Er spielte nie, um gut zu sein, er war einfach außerhalb jeder Kategorie. Dieses Prinzip bewährt sich nicht nur bei Leistungssportlern, sondern auch bei Spitzenleuten in der Wirtschaft und ihren Coaches."

Schauen Sie sich die Muster bei anderen ab, und setzen Sie sie in Ihrem Geist und Körper um. Wenn man einmal das richtige Timing raushat, ist es, als hätte man einen Sinn für Magie entwickelt, und umgekehrt: Wer Magie ausstrahlt, hat das richtige Timing. Wer Timing hat, macht das gleiche wie alle anderen auch – nur zur exakt richtigen Zeit, mit exakt der richtigen Aufmerksamkeit. Wer nicht synchron mit seinem Leben ist, muss ständig kämpfen. Wenn man aber zeitlich immer die gleiche Wellenlänge hat, dann werden Sie eine gewisse Magie ausstrahlen. Aber wie? Wie findet man nicht nur den Rhythmus, sondern auch noch die richtige Pace, nicht nur mit dem Klienten, sondern mit der ganzen Welt um Sie herum? Denken Sie an ein Auto, dessen Motor nicht rund läuft. Wenn es überhaupt anspringt, spuckt und tuckert es herum. Wenn der Motor wieder im Takt läuft, schnurrt die Maschine wie ein Kätzchen. Im Leben ist es das Gleiche. Wir passen in die Umgebung von anderen Leuten. Alle unsere Denkprozesse stehen in Synchronisation mit denen von anderen Leuten. Allein, wenn man an jemanden denkt und der andere weiß es, entsteht eine synchronisierte Energie.

<u>DER TIPP:</u> Wenn man nicht zielgerecht, sondern intuitiv handelt, erhöht sich die Chance auf Erfolg. Dann antworten wir auf sehr subtile Dinge in der Umgebung, die wir alle fühlen können. Dann ruft die Person, an die Sie denken, in genau dem Moment an. Wenn es passiert, scheinen die Ereignisse etwas Übernatürliches an sich zu haben. Timing erfordert eine Sensibilität für Dinge, die wir nicht sehen, sondern nur fühlen können. Wir lernen dann, mit ihnen zu gehen, mit ihnen in den Fluss zu kommen. Sobald wir einen Sinn für Timing entwickelt haben, werden unsere Handlungen weniger unkoordiniert. Wir scheinen einfach ruhiger zu werden. Die Dinge fließen aus uns heraus. Und entwickeln eine gewaltige Wucht. Für das Coaching bedeutet Timing entsprechend, sich mit dem Gesprächspartner zu synchronisieren. Das bedeutet in erster Linie, abzuschalten, aufzuhören mit dem zielgerichteten Vorgehen, sondern sich auf die Person einstellen, die ja ohnehin ihr Ziel selbst finden soll. „Use your intuition" lautet das Motto. In dem gleichen Augenblick, in dem die Spannung sich löst, tritt ein, was man sich wünscht. Machen Sie es sich also bequem. Auch im Kopf. Überlegen Sie nie, welches Tool jetzt am besten angewendet werden sollte. Es muss von allein kommen. Aus Ihnen heraus. Spontan. Im richtigen Moment. Ohne Absicht. Eines Tages fuhr einer unserer Klienten von Dallas nach Houston und stoppte unterwegs an einem Café. Er war im Außendienst für Klimaanlagen tätig. Aus irgendeinem Grund, er konnte später auch nicht erklären warum, nahm er eine der Klimaanlagen unter den Arm und schleppte sie mit ins Restaurant. Dann kam ein anderer Gast an den Tisch und fragte, was das sei. „Nun, ich verkaufe die Dinger, wieso?" „Ich stelle das Material für solche Anlagen her. Meine Fabrik ist gleich da drüben. Wollen Sie sie mal sehen?" Es stellte sich heraus, dass der Fabrikbesitzer viel billiger anbieten konnte. Sie kamen miteinander ins Geschäft, und unser Klient wurde damit sehr reich. Zur richtigen Zeit am richtigen Ort mit dem richtigen Tool.

83.

YIELDING - NACHGEBEN

Eines unserer Lieblingstools heißt Nachgeben, denn wir haben dazu eine Übung erfunden, die weltweit Karriere gemacht hat.

<u>DER TIPP:</u> Nachgeben ist das Gegenteil von Dominieren, und stärker. Durch Nachgeben kann man Dominieren überwinden. Es hängt nur von Rhythmus und Timing ab. Es ist ein wunderbares Tool, um jeden Konflikt in Ihrem Leben zu lösen. Es bedeutet einfach, Ihren Weg zu gehen, indem Sie den Kürzeren ziehen. Die Übung geht folgendermaßen: Stellen Sie sich Rücken an Rücken mit einer anderen Person. Nun versuchen Sie beide, den anderen zu dominieren, indem Sie ihn schieben. Machen Sie das so lange, bis jemand gewinnt oder beide erschöpft sind. Stop. Nun noch einmal. Dieses Mal aber drücken Sie fest, und dann macht einer von beiden einen Schritt nach vorne. Noch einen Schritt. Jetzt bewegen Sie sich wie eine Lokomotive weiter: Einer schiebt, einer schreitet. Beide drücken weiter. Nach einer Zeit wird sich herausstellen, dass derjenige die Richtung bestimmt, der nachgibt. Der Schieber und Drücker hat zwar mehr Kraft, aber keine Koordination. Sie führen ihn, wohin Sie wollen. Sie sind der Anführer. Durch Nachgeben. Nachgeben im Team funktioniert genauso: Versuchen Sie die Übung mit drei oder mehr Personen, und Sie werden feststellen, dass das schwächste Glied in der Kette das bestimmende ist. Radfahrerteams wissen das und schweißen sich aus diesem Bewusstsein zu einer Einheit zusammen, wenn es darauf ankommt. Sie dominieren nicht und werden immer schneller dabei. Bei dieser Übung lernt erst der Körper und dann das Gefühl, was Nachgeben bedeutet. Ihr Verstand und Intellekt werden folgen. Nachgeben arbeitet sehr eng mit Rhythmus und Timing zusammen, denn wenn jemand zu schnell oder zu langsam nachgibt, kann es zu einem Desaster führen. Es ist, wie die beiden anderen, ein Tool für reife Persönlichkeiten, denn es hängt stark von ihrem „feeling" für Stimmungen ab. Wann man nachgeben muss, ist wie Tanzen lernen. Wenn Sie gegen jemand drücken und plötzlich wieder wegziehen, wird dieser hinfallen. Beim Tanzen heißt es deshalb auch, dass der Mann führt und die Frau folgt. Wenn man den „Mechanismus" des Tanzes beobachtet, ist es tatsächlich der Mann, der kraftvoll ist. Aber die Frau, die angeblich „folgt", bestimmt in Wirklichkeit den Schritt. Nur deshalb weiß er genau, wie er führen soll. Dieses Phänomen kann man auch in der Natur beobachten. Wenn man einen Cowboy beobachtet, der eine Kuh von der Herde trennen will, kann man kaum feststellen, wer da die Entscheidungen trifft, das Pferd, die Kuh oder der Kuhjunge. Irgendwie ist es eine Beziehung zwischen allen dreien, und keiner kann wirklich sagen, in welche Richtung es geht. Es ist ein Tanz, eine gewisse Magie, ein Rhythmus. Wenn man es sieht, weiß man es. Möglicherweise kann man es sich von solchen Dingen abgucken. Frauen haben im Laufe der Jahrhunderte das Nachgeben zu einer hohen Kunst entwickelt, um ihre Ziele zu erreichen: „Nein, es macht mir gar nichts aus, dass du mit deinen Kumpels den ganzen Abend im Wohnzimmer Fußball schaust, Schatz". Ein Ende dieser Evolution ist nicht abzusehen. Sie sind und

waren immer diejenigen, die immer zehn Männer an einem Finger haben können, und jede Organisation für sich arbeiten lassen können, wenn sie wollen. Das hat mit Macht zu tun, nicht mit Kontrolle. Kontrolle bedeutet, seinen Willen durchzusetzen und Leute zu dominieren. Wenn man nachgibt, hilft man anderen Leuten zu bekommen, was sie wollen. Oder stellt es zumindest in Aussicht. Wenn man einmal im Leben Leuten zu dem verhilft, was sie wollen, ist der Punkt erreicht, an dem Sie bekommen, was Sie schon immer wollten. Wenn Sie bei Ihrem Boss nachgeben, werden Sie seine Anweisungen befolgen, wie sie gerade kommen, und dann Feedback geben. Die Dynamik zwischen Ihnen und Ihrem Chef war nie so schön wie jetzt, und die Leute fühlen sich von Ihrem Paartanz angezogen. Verfahren Sie ebenso mit Ihren Kollegen. Statt auf ihrer Meinung zu beharren und immer recht behalten zu wollen, betrachten Sie im Gesamtbild, wie Sie eine Win/Win-Situation schaffen können, in der jeder bekommt, was er/sie will. Dann werden die Leute es anziehend finden und es lieben, mit Ihnen zu arbeiten. Im Kundenservice funktioniert Nachgeben ebenfalls. Hier bedeutet es, Kunden alles zu geben, was sie brauchen, aber nicht, was sie wollen. Meine Mutter ist die beste Verkäuferin aller Zeiten. Sie arbeitete in einem Antikgeschäft. Wenn die Leute auf etwas Bestimmtes zeigten, sagte sie oft: „Wenn ich Ihren Anzug ansehe, weiß ich schon, wie es bei Ihnen zuhause aussieht. Das passt nicht zu Ihnen. Ich habe da etwas viel Besseres für Sie." Schon hatte sie die Kunden am Haken – durch Ehrlichkeit und Nachgeben. Sie kamen wieder und wieder, weil sie wussten, dass sie nicht mehr suchen müssten, sondern hier etwas finden würden. Viele dieser Kunden luden meine Mutter zu sich nach Hause ein, damit sie sich dort umschauen konnte, baute ein Netzwerk von Antikhändlern in halb Mitteleuropa auf und arbeitete für ihre Kunden als Stilberaterin. Sie küssten ihr die Füße und belohnten sie reich. Nachgeben heißt aber auch hier, solange zu warten und den Kunden zu folgen, bis sie, um es in der Marathonsprache zu sagen, die Pace freigeben. Es gibt das alte Sprichwort, dass die Kunden immer Recht haben. Sie haben oft Recht, Sie haben in der Tat für gewöhnlich Recht. Aber fast immer weiß der Kunde nicht genau, was er will. Wenn Sie jedes Mal nachgeben, sind Sie ein Speichellecker. Die Kunden verlieren den Respekt vor Ihnen. Wenn Sie jedoch den Kunden bei der Stange halten und zur richtigen Zeit nachgeben, können Sie entsprechend nachjustieren. Wer in einem Verkaufsgespräch opponiert, wird nichts verkaufen. Mit Nachgeben aber kommt man weiter und betrachtet die Situation vollkommen anders. Wir haben die Technik des Nachgebens intensiv studiert und expandiert. Besonders im harten Geschäft New Yorks wirkt das Tool Wunder. Manche Leute scheinen uns dafür zu lieben, dass wir auf das kämpferische Geschäftsgebaren nicht mit der üblichen „Hard Sell"-Strategie kommen, sondern mit der Überlegung, was diese Leute wirklich brauchen und was nicht. Durch Nachgeben haben sich sogar viele Freund- und Partnerschaften ergeben. Nachgeben kann man mit fast allen Coaching-Tools verlinken. Eine Coaching-Session ist generell eine Angelegenheit, in der man die Neugier eines Klienten hervorbringt und dieser nachgibt. Die Neugier dieser Person ist es, die den Ton, die Pace, und zu einem großen Teil die Richtung bestimmt. Sie mischen diese Dinge ab und beginnen den Tanz zwischen zwei Intelligenzen. Sie finden eine Richtung für Ihren Klienten, an die er nie gedacht hatte. Sie beobachten ihn, ob seine Augen weiter werden, ob sein Kiefer entspannt ob er sich aufrichtet und immer neugieriger wird. Sie bringen offene Fragen ins Spiel. Und so weiter. Mit dem Resultat, dass am Ende unerwartete Ergebnisse stehen, große Überraschungen, und erstaunliche Durchbrüche. Um dem Klienten besser zu dienen, verlinkt man zum Beispiel ⇨ Observation mit ⇨ Nachgeben. Sie sehen, wie eng die Tools miteinander verwoben sind. Sie werden sie nicht nacheinander, sondern miteinander benutzen, durch Ihre Intuition. Dadurch arbeiten Sie auf die intensivste Weise miteinander, die man sich vorstellen kann. Sie werden effizienter und effektiver kommunizieren, als Sie jemals für möglich gehalten haben. Nach dieser Lektüre haben Sie ein professionelles Skript in der Hand, mit dem Sie Dinge tun, über die andere staunen. Wer gibt schon gerne nach?

84.

SILENCE – SCHWEIGEN

Schweigen ist eines der wichtigsten Tools, und gleichzeitig eines der vernachlässigtesten. Die meisten Coache haben das Gefühl, sie müssten die Luft mit ihren Worten schwängern. Wenn die Klienten eine Frage stellen, kommen sie direkt mit einer Antwort oder geben Response, oft, bevor die Person überhaupt ausgesprochen hat. Viel wichtiger ist, was passiert, wenn man nur für eine Weile ruhig da sitzt, nachdem sie Ihnen geantwortet haben.

DER TIPP: Schweigen gibt Ihnen Zeit, über das nachzudenken, was Sie gerade gesagt haben. In dieser Stille können Sie abwarten, um zu sehen, ob noch mehr damit verbunden ist, was Sie gesagt haben. Oftmals setzen die Coachees noch mal an, um sich zu korrigieren, zu raffinieren und etwas viel tiefer Liegendes zu offenbaren: „Ich meine, es ist so, dass ich eigentlich …“. In der Minute, in der Sie lernen, Schweigen anzuwenden, und Stille richtig und im richtigen Augenblick anzuwenden, kommt eine wirklich professionelle Atmosphäre auf. Schweigen bedeutet Vertrauen. Die Coachees begreifen, dass Sie zuhören und nicht im Stillen die nächste Frage formulieren. Man kann leicht sehen, dass Sie ganz bei ihnen sind. Eine Coachingsession beginnt zwangsweise immer an der Oberflächlichkeit und bewegt sich graduell immer tiefer in die Materie und die Person. Schweigen ist der neutrale Gang in diesem Motor, den man einlegen kann, wenn es eine Stufe tiefer geht. Der Coachee ⇨ kontempliert automatisch, wo es hingeht, was er braucht, was er sagen will. Es gibt ein altes chinesisches Sprichwort: „Besser man sitzt ruhig herum und lässt die Leute denken, man sei dumm, als den Mund zu öffnen und alle Zweifel zu beseitigen.“ Schweigen ist beredtes Schweigen und die Abwesenheit von Lärm. Es liefert den Hintergrund für das Bild einer Person, auf dem Sie Ihre Erfahrung portraitieren. Schweigen an sich ruft schon die höhere Intelligenz in Menschen hervor. Wenn Sie es damit übertreiben, beschämen

*Sie die Leute, wenn Sie es untertreiben, spürt der Klient mangelnde Verbindung zwischen Ihnen. Schweigen steht daher in Beziehung mit ⇨ Timing, denn alle Sensibilität ist gefordert, um dieses Tool wohl zu dosieren und am richtigen Zeitpunkt anzubringen. Der richtige Augenblick des Schweigens kann bewirken, dass der Druck in jemandem steigt, mit der Wahrheit herauszukommen, ohne dass man ihn dazu zwingt. Wir schweigen viel in unseren Sitzungen. Schweigen ist ein Zeichen, dass man jegliche Manipulation oder Richtungsvorgabe aus dem Spiel lässt. Der Coachee reflektiert auf sich selbst. Viele Coachingsitzungen sind leider direktiv. Mit bestimmten Spielen und Anweisungen soll alles auf ein Ziel hinauslaufen. Im nicht-direktiven Coaching entwickelt der Klient im wörtlichen Sinne seine Psyche, um festzustellen, dass alle Maßnahmen, die Sie ergriffen haben, in Übereinstimmung mit seinem Willen sind, die Richtung zu bestimmen. Wenn Sie die Brillanz einer anderen Person entfalten und die simplen Verteidigungsmechanismen übergehen, dann ist Stille ein sehr wirksames Instrument. In unserem Kurs „Service Selling" wollen die Teilnehmer lernen, wie sie mit ihren Kunden übereinstimmen und sehen können, was diese wollen, um den Verkaufsprozess dann so sanft wie möglich einzuleiten. In einer Übung wiesen wir zwei Teilnehmer an, auf der Bühne ein Rollenspiel aufzuführen, während das Publikum Feedback gibt, was funktioniert und was nicht. Die eine Person fühlte sich von dem „Verkäufer" unter Druck gesetzt. Wir baten sie, Schweigen als Tool einzusetzen. Sie meinte, obwohl es komisch war, einfach da zu sitzen und zu warten, bis die andere Person auf sich selbst antwortete, zog sie es durch und hatte schließlich einen Termin vereinbart. Später meinte sie: „Ich merkte mit meiner Verkaufstechnik, dass ich die Leute abschreckte und teilweise sogar verärgerte. Ich hatte keine Ahnung, warum. Jetzt ist mir klar, dass meine Art, im Verkauf mit jemandem umzugehen, ziemlich rüde war. Ich hatte zwar verstanden, dass man zuhören soll, aber ich habe es trotzdem nicht beherrscht. Mit dieser Stille-Übung merkte ich, wie ich eine tiefere Beziehung mit der Person einging, und wurde selbst neugierig, was sie nun sagt, was sie eigentlich will, während ich da saß und mit mir kämpfte, den Mund zu halten. Das war erstaunlich weise und einsichtig."
(Dana Minney)*

85.

HUMOR - HUMOR

Das musste ja kommen: Coaching ohne Humor, das wäre ja wie eine Fliege ohne Klappe. Statt Witze zu machen, beschränken wir uns auf die wesentlichen Fakten, um Humor als Tool in allem Ernst einzuordnen. Wenn man im Angesicht dessen steht, was man will und wohin man gehen soll, bekommt man Angst. Wenn wir in ein Gebiet gehen, das wir noch nie vorher betreten hatten, machen wir einen Rückzieher. Sofort zieht sich unser Körper zusammen, und wir entwickeln den starken Drang, nicht hinsehen zu wollen. Humor ist, wenn man trotzdem lacht. Witze und witzige Bemerkungen sorgen dafür, den Klienten zu entspannen. Wer entspannt, kommt weiter. Mit Humor gewinnt man Abstand und sieht wieder das Gesamtbild. Denn es ist eigentlich schon spaßig genug, zu sehen, wie klein wir sind und wie groß unsere Sorgen.

DER TIPP: Humor wird ähnlich verwandt wie das Erzählen von Geschichten: Es zerstreut und lenkt von der Ernsthaftigkeit des Lebens ab. Streuen Sie Humor spielerisch und spontan ein, dann haben Sie beide etwas davon. Humor (lat. „Feuchtigkeit") bricht das Eis zwischen Coach und Coachee. Tun Sie uns nur einen Gefallen und legen Sie sich keine Witze parat. Sie besitzen genug Persönlichkeit, um aus der Situation eine Bemerkung oder einen Witz fallen lassen, der gerade passt. Das bedeutet: Nicht krampfhaft nach einem Witz suchen, sondern locker erzählen. Auch hier ist höchste Sensibilität angesagt. Es gibt einen merkwürdigen Trend, bei allem, aber auch allem witzig sein zu wollen. Die meisten Witze sind dann auf die Situation bezogen, sprich: Es handelt sich immer um den auf der Hand liegenden Witz. Man ist bei keinem Saunabesuch davor gefeit, immer die gleichen Späße zu hören wie: „Mann, ist das warm hier, kann man mal das Fenster aufmachen?" Das ist sehr witzig. Immer schön dran denken: An Ihrem Humor misst der Klient Ihre Intelligenz und Ihre Haltung zu ihm. Deshalb behandeln wir Humor in diesem Kapitel und nicht weiter vorne. Ihr Mutterwitz ist ein Coaching-Tool. Es kommt darauf an, dass es Ihr Humor ist und den Humor Ihres Klienten trifft. Gelernte Witze sind es nicht. Witzigkeit hat seine Grenzen. Die Welt ist heutzutage voll von Zwangslustigkeit, da müssen wir nicht auch noch dazugehören. Absolute Tabus: Ironie, Zynismus, Witze auf des Klienten Kosten. Das müsste eigentlich klar sein, aber wir wiederholen nochmals, dass jeder Witz ein Spiegel Ihrer Persönlichkeit ist. Wer Ironie anwendet, hat selbst ein Problem mit dieser Welt. Wer zynische Bemerkungen macht, hängt selbst irgendwo tief unten auf der „Performance Scale" zwischen Melancholie und Depression. Wer Witze auf Kosten des Klienten macht, fliegt ohne Abfindung raus. Ein genialer Coach besitzt die Intelligenz, sogar einen Sachverhalt, der im Raum steht, mit Humor zu begegnen und dem Coachee sogar dadurch auf die Sprünge zu helfen. Das Rennen macht natürlich Martin: „Ich erinnere mich noch sehr gut an eine übergewichtige Frau in dem Kurs. Martin erzählte ein paar „fette" Witze vor den Leuten. Erst dachte ich, er wolle sie damit treffen, aber dann verstand ich, dass er gerade Humor als Tool einsetzt, und wie dadurch die Atmosphäre lockerer wird. Ich beobachtete sie genau. Einer dieser Witze war richtig fies. Er ging ungefähr so: „Was haben ein Moped und eine fette Kuh gemeinsam? Es macht Spaß, sie zu reiten, aber man will nicht von seinen Freunden dabei gesehen werden!" Das Interessante war, dass diese Frau später in ihrem Interview vollkommen entspannt hinsichtlich ihres Übergewichts war. Sie erzählte fast unmittelbar von einem Projekt, das sie schon seit Jahren realisieren wollte: Ein Buch mit dem Titel „30 Vorteile, eine fette Kuh zu sein". Sie meinte, jetzt sei sie total inspiriert, dieses Werk zu Ende zu bringen. Das Buch ist inzwischen druckreif – der Kurs liegt genau sechs Wochen zurück! Die Witze mögen sie zunächst vielleicht angegriffen haben, aber sie hat sicherlich ihre Kreativität und ihr Selbstvertrauen gelockert!" (Julie De-

maree). Das Resultat von Humor ist im besten Falle ein unvermeidbares Lachen. Die meisten Lacher sind allerdings Höflichkeitslacher, vermeidbarer akustischer Golfapplaus. Lachen ist eine hohe Kunst. Harald Schmidt hat es vermutlich als einziger während seiner Amtszeit im Fernsehen fertig gebracht, einige Menschen zum Lachen zu bringen, nicht zu zwingen – man denke nur an die Applaus!-Leuchtzeichen von TV-Showproduktionen. Bleiben Sie also bei Ihren Leisten, es ist keine Schande, nicht Harald Schmidt zu sein. Falsche Lacher haben aber auch ihre guten Seiten. Manche Coache beherrschen bis zu 50 falsche Lacher, die sie alle hassen. Da wäre zum Beispiel dieses manische Jack Nicholson-Lachen, oder ein selbstgefälliges Gekicher. Alles zu seiner Zeit. Timing ist auch hier alles. Lachen Sie, wenn Sie es amüsant finden, was Ihr Coachee sagt. Lachen Sie besser nicht, wenn Sie es lächerlich finden. Es gibt immer einen Weg, der Ihren Coachee zu seinem Ziel führt. Und es gibt 1.000 Wege, wie der Coach aus der Kurve fliegt. Sie müssen genial sein und Ihre ganz eigene Art haben, um Humor als Coaching-Tool anzuwenden. War nicht ernst gemeint.

86.

SOUND - GERÄUSCHE

Sie sind Coach. Sie haben einen bestimmten Stil. Und wenn Sie Humor besitzen, wird Ihnen niemand absprechen wollen, dass Sie ein Entertainer sind. Es gibt genug Coache, die mit Entertainment ihr Geld verdienen. Wir lieben es. Auch, um Leute mit unserer Offenheit zu schockieren. Beim Coaching machen wir ständig Geräusche. Wir schniefen, grunzen, schlucken vernehmlich, machen „hmmmm" und dergleichen mehr. Denn Geräusche sind ein Zeichen von Aufmerksamkeit, und noch mehr. Geräusche sind wie kleine Zeichnungen. Sie begleiten die Worte, sind der Soundtrack zu unserem Coaching. Deshalb arbeiten wir so gerne mit Mikrofonen: Man kann damit mehr Geräusche produzieren. Klänge machen das Coaching zum Spiel. Sehr beliebt in der Klangskala ist der erwähnte Showbuzzer, mit dem wir unsere Coaching-School-Schüler unterrichten: „Errrrrrrr! Zugang verweigert!" beziehungsweise „Bing! Bing! Bing! Sehr gute Coaching-Frage!" Man kann begleitend nahezu alle Körperteile mitbenutzen, um für ein gutes Entertainment zu sorgen. Ein anderes, vielleicht seriöseres Mittel, Klang einzusetzen, ist es, nach einem Interview in der Pause Musik laufen zu lassen. Bei Mozart fühlen sich die Leute immer vollkommen gelöst. Musik schlägt die tiefsten Akkorde im Unterbewusstsein eines Menschen an, um die innersten Triebe zu feiern. Jeder Filmmacher weiß um die Qualität, die seinen Film bereichert. Ebenso wichtig ist die Abwesenheit störender Geräusche, wie etwa Geräusche von der Straße oder eine Baustelle. Das sind die Geräusche des Alltags. Ihre Coachees und Sie selbst werden niemals so richtig aus sich herauskommen, weil der Alltag akustisch immer präsent bleibt. Mieten Sie sich zum Coachen eine Hütte im Wald, ein Zelt in der Wüste oder ein Sanatorium, bevor Sie eine teure Bude in der Stadt bezahlen, neben der eine Woche später die Straße aufgerissen wird. Legen Sie einen Brunnen im Zimmer, dessen angenehmes Plätschern Ruhe verströmt. Dekorieren Sie die Luft mit Klangteppichen von Brian Eno oder Harold Budd (s.u.), um den gleichen Effekt zu erzielen. Ambiente wird in erster Linie von der Absenz hässlicher Geräusche erzeugt. Geräusche alarmieren unsere Ängste, Klang beruhigt. Die Natur hat es irgendwie eingerichtet, dass alle hässlichen Geräusche Gefahr signalisieren. Oder wir interpretieren alle gefährlichen Geräusche als hässlich, wer will sich da schon so genau festlegen. Deshalb drehen wir uns nach Millionen von Jahren der Evolution immer noch jäh um, sobald irgendwo in unserer Umgebung etwas sehr laut wird und wie ein sich lösendes Geröll oder ein anfahrender Lastwagen klingt. Wenn Geräusche in der Umgebung unvermeidlich sind, die man nicht unterdrücken kann, beziehen Sie sie so gut wie möglich in das Seminar ein. Wenn ein Handy klingelt, sagen Sie jedes Mal „Sagen Sie ihm, ich bin nicht da!“, und jeder wird seinen Klingelton checken. Wenn eine Eismaschine im Hintergrund in regelmäßigem Abstand ihr Eis bricht, dann machen Sie jedes Mal eine scherzhafte Bemerkung dazu, wie: „Gott, schon wieder ein Mensch, der tot in eine Gletscherspalte gestürzt ist!“ Dann ist das Thema erledigt, und man beschäftigt sich nicht mehr mit dem Geräusch. Man hört nur noch Ihre Stimme. Schlimm genug.

Bewusstseinerweiternde Musik:
Eno, Brian. Apollo Space Soundtrack. CD
Eno, Brian. Ambient Music I-IV. CD
Eno, Brian/Budd, Harold. The Pearl. CD

87.

TRUE VOICE-TONALITY – AUTHENTISCHE STIMM-TONALITÄT

„Was Du aussendest, kehrt zu Dir zurück“: Die Worte des Free Jazz-Pioniers und Harmolodic-Erfinders Ornette Coleman stimmen auch in Bezug auf Ihre Worte. Ihre Stimme ist ein Resonanzboden, ein klingender Vibrator. Sie können mit Ihrer Stimme physisch in andere Menschen eindringen, was nicht mit Penetrieren zu verwechseln ist. Sie können es aber beobachten, wenn zum Beispiel das Herz anschlägt. Wir halten Sie für etwas sensibler als einen Militäroffizier, aber dieser brüllt auch herum, damit es eine physische Wirkung zeigt. Als Coach können Sie mit Ihrer Stimme aber sogar orten, wo der Schmerz im Körper des Coachees sitzt. Was würden Sie tun, wenn Sie mit jemandem sprechen, der nicht sprechen kann? Genau. Sie werden Pferdeflüsterer. Martins Großvater hatte eine wunderbare Art, die Kühe abends von der Koppel zu holen, indem er mit einem ganz bestimmten Tonfall arbeitete: „Hierher, Bessie...!“ Genauer gesagt, er hatte gar keine andere Möglichkeit, als mit seiner Stimme eine Sanftheit und Bestimmtheit gleichermaßen auszudrücken, sonst würde die verfressene Bessie sich einen Teufel scheren, nach Hause zu kommen. Opa Sage aber mimte diesen süßen Singsang, den man auch aus der Bäckerei oder dem Friseursalon kennt, wenn die (meist weiblichen) Bediensteten ihre Kunden in Schwung halten wollen. So hat jedes Business seine Stimmlage. In der Gastronomie muss es zum Beispiel ein sehr bestimmter Ton

sein, damit der Service weiß, dass die Bestellung in der Küche angekommen ist. Die Stimme ersetzt dort das Papier. Eine allgemeine Regel lautet: Ein lautes „Ja!" heißt „Verstanden, wird gemacht!", ein dahingeschlabbertes „Ja-Ja" bedeutet „Leck' mich am Arsch!". Nicht selten haben deshalb Küchenstifte in ihren ersten Tagen eine Pfanne im Rücken ... Auf Opa Sages Farm lernte Klein Martin jedenfalls, seine Stimme als Werkzeug einzusetzen. Selbst wenn Opa grob zu Martin war, wandte er sich mit dieser süßen Stimme wieder der Kuh zu. Sie reagierte jedes Mal darauf. Sie wusste, dass sie gemeint war. Er konnte sie rufen, und sie kam. Mit einer beruhigenden Stimme kann man beim Coachen die Leute abholen und zu ihrem Ziel bringen.

DER TIPP: Sie müssen Ihre Stimme in der Brust spüren können, das wirkt vertrauenserweckend. Wenn man dagegen jemanden auf etwas hinweisen will, hebt man den Kopf und redet etwas schärfer. Sänger führen ihre Stimme. Sie verfügen über eine ganze Reihe von Stimmen, mit denen sie immer die gewünschte Wirkung erzielen können. Ihre Resonanzkörper sind die Nebenhöhlen im Kopf, der Rachen und die Brust. Entsprechend können Sie Ihre Stimme aus dem jeweiligen Körperteil heraus erzeugen, um bestimmte Wirkungen zu erzielen. Deshalb das Bild vom Vibrator. Anziehungskraft ist Ihre Haupteigenschaft als Coach. Sie erzielen sie mit dieser Süße, wie Mütter mit ihren Babies sprechen, um sie zu beruhigen, oder Opa Sage zu seiner Kuh. Wir haben schon immer versucht, Tiere mit unserer Stimme aus der Reserve zu locken, um zu überleben. Das ist jetzt Gott sei Dank nicht mehr nötig. Zum Coachen eignet sich das Tool jedoch hervorragend. Sie wollen schließlich nichts anderes, als jemanden aus der Reserve zu locken. Den richtigen Pitch in der Stimme zu finden, ist ein Kunstgriff, der das Tier in uns weckt. Die wenigsten Menschen können es leiden, ihre eigene Stimme zu hören. Sie hassen sich in diesem Moment und kommen sich klein und furchtbar vor. Sie können sich nicht damit trösten, dass die meisten Menschen um sie herum sich längst an diese Stimme gewöhnt haben und sie daran erkennen. Von daher ist ein Sprachtraining nicht das Schlechteste für einen Coach. Seine Stimmen zum Klingen zu bringen, ist fast niemandem in die Wiege gelegt. Sprachtraining stärkt das Selbstbewusstsein ungeheuerlich. Man weiß danach nicht nur mit seiner Stimme umzugehen und sie einzusetzen. Man hat auch eine Stimme. Denken Sie an unser großes Idol: Sokrates. Er trainierte seine Stimme am Strand von Athen, vor der tosenden Brandung, mit einer Ladung Kieselsteine im Mund. Mit der richtigen Stimme und den Tools in diesem Kapitel werden Sie die Mauern von Jericho zum Einstürzen bringen. Versprochen.

Weiterführende Literatur:
Eco, Umberto. Der Name der Rose. München 2004.
Foucault, Michel. Sexualität und Wahrheit.
Hondrich, Fritz. Die vier Energien der Führung.
Spielberger, Charles. „Blood Pressure and Injustice", in: Psychology Today 1/1990.
Spielberger, Ch. „Rage Boomerangs", in: American Health, 1982/1, S. 52-56.
Spielberger, Ch. Stress und Angst. Risiko unserer Zeit..
Spielberger, Charles; Gaudry, Eric. Anxiety and Educational Achievement. Adelaide 1971
Schneider, Ursula. Die 7 Todsünden im Wissensmanagement. Frankfurt am Main 2001.

16. POWER TOOLS – ZU HÖHEREN ZIELEN

Jetzt stehen Sie mitten in der Arena, im Hier und Jetzt. Das Spiel hat begonnen, die Zeit läuft, jede Handlung und Entscheidung ist von großer Tragweite. Sie sind Top-Performer, haben ein Top-Team oder beides. Nun, da gibt es noch ein paar Tools ganz hinten in der Box, die Sie so richtig nach vorne pushen. Das sind unsere Lötkolben, unsere Schlagbohrer, Kettensägen, Presslufthammer, nennen Sie's, wie Sie es wollen! Wir nennen sie „Power Tools", elektrische Werkzeuge. Denn sie werden Ihre Leistung nochmals elektrifizieren. Sie werden mit ihnen noch höhere Ziele erreichen. Ziele, die nicht vor Ihnen und Ihrem Team liegen, sondern hinter den Zielen, die Sie sehen können. Wenn Sie auf die ersten drei Plätze kommen, spielen Sie demnächst in der Champions League. Wenn Sie sich weiter pushen können, werden Sie auf eine erfüllte Karriere zurückblicken. Wenn Sie die Herausforderungen annehmen, blicken Sie allerdings nur nach vorn. Selbst wenn Ihr Team hinten liegt.

„Ich weiß, dass Ihr's könnt, also geht jetzt da raus und zeigt es ihnen!"

McDonalds-Werbespot für Promotion-Wackelenten, die der Manager der Filiale anfeuert und die es gratis zum Menu gibt

88.

CHALLENGE - HERAUSFORDERUNG

John Wooden vom UCLA-Basketball-Team war einer der erfolgreichsten Trainer aller Zeiten. Niemals in seiner Karriere wies er seine Spieler an, besser zu spielen oder zu gewinnen. Er gab ihnen stattdessen eine Formel auf den Weg: „Wenn du Dein Allerbestes gibst, folgt daraus, dass du einen gewissen Anteil deiner

Spiele gewinnen wirst." Mit anderen Worten, „Wenn du alles gibst, kommen die Ergebnisse von selbst". Dieses Motto hatte zur Konsequenz, dass seine Spieler immer voll auf das Spiel konzentriert waren. Nur der Moment zählte in ihren Köpfen. Man möchte meinen, das sei selbstverständlich, ist es aber nicht. Oft sieht man Spieler ohne Sinn für die Realität spielen. Sie riskieren, in ihrer Psyche ein Bild von dem Spiel abzulegen, es förmlich zu „verkopfen", und spielen mehr eine Abstraktion denn eine Wirklichkeit. Eines der offensichtlichsten Dinge, die ein Coach unternehmen kann, ist es, seine Spieler zu fordern. Er kann die Schlagzahl erhöhen, ein Saisonziel formulieren oder ihnen einfach sagen, sie sollen so gut spielen, wie sie können. Das Problem besteht in dem Risiko, sie nicht heraus-, sondern zu überfordern. Wenn man ihnen 110prozentige Leistung abverlangt, schickt man sie in ein Dilemma: Sich vollkommen zu verausgaben und Angst haben, trotzdem zu verlieren. Dabei handelt es sich um ein komplett anderes Tool als dem, von dem hier die Rede ist.

DER TIPP: Herausfordern, nicht überfordern. Eine Person herauszufordern heißt, sie zu bitten, so gut zu sein, wie sie kann. Herausforderung verwandelt Arbeit in Spiel und bringt Teams in Aufregung. Wenn sie Aufregung spüren, leisten sie mehr. Ein Coach setzt seinem Team oder einem Individuum dafür bestimmte Ziele. Es geht nicht darum, ob sie dieses Ziel erreichen, sondern ob sie ihr Bestes geben. Teams, die am Ziel scheitern, neigen dazu, sich gegenseitig zu beschuldigen. Ein Coach muss ihnen klar machen können, dass ein Ziel zwar wichtig ist, aber dass es noch wichtiger ist, das Beste aus sich herauszuholen. Herausforderung ist angewandte Spieltheorie. Selbst kleinste Aufgaben und Schritte werden als Spiel restrukturiert. Auf diese Weise bricht man eine komplexe Aufgabe auf simple Prozeduren oder Prinzipien herunter. Im Basketball zum Beispiel haben die Angreifer genau drei Dinge zu lernen: Dribbeln, Abspielen und Werfen. Auch die Dirk Nowitzkis dieser Welt müssen diese drei Dinge ihr Leben lang trainieren (Dirk kommt sogar einmal im Jahr in das kleine bayerische Dorf, in dem alles angefangen hat, um sich dort von seinem ersten Lehrer so lange unterweisen zu lassen, bis er vollkommen erschöpft ist). Egal, wie fortgeschritten Ihr Talent ist und wie erfolgreich Sie werden, es geht immer wieder zurück auf Los. Immer wieder muss man die fundamentalen Dinge seines Jobs praktizieren. Die Grundprinzipien zu trainieren, ist in der Sportart „Business" ebenso wichtig. Dribbeln, Werfen, Abspielen heißen hier Planung, Verkauf, Vertrieb. Man muss trainieren, diese drei Dinge besser zu beherrschen als jeder andere. Jeden Tag aufs Neue. Erst dann ist man den richtigen Herausforderungen des Geschäfts gewachsen. Dazu benötigt man die besten Instruktoren, Mentoren, Coaches. Denn sie alleine sind in der Lage, Höchstleistungen abzufordern. Denn sie alleine bleiben dabei charmant. „Eines Tages sprach ich mit Martin über das kommende Monatstraining. Er fragte mich geradewegs: „Willst du dieses Mal wieder einen Monat lang ein bisschen mitmachen und dich für das nächste Mal schonen?" Ich war über seine Offenheit schockiert, aber gleichzeitig wurde mir klar, dass er Recht hatte: Ich hatte mich noch nie richtig gefordert, wie ich eigentlich wollte. Ich erklärte ihm, dass ich zuviel Angst davon hätte. „Ist das eine Einladung, dich zu fordern?" Ich nickte. Dann kam die Killerfrage: „Wie hart willst du rangenommen werden? Du weißt, ich kann dich nicht coachen, wenn du nicht mitspielst." Ich nahm die Herausforderung an und wurde dann richtig aufgeregt. Anders als andere Hürden in meinem Leben hatte ich mich für diese bewusst entschieden. Dieses Mal war ich nicht allein. Ich hatte einen Verbündeten. Ich wusste, dass ich nicht scheitern würde. Dieser Monat wurde der intensivste meines Lebens. Meine Projekte bestanden in einem eigenen Kurzfilm, der Teilnahme an einem langen Dokumentarfilm, die Leitung eines Seminars, die Moderation einer Show, und ein Buch, das ich alleine schreiben sollte. Ich war im besten Sinne überwältigt und so produktiv wie noch nie in meinem Leben. Eines Tages im Training wandte sich Martin an mich und meinte, „Beeil' dich mit dem Buch, dann können wir das nächste Projekt beginnen!" Ich war fassungslos und verletzt. Wie kann er das wagen, mir zu sagen! Ich hatte mir den Arsch aufgerissen, war jeden Morgen um sechs Uhr aufgestanden und hatte bis ein, zwei Uhr durchgemacht, um diese ganzen Sachen auf die Reihe zu bekommen, auf die ich mich eingelassen hatte. Aber dann, ich erkannte mich selbst nicht wieder, überlegte ich, wie ich das Buch schneller beenden könne, und kam auf die Idee, die Geschichten aus dem Training zu integrieren. Das gab einen mächtigen Schub, und es funktionierte. Ich hatte das Buch vor der Deadline fertiggestellt und sogar einen Bonuspunkt dafür erhalten. Darauf war ich stolzer als auf alles, was ich vorher geleistet hatte! Aber durch den Schwerpunkt auf das Buch vernachlässigte ich das Filmprojekt. Nach ein paar Tagen führte Martin Interviews durch und nagelte mich ausgerechnet auf das Filmprojekt fest. „Hast du dir mal die Tagesbilanz deines Filmprojekts angeschaut? Ich glaube, das wird dich heilen: Was ich bisher gesehen habe, ist ätzend. Das ist höchstens zehn Prozent von deinem Potenzial. Das nenne ich verantwortungslos. Du bist für diesen Film verantwortlich und musst Dein Talent und Dein Team zu Höchstleistung motivieren." Ich hasste ihn dafür und heulte erst einmal eine Runde. Aber am nächsten Tag nahm ich die Zügel in die Hand, schrieb das Filmskript um und produzierte mit allen Beteiligten die Off-Texte. Martin schwirrte ständig um mich herum, ich konnte mir keinen Durchhänger erlauben. Sobald ich mal ein wenig schlampte, macht er mich darauf aufmerksam. Ich bekam zum ersten Mal eine flüchtige Ahnung von Höchstleistung. Ich merkte, wozu ich fähig bin. Jetzt verstehe ich im nachhinein, warum ich mich so schnell langweile!" (Dana Minney)

89.

MAKE PEOPLE RIGHT - RECHT GEBEN

In dem oben angegebenen Beispiel kann man echte Trainersprache heraushören. Es fehlt nicht an forschem Ton, aber dieser basiert nicht auf Autorität, sondern auf einer verabredeten Motivation: Der Coach kann seinen Coachee zu Leistung herausfordern, aber nicht zwingen. Das ist der gravierende Unterschied zu den gestrigen Führungsprinzipien: Es ist alles ein Spiel, alles andere hat keinen Sinn. Der Coachee entscheidet, wie ernst er es auffassen will. Diese Dynamik ist mit Motivations- oder Management-Strategien nicht zu vergleichen. Das führt uns direkt zu einem der außergewöhnlichsten Tools überhaupt: Recht geben.

Ein Coach steht im Gegensatz zu einem Manager voll in der Verantwortung für die Leistung seines Teams. Es ist seine Leistung, die das Team erbringt. Verlieren sie, verliert er. Gewinnen sie, gewinnt er. Die besten Teams arbeiten auf der Basis, dass sie ihren Coach nicht enttäuschen wollen. Das ist Leadership pur, und nicht die Erfüllung eines Traums, wenn man sein Team richtig aufstellt. Im Sport kann man daran fühlen, ob der Trainer hinter der Mannschaft steht, nämlich am „Wir" oder „Die Mannschaft". Wenn er bei einer schlechten Leistung von „wir" spricht, steht er dahinter, wenn es „die Mannschaft" ist, hat er sich distanziert. Auch ein Überraschungs-Team wie die Zweitklässler von Arminia Bielefeld haben einmal eine Sternstunde. In diesem Fall war es der Einzug des Teams in die dritte Runde des UEFA-Pokals Ende 2004. Dabei sah es erst gar nicht so gut aus. Ausnahmsweise ist es einmal überliefert, was der Trainer seiner bislang mittelmäßigen Mannschaft in der Kabine während der Halbzeit suggerierte: „Der einzige Fehler, den ihr macht, ist, dass ihr Fehler vermeiden wollt. Bitte tut mir den Gefallen, geht raus, macht diese Fehler, und dann spielt weiter!" Auf diese Weise haben die Alemannen das Spiel gedreht. Zur Siegesfeier gab es eine weitere Order: Die Spieler sollten trinken, soviel sie wollten. Manch einer hat sogar zu Zigaretten gegriffen und dem Begriff „Viererkette" eine neue Bedeutung gegeben ... Was immer wir tun, zielt darauf ab, den Coachees Recht zu geben. Mit allem einverstanden sein, ist etwas ganz anderes. Wenn man jemandem recht gibt, löst man sie von ihren inneren Kämpfen. Jeder Mensch tendiert zum Grübeln, mit sich selbst zu ringen, bei jedem erdenklichen Thema gegen jeden anderen und sogar ständig gegen sich selbst zu sein. Wir alle führen einen ständigen inneren Dialog mit allem Wenn und Aber. Dieser Zweikampf hält uns von klaren Entscheidungen ab. Wenn man einer Person recht gibt, werden Psyche und Denkprozess frei. Sofort können Sie frei denken und sich ohne Bedenken äußern. Sie haben keine Angst mehr, dass Ihre Gedanken widersprüchlich sein könnten. Sie fühlen sich frei, sie einfach auszusprechen.

<u>DER TIPP:</u> Sie glauben an Ihre Leute, an Ihr Team. Nein: Sie lieben es. Sie haben grundsätzlich einen Coachee, den Sie für intelligent halten und ein Team, dem Sie eine Menge zutrauen. Wenn Sie nicht das Gefühl haben, stimmt etwas nicht in der Aufstellung. Sonst aber pushen Sie Ihre Coachees nach vorne, indem Sie sie immer wieder bestätigen. Durch den vollkommenen Ausfall an Kritik, Vorurteil, Bedenken schicken Sie sie in einen angstfreien Raum, in dem sie ihre ganze Leistung abrufen können. „Recht geben" ist der Schmierstoff, der Ihre Maschine antreibt. Am Anfang ist dieser Weg für viele sehr ungewöhnlich. Sie sind es nicht gewohnt, ständig Feedback und Anerkennung in Form von Ansporn und einem dreifachen JaJaJa zu bekommen. Aber schließlich besteht ihre Leistung bereits darin, im Team zu sein. Es wird ihnen grundsätzlich etwas zugetraut. Recht geben bedeutet sprachlich: „So

habe ich das noch nie gesehen", „Ganz offenbar haben Sie sich viel damit beschäftigt", „Das ist doch mal eine andere Perspektive". Kritik baut ab, Sie bauen Ihre Leute auf. Sie arbeiten mit den intelligentesten Menschen der Welt, sonst würden sie nicht gecoacht werden. Sie wissen also, was in ihnen steckt. Dass mehr in ihnen steckt. Und dass es nur herauskommen muss. Was immer sie sagen, was immer sie denken, welche Entscheidungen auch immer sie treffen, sie sind getragen von reiner Vernunft und klaren Motiven. Martin gab in einem Training ein wunderbares Beispiel, wie man ein Team durch Recht geben aufbaut. Er simulierte mit drei Leuten eine Mannschaft, die gerade in der Halbzeit mit drei Toren im Rückstand liegt. Martin mimte den Trainer. Bei der Mannschaftsbesprechung machte er eine Fresse bis zum Boden und sagte in einem tieftraurigen Ton etwas wie: „Das läuft ja wohl Scheiße hier. Wie soll das weitergehen? Wir kassieren noch ein paar Dinger, wenn ihr weiter so beschissen spielt! Ich würde mich da gar nicht mehr raustrauen an euerer Stelle. Was ist bloß mit euch los?" Dann wechselten wir die Szene. Martin und die Mannschaften bildeten einen Halbkreis, schauten sich in die Augen, und Martin sagte grinsend: „Kinder, Kinder, die reißen uns ja ganz schön den Arsch auf. Hätte ich nicht gedacht. Und das dritte Tor – wow, was für ein Ding! Wir wissen jetzt wenigstens genau, wo wir stehen. Was können wir tun? Wir machen es jetzt genauso! Wir reißen sie mit ihren eigenen Tricks auseinander! Wir hauen jeden Ball über den Flügel, egal wo er landet! Wenn wir ein Tor schaffen, schaffen wir auch den Anschlusstreffer! Und dann machen wir sie platt!" Martin handelte mit einem Paradox und kehrte es in ein Positives um. Und machte damit jedem gute Laune. Raten Sie mal, welche Version die höhere Zustimmung beim Publikum fand. Einer unserer Coache entdeckte, wie er seine Klientin zum Erfolg führte, indem er ihr recht gab: „Ich coachte eine esoterisch angehauchte Künstlerin mit vielen Ideen und etwas Mystischem an sich. Ich konnte ihren Worten oft nicht recht folgen. Bis ich merkte, dass ich gar nicht verstehen musste, was sie sagte, sondern ihr einfach nur recht geben. Dann fragte ich sie, welche Ideen sie hatte, Geld zu verdienen. An diesem Punkt sagte ich einfach nur „Ja, machen Sie das!" Ich coachte sie für drei Monate. Sie erreichte alle ihre Ziele und brachte Ihr Geschäft auf ein ganz anderes Niveau. Sie ist heute meine erfolgreichste Klientin überhaupt." (Alexander Fluhr) Ich weiß doch, dass Du's kannst, also geh jetzt raus und zeig es ihnen!

90.

SCENARIOS - SZENARIEN

Szenarien zu entwickeln ist ein Tool, mit dem man zusammen mit den Klienten nach vorne denkt. Sie gehen kein willkürliches Szenario mit ihm durch, sondern die Konsequenz aus seinen Entscheidungen in Form von Ereignissen: Was könnte das für Ereignisse sein, die aus Ihren Handlungen resultieren? Wie sehen sie aus? Wie wirken sie sich aus? Was kommt als nächstes? Anders gefragt: Wie wird man erst Bodybuilding-Pionier, erfindet dann das

Genre Actionfilm und wird Gouverneur von Kalifornien? Wenn man den Erfolg nicht wenigstens grob vorzeichnet, wird er auch nicht sichtbar – und folgt auch nicht. Wir hatten eine Trainerin, die ständig überlegte, ob sie nach Los Angeles umsiedeln sollte. Bevor sie umzog, entwickelten wir alle erdenklichen Szenarien. Zum Beispiel: Was, wenn der Stöpsel aus der Wirtschaft gezogen wird, nachdem du umgezogen bist? Und was, wenn wir in den Krieg ziehen? Wir gingen durch jedes mögliche Ereignis, das irgendwie eintreten könnte. Bei jedem einzelnen versicherten wir ihr, dass es dies oder jenes passieren oder nicht passieren könne. Die Kette der Ereignisse setzen sich in jeder Biographie aus Teilen des Schicksals und Teilen der eigenen Tätigkeit zusammen. Als sie die Entscheidung traf, zu gehen, war es ihr fester Entschluss.

<u>DER TIPP:</u> Was wenn ...? Entwerfen Sie in jedem Bereich mindestens drei oder vier Szenarien. Die menschliche Natur gibt vor, dass man meistens das mittlere von drei Szenarien auswählt. Wir halten immer eine ganze Auswahl an Optionen bereit, damit die Klienten sehr sorgfältig überlegen, welche Konsequenzen sich aus dem nächsten Zug ergeben. Durch dieses geistige Schachspiel entfalten sich die Ereignisse, die die Person sich wünscht. Szenarien vermitteln ihnen eine weitere Perspektive. Sie können deshalb auch veranlassen, bei scheinbaren Widersprüchen ⇨ <u>beides zu tun</u>, wie das Beispiel eines Mannes zeigt, der seine Familie verlassen wollte, um „Frauengeschichten" haben zu können und seine Karriere zu verfolgen: „Martin erzählte mir, ich könnte nebenher eine Freundin haben. Ich bräuchte ja meiner Frau nichts davon erzählen und weiter meine Ehe führen. Mir war da klar, dass ich viel mehr Geld bräuchte, um für eine Scheidung und die Kinder zu zahlen. Er meinte, er hätte das Gefühl, meine Ehe würde ohnehin irgendwann zerbrechen, deshalb bräuchte ich diese Entwicklung nicht forcieren. „Sein Berufsleben zu verändern, dauert zehn Jahre", meinte er. „Fünf Jahre, um das neue Handwerk zu erlernen, fünf Jahre, um damit ins Geschäft zu kommen. Fang' jetzt damit an. Füg' immer mehr interessante und aufregende Dinge hinzu, bis Deine ganze Zukunft nur noch aufregend ist. Dann wirst du allerdings vielleicht feststellen, dass dies das einzige Leben ist, das du haben willst, wenn du erst einmal alles abgelegt hast, was du jetzt bedauerst. Dann bleibst du bei deiner Frau und bist glücklich." Weiter meinte er: „Du kannst jetzt anfangen, außerhalb deines jetzigen Jobs Kunden für dein neues Geschäft zu akquirieren. Du könntest dir übers Internet einen Kundenstamm in aller Welt aufbauen. Du könntest dir ein Wochenende pro Monat nehmen, um zu verreisen. Tagsüber arbeiten, abends Party machen. Du könntest auch ein Unternehmen auf den Bermudas gründen und steuerfrei agieren. Mach' Recherchen in Internationalem Recht. Gib' Seminare über Unternehmensgründung auf globaler Ebene. Entwickel' ein Audiotape oder ein Buch für Coache, wie man sein Geschäft aufbaut. Coache andere Coache. Gleichzeitig verdoppelst du dein Einkommen und engagierst dich für soziale Dinge. Dann arbeitest du mit Frauen zusammen und findest dabei heraus, dass zwischen einer von ihnen und dir etwas läuft ... oder wie wär's damit: Du arrangierst dich mit deiner Frau, dass ihr euch trennt, sobald du es

dir leisten kannst, sie ausreichend zu versorgen. Ihr gestattet euch gegenseitig, Liebhaber zu haben. Das sind alles nur mögliche Szenarien. Du kannst dein Leben in den nächsten drei, vier Jahren Stück für Stück ändern." Nach diesem Gespräch hatte ich das Gefühl, mein Kopf platzt. Ich wusste nicht, ob ich überhaupt eine dieser Optionen realisieren würde. Aber mir war definitiv klar, dass ich mich nicht in einer Kiste oder einer Gefängniszelle befinde, wie ich vorher immer das Gefühl hatte. Ich hatte die freie Auswahl. Nicht nur die Wahlmöglichkeiten, die Martin anführte, sondern auch Optionen, die mir zusätzlich in den Sinn kamen. Es war klar, dass er keinen dieser Handlungsabläufe speziell empfahl, sondern dass er mich darauf hinwies, dass ich kein hilfloses Opfer bin, sondern den Lauf meiner Karriere selbst bestimmen kann. Das war sehr befreiend" (Anonym). Was, wenn...? Go for it!

91.

IMMEDIATE ACTION – UNVERMITTELTE AKTION

Das Entscheidendste überhaupt im Coaching ist es, keine Fehler zu machen. Eine falsche Frage, und Sie sind raus. Sie sind der gleichen Lage wie ein Rettungssanitäter: Richten Sie einfach so wenig Schaden wie möglich an. Das raten wir auch unseren Studenten der „Coaching-School". Wenn Sie mit dem Chef eines Unternehmens arbeiten und ihm die falschen Dinge vermitteln oder Ratschläge geben, die nicht funktionieren, haben Sie Ihre Glaubwürdigkeit verspielt. Coache bekommen keine Pappnase aufgesetzt, aber sie werden nicht mehr gebucht. Setzen Sie unvermittelte Aktion ein, um damit umzugehen. Entwickeln Sie kleine Win-Win-Situationen, in dessen Aktionsrahmen Ihr Klient erfolgreich ist: „Machen Sie doch mal beispielsweise dies ...", und dann geben Sie dazu eine Anweisung. Diese Übung muss nichts mit dem Ziel zu tun haben, das Ihr Klient verfolgt. Mit anderen Worten: Sagen Sie ihm, er soll auf dem Weg nach Hause Blumen für seine Frau kaufen. „Wieso das denn?", wird Ihr Klient fragen. „Was soll denn das bringen? Mein Problem liegt hier im Büro, nicht zu Hause" „Keine Ahnung", können Sie beruhigt antworten. „Aber folgen Sie einfach meiner Anweisung." Was passieren kann, ist eine Veränderung im ganzen System. Es geht nicht darum, dass man sofort loslegen soll. Es geht darum, dass jemand unvermittelt agiert, also etwas tun soll, dessen Sinn sich im Moment nicht erschließt.

DER TIPP: Geben Sie jemand eine kleine Aufgabe, die er entweder perfekt erledigen soll, oder von der er einen Gewinn hat, oder beides. Dieses Tool kommt aus der Idee des systemischen Denkens, nach dem die Veränderung eines Partikels das ganze System beeinflusst und verändert. Denken Sie an ein Hologramm. Wenn Sie einen kleinen Ausschnitt eines Hologramms verändern, ändert sich das ganze Bild. Systeme funktionieren genauso. Wenn man etwas Kleines unternimmt und damit Erfolg hat, wird es sofort wahrscheinlicher, dass man auch im großen Stil mehr Erfolg hat. Wenn jemand nächstes Jahr 100.000 Euro Gewinn machen will, geben Sie ihm die Aufgabe, eine Liste zu erstellen, was er im Moment gerade dringend braucht. Zum Beispiel ein Auto, eine Dosensuppe und eine Zahnbürste. „Moment mal, das ist eine Einkaufsliste", wird man im ersten Moment ausrufen. Aber aus irgendeinem merkwürdigen Grund wird es wahrscheinlicher, die ganze Liste abzuarbeiten, wenn man zwei Dinge davon schon mal erledigt hat (also das Auto und die Dosensuppe). Dann schaut man noch mal stolz auf die Liste und sagt zu sich; „Toll. Zehn Sachen, und zwei davon habe ich schon erledigt." Niemand kann sagen, warum, aber unvermittelte Aktion bringt eine unheimliche Dynamik. Wie soll man entscheiden, welche Art von unvermittelter Aktion gerade gut ist? Gute Frage. Normalerweise ist Intuition einer der größten Feinde des Coaches. Es stützt aufs Ungefähr, und man kann nicht von dem Erfolg der eigenen Intuition ausgehen. Wenn man dann falsch liegt, hat man das Vertrauen verspielt. Normalerweise müssen Sie mit harten, nackten Fakten arbeiten. Nur hier nicht. Jetzt ist die Zeit gekommen, Ihre Intuition einzusetzen. Sie haben das Gefühl, dass es nicht schlecht ist, wenn Ihr Klient seine Frau unverhofft mit einem Strauß Blumen überrascht. Sie wird sich auf die eine oder andere Weise dafür bedanken. Ihr Klient kommt am nächsten Tag freudestrahlend und voller Energie an den Arbeitsplatz zurück. Die Atmosphäre ändert sich, die Leistung steigt. Alles wegen eines blöden Blumenstraußes, der seine Wirkung auf das System nicht verfehlt hat. Das ist der nützliche Gebrauch von Intuition. Nach Ihrer Anweisung vermitteln Sie dem Klienten das Gefühl, es sei das Beste und Weiseste, das er je hätte tun können – selbst wenn er den Blumenstrauß nicht gekauft hat. Die Aktionen müssen so klein gehalten werden, dass sie keinen Schaden anrichten können, und selbst wenn, tun Sie so, als sei Ihrem Klienten ein Geniestreich gelungen. Unvermittelte Aktion soll Ihrem Klienten Selbstvertrauen einflößen, wenn er beginnt, seine Ideen in die Tat umzusetzen. Aus diesem Grund sollen unsere Klienten aus der Idee, die sie verfolgen wollen, zunächst nur ein Projekt machen, das nicht finanziell vorbelastet ist, sondern höchstens das schmale Investment wieder hereinholt oder Ertrag abwirft. Wenn alles nicht klappt, schadet es niemandem. Und der Klient weiß die Realität besser einzuschätzen. Wie im Falle jenes Künstlers und Coaches, der es durch Unvermittelte Aktion zu einigem Wohlstand gebracht hat: „Vor etwa zwei Jahren engagierte ich meinen Bruder, mich zu coachen, um mehr Geld zu verdienen. Sein Ziel bestand darin, in zwei Wochen 2.500 Dollar zu verdienen. Wir entwickelten ein paar verschiedene Arten und Weisen, dieses Ziel zu erreichen. Mir war klar, dass es für mich nicht leicht sein würde, denn ich war gezwungen, Bilder zu verkaufen. Ich musste nun Dinge ausprobieren, die ich noch nie zuvor getan hatte und musste aus meiner Komfortzone heraus. Alle meinten, es sei unmöglich, nur durch Kunstverkäufe in so kurzer Zeit so viel Geld zu machen. Es war ein aufregendes Spiel für mich. Ich schaffte es zwar nicht in 14, aber innerhalb von 16 Tagen. Mein Coach sagte „Schön, und jetzt verdoppeln wir die Summe." Ich wollte nicht mehr. Er beharrte aber darauf, dass es schließlich ein Spiel sei und dass es nichts ausmachen würde, wenn ich es nicht schaffte. Ich sollte gefälligst die Herausforderung annehmen. Ich würde eine

Menge lernen. Das habe ich. Und in den nächsten zwei Wochen 5.500 Dollar verdient! Dieses Mal hatte ich das Geld weit unter der Zeit zusammen. Ich war plötzlich in einer ganz anderen Dimension in Bezug auf Geld. Ich verstand, dass ich viel mehr Geld verdienen kann, als ich gewohnt war. Jetzt habe ich enorm viel Selbstbewusstsein meiner Kunst gegenüber. Ich weiß, dass alles möglich ist." (Alexander Fluhr). Blumen kaufen nicht vergessen. Das Leben ist schön und aufregend. Denn man weiß nie, was als nächstes kommt.

92.

VISUALISATION - VISUALISIERUNG

Altkanzler Helmut Schmidt meinte, wer Visionen hat, soll zum Arzt gehen. Wir sind der gleichen Meinung. Die Bilder, die man im Kopf hat, sind Traum- oder Wunschbilder. Nicht das Leben hat sie da hineingetragen, sondern bloße Vorstellung. Wir beziehen Visualisierung zurück auf Aktion. Wenn man ein schönes Auto auf der Straße sieht und davon träumt, dass es eines Tages Ihnen gehört, ist das eine Vision. Wenn Sie sich selbst sehen, wie Sie das Auto fahren, oder den Autoverkäufer grinsen sehen, weil Sie gerade den Kaufvertrag unterschreiben, handelt es sich um Visualisierung. Nutzen Sie Visualisierung, um herauszufinden, was Ihr Klient wirklich will, wie er zu diesem Ziel gelangt, und wie er das anstellen kann. Und dann tun Sie's. Durch Visualisierung versuchen wir, die Bilder der Leute mit ihrer Realität einvernehmlich zu machen. Visualisieren Sie die spezifische Aktion, die Sie in Angriff nehmen wollen – das unterscheidet Visualisierung von Fantasie. Sie können beispielsweise den Traum von einem Baumhaus für Ihre Kinder haben. Das bleibt eine Vision, solange Sie keinen Plan machen, wie die Einzelteile zusammenpassen und wo sie zu besorgen sind. Wenn Sie eine wissenschaftliche Theorie untersuchen, dann visualisieren Sie, wie die Dinge tatsächlich funktionieren. Vorstellung ist Einstein, ist e=mc2. Fantasie ist Micky Maus. Wir fantasieren nicht, wenn wir visualisieren. Wenn sich Ihr Coachee in einem Geldfluss baden sieht, ist das Fantasie und kein Coaching-Tool. Entweder überlegen Sie in einer Session, wie man an Geld herankommt, oder man spinnt sich darüber etwas zurecht. Es gibt zum Beispiel keinen Weg daran vorbei, dass Unternehmen auf Planung, Verkauf und Vertrieb gestützt sind, und dass der Erfolg des Unternehmens darauf fußt, wie gut Sie darin sind oder jene, die Sie dafür einkaufen. Sie beginnen, Ihr Unternehmen als Maschine zu visualisieren und in Einzelteile zu zerlegen, um zu sehen, wie sie funktioniert. Sie visualisieren die Zusammenarbeit mit den Leuten. Sie sehen, wie die Teile als Ganzes funktionieren. Wenn Sie Coach werden wollen, überlegen Sie, wie Sie sich sehen. Betrachten Sie sich, welche Anzüge und Schuhe Sie tragen, wie Ihr Büro aussieht. Und, wenn es ans Akquirieren geht, wie Ihr Call Center aussieht. Um zwei Sitzungen zu verkaufen, müssen Sie hundert Anrufe tätigen. Malen Sie sich in Ruhe aus, wie die Beschaffenheiten dafür aussehen müssen, damit Sie auch Lust dazu haben. Visualisieren Sie die Gespräche, und Sie wer-

den nicht nur mit Enttäuschungen umgehen können, sondern auch mit Ihrem Erfolg. Es wird immer wieder geschehen, dass sich Ihr Coachee in den Kopf zurückziehen will, um dort umherzufantasieren. Wenn ihre Augen nach oben rollen, malen sie dort drin Bilder oder denken über irgendetwas nach. Holen Sie sie wieder in die Wirklichkeit zurück. „Schauen Sie in meine Augen!" „Schauen Sie auf den See da drüben!" „Können Sie den Wind in den Büschen sehen? Ich nicht. Ich sehe nur Büsche, die sich wiegen." Aha. Die ersten beiden Dinge nehmen sie aus dem Kopf heraus wahr. Das letzte zwangsweise aus den Augen. Visualisierung bedeutet nichts anderes, als der Realität die fehlenden Teile hinzuzufügen. Wenn die Herrschaften dann wieder ihre Aufmerksamkeit auf ein echtes Objekt oder einen wirklichen Tatbestand lenken, ist die Aufmerksamkeit wieder hergestellt. Auf diese Weise schaffte unser Künstler später sogar 12.500 Dollar in einer Woche: „Um meine Kunst erfolgreich zu verkaufen, war mir inzwischen klar, dass ich den Eindruck erwecken musste, eine erfolgreiche Person zu sein. Ich betrat die exklusivste Privatbank Deutschlands, um ein Konto zu eröffnen. Mir war klar, wenn erst einmal deren Logo auf meinem Rechnungsbogen prangt, kann ich Eindruck schinden. Ich stellte mir vor, wie ich in die Schalterhalle gehe und dem Sachbearbeiter mitteile, dass ich Kunst verkaufe, dass ich in letzter Zeit ein bisschen was verkauft habe und nun hier ein Konto für die Rechnungen eröffnen will. Ich sah, dass er mich irgendwie sympathisch fand, dass er mir helfen wollte und mir deshalb tatsächlich ein Konto einrichtete. Ich sah, dass wir Freunde wurden. Ich sah den ganzen Ablauf. Dann ging ich wirklich in die Bank. Ich strotze von Selbstvertrauen. Ich legte eine Art Rechenschaftsbericht über mich ab, und der Typ, dem ich das erzählte, mochte mich irgendwie. Sogar, als ein Kollege fragte, was hier vorgeht, antwortete er: „Tja, das ist vielleicht der neue Andy Warhol, ich will nicht, dass wir die Bank sind, die ihn damals abgewiesen hat!" Ich bekam die Kontonummer und wir wurden Freunde. Zumindest gehen wir gelegentlich essen und bleiben in Kontakt" (Alexander Fluhr). Sehen Sie?

93.

LEGEND - LEGENDE

Legenden als Coaching-Tool einzusetzen, hat viel mit ⇨ Geschichten erzählen gemeinsam. Hier handelt es sich jedoch nicht um Gleichnisse, sondern die Legenden realer, erfolgreicher Personen. In einem Unternehmen wird zum Beispiel ein legendärer Verkäufer ein wichtiger Bezugspunkt, zu dem man seine eigene Leistung und seinen eigenen Anspruch in Bezug setzen kann. Natürlich auch seine Werte. Geschichten über Leute wie Horatius Algier, Jack Welch, die Typen von Dell, Amazon, Ebay, Microsoft sind der Leckstein für Geschäftsleute. Andere, wie Andy Warhol, Bob Dylan, Miles Davis, sind Vorbilder für künstlerisch versierte Menschen (und die reichsten Leute der Welt sind Künstler). Als Businesscoache sind wir mit diesen Geschichten ordentlich ausgestattet, um sie unseren Klienten zu vermitteln.

DER TIPP: *Legenden sind keine Vorbilder. Sie sollen stimulieren, sich selbst zur Legende machen zu wollen. Fragen Sie doch mal: „Was ist es, was Sie zur Legende macht?“ Aber vorher müssen Sie ihre Hausaufgaben machen. Erzählen Sie die Geschichte von einer wirklich legendären Person aus seinem thematischen Umfeld, die etwas wirklich Außergewöhnliches geschaffen und vollendet hat, gegen alle natürlichen und gesellschaftlichen Widerstände, um sie zu ermutigen, es ihnen gleich zu tun. Es gibt zum Beispiel die Geschichte von dem krebskranken Mann, der am letzten Tag seines Lebens aufsteht, um einen letzten Scheck an seine Familie abzusenden. Oder die Geschichte von Lance Armstrong und wie er seinen Krebs besiegte, um danach der größte Tour de France-Gewinner aller Zeiten zu werden. Das ist der Stoff, aus dem die Helden sind. Die Menschen lechzen danach. Es gibt ihrer Arbeit das Gefühl von Sinn und vermittelt, dass es machbar ist. Man kann dagegen argumentieren, dass das Leben Schicksal ist. Klar. Alle Mühe, eine Zivilisation aufzubauen, ist fruchtlos, denn wir müssen alle irgendwann sterben. Wir arbeiten unser Leben lang für ein Unternehmen, um vielleicht noch zu Lebzeiten zu sehen, wie es untergeht. Jede Straße führt ins Nirgendwo, jede Beziehung hat ein Ende, und irgendwann geht die Welt unter. Was hat man schon, um sich dagegen zu wehren? Legenden. John Henry war der Mann, der eine Schienenstrecke schneller bauen wollte als eine Maschine. Er schaffte es, bis er tot umfiel. Auch wenn er nichts mehr davon hatte: Der Mann ist Legende. Die erste Generation der IBM-Computerschachspiele wurden noch von einem Menschen geschlagen. Der damalige Schachweltmeister Bobby Fischer schlug den Computer mehrere Male. Inzwischen ist die Schach-Software so weit entwickelt, dass keine menschliche Intelligenz mehr gegen sie ankommen kann. Aber von Bobby Fischer ist immer noch die Rede (und nicht nur, weil er im Exil lebt). Deshalb adeln Legenden die Schicksalshaftigkeit unserer Existenz. Es gibt den schönen Satz: Man weiß, dass die Welt aus den Fugen gerät, wenn ein Chinese der beste Basketballspieler Amerikas ist, ein Weißer der beste Rapper, ein Schwarzer der beste Golfspieler, ein Engländer der beste Koch, und die Schweizer die besten Segler der Welt. Man denke an Sportlegenden wie Babe Ruth. Was ist ein verdammtes Baseballspiel? Man schmeißt einen Ball, trifft ihn mit einem Stock und rennt dann wild umher. Wenn die Uhr abgelaufen ist, führt eines der Teams. Wenn die Zeit fünf Minuten vorher stehen bliebe, führt das andere Team. Sagen wir, es handelt sich um einen recht zufälligen Spielausgang. Wie veredeln wir das Schicksal unserer Zeit? Wie die langweiligen Aufgaben, die in jeder komplexen Organisation vorherrschen? Durch Legenden. Wo bleibt Ihre? Oder sind Sie schon eine?*

94.

MYTHOLOGY - MYTHOLOGIE

Mythologien beziehen sich ebenfalls auf Geschichten. Aber dies sind nicht die unglaublichen Geschichten von Personen, sondern von

Wundern oder komplexen Geschehnissen. Sie schweißen zusammen. Jedes Unternehmen braucht seinen Mythos. Man kennt die Geschichten um die Namen herum. Jeder kennt beispielsweise die Geschichte von Tom Watson, der in seiner frühen Karriere Klaviere in Upstate New York verkaufte und dann auf Büro-Equipment umsattelte. Der Rest ist Geschichte mit drei Buchstaben: IBM. So hat jedes Unternehmen einen eigenen Mythos. Sie besteht in einer wahren Geschichte, die immer wieder erzählt und nacherzählt wird, bis sie das Image des Unternehmens prägt und bei Kunden für Vertrauen sorgt. Das gleiche gilt für kleine Unternehmen wie auch Selbständige.

DER TIPP: Jeder Coach oder Entrepreneur braucht seinen eigenen Mythos. Der vermutlich bekannteste Fall ist die Geschichte von Carly Fiorino, die bei Hewlett Packard eine monumentale Veränderung herbeiführte. Sobald sie in der Firma beschäftigt war, suchte sie nach Wegen, wie sie das öffentliche Ansehen des Unternehmens verbessern könne. Als erstes eliminierte sie alle kleinen Markennamen und kam auf den Namen zurück, den jedermann kannte: Hewlett Packard. Aber wer ist das eigentlich? Sie machte sich auf die Suche nach der Garage in Palo Alto, in der Bill Hewlett und Dave Packard ihre Company gründeten. Von diesem Image und diesen Werten her rollte sie die Prinzipien des Unternehmens auf und brachte sie an die vorderste Front. Hewlett Packard entwickelte sich als Unternehmen mit alten Werten wie Kundenservice. Sie setzte auf Innovation und den „Wow"-Effekt. Mit Effekt: Sie holte Kamerateams ins Unternehmen und setzte sich selbst für die Werbespots in Szene, um das Unternehmen mit den alten Werten jung in Szene zu setzen. Sie machte aus dem Erbgut von HP eine Fabel und aus der Garage ein Symbol, das ähnliche Bedeutung gewann wie die Hütte von Abraham Lincoln. Auf diese Weise re-definierte sie die Company. Durch die Verschmelzung von Wirklichkeit und Vorstellung machte sie den Mythos des Unternehmens größer als das Leben. Ein Coach hat den Job, jeder Person zu helfen, ihre eigene Mythologie zu entdecken: Das, wofür er steht und stehen wird, jetzt und immerdar. Sie müssen die Qualität aus ihnen herauslocken und alle Geschichten, die diese Qualitäten illustrieren. Durch Coaching und mit allen Tools, die hier vorgestellt werden, entwickeln sie eine Methode, sich selbst darzustellen.

95.

RECRUIT- REKRUTIEREN

Nehmen wir mal an, Sie coachen Talente. Sie führen Ihre Klienten zur Brillanz. Schließlich machen Sie Ihren Klienten so gut, dass Sie aufgrund des großen Erfolgs expandieren müssen. Dann ist es Zeit, ihn einzukaufen. Am besten hält man sich an seine Leisten und rekrutiert seine Leute aus den eigenen Reihen. Dafür überlegen Sie, wie Ihr Klient von einer Arbeit in Ihrer Organisation profitieren kann, und umgekehrt: wie er Ihrem Unternehmen Profit bringt. Der Klient kann auch an einem Projekt partizipieren, das Ihre Firma verfolgt.

DER TIPP: Es liegt relativ nahe, Leute aus dem Umkreis für Jobs zu generieren, wenn man sich damit beschäftigt, ihr Talent zu erkennen. Sie tun damit auch etwas für Ihren Coachee: Er hat das Talent, Sie bieten Erfahrung. Wenn Ihr Klient selbst Coach werden will, gibt es nichts Besseres für ihn, als was Sie ihm bieten können: Ein professionelles Terrain. Rekrutieren ist deshalb ein sehr aktives Tool. Man bringt das Talent unmittelbar in Aktion, unmittelbar in dem richtigen Aktionsfeld. Sie bringen die spezielle Qualität eines Menschen zum Erwachen. Was vorher Klienten waren, sind nun Projektpartner. Das Entstehen dieses Buches ist ein Beispiel für Recruiting. Martin behauptet gerne, er versteht zwar viel über Coaching und menschliche Systeme, könne aber nicht schreiben. Als er dem Ghostwriter dieser Zeilen in Berlin ein 240-Seiten-Manuskript diktierten Textes übergab, meinte er, das sei nur so dahingesprochen, unausgereift. Er solle es auf Deutsch schreiben, in seiner deutschen Sprache, für den deutschen Markt, mit seinem gesamten Wissen füllen - „about your German philosophy, including Kant and Goethe, because I know there is so much about that in systems theory and in coaching". Nach diesem Ergebnis war klar, dass Sage seinen Kopf forderte. Martin wusste von seinem Background als Journalist, Schriftsteller, Philosoph und begeistertem Sportler. Im Laufe ihres Briefings stellten sich die vielen Parallelen von Sport und Business heraus. „Ach nein, jetzt leuchtest du auf", meinte Martin, als die Rede auf Sport kam. Er erkannte aber offenbar noch mehr: Dass das Schreiben von Büchern meine Leidenschaft war, und gab mir gleichzeitig den Job, mich auf seinem Terrain wunderbar austoben zu können. Ich ging in die Bibliothek zurück und studierte alles über Philosophie, Coaching und Systemtheorie. Ich strahlte angesichts der Tatsache, dass ich wieder hier sein könnte, umgeben von Ruhe und Wissen. Martin traute mir etwas zu, was ich mir selbst nicht zutraute: Bücher schreiben. Früher wollte ich Klavier spielen. Jetzt weiß ich, dass meine Mac-Tastatur mein Keyboard ist, meine Tonleiter 26 Buchstaben hat und die Themen unerschöpflich sind. Ich hatte schon lange unter den ewigen Quälereien mittelmäßiger bis unverschämter Kunden gelitten, für die ich Werbe- und PR-Texte schrieb. Martin gab mir einen Job, der mir klarmachte, dass Bücher Ideen sind, deren Zeit gekommen ist. So wie „Coaching". Ich habe im Laufe des Schreibens alle Texterjobs fallengelassen und arbeite ruhiger, inspirierter, wie ein Pianist vor dem Konzert. Die Leute scheinen das gemerkt zu haben. Ich kann aus dem Stand heraus vom Bücherschreiben leben. Danke, Martin." (Patrick Krause).

96.

IMAGINATION – VORSTELLUNG

Dies ist ein absolutes High-End-Tool in unserer Liste. Es hat ebenfalls nichts mit Fantasie, aber viel mit Improvisation und Vorstellungskraft zu tun. Sie geben nämlich selbst eine Vorstellung. Coachen kann man nicht vom Reißbrett, und, Achtung, *DER TIPP:* Coachen *geht auch nicht, indem man diese Tools auswendig lernt! Wenn wir coachen, setzen wir ständig unsere Vorstellungskraft ein. Meistens kommt einfach eine Idee von irgendwoher, oder uns kommt ein Tool in den Sinn. Selbst, wenn wir gerade nicht sicher sein können, ob es passt, probieren wir es aus, zum Beispiel als mögliches Szenario. Oft entgegnen die Klienten, daran hätten sie auch schon gedacht, aber wir seien die ersten Personen, die ihnen das sagen. Wenn wir also unsere Vorstellungskraft walten lassen, geschieht es oft, dass wir mit den Ideen und Gedanken unserer Klienten vollkommen konform gehen. Das ist die Magie mentaler Synergie.*

Eines Tages kamen wir auf die Idee, ein neues Seminar auszuarbeiten. Es heißt „Coach me if you can!" und hat zum Inhalt, dass wir uns selbst coachen lassen. Denn wer coacht, wird auch selbst gecoacht. Die oben erwähnte Synergie sorgt dafür, dass jeder Coach etwas davon hat, wenn er selbst coacht. Die Klienten, die nun Coache sind, setzen ihre gesamte Vorstellungskraft für mich und sich selbst ein. Sie lernen also im gleichen Zug, Manager in der kommenden Coaching-Kultur zu werden. Sie finden schnell heraus, was in einem strategischen Dialog funktioniert und was nicht. Egal, welchen Beruf Sie bekleiden, ob Anwalt, Zahnarzt, Pfarrer, Scheich oder Manager:

Sie müssen Ihre Teams, Patienten und Mandanten coachen. Coachen Sie, wenn Sie's können! Wer's kann, steht besser da. In der Coaching-Schule eröffnete Martin mit uns das Spiel „Coach me if you can!" Es war hart. Martin war derjenige, den wir coachen mussten. Wie bringen wir jemanden zur Brillanz, der ganz offensichtlich schon viel weiter war? Wir suchten bemüht unsere Tools zusammen und warfen sie ihm an den Kopf. Manchmal machte er „Bing! Bing! Bing! – that lights me up!", meistens kam aber ein „ERRRRRR - Wrong question!" Es war erstaunlich, wie schnell wir mit unserem Angeln aus der Kurve flogen. Ein Fehler, und wir ernteten die Skepsis unseres Lehrers. Es war wie in einem japanischen Zenkloster. Wir mussten für jeden Schlag eigentlich dankbar sein. Es kam auch auf die winzigsten Details an, wie das Timing: Meistens waren wir viel zu hektisch, zum Ziel zu gelangen. Dann meinte Martin: „Just relax a little. Just relax. Use your imagination." Wir wurden ruhiger, atmeten langsamer, machten größere Pausen. Wir setzten die naheliegendsten Tools und Fragen ein, wie Feedback, Observation, Anerkennung, aber die richtig und wirkungsvoll. Wir bekamen immer mehr „Bings!", und wagten uns weiter vor, mit Szenarien und anderen abgefahreneren Fragen wie „What if you knew...?" Martin lobte uns nicht nur. Er begann, von sich zu erzählen. Immer mehr. Der Meister wurde wach, wacher, und war am Ende hellauf begeistert. Er wollte die Welt umarmen.

Wir glühten vor Stolz. Auch wenn wir nicht Coach werden, wir wissen nun, was es bedeutet und wie schwer es ist" (ein Besucher der Coaching-School). Nach einem solchen Interview ist es wichtig, den Coachee wieder zurück in die Realität zu holen. Martin tat dies, indem er zeigte, wer der Meister ist. Er schüttelte für einen der Anwesenden einfach einen Text für seinen Flyer aus dem Ärmel, der ihm klar machte, wie er Coaching auf sein Business übertrug, und wie er sich in Zukunft verkaufen kann. Und alle schrieben fleißig mit.

97.

DETACHMENT - LOSLÖSUNG

Es gibt das wunderschöne Bild in einer chinesischen Sage, an dem der Meister sein Leben lang malt. Als es fertig ist, ist auch der Maler verschwunden. Alle suchen nach ihm, bis der Blick auf das Bild fällt. Der Maler geht einen Weg hoch, bleibt stehen und winkt. Wenn Menschen reden, versuchen sie immer, ihre Gesprächspartner in ihr Drama hineinzuziehen. Meistens reagiert man auch so: Man springt auf die Geschichten an, oder man signalisiert Desinteresse. Loslösung liegt dazwischen, funktioniert ähnlich wie ⇨ Schweigen, es ist ein Power-Tool, weil man den Coachee erst zum Erzählen gebracht haben muss. Wer losgelöst ist, hört, aber hört nicht zu.

DER TIPP: Das einzige, was Sie tun, ist beobachten und genießen. Dadurch lassen Sie den Coachee selbst an sich arbeiten. Er wird nämlich nicht aufhören, zu erzählen, sondern immer mehr erzählen. Er wirft Ihnen einen Ball zu, Sie lassen ihn fallen oder werfen ihn sofort zurück. Derjenige, der die Geschichte erzählt, wird das Gefühl haben, vor einem Publikum zu sprechen. Der Effekt der Loslösung von allen Reaktionen, die ein Erzählender erwartet, besteht darin, dass die Coachees buchstäblich und in beiden Bedeutungen zu sich kommen. Sie verschwinden in ihrem eigenen Bild. Es gibt keine äußeren Einflüsse, nach denen sie ihr Gebaren richten, nur einen Spiegel: der Spiegel Adam Smiths, in dem man nur sich selbst sieht, weil man mit jemandem redet. Wenn man jemandem eine Frage stellt, der losgelöst ist, kommt der Effekt, den man aus jedem Alltagsgeschwätz kennt: Die Antwort interessiert gar nicht, der Redende redet immer weiter. Er will sich reden hören. Das ist das Ziel, das Sie erreichen wollen. Die Antworten gibt der Coachee sich selbst. Loslösung ist zudem sehr wirkungsvoll, wenn man es auf Coaching und Verkaufen anwendet: „Ich hatte ein Coachingpaket mit einem Klienten abgewickelt und wusste nicht, ob er weitermachen wollte. Am Ende unserer letzten Sitzung fragte ich ihn, was er davon hielte, wenn ich ihn coache, Martin und Sonjas „Time & Money"-Buch anzuwenden. Schritt für Schritt erklärte er mir, warum das eine gute Idee sei. Wir sprachen über sein Geschäft und darüber, was für ihn beim Coaching erhellend war. Als er fertig war mit Erzählen, saß er nur da und meinte: „Ich will weitermachen." Es war, als säße er da und verkaufte sich selbst. Der Zeitpunkt war längst dagewesen, als ich hätte sagen können, dass es für ihn empfehlenswert sei, weiter gecoacht zu werden. Aber ich hielt mich zurück, und er kam von selbst darauf. Weil ich nicht im Weg stand" (Sylvester Becker).

98.

GUIDED MEDITATION – GEFÜHRTE MEDITATION

Achtung, wir heben ab. Mit geführter Meditation kann der Klient die Zukunft erleben, als wäre sie die Gegenwart. Wenn Sie mit dem Unbewussten arbeiten, kann man die unberührbaren Botschaften empfangen, die von ihrem Kopf gesendet werden. Man kann eine vollkommen neue Perspektive gewinnen, im doppelten Sinne: In die Zukunft und auf sich selbst. Sie bewirkt meistens eine vollkommene Umorientierung. Da kann der Schreiber dieser Zeilen ein Liedchen von singen.

DER TIPP: „Ich lernte Charlotte bei einem Seminar kennen. Sie bat mich, ihren Flyer zu schreiben, und im Gegenzug bekam ich eine ihrer berüchtigten „Fantasiereisen". Ich stehe überhaupt nicht auf dieses Eso-Zeug, war aber neugierig und muss alles einmal ausprobieren. Ich kam also zu ihr und betrat einen halbdunklen Raum, der mit Duftkerzen beleuchtet war. In der Luft flogen Klangteppiche herum. Sie begann mit einer so genannten „Körperreise", bei der man sich mit geschlossenen Augen vorstellt, in verschiedene Körperteile zu schlüpfen, und schließlich aus dem Körper heraus. Das bezweckt, auf einem völlig sinnlichen Level anzugelangen - und es funktioniert. Dann begann sie, zu fragen, wo ich denn hinreisen wolle, womit und so weiter. Es war vollkommen mir überlassen, zu entscheiden, wohin die Reise ging. Ich war niemals weggetreten und auch nicht „nüchtern" wie in einer Therapiesitzung, aber die Atmosphäre inspiriert offenbar, sich vollkommen zu lösen. Ich entschied mich zum Tauchen. Auf dem Grund des Ozeans angekommen, fragte sie mich, „Und was siehst Du da?" Ich lag völlig entspannt auf dem weichen Teppich und sagte mit geschlossenen Augen: „Ein versunkenes Schiff". In der Art ging es weiter. Ich entschied alle Vorgänge selbst. Ich tauchte in das Wrack hinein und stöberte herum, bis ich in einer Kajüte war. Und jetzt kommt's. „Stell' Dir vor, das war Deine Kajüte, Du musstest alles da lassen, und nun kannst Du zwei Gegenstände mitnehmen, welche wären das?" fragte Charlotte langsam mit ihrer sanften Stimme. Ich verstand mich selbst nicht, als ich ihr antwortete. Ich entschied mich für ein Bild eines Mädchens, in das ich während meiner gesamten Schulzeit verliebt war. Aber nicht während, sondern seit meiner Schulzeit, die fünfzehn Jahre zurücklag, wie mir sofort klar war. Ich war überrascht und entsetzt, dass ich nie aufgehört hatte, dieses Mädchen zu lieben. Deshalb hatten auch all meine Beziehungen mit Frauen so einen mediokren „Beziehungskisten"-Charakter – ich verglich sie immer mit ihr! All das hat diese komische Meditation buchstäblich an die Oberfläche gebracht, ohne jegliche Manipulation! Charlotte gab danach nur den Ratschlag, ob ich mit dieser Frau nicht Kontakt aufnehmen wolle, um die Situation zu bereinigen. Das tat ich. Ich lud die inzwischen verheiratete Mutter zweier Kinder zu meiner nächsten Geburtstagsfeier ein, um festzustellen, dass wir uns nicht viel zu sagen hatten. Seitdem hatte ich eine erfüllte Beziehung mit der ersten Frau in meinem Leben, der ich um ein Haar einen Heiratsantrag machte. Aber das ist eine andere Geschichte ..." (Patrick Krause).

99.

FIND YOUR PICASSO – FINDE DEINEN PICASSO

Es gibt viele Coache. Denn sie variieren sehr stark in Bezug auf ihr spezielles Gebiet, ihre Technik und ihre Erfahrung. Wenn ein Mensch sein Ziel kennt, sollte dies erleichtern, die richtigen Coache um sich zu scharen. In einer Coaching-Kultur kann man sich besser und schneller entfalten, wenn man für die entscheidenden Dinge die geeigneten Coache hat. Das sind die Dinge, die man braucht und nicht beherrscht. Die meisten Leute können einen Finanz- oder einen Buchhaltungscoach gebrauchen. Viele aber auch einen Kleidungs-Coach, damit man schon an den Schuhen den wahren Coach erkennt, oder einen Präsentationscoach. Alle Sage-Coache sind Top-Erzieher, -Ermutiger, -Mentoren, also Hochleistungs-Coache, und zwar deswegen, weil sie andere Coache beschäftigen. Jeder Coach trägt zum Wohlsein des anderen etwas bei. Sie fügen ihr besonderes Brillanz-Branding zu anderen Fähigkeiten hinzu.

DER TIPP: Wenn Sie ein besserer Coach sein wollen, müssen Sie Ihre besondere Spezialität, Ihre Brillanz herausfinden und vorführen (lat. producere). Jeder Mensch ist ein Picasso für einen ganz bestimmten Bereich. Wenn Sie einmal wissen, was Sie am besten beherrschen, sind Sie der König in diesem Reich. Diese Fähigkeit wird der integrale Bestandteil Ihres Coachings. Das gleiche Thema, das Ihre Backen zum Glühen bringt, ist das Thema, mit dem Sie bei Menschen Feuer fangen. Picasso sagte einmal: „Andere suchen. Ich finde." Finden Sie heraus, welches dieses Thema ist. Wenn Picasso malte, befand er sich, wie alle guten Maler, in einer Art Ekstase, glühend vor Glück. Dies ist unsere Verantwortung: Die Pein zu nehmen und sie in Glück und Schönheit zu verwandeln. Melanie Dodson fand ihre Berufung durch Coaching. Sie entwarf einen vollkommen neuen und einzigartigen Beruf für sich und bringt hunderte von Liebessuchenden zusammen: „Ich traf Karin Manske und Martin Sage zum ersten Mal im Frühjahr 2002 bei dem Seminar „What To Do With The Rest Of Your Life". Sie interviewten uns, um zu schauen, bei welchen Dingen wir „Licht" hatten. Darauf gaben sie uns Feedback und Möglichkeiten auf den Weg, welche Richtung wir einschlagen könnten, um aus unserer Passion eine Profession zu machen. Sie meinten bei mir, ich sei geborener „Marketer" und könne alles Mögliche promoten und verkaufen. Von dieser Idee war ich so angetan, dass ich nachts nicht schlafen konnte. Es kamen mir so viele Ideen in den Sinn, dass ich sie aufschreiben musste – seitenweise! Als nächstes besuchte ich Martins und Karins Unternehmerinnenschule. Karin wusste, dass ich meinen Freund übers Internet kennengelernt hatte, und dass ich dieses Medium sehr schätzte. Wir kamen auf die Idee, dass ich Workshops leiten solle, um anderen beizu bringen, wie man seinen Traumpartner im Internet findet, weil man ja meistens an die Falschen gerät. Es traf mich wie ein Haufen Ziegelsteine! Karin hatte meine Vorstellungskraft angezapft und war auf eine brillante Idee gekommen, die hundertprozentig zu mir passte! Ich verlor keine Zeit und hatte zwei Wochen später unter Anleitung von Karin und Martin einen Plan, eine Gebührenliste, eine Website, und eine E-Mailing-Aktion an einen Verteiler von 300 Leuten fertig. Ich arbeite inzwischen voll und ganz in diesem Geschäft und bin sehr erfolgreich. Ich organisiere „Flirt Parties", mache individuelles Coaching und leite Workshops für Leute, die ein akkurates Online-Profil erstellen wollen. Es wird reich belohnt, denn die Ergebnisse sprechen für sich."

100.

AT LEAST – ZUM SCHLUSS

Das 100ste Coaching-Tool ist curiosity again and again... und wenn Sie jetzt neugierig geworden sind, dann trauen Sie sich, Menschen in Ihrer Nähe zu coachen - mit einem Thema, wo Sie ein Talent haben, denn jeder Mensch kann etwas, wovon andere profitieren können! Indem Sie neugierig werden, was andere Menschen sich wünschen und diese dann zu bedienen, macht Spass und wird die Neugierde auf's Leben bei beiden wecken. Tief neugierige Menschen haben in allen Gezeiten und Epochen die Evolution angeschoben!

JETZT, WO DU EIN COACH BIST...

EPILOG

Entschuldigung, aber wir werden dich nun duzen. Du gehörst schließlich jetzt zur Familie. Bevor wir darauf anstoßen, müssen wir dich zum Schluss noch mal zur Seite nehmen und dich warnen. Wenn du dich zum Coach trainierst, oder Coaching als Service anbietest, kannst du mit einem rechnen: Du wirst sehr viel Widerstand begegnen. Nach 30 Jahren dieser Tätigkeit ist diese eine Sache kristallklar. Die Leute verweigern sich dem Coaching. Wenn du jemandem erzählst, du willst ihm helfen, seine Ziele zu erreichen, fallen ihm gleich all die Leute ein, die ihm auch schon auf die eine oder andere Art „helfen" wollten. Sein Verstand wird sagen, dass du nicht helfen, sondern etwas von ihm haben willst: „Warum will ausgerechnet dieser Mensch mir „helfen", wenn der Rest der Welt mich von etwas abhalten oder sabotieren will?" Die menschliche Natur ist nun mal so eingerichtet, dass wir alle im Krabbenkorb herumkrabbeln und uns gegenseitig eher von etwas abhalten als fördern wollen. Schau dir doch die Menschen in deiner Umgebung an. Sicher, sie gönnen dir deinen Erfolg, aber nur bis zu einem gewissen Ausmaß. Wehe, du wirst wirklich erfolgreich und beginnst, aus ihrem Dunstkreis zu treten: Sie werden alles daran setzen, dich davon abzuhalten. Dieses Buch wurde in dem Tenor gut meinender Freunde geschrieben, die immer wieder sagten: „Was ist denn das für ein Quatsch?" oder „Das schaffst du eh" nicht!" Du kommst ins Grübeln, und das führt zu einem weiteren Punkt.

Es gibt noch jemand Schlimmeres, der dich von deinem Erfolg abbringen will, und das bist du selbst. Das Größte, Höchste, Liebste, was wir in diesem Leben erreichen wollen, ist auch das, was wir immer vermeiden. Warum das so ist? Weil wir an unserem Ziel scheitern könnten, und Scheitern bedeutet Pein und Peinlichkeit. Weil unser Kopf versucht, uns davor zu schützen, unsere Routine aufzugeben und eine neue Identität anzunehmen, bewegen wir uns lieber im sicheren Fahrwasser, schmoren lieber im eigenen Saft und machen es uns hinter dem Ofen gemütlich, als morgens nach neun bei jedem Wetter vor der Tür zu sein, ohne zu wissen, wo unser Arbeitsplatz ist. Als Coach hat man den Job, andere Leute in die Dinge hineinzustoßen, vor denen sie die größte Angst haben, und sie auf dieser Reise zu begleiten, beschützen und befördern. Er ist in der Lage, uns glücklicher zu machen, als wir je erträumt hätten, und gleichermaßen ängstlicher und frustrierter.

Die zweite Gefahr ist Gelächter. Du wirst dich dem Spott der Menge aussetzen. Ein Publikum ist immer auf die Klischees programmiert, die sich mit einem Thema verbinden. Es ist nicht neugierig, sondern will sich bestätigen lassen. Dein Job ist es allerdings, sie neugierig zu machen. Und du musst diesen Kampf gewinnen. „Bücher über Coaching? Gibt's doch wie Sand am Meer. Ist doch alles durchgenudelt. Und am Ende steht der Töpferkurs in der Toskana." Sie werden hochzufrieden sein, wenn du dich blamierst, und alles dafür tun, dich als Scharlatan zu entlarven. Es macht viel mehr Spaß, jemanden auf die Fresse fallen zu sehen, als die Kür des Siegers zu verfolgen. Deshalb musst du immer vollkommen entspannt sein, um gelassen reagieren zu können. Am besten tief durchatmen und lachen. Pause machen. Und sie dann voll bestätigen. „Ihr habt vollkommen Recht. Genau so ist das. Von mir aus, wenn's denn Töpfern sein soll ..." Dein Leben ist jetzt ein Spiel voller Variationen, über das du gleichzeitig lachen kannst, weil du – wie bei jedem Spiel - den nötigen Abstand hast. Das Spiel zu beherrschen, ist dann die andere Sache. Das kommt mit der Routine. Stell' dir vor, du schläfst und hast einen wundervollen Traum, und jemand weckt dich plötzlich sehr unsanft. Wahrscheinlich bist du ziemlich angepisst (Entschuldigung, aber das ist die wahre Coachingsprache) und entwickelst ein hohes Maß an Bitterkeit und Verweigerung. So ist es mit deinem Publikum. Wer andere unsanft aus seinem Alltagsdämmer weckt, ist erst einmal der Feind. Mit den Coaching-Tools bis du jedoch in der Lage, sie durch die Stadien der Angst und Wut in den Zustand der Neugier zu manövrieren. Coaching ist eine Herausforderung. Begegne ihr mit einem offenen Herzen, Leichtigkeit und Lachen.

Noch etwas. Wenn du jetzt das Buch gleich zuklappst und dann raus die Welt gehst, um andere zu coachen, wirst du unglaublich auf die Nase fallen. Du denkst, du bist ein Coach? Du bist gar nichts. Du denkst, du hast den Stein der Weisen gefressen, aber du bist ein kleiner Kiesel in der riesigen Coachingwüste, so lange du noch nicht einmal gecoacht hast.

Vermutlich denkst du sogar, dass du etwas Besonderes bist. Oder dass du die Menschen durchschaust. Denke an unsere Worte: „Wann immer du glaubst, du hast jemanden durchschaut, bist du ein Haufen Scheiße!" (Entschuldige, aber dies ist Martins wörtliche texanische Cowboy-Ausdrucksweise, wir waren vorher nur so höflich, sie etwas eleganter zu übersetzen, aber mit der Höflichkeit ist es nun vorbei). Also: Du bist ein kleines Nichts. Und das ist gut so. Denn du bist neugierig. Dein

Weg vom Chaos zum Charisma ist lang und steinig. Denn alles, was du gerade gemütlich im Bett oder im Zug gelesen hast, ist Theorie und keine Praxis. In der Praxis wird sich herausstellen, dass du kein einziges Tool anwenden kannst, wie es hier steht. Halte es lieber mit Charlie Parker, der gesagt hat: „Erst lernst du die ganze Theorie, dann denkst du nicht mehr darüber nach und spielst einfach drauflos!“ Er ist damit der Erfinder des Bebops geworden, aber leider nur 35 Jahre alt, und der Mann, der den Totenschein ausstellte, hielt ihn wegen seines von Drogen aufgeschwemmten Körpers für mindestens 55. Nun ja. Aber wenn wir gerade bei Drogen sind: Am Ziel deines langen Weges wirst du ständig von dir selbst besoffen sein. Dreh' deswegen nicht durch. Du wärst nicht der erste Guru, der auf dem Mount Everest sitzt und entsprechend tief fällt. Und apropos Guru: Mit diesen Coaching-Tools wirst du niemals einer werden. Gurus vermitteln Weisheiten und Wahrheiten oder so etwas. Wir haben keine Ahnung. Wir sind Sokratiker. Wir wissen nur, dass wir nichts wissen. Wir sind neugierig. Wir bleiben neugierig. Schon vergessen?

Du wirst so viele Fehler machen, es ist herrlich. Als guter Coach wirst du jeden Fehler genießen und dein Chaos brillant finden. Denn nur so kommst du überhaupt ein Stückchen weiter. Denk' positiv. Coaching ist positive Psychologie. Und stell' dir bei jeder Frage, die du im Coaching stellst, den bösen Martin in seinem Coach-Me-If-You-Can-Seminar vor, der gemein grinst und möglicherweise sagt:

„ERRRRRRR: WRONG QUESTI-ON!
HaHaHa!
Don't get me into problems
Don't put me into a double-bind
Don't go where you are not invited.
Never manipulate.
Never be negative.
Never give advice.
Never analyze me
Never paralyze me
And never say never again!
Play a game and
Get me to paradise.
'Cause you're my coach,
my mentor, friend, inventor.
Push me through the fire
And show me my desire
Say Yes. Again Yes. Yes. Yes.
And to the gazzilionth power: YES!“

Was brüllt ein brasilianischer Kommentator in der Sekunde, wenn „sein“ Team mal wieder Weltmeister wird?

GOOOOOOOOOOOOOOOOOOOOOO-
OOOOOOOOOOOOOOOOOOOOOOOOO-
OOOOOOOOOOOOOOOOOOOOOOOOO-
OOOOOOOOOOOOOOOOOOOOOOOOO-
OOOOOOOOOOOOOOOOOOOOOOOOO-
OOOOOOOOOOOOOOOOOOOOOOOOO-
OOOOOOOOOOOOOOOOOOOOOOAL!

VIEL GLÜCK.

BIBLIOGRAPHIE

Erwähnte Literatur aus Zitaten und aus der Einführung zur deutschen Ausgabe:

Armstrong, Lance. It's not about the bike. My journey back to life. New York 2000

Bleek, Wilhelm. Geschichte der Politikwissenschaft in Deutschland. München 2001.

Caplan, Janice. Coaching for the Future. How Smart companies use coaching and mentoring. London 2003.

Cassirer, Ernst. "Die Tragödie der Kultur", in: Konersmann, Ralf (Hg.). Kulturphilosophie. Leipzig 1996

De Staël, Mme. Über Deutschland.

Drucker, Peter F.. Innovation and Entrepreneurship. Oxford/New York 1985.

Drucker, Peter F.. Management Challenges for the 21st Century. Oxford/Woburn MA 1999.

Fichte, Johann Gottlob. Reden an die deutsche Nation. In: Werke. Fünfter Band. Schriften von 1806-1811. Leipzig 1922.

Fleischacker, Samuel. A third concept of liberty. Judgement and Freedom in Kant and Adam Smith. Princeton 1996.

Gadamer, Hans-Georg. Wahrheit und Methode. Grundzüge einer philosophischen Hermeneutik. Tübingen 1986

Goethe, Johann Wolfgang von. Faust. Eine Tragödie. Erich Trunz (Hg.). Frankfurt am Main 1978.

Guyer, Paul. Kant and the claims of taste. Cambridge 1979

Heims, Steve Joshua. The Cybernetics Group. Boston 1991.

Hertz, Friedrich (Frederick). The Development of the German Public Mind. A Social History of German Political Sentiments, Aspirations and Ideas. London 1957 und 1962

Hume, David. An Enquiry Concerning the Principles of Morals. Oxford 1777/1996 (repr.)

Huntington, Samuel. Der Kampf der Kulturen. Die Neugestaltung der Weltpolitik im 21. Jahrhundert. München/Wien 1996.

James, William. „Pragmatismus", in: Melancholie. Konersmann, Ralf (Hg.) Leipzig 1999

Kant, Immanuel. De mundi sensibilis atque intelligibilis forma et principiis. Akademie-Ausgabe Bd. II. Berlin 1905

Kant, Immanuel. Kritik der praktischen Vernunft. Akademie-Ausgabe Bd. V. Berlin 1908

Kant, Immanuel. Kritik der Urteilskraft. Akademie-Ausgabe Bd. V. Berlin 1908

Konersmann, Ralf (Hg.) Melancholie. Leipzig 1999

Landauf, Klaus/Puller, Peter. Top-Coaching. Graz 2002.

Lepenies, W. Melancholie und Gesellschaft.

Lepenies, „Flucht in die Natur und Innerlichkeit", in: Melancholie. Leipzig 1999

Luhmann, Niklas. Soziale Systeme. Grundriss einer allgemeinen Theorie. Frankfurt a. Main 1987

Luhmann, N. Gesellschaftsstruktur und Semantik. Studien zur Wissenssoziologie der modernen Gesellschaft. Bd.3. Frankfurt a. Main 1993.

Machiavelli, Niccolò. Der Fürst. Stuttgart 1978

Nietzsche, Friedrich. „Schopenhauer als Erzieher“, in: Unzeitgemäße Betrachtungen.. Sämtliche Werke. Kritische Studienausgabe Bd.1. Colli, G./Montinari, M. (Hg.). München 1999

Nigro, Nicholas. The Everything Coaching and Mentoring Book. Littlefield MA 2003

Parsloe, Eric/Wray, Monica. Coaching and Mentoring. Practical methods to improve learning. London/Sterling VA 2000.

Parsons, Talcott. „Double Contingency". In: International Encyclopedia of the Social Sciences. Bd.7. New York 1968.

Plessner, Helmut. Grenzen der Gemeinschaft. Frankfurt am Main 2002

Pocock, John G.A.. The Machiavellian Moment: Florentine Political Thought and the Atlantic Republican Tradition. Princeton 1975

Pufendorf, Samuel Frhr. von, Pseudonym: Serverini de Monzambano Veronensis. De statu imperii Germanici ad Laelium fratrem. (Über die Verfassung des deutschen Reiches.) (Cap. VI, §9).1922

Raphael, D.D.. „The Impartial Spectator“. In: Skinner, Andrew S./Wilson, Thomas (eds.). Essays on Adam Smith. Oxford 1975. S. 83-109

Safranski, Rüdiger. Wieviel Wahrheit braucht der Mensch? Über das Denkbare und das Lebbare. Frankfurt am Main

Sage, Martin. „Melancholy in the Performance Scale“, in: The Curiosity Factor. How Systems Learn.

Schmid, Carlo. Vom Reich der Freiheit. Schillers Vermächtnis. Berlin 1955.

Schmid,Wilhelm. Philosophie der Lebenskunst. Eine Grundlegung. Frankfurt/Main 1998.

Schröder, Gerhard. „Die zivile Bürgergesellschaft. Anregungen zu einer Neubestimmung der Aufgaben von Staat und Gesellschaft“, in: Süddeutsche Zeitung Nr. 70. 24. März 2000, S. 19

Smith, Adam. The Theory of Moral Sentiments. Raphael, D.D./Macfie, A.L. (eds.). Oxford 1976

Smith, Adam. Der Wohlstand der Nationen. München 1974.

Spielberger, Charles. Stress und Angst. Weinheim und Basel 1980.

Stern, Fritz. The Politics of Cultural Despair: A Study in the Rise of the German Ideology. Berkeley 1961.

Vollrath, Ernst. Grundlegung zu einer philosophischen Theorie des Politischen. Würzburg1987

Watzlawick, Paul. Menschliche Kommunikation. Formen, Störungen, Paradoxien. Bern 1969.

Willis, Jim (ed.). Images of Germany in the American Media. Westport (CT) 1999, darin erwähnt: Fisher, Marc. „After the Wall“. Craig, Gordon. A.. „The Germans“. Irving, Clive, „Berlin Rising“.